ARKANA

DENISE LINN

DIE MAGIE DES WOHNENS

Ihr Zuhause als Ort der Kraft, der Kreativität und der Zuflucht

Aus dem Englischen
von Susanne Kahn-Ackermann

ARKANA
GOLDMANN

Originaltitel: Sacred Space
Originalverlag: Ebury Press, London

Deutsche Erstausgabe

Umwelthinweis
Alle bedruckten Materialien dieses Paperbacks
sind chlorfrei und umweltschonend.

Deutsche Erstausgabe November 1996

Umschlaggesaltung: Design Team München
Umchlagfoto: Guido Pretzl
Satz: All-Star-Type-Hilse, München
Druck: GGP Media, Pößneck
Verlagsnummer 12275
Lektorat: Olivia Baerend
Herstellung: Martin Strohkendl
Made in Germany
ISBN 3-442-12275-9
www.goldmann-verlag.de

6. Auflage

Danksagung

Mein Dank gilt:
David Linn, meinem Mann und Lebensgefährten,
für seine Unterstützung und Liebe; Claire Brown für ihre
hervorragende Lektoratstätigkeit und ihre Freundschaft;
Brand Fortner Ph. D., meinem Bruder, für seine Hilfe
beim Lektorieren der Fachliteratur;
Sandra Holtzinger dafür, daß Sie mir half zu verstehen,
wie wichtig ein Zuhause ist.
Marika Burton für ihre Schönheit und Magie;
Karen Kingston, Vicky Patterson, Astrid Neeme,
Credo Mutwa für ihre Beiträge zu diesem Buch;
Kathy Lynch, Rebecca Nelson, Patti Nugent, Barb Kelly,
Karl Bettinger und Paulina Howfield für die Tiefe ihrer Liebe.
Und ich danke Lynne Franks, Seelenschwester und Freundin.

Dieses Buch ist unserer Tochter Meadow Marie gewidmet,
die immer einen Heiligen Raum in unserem Herzen hat.

Inhalt

1

Das Zuhause als Wesen

Unser Zuhause ist ein Spiegel unseres Selbst. In ihm reflektieren sich unsere Interessen, unsere Glaubensvorstellungen und Überzeugungen, unsere Zögerlichkeiten, unser Geist und unsere Leidenschaften. Es erzählt die Geschichte der Gefühle, die wir uns selbst und unserer Umwelt entgegenbringen. Unser Zuhause ist mehr als nur ein Ort, wo wir unser Haupt niederlegen und vor den Naturelementen Schutz suchen. Es ist ein Ort der potentiellen Interaktion mit dem Universum, des wechselseitigen Einwirkens und Beeinflussens; ein Kreuzungspunkt in Zeit und Raum, eine Schnittstelle, die Energie anzieht oder abstößt.

Unser Heim kann für uns ein Ort der Erneuerung sein, ein Ort, wo wir wieder Hoffnung schöpfen; eine Zufluchtsstätte, in die wir uns zurückziehen und wo wir uns in Zeiten drastischer Veränderungen wieder aufladen; eine Oase des Friedens inmitten des Aufruhrs. Es kann ein Ort der Heilung, Stärkung und Regenerierung sein und mehr noch – ein Mandala der Harmonie, das uns und alle, die hier eintreten, einlädt, sich auf eine höhere spirituelle Schwingungsebene zu begeben.

Unser Zuhause kann ein Ort sein, wo sich das innere Universum mit dem äußeren Universum überschneidet und sich die inneren mit den äußeren Realitäten kreuzen; Ort der Konzentration für Magie, Kraft und Geist, Ort der Kraft, wirbelndes Energierad auf diesem Planeten. Wie ein in der Unendlichkeit vernommenes Echo kann es zum Übermittler leuchtender Energien werden, die in ihrer ausstrahlenden Wirkung einem in den stillen Teich des Universums geworfenen Steinchen vergleichbar sind, dessen Wellen auch die fernsten Ufer des Kosmos erreichen.

Am Ende unseres 20. Jahrhunderts kommt unserer Wohnung eine immer wichtigere Bedeutung zu. Da wir dabei sind, unseren Platz im Universum zu festigen, müssen wir unser Zuhause unbedingt zu einem geheiligten Ort machen. Es ist wichtig, daß unsere Lebensräume vom Sinn kosmischer Ordnung durchdrungen sind, daß wir Integrität und Unversehrtheit einbringen und sie sich ihrerseits mit unserem Wesen, unserem Sein und dem schöpferischen Fluß in Einklang befinden. Dann kann uns unser Heim in künftigen, potentiell sehr schwierigen, doch durchaus anregenden und aufregenden Zeiten Zuflucht und neue Hoffnung bieten. Dann kann es zu einem heiligen, unverletzbaren Raum werden, in dem wir uns daran erinnern, wer wir sind und warum wir uns zu diesem Zeitpunkt auf diesen Planeten begeben haben.

In der Evolutionsgeschichte der Erde war noch keine Epoche so lebensmächtig wie jetzt unsere, da wir uns dem Ende dieses Jahrtausends nähern. Wir leben in einer vom Potential der Veränderung, der Verwirklichung unserer Träume, der Evolution auf persönlicher wie auch globaler Ebene durchdrungenen Zeit. Uralte Prophezeiungen erfüllen sich, wenn wir um uns herum eine zunehmend verschmutzte und konfliktbeladene Welt sehen. Und doch existiert ungeachtet der düsteren Manifestationen eines möglichen Untergangs das unterschwellige Gefühl von Hoffnung.

Im Innersten unseres Herzens wissen wir, daß gleich hinter dem Horizont eine goldene und wie ein neuer Morgen funkelnde Gelegenheit auf uns wartet. Die Frage ist: Wie können wir sie jetzt zur Transformierung unserer selbst, unserer Beziehungen und unserer Welt nutzen? Ein Schlüssel zur Beantwortung dieser Frage ist in unserem Umfeld und speziell in unserem Zuhause zu finden. Durch eine Klärung und Harmonisierung der Energien unserer Wohnung lassen sich Kanäle in unserem Lebensraum öffnen, die ihn zu einem energetischen Sammelpunkt werden lassen. Unser Zuhause wird diese Energie in Form von Liebe und Licht in den Rest der Welt und in das Universum ausstrahlen.

Unser Zuhause kann eine Sendestation des LICHTS sein!

Dieses Buch handelt von Energie. Es geht um das Verständnis der in unserem Heim existierenden Energie und ihrer Interaktion mit der Energie des Universums. In diesem Buch möchte ich Ihnen Möglichkeiten zur Reinigung und Konzentration der Energien Ihres Zuhauses aufzeigen, damit es nicht nur Ihnen, Ihrer Familie und Ihren Freunden eine Zufluchtsstätte bietet, sondern als Wirbel ausstrahlender Energie auch anderen wohltut. Sie werden zu diesem Zweck viele Techniken erlernen, die weibliche und männliche Schamanen und Heiler zum Teil schon seit Jahrhunderten anwenden. Sie werden auch lernen, wie Sie die Energie in Ihrer Wohnung verbessern und verstärken können, um sie in diesen Zeiten des Wandels und der Veränderung zu einem Strahl der Hoffnung und des Lichts werden zu lassen.

Das Haus als »Wesen«

Wenn wir wissen wollen, wie wir die Energien in unserer Wohnung reinigen und klären können, so ist es zunächst unabdingbar zu begreifen, wie sich unsere Lebensräume in den Kontext des größeren Lebensumfelds einfügen. Dazu sollten Sie drei Grundsätze oder Prinzipien verstehen, die allen Techniken des Raumklärens, die Sie erlernen werden, zugrunde liegen. (Raumklären, im amerikanischen Original *space-clearing*, kommt in diesem Buch immer wieder vor und bedeutet im wesentlichen sowohl das Reinigen und Ausbalancieren wie auch den Wiederaufbau oder das Wiederaufladen der Energiefelder eines Raums. A. d. Ü.)

1. Alles besteht aus sich ständig wandelnder Energie.
2. Wir sind keine von unserer Umwelt getrennte Einzelwesen.
3. Alles verfügt über ein Bewußtsein.

Wenn Sie diese Prinzipien verstehen, werden Sie sich auch bewußt werden, daß Ihr Zuhause aus Energie besteht; daß es nicht von Ihnen getrennt oder abgesondert existiert; daß es ein sich entwickelndes Wesen ist. In diesem Buch geht es um die Einsicht und das Verständnis dafür, daß Ihre Wohnung oder Ihr Haus ein sich entfaltendes, bewußtseinsbegabtes Energiewesen ist. Es besitzt eine Wesenhaftigkeit, eine Seinsstruktur, mit der Sie kommunizieren können. Es ist ein Wesen, das Ihnen und Ihrer Familie, vorausgesetzt, Sie erkennen und respektieren seine Lebendigkeit, Schutz und Heilung schenken kann. Wenn Sie lernen, mit Ihren Lebensräumen/lebendigen Räumen zu interagieren, kann dies zur Balance eines Lebens beitragen, das sich mit allem, was Sie umgibt, in Harmonie befindet.

Alles ist Energie

Die amerikanischen Ureinwohner wußten, daß alle Lebensformen, von den Wolken bis zu den Bäumen und den über die weiten Prärien streifenden Büffeln, sich ständig verändernde wirbelnde Energiemuster sind. Dieses Wissen reicht bis in die Urzeiten der die ganze Welt umspannenden Stammesgesellschaften zurück. Es handelt sich um die grundlegendste Lebenseinsicht, von der alle Stammeskulturen ausgehen. Unsere heutige Vorstellung von einem festgefügten und beständigen Universum steht dieser fundamentalen Erkenntnis auf drastische Weise entgegen.

Alles Leben ist Energie. Wir sind in einen Ozean von Energie eingebettet. Diese uns umgebende Energie fließt und bewegt sich in fortwährenden und ständig wechselnden Strömungen durch Zeit und Raum. Die Physiker bestätigen, daß sich die Atome und Moleküle aller Dinge in permanenter Bewegung befinden. Unter der Oberfläche der in einem linearen Zeitfluß befindlichen festen Gegenstände finden wir eine Wirklichkeit, in der sich Energie wirbelnd zur Form gestaltet, sich wieder auflöst und aufs neue zusammenfügt. Die Welt besteht aus einem Tanz zweier gegensätzlicher und doch harmonisierender Kräfte des Universums: Yin und Yang, Mysterium und Form. Die Welt um und in uns besteht aus einem Wechselspiel des nicht abreißenden Beziehungsstroms dieser Energiemuster. Ohne daß ihr die Zeit Grenzen auferlegt, steigt und sinkt die Energie um uns herum. Wir befinden uns in einem unendlichen, doch strukturierten, zeitlosen Drama von Licht und Dunkel. Dieser Bewegung liegt eine kosmische Ordnung zugrunde. Allem Leben wohnt von Natur aus eine Harmonie inne, während Energiewellen und pulsierende Elektronen spirale »Form« zur Existenz gelangen lassen und sie wieder auflösen.

Wir sind nicht vom Universum getrennt

»Da draußen« gibt es nichts, was nicht auch Sie wären. Aufgrund unserer linearen Realitätswahrnehmung können wir dies wohl nie auf einer intellektuellen Ebene ganz begreifen, darüber verbal kommunizieren oder gar verständlich darüber schreiben.

Doch glaube ich, daß wir dies in unserem Innersten *alle wissen*. Ich glaube, daß in uns allen eine Sehnsucht, ein Verlangen und die Erinnerung an einen vollkommenen Ort der Einheit und des Einsseins jenseits von Zeit und Raum existieren.

Viele Schwierigkeiten, die die Menschen zu diesem evolutionären Zeitpunkt unserer Welt erleben, rühren von diesem einen Irrglauben her – der Vorstellung, daß wir Einzelwesen sind, ohne wirkliche Verbindung zu unserem Planeten mit seinen Tieren und Bäumen, daß wir von unseren Mitmenschen und manchmal sogar auch von uns selbst getrennt sind. Im Westen herrscht die Meinung, daß wir isoliert von unseren Lebensräumen und unserer Umwelt existieren. Der Gedanke, wir könnten unabhängig von unserer Umwelt leben, ist eine Illusion. Eine Illusion mit potentiell sehr schwerwiegenden Konsequenzen für unsere Gesundheit und unser Glück. Der Glaube an diese Illusion ist es, der die umfassende Verschmutzung des Planeten, Rassenhaß, Kriege, Gier und so viele andere Übel ermöglicht, die unsere Zeitungen füllen und uns Alpträume bereiten.

Während wir auf ein neues Jahrtausend zugehen, finden gewaltige Veränderungen in der Technologie, im Bereich der Naturressourcen und in den die Planeten umgebenden Kraftfeldern statt. In unserer modernen westlichen Gesellschaft fällt es uns oft schwer, die Verbindung mit Dingen, die über unsere Privatsphäre hinausgehen, gefühlsmäßig zu erfassen. Doch es ist unabdingbar, daß wir unsere »Selbst-Erkennung« nicht nur auf unser persönliches Umfeld ausdehnen, sondern dieses »Selbst-Gefühl« über die Grenzen von Zeit und Form hinaus erweitern, so daß es nicht nur unser Zuhause, sondern unsere ganze Gemeinschaft und unseren Planeten umfaßt. Die Ausdehnung unseres »Selbst-Gefühls« auf unsere Wohnung ist hier ein guter erster und ganz wesentlicher Schritt.

Unser Planet verändert sich so rasch, daß sich dies in gravierender Weise auf die Art und Weise, wie wir uns aufeinander und auf unsere Umwelt beziehen, auswirkt. Die technologischen Fortschritte haben zwar unser Leben erheblich verbessert, aber auch eine Trennung von unserer Umwelt herbeigeführt. Beim Run auf die Technologie haben wir das Urwissen – daß nämlich alle Geschöpfe und alle Dinge auf diesem Planeten miteinander in Verbindung stehen – »vergessen«. Wir haben »vergessen«, daß wir mit einem lebendigen, pulsierenden Universum verbunden sind, das vom Gesang des Lebens erfüllt ist, vibrierend in der Intensität des Geistes. Wir haben vergessen, daß allem und jedem eine lebendige Energie zu eigen ist.

Unsere alten in Stammeskulturen lebenden Vorfahren glaubten nicht an diese Trennung. Ihre Weltsicht kreiste um die Tatsache, daß niemand unabhängig von den anderen Mitgeschöpfen, von Sonne, Mond, Erde, den Blumen, Ozeanen und all den wunderbaren Myriaden von Wesen und Dingen, die unsere Realität ausmachen, existiert. Alles steht in Bezug zueinander, nichts existiert isoliert. Wie umfassend die amerikanischen Ureinwohner dieses Beziehungsnetz sehen, kommt etwa in der heiligen Schwitzhüttenzeremonie zum Ausdruck. Beim Eintritt in die Schwitzhütte spricht man eine Widmung »an alle meine Beziehungen« aus. Dies stellt nicht nur eine Achtungsbezeugung gegenüber den anderen an der Zeremonie teilnehmenden Personen oder den engeren Familienmitgliedern dar, sondern auch die Bestätigung und Bekräftigung der wechselseitigen Beziehungen allen Lebens und der innigen Verbindung mit der ganzen Schöpfung.

In unserer modernen westlichen Gesellschaft interagieren wir mit unserer Umwelt gewöhnlich aus einem Gefühl des Getrenntseins und der Autonomie heraus. Die meisten von uns identifizieren sich mit ihrem physischen Körper, wobei die Haut eine Art Grenzlinie bildet. Doch wir definieren uns auch noch auf andere Weise, gelegentlich über Dinge jenseits unserer physischen Person. Manchmal sind das unsere Kinder oder auch Besitztümer. (So mag ein Mann unter großer Gefahr für seinen Körper in ein brennendes Haus stürzen, um Wertsachen zu retten, weil er sich in diesem Moment mehr mit seinen Wertsachen als mit seinem Körper identifiziert.) Vielleicht identifizieren wir uns mit den Kleidern, die wir tragen. Viele Menschen drücken in ihrer Kleidung das aus, was sie ihrer Meinung nach sind. Und am Fahrverhalten mancher Leute läßt sich ablesen, daß sie sich mit ihrem Auto identifizieren.

Doch wenn Sie nachdenken, werden Sie sich wahrscheinlich einiger Momente entsinnen, als Sie sich mit Ihrer Umwelt plötzlich eins fühlten. Vielleicht hatten Sie das Empfinden, in die

Schönheit eines den Abendhimmel erleuchtenden Sonnenuntergangs hineingezogen zu werden. Oder Sie hatten, während Sie den anbrandenden Wellen am Strand zusahen, das freudige und reinigende Gefühl einer ganz persönlichen Beziehung zum Universum. Solche Erfahrungen erinnern uns an eine Wahrheit, die wir alle vor diesem Leben kannten – die Wahrheit, daß wir unserem Wesen nach mit allen Dingen eins sind. Wir sind nicht weniger ein Teil der Berge, Meere, Wolken oder Sterne, als wir Teil unseres eigenen Körpers sind. Wir sind alle Manifestationen reiner Energie, fluktuieren auf ewig in ihr und bleiben für immer mit ihr verbunden. Alles, was ist und je sein wird, existiert in Ihrem Innern. Das Universum ist Ihr erweiterter Körper.

Ich glaube, daß wir unbedingt die Reise zurück zu dieser vernetzten Wirklichkeitssicht antreten müssen, eine Sicht, die für uns so natürlich ist wie die Verbindung mit unserer Mutter, wenn wir uns noch in ihrem Schoß befinden.

Alles hat Bewußtsein

Das Universum, mit dem Sie aufs innigste verwoben sind, ist nicht nur ein riesiges fließendes Energiefeld, *alles im Universum* hat auch *Bewußtsein*. Selbst die hartgesottensten Skeptiker würden einräumen, daß Tiere bewußte Wesen sind. Die moderne Wissenschaft hat bewiesen, daß Pflanzen ein Ziel oder eine Absicht haben und auf das menschliche Energiefeld reagieren können. Doch auch Steine, Berge und Flüsse sind nicht weniger bewußt. Die Ureinwohner verstanden das sehr gut und erbaten vom Geist des Meeres Segen, bevor sie zum Fischen aufbrachen. Sie dankten den Pflanzen, ehe sie sie pflückten. Die Jäger baten vor der Jagd die Tiere um Verzeihung. Und nach der Jagd dankte man den Tieren dafür, daß sie zum Nutzen des Stammes ihr Leben »gegeben« hatten. Auch die Erde unter ihren Füßen war nicht unbeseelt und untätig: Die Erde galt als die große Mutter. Ihr wurde gedankt, man bat sie um Verzeihung, bevor man in ihr Fleisch grub. Auf diese Weise zollten die Ureinwohner dem allumfassenden Bewußtsein ihre Anerkennung.

Die alten Völker wußten, daß alles miteinander in Verbindung steht und lebendig ist. Ein glattgeschliffener Stein im Fluß ist nicht weniger lebendig als ein riesiger Schwertwal. Eine hohe stolze Zeder ist nicht minder lebendig als ein durch die grünende Wiese schleichender Silberlöwe. Meine Cherokee-Vorfahren nannten die Bäume ihre Brüder, weil sie in ihnen die Lebendigkeit erkannten. *Alles ist lebendig.*

Aus den drei genannten Grundsätzen folgt natürlich, daß

1. Ihr Zuhause aus sich endlos transformierenden Energiefeldern besteht;
2. Sie und Ihr Zuhause nicht getrennt voneinander existieren;
3. Ihr Zuhause Leben und Bewußtsein hat.

Ihr Zuhause besteht aus einer Vielzahl sich überschneidender Energiefelder

Ihr Zuhause besteht nicht einfach aus einem Konglomerat von zusammengewürfelten Materialien, die dem Schutz und der Behaglichkeit dienen sollen. Jeder Kubikzentimeter, ob feste Masse oder scheinbar leer, ist mit unendlich schwingenden Energiefeldern gefüllt. In ihm und um ihn herum existieren riesige wellenförmige Muster sich überlappender Energiefelder. Ihr Zuhause verfügt über eine Vielzahl an Bereichen oder Sphären. Abgesehen vom rein physischen Bereich Ihrer Wohnungsstruktur und den darin vorhandenen physischen Gegenständen finden sich auch emotionale und eine große Anzahl an spirituellen und ätherischen Energien, die ständig in Bewegung sind und umherwirbeln.

Die physische Umgebung Ihrer Wohnung – ihre Position im Bezug zu Sonne und Wind, zur umgebenden Vegetation, zu den Landmassen und Wasserwegen – wie auch die spezielle Interaktion Ihrer Wohnungsstruktur mit der Umgebung wirken auf die Energiefelder Ihres Zuhauses ein. Diese werden zudem von den Materialien, aus denen Ihr Heim und die darin befindlichen physischen Dinge bestehen, und den Chemikalien in diesen Materialien beeinflußt. Die Energie von Kiefernholz ist beispielsweise fließender und strahlender als die dichtere, schwerere, geerdetere Energie von Eichenholz. Auch der *Ursprungsort* der Rohmaterialien hat Auswirkungen. Die Energie einer kalifornischen Eiche unterscheidet sich von der Energie einer englischen Eiche. Die Eiche aus einem natürlichen Wald verfügt über andere Energie als die in einer Baumschule gewachsene Eiche. Wie die Materialien verarbeitet und ob sie von Hand oder maschinell gefertigt sind, wirkt sich ebenfalls auf die Energiefelder aus. Die Farben der Wände und Möbel, die Art des Lichts, die Qualität der Luft, die Gerüche, die Größe der Räume, der Höhenabstand der Wohnung zum Erdboden, all das sind nur einige weitere physische Faktoren, die ebenfalls auf die Energieflüsse einwirken.

Ihre Gedanken und Gefühle ebenso wie die Ihrer Familienmitglieder und Gäste beeinflussen ständig die emotionale Energie in Ihren Wohnräumen. Emotionen behalten ihre Energiestruktur noch lange nachdem sie erlebt worden sind. Vielleicht haben Sie nach einem Streit schon ganz konkret die »dicke Luft« im Zimmer gespürt – es war das verbliebene Energiefeld der starken Emotionen, die während des Streits entstanden. Die Psychometrie gründet sich auf die Vorstellung, daß menschliche Gefühle, Gedanken und die Persönlichkeit einen Abdruck auf ihren physischen Gegenständen hinterlassen, daß sie sich ihrer Umgebung aufprägen. Alle Gefühle und Gedanken der gegenwärtigen wie *auch der vorangegangenen Bewohner* beeinflussen die emotionale Energie in Ihrem Heim. Auch die Denkmuster, Persönlichkeiten und Aktivitäten derer, die auf dem Grundstück lebten, *noch bevor das Haus gebaut wurde,* wirken sich auf die emotionale Energie des Hauses aus. Jeder physische Gegenstand im Haus verfügt über die Emanationen der Menschen, die ihn vorher besessen haben, und trägt zudem die Energie der Person in sich, die ihn erschaffen hat. Gebäude, die auf alten Begräbnisstätten errichtet sind, werden durch die emotionale Energie dieser Stätte und ihrer Umgebung beeinflußt. Auch die Gebäudestruktur kann sind auf die emotionale Energie auswirken. Hohe Decken etwa können als geistig erhebend oder stimmungshebend, niedrige Decken als emotional bedrückend oder gemütlich empfunden werden. Jeder Teil Ihres Zuhauses strahlt und/oder löst ein emotionales Energiefeld aus.

Ihr Haus hat eine Aura, wie auch Sie eine Aura haben. Die Aura Ihres Hauses wird von dessen physischer Form, den darin befindlichen physischen Gegenständen, emotional aufgeladenen, gedanklichen Formen und Mustern sowie den spirituellen Energiefeldern im Umkreis, die es durchdringen, beeinflußt: Spirituelle Energiefelder werden von den Bäumen, der Erde und der Landschaft erzeugt, die ihrerseits von den sie umgebenden Engels- und Devakräften durchdrungen sind. Auch die sogenannten Ley-Linien beeinflussen die spirituelle Aura eines Hauses. (Ley-Linien entstehen durch einen sich auf natürliche Weise bildenden elektrischen Strom, der, an »Kanälen« oder Linien entlang, die Erdkruste durchzieht.) Doch das für die spirituelle Energie Ihres Zuhauses wichtigste Moment ist die Liebe, die innerhalb seiner vier Wände gegeben und empfangen wird.

Sie existieren nicht unabhängig von Ihrem Zuhause

Sie sind von der Wohnung, in der Sie leben, nicht weniger getrennt als von der Luft, die Sie atmen. Ihr Heim stellt nicht nur eine Erweiterung Ihrer Gedanken und Gefühle dar, es ist in einem umfassenderen Sinn »Sie selbst«. Sie sind nicht weniger Ihr Zuhause, als Sie Ihr Körper sind. Beide sind äußere Manifestationen Ihrer inneren Energiefelder.

Ihr Bewußtsein spiegelt und reflektiert sich in einem sehr tiefen Sinne in Ihrem Zuhause. So wie der Körper bringt auch Ihr Heim Ihren inneren Zustand symbolisch zum Ausdruck. Sogar extrem traditionell denkende Ärzte erkennen allmählich an, daß eine Verbindung zwischen Geist und Körper existiert und daß der Körper das Bewußtsein widerspiegeln kann. Wenn ein Mensch Halsschmerzen bekommt und seine Stimme verliert, bedeutet das oft, daß er etwas sagen will, aber nicht sagen kann. Emotionale Probleme manifestieren sich im Körper. Ihr Haus spiegelt Ihren inneren Zustand ebenso wider wie Ihr Körper. Die Rohr-, Wasser- und Gasleitungen des Hauses können beispielsweise für Emotionen stehen. Verstopfte Leitungen lassen unter Umständen auf verstopfte Emotionen schließen; ein Rohrbruch deutet eventuell auf überfließende Emotionen hin. Sie können Ihr persönliches Bewußtsein verändern, wenn Sie die Energie Ihres Zuhauses verändern. Die Fenster sind Ihre Augen, mit denen Sie auf Ihre Umwelt blicken. Allein eine so simple Handlung wie das Fensterputzen, vorgenommen *in der Absicht, Ihren Lebensweg klarer zu erkennen,* wird sich auf die Klarheit in Ihrem Leben auswirken.

Ihr Zuhause verfügt über Bewußtsein

Nicht nur jeder Teil unserer Welt, auch unser Heim hat Bewußtsein. Wohnungen werden wie Menschen durch die Art und Weise, in der wir sie in unserem Herzen bewahren, genährt. Sie besitzen einen lebendigen Geist, eine Seele, die durch den Respekt, die Achtung und die Liebe, die wir ihnen entgegenbringen, getragen und gestützt werden. Ohne diese Liebe und Fürsorge werden sie seelenlos und unlebendig: Der Geist zieht sich aus ihnen zurück, und es bleibt nur noch eine physische Struktur übrig, die uns weder stützen noch nähren kann. Sie werden zu leblosen Gebilden, statt schwingende, lebendige, pulsierende Orte der Kraft zu sein, die wir aufsuchen können, um uns zu erfrischen und zu erneuern. Unser Zuhause ist ein sich entwickelndes, schöpferisches Wesen. Es kann introvertiert oder extravertiert sein. Es hat seine Zyklen so wie Sie und alles in der Natur.

Sie können mit Ihrer Wohnung kommunizieren. Sie kann Ihr Verbündeter oder auch ein Feind sein. Ihr Zuhause ist Ihnen zugeneigt und möchte gerne mit Ihnen befreundet sein. Es spiegelt nicht nur Sie mit Ihren Gefühlen und Interessen wider, sondern interagiert auch auf einer viel tieferen Ebene mit Ihnen – eine wechselseitige Verbindung, durch die Sie beide wachsen können. Ihr Zuhause entwickelt sich so, wie Sie sich entwickeln. Die Beachtung und Aufmerksamkeit, die Sie ihm schenken, kann aus den Tiefen einen uralten und stets bereichernden Geist erwecken, der Ihr ganzes Heim erfüllt; und diese Macht kann Sie im Innersten Ihrer Seele und Ihres Herzens heilen.

Das Verständnis dieser Prinzipien schafft eine Grundlage, die es Ihnen erlaubt, die Energien in Ihrem Heim zu reinigen und zu verbessern.

2

Meine Reise

Die Reise, die mich veranlaßte, das Wesen der Energie zu entdecken und zu erforschen, begann auf äußerst dramatische Weise. Ich war siebzehn und lebte mit meiner Familie in einer kleinen Farmergemeinde im Mittleren Westen. An einem warmen Sommernachmittag unternahm ich einen Ausflug mit meinem Motorrad. Ich fühlte mich von Sorgen befreit und glücklich, als ich so durch die wunderschöne Gegend brauste. Der Weizen schien sich zu beiden Seiten der Landstraße bis ins Firmament recken zu wollen, und über die Felder spannte sich der Himmel in leuchtendem Sommerblau.

Plötzlich zerbarst der Frieden jenes Tages. Ein großer amerikanischer Wagen rammte gewaltsam mein Motorrad. Ich bemühte mich, die Balance zu halten. Er rammte mich erneut, und ich stürzte.

Ich versuchte mühsam, mich wieder aufzurappeln. Als ich den Kopf hob, um meinem Angreifer ins Gesicht zu sehen, verwandelte sich mein Schock in Entsetzen. Mit kalter Entschlossenheit zielte er mit einem Gewehr auf mich. Die zwei schwarzen Löcher des Laufs wirkten unverhältnismäßig groß, riesig. Ich verstand nicht, warum er auf mich anlegte. Meine Gedanken rasten: »Ich habe ihm nichts getan! Warum hatte er mich gerammt? Warum zielt er mit seinem Gewehr auf mich? Warum?!!!« Er sah mich ohne jede Gefühlsregung an und drückte ab. Der ohrenbetäubende Schuß veränderte mein Leben für immer.

Er ließ mich am Straßenrand liegen, wo ein vorbeikommender Farmer mich fand und einen Krankenwagen holte. Es ist merkwürdig, welcher Dinge man sich in traumatischen Situationen entsinnt. Ich erinnere mich, daß ich, während die Ambulanz zum Krankenhaus raste, aus dem Wagenfenster schaute und trotz der schier unerträglichen Schmerzen daran dachte, wie wunderschön der Himmel und wie herrlich die Bäume doch zu dieser Jahreszeit waren.

Das Leben ist so überaus kostbar.

Im Krankenhaus erschien mir alles überdimensional. Grelles und gleißendes Licht. Brennender Schmerz. Schrille, harte Stimmen. Doch langsam wurden die Lichter trüber. Der Schmerz ebbte ab. Stille löste die Stimmen ab. Ich war von einer weichen, schoßartigen Dunkelheit umgeben und hatte das Gefühl, tief hinunter, in einen samtdunklen Kokon hineingezogen zu werden.

Dann schien dieser schwarze Kokon plötzlich zu bersten, und ich war eingehüllt in das strahlendste, leuchtendste goldene Licht. Selbst die hellste Sonne hätte sich dagegen blaß ausgenommen. Überall um mich herum, in einem unendlichen Raum, war ein Licht, das, kristallinisch zart, reine, süße Musik durchdrang. Die flüssige Lichtsymphonie pulsierte in vollkommener Harmonie durch das Universum. Die fließenden Harmonien durchdrangen mein ganzes Sein, bis ich mit dem Licht und den Tönen verschmolz. Licht und Ton waren ineinander verwoben – Lichtton. Und dieses mich umgebende, alles durchströmende Universum der Wärme, des Lichts und der Musik schien mir vollkommen natürlich und *völlig vertraut.*

Es schien realer zu sein als alles, was ich je erlebt hatte, als ob mein Teenagerleben bis zu diesem Zeitpunkt nur ein Traum gewesen wäre. So wie man morgens erwacht und die Träume allmählich hinter der »Realität« des Tages verschwinden, schien sich mein ganzes bisheriges Leben nun in einem feinen Nebel aufzulösen, während ich in diese neue, »hyperreale« Wirklichkeit eintrat. Mein bisheriges Leben war für mich nunmehr nichts weiter als eine Illusion.

Die Zeit schien in einem fortwährenden, ewigen »Jetzt« dahinzufließen. Es gab keine Vergangenheit und keine Zukunft, alles war in einer unendlichen Gegenwart enthalten. Ich entsinne mich, daß ich an die Vergangenheit zu denken versuchte, es gelang mir aber nicht, weil sie nicht zu fassen war. Sie existierte buchstäblich nicht. Während ich »dort« war, konnte ich mir keine lineare Realität vorstellen, so wie ich die nicht-lineare Realität, wenn ich »hier« bin, nicht völlig zu begreifen vermag.

Diese Welt des Lichttons und des unendlichen Jetzt war ganz und gar von »Liebe« durchdrungen, eine andere Liebe als alles, was wir sonst darunter verstehen. Die Vorstellung von Liebe in unserer Kultur beinhaltet, daß wir jemanden oder etwas als ein von uns getrenntes Wesen lieben. Die Liebe, die ich erfuhr, war unendlich und grenzenlos. Es gab nichts, was keine Liebe war. Die Liebe, die ich erfuhr, war allgegenwärtig, sie war so natürlich wie das Atmen. Alles *war* einfach Liebe, Teil davon, ohne von ihr getrennt zu sein. Es war eine schrankenlose Liebe jenseits aller Form.

Und *ich war nicht allein.* Sie waren dort mit mir. Alle waren dort. Es gab niemanden, der nicht dort war. Wir waren alle eins. Wir waren nicht voneinander getrennt. Es gab keinen Anfang, kein Ende, nur unendliches, ewiges Licht. Da ich nicht länger auf meinen Körper beschränkt lebte, erfuhr ich das Gefühl des Einsseins mit allen Dingen und allen Wesen. Ich war jedes Geschöpf, das ich jemals geliebt, und jedes Geschöpf, das ich jemals verletzt hatte. Ich war jede Person, die ich jemals gekannt hatte, und alle, die ich niemals kennenlernen würde. Ich war die hungrige Bettlerin in einer Seitengasse Delhis. Ich war der Dieb in New York. Ich war das kenianische Baby in den Armen seiner Mutter. Ich war der spirituelle Meister in einem der Bergtempel Japans. Ich war alle, und alle waren ich.

Obgleich diese Erfahrung wie ein Edelstein, nach dem ich mit sehnsüchtiger Zärtlichkeit greifen kann, in meinem Gedächtnis ruht, ergibt sie für mich auf geistig bewußter Ebene jetzt keinen Sinn mehr. Unser Alltagsbewußtsein ist nicht groß genug, um die Totalität dessen zu erfassen, was ich damals fühlte und mit jeder Zelle meines Seins wußte. Diese Erfahrung stand völlig außerhalb alles Faßbaren, doch damals schien sie mir völlig natürlich zu sein, die natürlichste und realste Erfahrung, die ich jemals gemacht hatte.

Wenn all das nur ansatzweise für mein Bewußtsein einen Sinn ergeben soll, dann nur als die Vorstellung, daß unser Leben hier auf Erden ein Hologramm oder eine Widerspiegelung der spirituellen Dimension ist, der ich begegnete, nachdem mich die Kugel getroffen hatte. Hier ist das Bild, das ich für mich verwende: Stellen Sie sich vor, daß wir den Großen Geist mit einer riesigen, leuchtenden, facettenartig verspiegelten Kugel in den Himmeln vergleichen können. Von den einzelnen Spiegelfacetten gehen Lichtstrahlen in alle Richtungen aus und erschaffen Widerspiegelungen in Zeit und Raum. Nehmen wir an, daß sich jede Person auf Erden mit einer dieser Reflexionen so stark identifiziert, daß sie glaubt, diese Reflexion zu *sein.* Wir blicken um uns und sehen andere Reflexionen, doch scheinen sie uns natürlich alle durch Zeit und Raum voneinander getrennt zu sein. Wenn wir aber unsere Wahrnehmung weit genug ausdehnten, würden wir schließlich erkennen, daß alle diese Reflexionen von derselben Quelle ausgehen. Wir *sind* wahrhaft eins. Wir sind nicht voneinander getrennt. Wir sind die Reflexion, und zugleich sind wir die Quelle unserer Reflexion. Wir sind eins.

Obgleich ich mich zutiefst von der Unendlichkeit durchdrungen fühlte, schien ich doch merkwürdigerweise noch die Fähigkeit zu besitzen, die Dinge von einem festen Bewußtseinspunkt aus wahrzunehmen. Vom Zentrum meiner Bewußtheit aus sah ich einen goldenen Fluß des Lichts vor mir. Sollte es mir gelingen, das andere Ufer dieses Flusses zu erreichen, so wüßte ich, daß ich nicht mehr in meinen siebzehn Jahre alten Körper zurückkehren und nicht länger den Schmerz, von anderen getrennt zu sein, ertragen müßte. Ich säße nicht mehr gefangen in einem Körper, der äußerst beschädigt und von qualvollen Schmerzen gepeinigt war. So stieg ich in den Fluß und fühlte, wie mich flüssiges Licht umgab.

Schimmerndes, leuchtendes Licht floß sanft zu meinen beiden Seiten. Doch bevor ich die andere Seite des Flusses erreichen konnte, hörte ich eine Stimme in mir widerhallen: »Du kannst nicht hierbleiben. Es gibt etwas, das du tun mußt.« »N-e-i-n«, schrie ich und wehrte mich mit aller Kraft. Ich hatte das Gefühl, mit einem Lasso eingefangen und in meinen Körper zurückgezogen zu werden.

Als ich aufwachte, lag ich in einem Krankenhausbett und kämpfte um mein Leben. Der Körper, in den ich zurückgezwungen worden war, wies schwere Verletzungen auf. Die Kugel des Schützen war von meinem Rückgrat abgeprallt und steckte in der Lunge, nachdem sie meine Milz und eine Nebenniere weggerissen hatte. Auch mein Magen, ein Lungenflügel und mein

Dünndarm waren beschädigt. Man entfernte schließlich eine Niere und pflanzte mir ein achtzehn Zentimeter langes Plastikröhrchen ein, das meine Aorta ersetzte.

Obgleich dieser Angriff auf mein Leben eine entsetzliche Erfahrung war, hatte sich dabei auch etwas Geheimnisvolles und Magisches ereignet, das den Lauf meines Lebens für immer verändern sollte.

Meine Wahrnehmung vom Leben und von meiner Umwelt hatte sich vollkommen und endgültig gewandelt. Obwohl ich viele Wunden zu heilen hatte – nicht nur die von der Kugel verursachten physischen Wunden, sondern auch tiefe emotionale Wunden, die von einer in falsche Bahnen geratenen Kindheit herrührten –, »wußte« ich doch, daß mir all das nicht zufällig widerfahren war. Ich »wußte«, daß ich in meinem Leben geführt wurde und es einen tieferen Grund für meine Existenz gab. Ich war nicht aus der symphonischen Welt des Lichts und der Einheit, die ich für kurze Zeit erlebt hatte, der Welt zurückgegeben worden, um eine Heilungsmethode für Krebs zu erfinden oder eine umwälzend neue Philosophie zu präsentieren. Meine Mission war einfach diese: alles Leben zu akzeptieren und zu lieben, die tiefen Verbindungen zwischen allen Dingen zu erfahren.

In diesen wenigen Momenten, die ich im Reich des Todes verbrachte, war meine Wahrnehmung des Lebens völlig und definitiv verändert worden. Nach meiner Rückkehr schien alles so wie vorher zu sein, und doch war alles völlig anders. Vor dem Schuß dachte ich, »ich« sei mein Körper. Ich dachte, »ich« stürbe, als mein Körper starb. Ich war in einer Familie von Wissenschaftlern aufgewachsen, und man hatte mich gelehrt, daß die einzig wahre Realität jene sei, die man nach physischen Maßstäben testen und messen kann. Nach meiner Nahtod-Erfahrung glaubte ich nicht mehr, daß mein Leben mit der Geburt begann und mit dem Tod enden würde. Ich glaubte nicht länger, daß ich von anderen Wesen getrennt bin. Die Zeit schien nicht mehr starr und endlich zu sein. Ich nahm das mich umgebende Universum als etwas Geschmeidiges, Formbares, Veränderliches und nicht als etwas Lineares, Festgefügtes wahr. Auf dem Planeten ist alles lebendig. Alles Leben ist kostbar.

Ich begann, jenes Licht wahrzunehmen, das vermeintlich unbeseelte Gegenstände ausstrahlen. Ich konnte die Lieder des Grases und die tief resonanten Gesänge der Bäume hören. Jeder Gegenstand auf diesem Planeten bestand nicht nur aus physischer Materie, sondern war auch von pulsierendem Licht durchdrungen und schwang in harmonischen Tonfrequenzen. Jeder Sonnenaufgang war ein Wunder. Jede Blume eine herrliche Schöpfung, eine bemerkenswerte Mischung aus Licht und Liebe. Jeder Moment war erfüllt von Farbe, Ton, Form und Lebenskraft. Ich konnte das tiefe Seufzen von Mutter Erde unter mir vernehmen. Ich konnte die sanften Lebenskadenzen der Erde durch meine Füße hindurch spüren. Ich nahm die hoch aufsteigenden Energiewirbel der mich umgebenden Luft bewußt wahr. Alles war vom Großen Geist auf unendliche und doch persönliche und liebevolle Weise durchdrungen.

Meine Nahtod-Erfahrung brachte mich zur Überzeugung, daß wir alle Manifestationen reiner Energie sind, unendlich und ewig, und daß wir alle in innigster Verbindung miteinander stehen. Ich glaube, daß um uns herum alles ein Teil dieser ewigen Energie ist und daß wir ständig auf die uns umgebenden Energiefelder reagieren, auch wenn wir sie nicht bewußt wahrnehmen. Ich glaube, daß wir die angeborene Fähigkeit besitzen, das Universum um uns herum zu erschaffen und sich manifestieren zu lassen. Ich glaube auch, daß wir die Energiefelder unseres Zuhauses so beeinflussen können, daß sie zu einem positiven Energiemandala für unser Leben werden.

Nach diesem Ereignis wurde mein Leben zu einer Pilgerreise. Ich wollte die Erfahrungen, die ich auf »der anderen Seite« gemacht hatte, besser und tiefer verstehen. Ich wollte auch mehr über das Heilen lernen. Meine Verwundungen waren so gravierend, daß die Ärzte meinen Eltern mitteilten, daß ich nicht mehr lange zu leben hätte, und falls doch, würde ich für den Rest meines Lebens behindert bleiben. Doch meine Begegnung mit dem Unendlichen setzte eine Heilkraft in mir frei, die sich durch die mich umgebenden Zweifel, Schmerzen und Begrenzungen hindurchbrannte, und so wurde ich sehr rasch gesund.

Ich interessierte mich also für das Wesen des Heilens und wollte etwas über alternative Heilsysteme lernen. Glücklicherweise begegnete ich auf meinem Weg einigen ganz besonderen Lehrerinnen und Lehrern. Meine erste Lehrerin vor 25 Jahren war eine wunderbare hawaiianische Kahuna (Schamanin) namens Morna Simeona. Sie lehrte mich die Energie und das Bewußtsein in allen Dingen zu erkennen. Sie sprach ganz sachlich und nüchtern mit den Bäumen und den Menehunes (hawaiianische Elfen). Die inneren Reiche waren für sie so wirklich wie für uns die äußeren.

Während dieser Zeit organisierte ich auch einige der ersten für Westler gedachten Kurse mit einer bemerkenswerten Frau japanischer Herkunft: Hawayo Takata brachte mir bei, wie wir mit Hilfe eines Systems, Reiki genannt, Energie durch unseren Körper leiten können, um andere zu heilen. Ergänzt wurde diese Ausbildung durch einen Shiatsumeister, der mich das Energiesystem der Meridiane (das alte asiatische System der Energiebahnen und -koordinaten im Körper, das der therapeutischen Anwendung von Akupunktur und Akupressur zugrunde liegt) lehrte. Mein Lehrer Tanzende Feder, ein Medizinmann vom Stamm der Taos Pueblo, lehrte mich die Macht der Einfachheit, Demut und Bescheidenheit als Grundkräfte der Heilung und Veränderung in allem Leben.

Ich hatte auch das große Glück, die Gelegenheit zu erhalten, von den Maoris auf Neuseeland, den Aborigines Australiens und den Zulus im afrikanischen Bophuthatswana zu lernen. Zusätzlich stehe ich in tiefer Dankesschuld für alles, was ich durch meine eigenen indianischen Traditionen und die eingetragene Mitgliedschaft im Cherokee-Stamm erlernte. Meine heilerische Arbeit, die ich in den letzten 24 Jahren geleistet habe, gründet sich fast völlig auf die drei Prämissen, die diese Stammesleute für mich wiedererweckten und bekräftigten: Alles besteht aus sich ständig wandelnder Energie; wir existieren nicht von unserer Umwelt getrennt; alles verfügt über Bewußtsein.

Mein Interesse am Heilen von Wohnräumen erwuchs aus meiner Arbeit als Heilerin und Lehrerin und aus meinem Verständnis dieser drei Prinzipien. Vor allem wurde ich mir nach Hunderten von Heilseminaren, die ich im Laufe der Jahre abhielt, der Macht bewußt, die dem Raumklären innewohnt. Ich merkte allmählich, daß der Erfolg der Seminare oft ebensoviel mit der

Energie und Anordnung des Seminarraums zu tun hatte wie mit meinen Fähigkeiten. Je besser die Energie im Raum war, desto leichter hatte ich es. Oft hielt ich das gleiche Seminar in zwei verschiedenen Räumen ab, und immer waren die Resultate in dem einen Raum bemerkenswert, während sie im anderen Raum weniger zufriedenstellend ausfielen. Dieser Unterschied war meiner Meinung nach nicht nur psychologisch zu erklären. Man hätte etwa meinen können, daß ein Raum mit einem schönen Ausblick psychisch gesehen günstiger war und zu besseren Resultaten führen würde. Doch das war nicht immer der Fall. Es schien irgend etwas zu geben, das inhärent mit dem jeweiligen Gebäude zu tun hatte und zu außerordentlichen Heilerfolgen führte.

Dieses Phänomen beobachtete ich auch innerhalb eines Seminarraums. Oft gab es Bereiche im Raum, wo die Heilerfolge augenfälliger waren als anderswo. Ich konnte zehn Seminare im gleichen Raum mit jeweils völlig verschiedenen Menschen und Inhalten abhalten, und immer war da ein Bereich, wo die Menschen vor Enthusiasmus über ihren Seminarerfolg übersprudelten, ein anderer, wo sich Leute von Vorfällen aus ihrer Kindheit emotional befreiten, und eine weitere Ecke, in der die Menschen in sich gekehrt und still blieben.

Als ich dieses Phänomen an einem bestimmten Ort immer wieder beobachtete, obwohl ich dort völlig verschiedene Seminare für ganz unterschiedliche Gruppen durchführte, schöpfte ich den Verdacht, daß die physische dynamische Struktur des Raums die schüchternen Leute auf ganz natürliche Weise in die eine Ecke, stark emotionale Leute in einen anderen Bereich und extrovertierte Leute an eine dritte Stelle hinzog. Also experimentierte ich: Von Zeit zu Zeit holte ich immer wieder Personen aus der »Rückzugsecke« und ließ sie im »übersprudelnden« Bereich des Raumes Platz nehmen. Schon bald agierten sie dort ebenso enthusiastisch wie die anderen.

Das gleiche Phänomen zeigte sich auch in meiner Privatpraxis. Irgend etwas schien dem Raum, in dem ich arbeitete, innezuwohnen, das meine Arbeit förderte oder sie behinderte. Wenn die Energie stimmte, blieb mir im Grunde nichts mehr zu tun übrig. *Der Heilungsprozeß setzte einfach dadurch ein, daß sich die Menschen in diesem Raum aufhielten!*

Dann beobachtete ich dasselbe Phänomen in meinem Garten. Es gab da eine Stelle, wo alles hervorragend wuchs, und ganz in der Nähe – dieselbe Erde, das gleiche Maß an Sonne, Wind, Wasser und Dünger – krümmten sich die Pflanzen und siechten dahin. Allmählich dämmerte mir die Erkenntnis, daß es Energiefelder an Orten und in Wohnräumen gibt, die unsere Gefühle, Empfindungen und Heilungsprozesse beeinflussen können. Mir wurde klar, daß wir auf diese Energiefelder einwirken und sie so verändern können, daß sie unsere Gesundung und unser inneres Gleichgewicht fördern.

Wenn ich einen Seminarraum betrete, steht mir eine begrenzte Anzahl an Variablen zur Verfügung, mit deren Hilfe ich die Energie des Raums regulieren kann. Zu den Dingen, auf die ich Einfluß nehmen kann, gehört gewöhnlich die Sitzanordnung. Ich habe schon so manchen Hotelmanager zur Verzweiflung getrieben, weil ich vor Seminarbeginn zunächst einmal die Energie im Konferenzraum reinige, und zwar mit so uralten Techniken wie dem Schwingen einer Feder und dem Anstimmen indianischer Gesänge. Dann beginne ich, die sorgsam und ordentlich aufgereihten Stühle zu neuen Formationen herumzuschieben und zu schubsen, das heißt, ich probiere eine Formation nach der anderen aus, bis ich eine gefunden habe, die dazu beiträgt, daß die Energie im Raum leichter fließt. Manchmal habe ich auch schon die Bühne an eine andere Stelle des Raums versetzen oder die Tonanlage umbauen lassen. Das ist zwar der Alptraum eines jeden Hotelmanagers, doch die Heilerfolge während des Seminars fallen dramatischer und machtvoller aus.

Im Rahmen meiner Privatpraxis entdeckte ich außerdem, wie nützlich es ist, die Wohnung einer Klientin oder eines Klienten in den Heilungsprozeß mit einzubeziehen. Zum Beispiel kam ein junger Mann zu mir, der schon seit vielen Monaten unter einer schweren Depression litt. Zwar war er in ärztlicher Behandlung und bekam Medikamente, doch fühlte er sich nach wie vor stark deprimiert. Ich arbeite mit meinen Klienten sehr individuell. Manchmal beziehe ich in eine Therapie das vergangene Leben mit ein, manchmal schlage ich eine Veränderung der Eßgewohnheiten vor, manchmal wende ich Shiatsu oder Handauflegen an. In seinem Fall hatte ich jedoch die Eingebung, mit seiner Wohnungsenergie zu arbeiten. »Erzählen Sie mir etwas über Ihre Schubladen«, sagte ich.

»Was?!«

»Sagen Sie mir, wie Ihre Schubladen aussehen.«

»Meine Schubladen? Na ja, sie sind wirklich sehr unordentlich.«

»Wann haben Sie sie zum letzten Mal ausgemistet?«

»Kann ich mich nicht dran erinnern«, erwiderte er.

»Ich möchte, daß Sie nach Hause gehen und Ihre Schubladen ausmisten und reinigen. Fangen Sie in Ihrem Schlafzimmer an. Haben Sie für heute irgend etwas vor?«

»Nein«, sagte er völlig verwirrt. Er war zu mir gekommen, weil er eine Depression hatte, und ich redete über Haushaltsdinge. Das ergab für ihn keinen Sinn.

Ich fragte ihn, ob er bereit sei, schnurstracks nach Hause zu fahren und sich systematisch durch seine Schubladen zu arbeiten und alles zu entfernen, was er nicht mehr brauchte oder nicht mochte. Er war verwirrt, aber willigte ein. Ich sagte ihm, daß ich ihn in vier Stunden anrufen würde, um zu sehen, wie es ihm ging. Noch immer reichlich irritiert, fuhr er nach Hause. Als ich ihn vier Stunden später anrief, war er aufgeregt und sehr überrascht.

»Ich kann's nicht glauben! Ich fühle mich so gut. Ich habe schon so viele Therapien ausprobiert und mich noch nie so gut gefühlt. Wie ist es möglich, daß das bloße Ausmisten meiner Schubladen und das Wegwerfen von Sachen so viel ausmacht?«

Ich erklärte ihm, daß unsere Wohnung auf symbolische Weise unsere eigene Person repräsentiert, daß sie in einem tieferen Sinn eine Erweiterung unserer Person darstellt. Ich sprach davon, daß unsere Wohnung ein Mandala für uns ist. Verändere das Mandala, und es verändert deine Energie. Ich erklärte ihm, daß sein Mandala durch die Säuberung seiner Schubladen verändert wurde. Indem er all die Dinge los wurde, nahm er an einem symbolischen Akt der Befreiung von allem, was er in seinem Leben nicht mehr benötigte, teil.

Symbolische Handlungen haben eine große Kraft. Die Befreiung seiner Schubladen von allem Gerümpel löste eine entsprechende Befreiung vom emotionalen Gerümpel seines Lebens aus.

Schließlich konnte ich ihn in seiner Wohnung besuchen und die Energien dort reinigen und klären. Doch meinem Gefühl nach begann die wirkliche Heilung, als er mit dem Ausmisten seiner Schubladen einen symbolischen Befreiungsakt vornahm. Nach wenigen Wochen war er ein glücklicher Mann, fand einen Job und litt nicht mehr unter Depressionen.

Immer wieder wurde mir in meiner Heilpraxis klar, welchen Einfluß die Wohnung eines Menschen auf seine persönlichen Energiefelder hat. Ich beobachtete, daß durch die Veränderung ihrer Energie ganz wesentliche Veränderungen in der Gesundheit, den Beziehungen, im Wohlstand und in der Kreativität des Betreffenden bewirkt werden können.

Meine Ausbildung im Raumklären nahm verschiedene Formen an. Meine erste Lehrerin, eine hawaiianische Kahuna, lehrte mich, wie wichtig es ist, die Energie des Heims eines Menschen zu reinigen und auszubalancieren. Sie brachte mir bei, wie man Austreibungen in einem Haus durchführt und auch erdgebundene Geister (Gespenster) exorziert.

Mein Shiatsulehrer vermittelte mir Kenntnisse über die Akupressurpunkte des Körpers, und durch diese Ausbildung gewann ich Einsichten in die Akupressurpunkte von Wohnungen und ihrem Umfeld.

Während der beiden Jahre, die ich in einem buddhistischen Zenkloster verbrachte, lernte ich einiges über die Kraft der Einfachheit und der Plazierung von Gegenständen.

In der Zeit, die ich mit den Kulturen von Ureinwohnern zubrachte, erlernte ich Techniken zur energetischen Reinigung von Räumen, die von Generation zu Generation weitergegeben worden sind.

Dieses Buch stellt eine Zusammenfassung meiner Ausbildung dar in Verbindung mit meinen persönlich gewonnenen Einsichten darüber, wie Sie Ihr Zuhause in eine lebendige und geheiligte Stätte verwandeln können.

Bei allen hier vorgestellten Techniken sollten Sie daran denken, daß

▷ jede Technik, die Sie anwenden, die Myriaden von Energiefeldern in Ihrem Zuhause beeinflußt;

- ▷ Sie auch Ihr Leben mit reinigen, wenn Sie Ihr Haus reinigen, denn Ihr Haus spiegelt Ihre Person wider – eine Veränderung der Energien Ihres Hauses verändert Ihre Energie;
- ▷ Ihr Zuhause ein Bewußtsein hat und daß alles, was Sie tun, um auf seine Energie in positiver Weise einzuwirken, Ihre Beziehung mit einer lebendigen bewußten Wesenheit verbessert.

3

Die vier Grundschritte des Raumklärens

Bitte lesen Sie dieses Kapitel, bevor Sie irgendeine der in den folgenden Kapiteln vorgestellten Techniken und Methoden anwenden.

Das Energiefeld Ihres Heims kann zu einem Leuchtturm im riesigen pulsierenden Panorama der Energie und spirituellen Lebenskraft, das unser Kosmos darstellt, werden. Es kann ständig die Energie der Myriaden von Kräften empfangen, die es umgeben, und seinerseits seine eigene, einzigartige Energie, seinen eigenen reinen und individuellen Funken an Bedeutung und Stärke aussenden. Wenn Sie die Energien Ihres Zuhauses gereinigt und in Harmonie zueinander gebracht haben, kann es als Sammelpunkt und als Sendestation von Energie fungieren. Es kann zu einer Insel des Friedens in Raum und Zeit werden, die die Liebe und Klarheit des Universums anzieht und diese Qualitäten wieder in die Welt ausstrahlt. Um das zu erreichen, müssen Sie beim Raumklären zunächst vier grundlegende Schritte beherrschen, die Ihnen in diesem Kapitel überblicksweise vorgestellt werden:

1. Vorbereitung
2. Reinigung
3. Anrufung
4. Bewahrung

Dies ist die Grundlage, auf der wir mit den speziellen Techniken, die Sie in späteren Kapiteln erlernen, aufbauen werden. Sie kann Ihnen als eine Art Grundstruktur dienen, die es Ihnen gestattet, mit den verschiedenen Techniken und entsprechend den Bedürfnissen, die sich aus den jeweiligen Situationen ergeben, improvisierend zu arbeiten. Es folgen nun die Schritte, die Sie beim Raumklären als erstes in Angriff nehmen müssen, im einzelnen.

Vorbereitung

Die Vorbereitung auf das Raumklären kann vielerlei Formen annehmen; es ist aber wichtig, daß Sie sich auch in irgendeiner Weise persönlich innerlich vorbereiten. Dazu gehören zwei wesentliche Dinge: Erstens müssen Sie sich über Ihre Absicht im Hinblick auf Ihre Energiearbeit völlig im klaren sein, und zweitens müssen Sie sich mit Hilfe von spirituellen und körperlichen Übungen vorbereiten.

Werden Sie sich über Ihre Arbeit klar

Der Energiefluß folgt der Absicht

Bei jeder Energiearbeit spielt Ihre Absicht eine äußerst wichtige Rolle. Dabei geht es nicht nur um die Ihnen bewußte Absicht, sondern auch um Ihre unterbewußte oder innere Absicht. Ihre innere Absicht bestimmt das Ergebnis Ihrer Arbeit. Es ist wesentlich, daß Sie darüber nachdenken, mit welcher Absicht Sie das Raumklären betreiben, die Energiefelder Ihres Zuhauses reinigen, ausbalancieren und aufladen wollen. Wurzelt die Absicht in einer positiven, starken Energie, wird das Raumklären leicht, schön und fließend vonstatten gehen. Das Nachdenken über Ihre Absicht bietet Ihnen auch eine gute Möglichkeit, Ihr Bewußtsein von den inneren Räumen Ihres Zuhauses allmählich zu erweitern und mit ihnen in Interaktion zu treten. Stellen Sie sich folgende Fragen:

Mit welcher umfassenden Absicht will ich das Raumklären durchführen?
Wenn Ihre umfassende bewußte *und unterbewußte* Absicht darin besteht, eine erhebende und aufbauende Energie einem Haus zum Wohl seiner Bewohner und zum Wohl der Menschheit zuzuführen ... so wird es geschehen. Wenn Ihre umfassende Absicht darin besteht, einen sicheren und magischen Zufluchtsort für

Ihre heranwachsenden Kinder zu schaffen ... wird es geschehen. Ihre Absicht läßt sich mit einer Reise vergleichen. Die umfassende Absicht ist Ihr Ziel, und die spezifischen Absichten sind gleichsam die Wegweiser. Nehmen Sie sich Zeit, um herauszufinden, welches Ziel Sie für Ihr Haus und seine Bewohner anstreben. Zu welchem Zweck unternehmen Sie das Raumklären?

Ihre umfassende Absicht läßt sich auch mit dem Bau eines Hauses vergleichen. Zunächst wird das Haus in seinen Grundstrukturen, seinem Grundgerüst errichtet, alles andere wird danach um dieses herum gebaut. Ihre Absicht stellt die Struktur für Ihr Vorhaben dar. Wenn Sie erst einmal diese Grundstruktur geschaffen haben, wird sich alles andere an diese Energieform anlagern.

Finden Sie die umfassende Absicht heraus, die Ihrem Gefühl nach für den Raum, an dem Sie energetisch arbeiten wollen, die »richtige« ist. Sie könnten zum Beispiel zur Schönheit und Heiterkeit Ihres Zuhauses oder zur Gesundheit und zum Wohlbefinden seiner Bewohner beitragen wollen. Oder möchten Sie eine Umgebung schaffen, in der Sie sich mit jener schöpferischen Arbeit befassen können, von der Sie schon Ihr ganzes Leben lang geträumt haben? Vielleicht möchten Sie auch einen warmen und herzlichen gesellschaftlichen Mittelpunkt herstellen, einen Ort, wo sich Freunde und Familie treffen und ihre Hoffnungen, ihr Lachen und ihre Tränen miteinander teilen können. Eine andere umfassende Absicht könnte die Schaffung eines Orts des Wohlstands und der Fülle sein.

Nehmen Sie sich Zeit, um all dies abzuklären, deutlich zu definieren, es aufzuschreiben und sich mit Ihrer Absicht im Einklang zu fühlen. Es kann sein, daß Sie dafür Zeit und Geduld aufwenden müssen, doch dieser erste Schritt ist ein sehr *wesentlicher*. Er bedeutet gleichsam die Bearbeitung des Bodens, bevor Sie den Samen in die Erde pflanzen können. Ihre Investition an Zeit und Energie wird Ihnen um ein Vielfaches wieder zugute kommen. Wenn Sie sich über Ihre umfassende Absicht im klaren sind, brauchen Sie nicht mehr weiter an sie zu denken.

Ihre Absicht wird sich während des Raumklärens in Ihr Zuhause einprägen, auch wenn Sie nicht ständig an sie denken.

Sie brauchen nicht unentwegt an Ihre Absicht zu denken, weil sie von Ihrem persönlichen Energiefeld ausgestrahlt wird, wenn

Sie hernach an Ihrem Raum arbeiten. Ihre Absicht prägt sich in Ihr Energiefeld ein, und alle Techniken, die Sie anwenden, arbeiten dann in Übereinklang mit Ihrer ausgestrahlten Absicht.

Das, was Ihnen während Ihrer energetischen Arbeit am Raum zu *Bewußtsein* kommt, ist nur ein kleiner Prozentsatz dessen, was sich tatsächlich ereignet. Vielleicht stellen Sie intuitiv einen leuchtenden Kristall ins Fenster, doch was Sie für einen nachträglichen Einfall halten, kann tatsächlich verändern und positiv beeinflussen; was vorher im Bereich des Wahrscheinlichen war, wird eine Reihe von Ereignissen mit weitreichenden Konsequenzen in Gang setzen. Wenn Ihre Absicht klar und fokussiert ist, wird alles, was Sie bei Ihrer energetischen Arbeit tun, zu einer machtvollen Handlung. Je klarer Sie zu Beginn des Prozesses Ihre Absicht artikulieren, desto größer und nachhaltiger sind die Auswirkungen.

Welche speziellen Ergebnisse will ich für mich selbst und die anderen Hausbewohner erzielen?

Entscheiden Sie, nachdem Sie Ihre umfassende Absicht präzise abgeklärt haben, welche sofortigen und speziellen Ergebnisse Sie erzielen möchten. Besteht Ihre umfassende Absicht zum Beispiel darin, daß Sie eine liebevolle und schöpferische Energie in Ihren Räumen erzeugen wollen, so könnte Ihre spezifische Absicht darin bestehen, daß die veränderte Energie im Haus es Ihnen ermöglichen soll, leicht und kreativ Gedichte zu schreiben. Diesem spezifischen Ziel können dann kleinere Ziele untergeordnet werden. So könnten Sie zum Beispiel beschließen, daß Sie sich zum Schreiben einen schönen, von den allgemeinen Wohnräumen des Hauses abgesonderten Arbeitsraum schaffen sollten. In diesem Fall müssen Sie dann entscheiden, welche Merkmale und Eigenschaften dieser Raum (oder Raumbereich) aufweisen muß, um Ihrem übergeordneten Ziel möglichst förderlich zu sein.

Wenn Ihre umfassende Absicht darin besteht, einen gesellschaftlichen Mittelpunkt für Freunde und Familie zu schaffen, dann überlegen Sie sich, mit welchen spezifischen, von Ihrem Herzen diktierten Elementen sich das verwirklichen läßt. Soll der gesellschaftliche Mittelpunkt Ihres Heims in der Küche angesiedelt sein mit viel Licht und einem großen Tisch aus Eichenholz in der Mitte? Versammeln sich dort lachend und schwatzend die

Leute, während Sie köstliche und nahrhafte Mahlzeiten zubereiten? Oder sehen Sie sich eher mit Ihren Freundinnen und Freunden in abendlicher Ruhe in warmem Licht und eventuell vor einem knisternden Kaminfeuer versammelt? Finden diese Zusammenkünfte aus reinem Vergnügen statt, oder beschränken sie sich auf eine gemeinsame Sache wie zum Beispiel den Umweltschutz?

Sie können diese umfassende Absicht mit einer Luftaufnahme aus einem Flugzeug vergleichen, während sich Ihre spezifischen Absichten auf die Erde richten, sich auf die Straße konzentrieren, das Haus, in dem Sie leben, seine inneren Räume, die Möbel, die Bücher auf dem Tisch, die Blumen in der Vase – auf all die Einzelheiten, die in der Folge Ihre umfassende Absicht zum Leben erwecken.

Hinsichtlich der spezifischen Absichten wäre es vielleicht angebracht, mit den anderen Mitgliedern des Haushalts zu sprechen und sie zu fragen, wie ihre präzisen Ziele und Visionen für die Dauer ihres Aufenthalts an diesem Ort aussehen. Was sind ihre Träume, wie sehen sie das Ganze? Es kann sehr nützlich sein, wenn sich alle zusammensetzen und die Ziele des Raumklärens diskutieren. Sprechen Sie vor allem darüber, was jedes Haushaltsmitglied fühlen und empfinden möchte, wenn es sich zu Hause aufhält. Oft hilft es, wenn Sie als Gruppe sowohl die umfassende Absicht wie auch die spezifischen Absichten aufschreiben. Das bringt Sie nicht nur als Gruppe enger zusammen, sondern alle teilhabenden Personen tragen energetisch zum Vorhaben bei und werden persönlich und kollektiv stärker von der neuen, das Zuhause durchströmenden Energie profitieren.

Welche langfristigen Ergebnisse erwarten Sie?
Während Sie Ihre Absichten klären, achten Sie auch darauf, daß Sie die langfristigen Ergebnisse in Ihre Vision mit einbeziehen. Einige Beispiele:

1. Umfassende Absicht: Ein der künstlerischen und kreativen Tätigkeit förderliches Zuhause.

Spezifische Absichten: Räumen Sie ein selten genutztes Zimmer aus, schaffen Sie die für ein Atelier geeigneten Lichtverhältnisse, nehmen Sie sich jede Woche Zeit zum Malen.

Langfristige Ergebnisse: Das Malen und der Verkauf von Bildern, die Erkundung des kreativen Potentials.

2. Umfassende Absicht: Ein Zuhause, das zur spirituellen Entwicklung aller Bewohner beiträgt.

Spezifische Absichten: Einrichten eines schönen Meditationsraums mit einem Altar; Gegenstände und Farben in der Wohnung, die ein spirituelles Gefühl vermitteln; tägliche persönliche Meditationszeiten innerhalb der normalen Alltagsroutine.

Langfristige Ergebnisse: Alle Haushaltsmitglieder entwickeln ein verstärktes Gefühl des Verbundenseins mit ihrer spirituellen Quelle. Sie fühlen sich auf der physischen und spirituellen Ebene vitaler und mit zusätzlicher Energie ausgestattet.

3. Umfassende Absicht: Ein Heim der Fülle und des Wohlstands.

Spezifische Absichten: Ein erhöhtes Arbeitseinkommen, Gegenstände im Heim, die das Gefühl von Fülle (zählen Sie auf, welche das sein könnten) und der Erfüllung Ihrer persönlichen Träume (z. B. Kreuzfahrt auf einem Luxusdampfer) aufkommen lassen.

Langfristige Ergebnisse: Ein stetig wachsendes Gefühl des Überschwangs und das Wissen, daß immer genug im Haus vorhanden ist, um Ihre Bedürfnisse zu erfüllen.

Ihre Liste der spezifischen Absichten kann sehr lang oder auch relativ kurz sein. Versuchen Sie, sich ein möglichst klares Bild Ihrer langfristigen ins Auge gefaßten Ergebnisse zu machen. Dabei können Sie ein wunderschönes geistiges Bild gestalten, das auch Ihre geringsten Handlungen mit einem wunderbaren Gefühl von Zweck und tiefer Bedeutung erfüllt. Auf diese Weise können Sie ein Mandala für die Zukunft erschaffen, an das sich in den Monaten nach dem Raumklären Energie anlagern wird.

Spirituelle und physische Vorbereitung

Entscheiden Sie am Tag vor dem Ritual des Raumklärens, welche Methode(n) Sie anwenden wollen. Vergewissern Sie sich, daß Sie über alle Dinge verfügen, die Sie dazu benötigen. Es gibt die verschiedensten Anleitungen zur Vorbereitung. Hier meine persönlichen Richtlinien:

Der Tag davor

Eine der schnellsten Methoden zur energetischen Reinigung eines Raumes besteht einfach darin, ihn aufzuräumen und zu säubern. Fast jedermann merkt, wie er sich davor und danach fühlt. Die allgemeine Beseitigung der Unordnung stellt nicht nur einen psychologischen Unterschied im Empfinden dar, sondern es verändern sich auch auf subtile Weise die von den Menschen gespürten Energiefelder. Ich glaube nicht unbedingt an ein zwanghaft ordentliches Heim, sondern halte es für wichtig, daß Sie sich in Ihrem Zuhause wohl, kreativ und entspannt fühlen. Wenn Sie keine Lust verspüren, nach dem Essen das Geschirr abzuspülen, und es lieber bis zum nächsten Tag stehenlassen, dann folgen Sie Ihrer Empfindung. Wenn Ihnen danach ist, Ihre Klamotten beim Ausziehen einfach in die Gegend zu schmeißen, lassen Sie sie segeln. Mein Zuhause ähnelt oft einem größeren Katastrophengebiet. Doch vor einem Raumklären sollten Sie Ihre Wohnung reinigen. Je gründlicher, desto besser. Putzen Sie die Fenster. Staubsaugen Sie unter dem Bett. Verpassen Sie Ihrer Wohnung einen wirklich gründlichen Putz. Das wird die Energiearbeit erleichtern und Ihrem Zuhause ein stärkeres Energiefeld verschaffen.

Die Nacht davor

Essen Sie am Abend davor nichts oder nur etwas Leichtes, damit Sie nicht mit vollem Magen zu Bett gehen.

Bereiten Sie alle Gegenstände vor, die Sie am nächsten Tag benötigen. Reinigen Sie sie mittels Räuchern (siehe Kapitel 6) oder indem Sie sie, falls das Wetter danach ist, einige Stunden lang der Sonne aussetzen. Wenn Sie bei Ihrem Ritual etwa eine Rassel verwenden wollen, reinigen Sie sie symbolisch. Setzen Sie die Rassel dem Rauch von Salbei oder irgendwelchem Räucherwerk aus. Reinigen Sie auch die Kleider, die Sie beim Ritual zu tragen beabsichtigen. Versichern Sie sich, daß sie sich in einem sauberen Zustand befinden, und setzen Sie sie (wenn möglich) einige Stunden der Sonne aus, oder bestreichen Sie sie mit Rauch.

Bitten Sie, bevor Sie zu Bett gehen, den Großen Geist, mit Ihnen in Ihren Träumen zu arbeiten, um Sie auf Ihr Unternehmen vorzubereiten. (Wenn ich vom »Großen Geist« spreche, meine ich all das, was von Ihrem Gefühl her für Sie Das Gute auf einer höheren Ebene darstellt, sei das nun ein persönlicher Gott oder eine Göttin oder ein ganz spezielles Gefühl, das Sie in einem Hain mit prachtvollen und stattlichen Bäumen überkommt, oder Ihre Überzeugung, daß jedem menschlichen Wesen das Potential zum Guten innewohnt.) Verbinden Sie sich mit Ihrer Vorstellung von diesem Großen Geist, und bitten Sie darum, daß jede Zelle Ihres Körpers von ihm erfüllt werden möge, während Sie schlafen, auf daß Sie am nächsten Tag machtvoll darauf vorbereitet sein mögen, als Energiekanal zu wirken.

Das Aufstehen

Um die bestmöglichen Ergebnisse zu erzielen, stehen Sie vor Sonnenaufgang oder in den frühen Morgenstunden auf. Zu diesem Zeitpunkt ist die Energie der Erde frischer und potenter.

Meditieren Sie, bitten Sie Ihre persönlichen Führer und Hüter sowie den Großen Geist um Anleitung und Beistand. Projizieren Sie Ihre Energie auf den Tag, und visualisieren Sie, wie Sie von Raum zu Raum gehen und das Energiefeld reinigen, ausbalancieren und wieder aufbauen. Stellen Sie sich dann vor, daß das Ritual beendet ist und Ihr ganzes Zuhause in heller, funkelnder Energie erstrahlt.

Nehmen Sie ein Bad in Salzwasser, es dient dem Zweck der »Waschung« vor dem Ritual. Schütten Sie ein Pfund Salz ins Badewasser, und bleiben Sie mindestens zwanzig Minuten lang im Wasser liegen (siehe Seiten 123 f.). Sie können sich nach dem Bad auch abduschen. Wenn Sie keine Badewanne haben, sondern nur über eine Dusche verfügen, können Sie Ihren Körper sanft mit Salz einreiben, das Sie nach einigen Minuten wieder abduschen. In diesem Fall sollten Sie darauf achten, auch Ihre Fußsohlen mit Salz einzureiben.

Ziehen Sie die Kleidung an, die Sie sich für das Ritual zurechtgelegt haben. Tragen Sie keinen Schmuck. Ich arbeite vorzugsweise barfuß, weil dann die Fußsohlen sensibler auf die Energien der Wohnung reagieren; dies ist jedoch Ihrer Entscheidung überlassen. Versammeln Sie alle Gegenstände, die Sie benutzen werden, an einem Ort. Jetzt können Sie beginnen.

Reinigung

Die Energie in einem Raum läßt sich mit dem Wasser in einem Bergfluß vergleichen. Stellen Sie sich vor, daß der Fluß eine Krümmung macht, wobei sich allmählich Blätter, Äste und Abfall ansammeln und den kleinen Strom klaren, kalten Wassers teilweise verstopfen. Sie können sich bücken und alles entfernen, doch mit der Zeit werden sich dort erneut Blätter ansammeln. Die Reinigung des Raums ähnelt insofern der Entfernung von Abfall aus dem Flüßchen, als Sie diejenigen Stellen im Raum energetisch reinigen und aufladen können, an denen die Energie oft stagniert. Doch Sie werden feststellen, daß sie dort nach einiger Zeit wieder träge und trübe wird, weswegen Sie das Ritual regelmäßig wiederholen müssen.

Es ist wichtig, daß Sie die Gesamtenergie Ihres Zuhauses reinigen, bevor Sie neue Energiefelder aufbauen. Wenn Sie neue Energie herbeirufen, bevor Sie das alte Energiefeld gereinigt haben, ist das so, als ob Sie einen wunderschönen frischen Blumenstrauß zu alten verwelkten Blumen in einer Vase packten. Räume müssen energetisch gereinigt werden, weil ihre Energie allmählich verbraucht und abgestanden ist. Diese stockende, stagnierende Energie wirkt sich negativ auf die Gesundheit und das Wohlbefinden der Bewohner aus. Vor allem in den Raumecken sammelt sich leicht stagnierende Energie, weil Energie kreisend-spiralförmig fließt und somit an den Ecken vorbeistreicht. Krankheit und negative Emotionen führen ebenfalls zu stagnierender Energie im Raum, wie auch unter Umständen die Emanationen oder die Plazierung gewisser Gegenstände.

Es gibt viele Möglichkeiten, einen Raum von stagnierenden Energien zu reinigen. In den folgenden Kapiteln werde ich Ihnen zahlreiche Techniken und Methoden vorstellen, die Sie für Ihr Raumklären einsetzen können. Um zu entscheiden, welche Sie anwenden wollen, schlage ich Ihnen vor, an den Raum wie ein Bildhauer an einen Marmorblock heranzugehen, bevor er mit einer neuen Skulptur beginnt. Er nimmt zunächst einen großen Vorschlaghammer und haut mit schweren Schlägen die grobe Form heraus. Danach benutzt er immer feineres Werkzeug, bis er dem vollendeten Werk schließlich nur noch mit dem allerfeinsten Schmirgelpapier einen schimmernden Glanz verleiht.

Treten Sie, bevor Sie beginnen, einen Schritt zurück, und lassen Sie den Raum zu Ihnen sprechen. Stellen Sie sich ganz klar das vollendete Projekt vor, so wie ein Bildhauer oder eine Bildhauerin die im noch unbehauenen Stein verborgene komplexe Form erblickt. Wenn Sie diese Vision ganz klar vor Augen haben, nehmen Sie Ihr mächtigstes Werkzeug und fangen an, die Energie im Raum aufzubrechen und in Bewegung zu setzen. Im Verlauf Ihrer Arbeit werden Sie immer feinere Instrumente einsetzen wollen. Wenn Sie beispielsweise bei Ihrer Energiearbeit Glocken verwenden, nehmen Sie zunächst die größte und lauteste Glocke. Wenn Sie mit ihr den Raum umkreist haben, arbeiten Sie als nächstes mit einem höheren und feineren Ton, vielleicht mit einer kleineren Glocke. Benutzen Sie danach immer feinere Glockentöne. Zum Schluß verwenden Sie vielleicht eine Stimmgabel, die eine sehr feine Energie erzeugt.

Beginnen Sie, indem Sie sich von Ihrer Wohnungstür aus die mit dem Raumklären verbundene Absicht nochmals ganz klar vergegenwärtigen. Danach schlage ich folgende Schritte vor:

Öffnen Sie sich der Energie, die Ihren Körper durchfließt

Strecken und dehnen Sie sich mit jedem Teil Ihres Körpers. Die Energie durchfließt Ihren Körper über das Meridiansystem, strömt aber auch an der Oberfläche Ihrer Knochen entlang. Es ist wichtig, daß diese bioelektrische Energie, die Ihren ganzen Körper durchströmt, frei und ungehindert auch durch Ihre Gelenke fließen kann. Achten Sie also darauf, daß alle Ihre Gelenke gestreckt und gedehnt werden.

Die Aufwärmübungen von Tänzerinnen und Kampfkunst-Praktizierenden sind hier sehr nützlich. Fangen Sie zum Beispiel damit an, daß Sie langsam mit den Fingern in Richtung Decke greifen, erst mit der einen Hand, dann mit der anderen. Achten Sie darauf, daß Ihre Bewegungen langsam und fließend sind. Nachdem Sie dies einige Male wiederholt haben, strecken Sie

Ihre Arme langsam nach der einen, dann nach der anderen Seite aus, wobei Ihre Knie leicht gebeugt sein sollten. Wiederholen Sie das einige Male. Beugen Sie sich dann langsam hinunter, und strecken Sie sich nach Ihren Zehen. Das ist nur ein Vorschlag. Jede Aufwärmübung, die Ihnen wohl tut, ist gut. Tun Sie nichts, was Ihnen Schmerzen verursacht. Hier geht es um die Aktivierung des Energieflusses in Ihrem Körper, geblockte Bereiche sollen durchlässig werden, damit Freude und Licht in Sie einströmen können, die Sie dann Ihrerseits mit all Ihren Zellen und von Kopf bis Fuß wieder ausstrahlen.

Trinken Sie auch ein großes Glas »energetisiertes«, reines Wasser (siehe Kapitel 5), bevor Sie anfangen. Das fördert den bioelektrischen Energiefluß in Ihrem Körper. Es gibt verschiedene Möglichkeiten, das Wasser energetisch aufzuladen. Halten Sie entweder Ihre Hand über das gefüllte Wasserglas und stellen Sie sich vor, wie aus Ihrer Hand Regenbogenlicht ins Wasser einströmt, oder setzen Sie das Glas zwei Stunden lang dem Sonnen- oder Mondlicht aus.

Dehnen Sie Ihre Aura auf den ganzen Raum aus

Treten Sie in die Mitte des Raums, an dem Sie arbeiten wollen. Kündigen Sie sich innerlich Ihre umfassende Absicht an, und strahlen Sie sie in den Raum aus. Machen Sie nun sehr tiefe, volle Atemzüge. Erweitern Sie mit jedem Ausatmen Ihre Aura, und füllen Sie damit den Raum. Dehnen Sie sich in Ihrem Selbstgefühl aus, so daß *Sie* der Raum werden. Umfassen Sie mit jedem Atemzug den ganzen Raum, bis Sie das Gefühl haben, den Raum zu atmen.

Verrichten Sie Gebete

Werden Sie innerlich still, und schicken Sie Dankgebete für die Hilfe, die Sie bei Ihrem Vorhaben erhalten. Die besten Gebete kommen spontan aus dem Herzen und sind keine formalen oder eingeübten Gebete. Erbitten Sie vom Großen Geist Beistand und Führung für Ihr Ritual des Raumklärens.

Sensibilisieren Sie Ihre Hände

Krempeln Sie die Ärmel etwas hoch, und sensibilisieren Sie Ihre Hände. Achten Sie auf sehr saubere Hände. Eine äußerst effiziente Methode besteht darin, die Hände einige Zentimeter voneinander entfernt zu halten, und dann wiederholt langsam aufeinander zu und voneinander wegzubewegen, wobei die Handflächen einander zugewandt sind. Dabei sollte ein Gefühl entstehen, als ob sich in jeder Hand ein Magnet befände und die beiden Magnete die Hände einmal anziehen und dann wieder abstoßen. Stellen Sie sich gleichzeitig eine Lichtkugel zwischen Ihren Händen vor, die mit jeder Bewegung Ihrer Hände heller und heller wird. Begleiten Sie dies mit tiefen und vollen Atemzügen.

Umkreisen Sie den Raum

Fangen Sie in der östlichsten Ecke an, und umschreiten Sie den Raum. Erspüren Sie mit der linken Hand die Stellen, in denen sich die Energie »stickig« oder wirr anfühlt. Benutzen Sie die rechte Hand zum Reinigen mit einer Glocke, Rassel, einem Wasserzerstäuber, Salz und so weiter.

Lassen Sie sich beim Erspüren von stagnierenden Energiefeldern von Ihrem Herzen leiten. Öffnen Sie sich weit, um die Informationen durchzulassen. Machen Sie sich keine Sorgen, wenn Sie diese stagnierenden Bereiche zunächst nur unter Schwierigkeiten aufspüren. Haben Sie Geduld, und vertrauen Sie darauf, daß ein höherer Aspekt Ihres Selbst genau *weiß*, was zu tun ist, auch wenn Sie diese Bereiche nicht bewußt wahrnehmen. Mit einiger Übung werden Sie bald feststellen, wo es »hakt«. Das hängt von der Entwicklung Ihrer Intuition ab, wobei Sie sich gleichzeitig von Ihren Zweifeln und einer allzu intellektuellen Sichtweise befreien.

Sie merken vielleicht, daß Sie zuweilen mit der rechten Hand die Energie erspüren und mit der linken Hand Ihre Instrumente einsetzen möchten. Das ist völlig in Ordnung. Es ist wichtig, daß Sie tun, was für Sie optimal ist. Es kann auch vorkommen, daß Sie beide Hände zum Reinigen der Energien benötigen. Sie werden wissen, wann dies der Fall ist, wenn Sie auf den Raum hören.

Wenn Sie sich innerlich der ganzen Energie im Raum öffnen, werden Sie allmählich »hören«, was ihm abgeht, Sie werden auf die individuellen Bedürfnisse und Situationen jedes Raums adäquat eingehen können. Sie müssen Ihr Ritual den Ihnen zur Verfügung stehenden Instrumenten wie auch den Situationen, mit denen Sie der jeweilige Raum konfrontiert, anpassen.

Umkreisen Sie weiterhin den Raum, während die Energie lichter und feiner wird. Es gibt vier Anzeichen, die Ihnen mitteilen, wann ein Raum von stagnierender Energie gereinigt ist.

1. Die Farben haben mehr Leuchtkraft, wie wenn die Sonne nach einem heftigen Regenschauer wieder scheint. (Ein Zimmer mit stagnierender Energie wirkt physisch trübe und leblos.)
2. Die Töne kommen klarer und frischer. (In energetisch stagnierenden Räumen hören sie sich gedämpft an.)
3. Sie haben das Gefühl, tiefer atmen zu können. (In einem energetisch stagnierendem Raum haben Sie das Gefühl, nicht richtig atmen zu können, als ob Sauerstoffmangel herrscht.)
4. Sie fühlen sich leichter und freier. (In einem Raum mit stagnierender Energie fühlen Sie sich schwer – so als versuchten Sie durch Sirup zu waten.)

Anrufung

Nachdem Sie Ihre Wohnung von aller stagnierenden Energie gereinigt haben, werden Sie sie mit strahlendem Licht und kristallklarer Energie erfüllen wollen. Für diesen Vorgang gibt es verschiedene Bezeichnungen, wir sprechen vom *Anrufen, Weihen, Widmen* oder *Heiligen* der Energie.

Mit *Anrufen* meinen wir das Anrufen einer höheren Macht mit der Bitte um Beistand, Unterstützung oder Inspiration.

Mit *Weihen* meinen wir: etwas als geheiligt erklären, etwas feierlich einem Dienst oder Ziel weihen, etwas verehrungswürdig machen oder heiligen.

Mit *Widmen* meinen wir: etwas für eine Gottheit oder religiöse Zwecke oder für einen speziellen Gebrauch reservieren.

Mit *Heiligen* meinen wir: etwas für den heiligen Gebrauch reservieren, es heilig machen, zu etwas machen, von dem Heiligkeit oder spiritueller Segen ausgeht.

Es ist sehr wichtig, daß Sie durch eine Anrufung Energie in Ihr Zuhause bringen, nachdem Sie es gereinigt haben. Ansonsten würde das dem Reinigen einer Blumenvase entsprechen, in die Sie noch nie frische Blumen hineinstellten. Sie können die Energie mit einigen der Instrumente herbeirufen, die Sie auch für das Reinigen verwendet haben. Allerdings beabsichtigen Sie in diesem Fall statt einer Reinigung das Anrufen und Herbeirufen von Energie. Sie können zum Beispiel mit einer Glocke zunächst die stagnierende Energie aufbrechen und in Bewegung setzen und sie danach verwenden, um Energie herbei- und den Großen Geist anzurufen. Eine Trommel kann auf diese Weise ein machtvolles Instrument zur Vertreibung stagnierender Energien darstellen, später aber auch dazu verwendet werden, heilende Energie herbeizurufen.

Wenn Sie Ihre Wohnung »heiligen«, dann bitten Sie darum, daß der Große Geist Ihr Zuhause erfüllen möge. Sie rufen die Hüter seines Reichs an und bitten sie, zu kommen und Ihnen Energie der Heilung und Liebe zu bringen.

Seien Sie präzise

Wenn Sie den Großen Geist in Ihr Zuhause rufen, seien Sie sich wirklich klar darüber, in welche Richtung die Energie Ihren Wünschen gemäß fließen soll. Vielleicht möchten Sie die Energie Ihres Zuhauses dem Heilen widmen oder der Freude und dem Spaß. Ist Ihre Wohnung erst einmal energetisch gereinigt, gleicht sie einer unbemalten Leinwand: Sie können sie mit allem füllen – was immer Sie wollen. Ich schlage vor, daß Sie die Energie Ihres ganzen Zuhauses einem übergeordneten Ziel (einer umfassenden Absicht) weihen, anschließend von Raum zu Raum gehen und diesen jeweils einer spezifischen Absicht widmen. Zum Beispiel könnten Sie Ihr Zuhause dem »emotionalen Wohlbefinden der Familie« weihen und dann die Energie des Zimmers eines Teenagers, der sich mit dem schulischen Lehrstoff herumschlägt, der »Klarheit des Denkens und des Ziels« widmen. So würde die Widmung des Zimmers unter dem Schutzschirm der umfassenden Weihung des Heims stehen, aber auf die speziellen Bedürfnisse des Teenagers ausgerichtet sein. Die drei Schritte einer Anrufung ähneln den Schritten eines Reinigungsrituals.

Öffnen Sie sich der Energie, die Ihren Körper durchfließt

Nach der energetischen Reinigung Ihres Heims müssen Sie sich einer anderen Gangart bedienen, um Segen in Ihr Haus zu bringen. Sie beginnen damit, daß Sie Ihren ganzen Körper sanft »schütteln«. Lassen Sie ihn sehr locker werden. Atmen Sie einige Male tief durch, und »schütteln« Sie sich einfach. Dadurch kann das Gefühl eines feinen Vibrierens tief in Ihrem Innern entstehen, das allmählich Ihren ganzen Körper erfaßt. Sie sollten an einen Punkt gelangen, wo nicht mehr Sie sich zu schütteln beschließen, sondern geschüttelt werden. Lassen Sie Ihren Intellekt völlig los, wenn diese Phase eintritt. Während Sie sich schütteln, ziehen Sie Ihre Energie aus der Vergangenheit und Zukunft zurück. Die Zeit ist eine Erfindung, eine Illusion. Schütteln Sie die Gedanken an die Vergangenheit ab. Schütteln Sie die Sorgen um die Zukunft ab. Lassen Sie alles los, begeben Sie sich in das vollkommene Jetzt. Sobald dies geschieht, kommt es zu einer bemerkenswerten Explosion an Kreativität und Energie, die Sie ganz erfüllen wird. Lassen Sie das Schütteln allmählich abklingen, bleiben Sie einige Momente lang ganz ruhig, und seien Sie offen für die Energie, die Ihren Körper durchströmt.

Dehnen Sie Ihre Aura auf Ihr ganzes Zuhause aus

Lassen Sie die Energie, die Sie nun mit Ihrer ganzen Person und Ihrem ganzen Bewußtsein sind, Ihr Zuhause erfüllen. (Die Summe der Energie, die Sie zu einem einzigartigem Individuum macht, ist das, was wir zuweilen die Aura einer Person nennen.) Vergegenwärtigen Sie sich, welche Energie Sie in Ihr Heim zu rufen beabsichtigen. Lassen Sie nun Ihre Absicht in Energiewellen aus sich herausströmen. Erfüllen Sie mit sehr tiefen, vollen Atemzügen den Raum, wobei Sie mit jedem Ausatmen Ihre Aura ausweiten. Dehnen Sie Ihr Selbstgefühl so weit aus, daß Sie zu Ihrem Zuhause werden. Lassen Sie Ihren Atem Ihr ganzes Zuhause umfassen, bis Sie das Gefühl haben, Ihr Zuhause zu atmen.

Verrichten Sie Gebete

Finden Sie zu innerer Ruhe, und bitten Sie darum, daß wohltätige Führer und Hüter Ihr Zuhause erfüllen mögen. Auch hier eignen sich jene Gebete am besten, die spontan aus dem Herzen kommen. An dieser Stelle füge ich jedoch als Beispiel ein sehr grundlegendes Gebet zur Weihung Ihres Zuhauses ein. Wenn Sie Ihre ganze Wohnung »heiligen« möchten, dann stellen Sie sich in jenes Zimmer, das Ihrem Gefühl nach den stärksten Mittelpunkt bildet.

Möge der Schöpfer, der allen Dingen innewohnt,
kommen und dieses Haus erfüllen.
Ich bitte darum, daß dieses Haus ein Zufluchtsort ist für alle, die eintreten.
Ich bitte darum, daß von diesem Haus gute Gedanken
und gute Taten ausgehen.
Möge dieses Haus allen, die hier leben, Trost und Heilung bringen.
Möge dieses Haus ein heilendes Zentrum des Lichts
und der Liebe sein.
Dies erbitte ich im Namen des allerheiligsten Schöpfers.

Wenn Sie Ihr Gebet beendet haben, können Sie es mit einem Instrument Ihrer Wahl »besiegeln«. Wenn Sie eine Glocke benutzen, lassen Sie sie am Ende jedes Satzes erklingen und ein weiteres Mal feierlich am Ende des Gebets. Sie können am Ende des Gebets beispielsweise auch Wasser in die vier Himmelsrichtungen versprengen. Bitte denken Sie daran, daß es bei keinem Ritual auf das Instrument ankommt, sondern auf das, was in Ihrem Herzen und Ihrem Geist ist.

Wenn Sie die Segnung oder Weihung Ihres ganzen Zuhauses abgeschlossen haben, gehen Sie von einem Raum zum nächsten, rufen Sie die Energie entsprechend Ihrer jeweiligen spezifischen Absicht an. Stellen Sie sich während des Vorgangs in die Mitte des Raums. Wenn es sich um ein großes Haus handelt, sollten Sie zwar jeden Raum berücksichtigen, brauchen sich aber nicht übermäßig lange darin aufzuhalten. Beim Reinigen der Energiefelder müssen Sie sich mit jedem Schrank, jeder Nische und jeder Ecke befassen, brauchen beim Anrufen der Energie aber nicht unbedingt jeden Winkel aufzusuchen. Ihre Absicht durchströmt rasch die freien Energiepfade des gereinigten Raums. Öffnen Sie alle Türen des jeweiligen Zimmers, bevor Sie anfangen.

Sprechen Sie, wenn Sie Ihr ganzes Zuhause in dieser Weise geweiht haben, ein Dankgebet für die Hilfe, die Sie erhalten haben.

Bewahrung und Schutz

Wenn Sie Ihr Zuhause von allen stagnierenden Energien gereinigt und neue Energie eingebracht haben, sollte diese Energie auch erhalten bleiben. Ich verwende zur Bewahrung und zum Schutz dieser Energiefelder etwas, das ich die Hausbeschützer und Hausenergetisierer nenne. In Kapitel 14 finden Sie zahlreiche Beispiele dafür, was Sie zu diesem Zweck unternehmen können. Sie können etwa nach Beendigung des Anrufungsrituals einen gereinigten Quarzkristall (siehe Seiten 131 ff.) nehmen und ihn der Harmonie und dem Frieden in Ihrem Heim weihen. Wenn Sie ihm dann in einem zentral gelegenen Zimmer einen Platz zuweisen, kann er auch weiterhin seine harmonische, friedliche Energie ausstrahlen.

Sie können zur Bewahrung der Energie auch Ihre umfassende Absicht für Ihr Zuhause auf ein Blatt Papier bringen. Besorgen Sie sich dann eine Zimmerpflanze, die nur einem Zweck dienen soll, nämlich der Bewahrung dieser von Ihnen aufgebauten Energie. Falten Sie das Blatt zusammen, und stecken Sie es in die Erde nahe den Wurzeln der Pflanze. Bekräftigen Sie jedesmal, wenn Sie die Pflanze gießen, diese umfassende Absicht im Wissen, daß der Lebensgeist der Pflanze zur Energie Ihres Zuhauses beitragen wird.

Die obengenannten vier Schritte bilden die Grundstruktur für alle in diesem Buch vorgestellten Techniken. Wenn Sie sie befolgen, wird Ihr Zuhause eine wunderschöne strahlende Energie aussenden.

Wichtig ist noch zu bemerken, daß diese Techniken für die Anwendung auf Ihr eigenes Heim gedacht sind, wo sie exzellente Ergebnisse erbringen können. Benutzen Sie dieses Buch jedoch bitte nicht als Handbuch für ein professionelles Raumklären bei anderen Menschen, solange Sie nicht ein intensives Zusatztraining erhalten haben. Ich bediene mich in solchen Fällen besonderer Spezialisten, die in der Kunst des Ätherischen Designs bewandert sind. Sie können die Energiefelder in einem Haus nicht nur reinigen, ausbalancieren und neu aufbauen, sondern auch an tieferliegende psychische Belange der Hausbewohner herankommen, was für das professionelle Klären der Energien eines Hauses ein absolutes Muß darstellt.

4

Reinigendes Feuer

Ein knisterndes Feuer durchbricht die stille Nachtschwärze des Waldes. Das Feuer ist umgeben von einem großen Kreis aus runden, glatten Steinen. Ein alter Medizinmann tritt aus der schützenden Dunkelheit der Bäume und begibt sich in den heiligen Kreis. Die Arme über den Kopf erhoben, die Hände dem Nachthimmel entgegengestreckt, beginnt er langsam seine Rassel zu schütteln. Immer wieder umkreist der alte Mann das Feuer, seine knorrigen Finger umschließen den Hirschhorngriff der Rassel. Ihr rhythmischer Klang schwillt an, erreicht die Schatten der Nacht und sendet einen »Ruf« aus, der durch Zeit und Raum widerhallt. Er ruft den Geist des Feuers an. Er ruft seine Ahnen. Er ruft seine Verbündeten aus der Geisterwelt. Er ruft den Großen Geist.

Der Medizinmann bleibt abrupt stehen ... wendet sacht den Blick nach oben. Eine Sternschnuppe zieht ihre leuchtende Bahn über den Himmel. Er stößt einen leisen Seufzer aus und lächelt. Sein heiliger Kreis ist erfüllt. Er ist erfüllt. Lange sitzt er noch da in jener Nacht, sieht den letzten verglühenden Funken der Glut zu, den Sonnenaufgang erwartend.

Seit prähistorischer Zeit sind wir Menschen von der Macht des Feuers fasziniert. Und seit der erste Höhlenmensch herausfand, wie man eine Flamme entzünden und damit die Dunkelheit und Kälte vertreiben kann, gilt das Feuer als etwas Heiliges. Es wurde als Geschenk der Götter betrachtet, und man nutzte es, um einen Zugang zu den unsichtbaren Reichen der Geister zu finden. Stammesangehörige umtanzten die lodernden Flammen und beschwörten die Geister herbei. Mönche in Lamaklöstern hoch oben in den Bergen rezitierten ihre an die Götter gerichteten Gebete, wobei sie in eine einzelne Flamme blickten. Seherinnen in alten Zeiten beobachteten die Bewegungen des Feuers, um die Zukunft vorherzusagen und die Vergangenheit zu betrachten.

Das Feuer gehört wie das Wasser, die Luft und die Erde zu den Grundelementen unserer Existenz. Das Feuer fesselt uns durch seine ursprüngliche Präsenz. Feuer ist reine Energie und wird schon seit langem mit dem Großen Geist, dem Lebensfunken und der Kraft der Erneuerung assoziiert. Es kann Leben ebenso bewahren wie auch zerstören. Es kann reinigen, transformieren ... und es kann völlig vernichten. Es ist der Mittler zwischen dem Sichtbaren und Unsichtbaren, zwischen Licht und Dunkel, Energie und Form.

Feuer wurde von Anfang an für Zeremonien und Rituale eingesetzt, und im Verlaufe der Religionsgeschichte verlieh man ihm Attribute der Göttlichkeit. In der griechischen Mythologie blieb das Feuer allein den Göttern vorbehalten, bis Prometheus die heilige Flamme stahl und den Menschen schenkte. In vielen Kulturen unterhielt man ein ständig brennendes heiliges Feuer in der Mitte des Dorfes, wie etwa bei den alten Ägyptern, Persern, Griechen, Inkas und Römern. Bei den Cherokee-Indianern brannte ununterbrochen ein Allerheiligstes Feuer in einem großen, siebenseitigen Gebäude, das einmal im Jahr beim Mais-Fest neu entzündet wurde. Es sollte den Geist des Stammes zusammenhalten. Das Heilige Feuer vermittelte den Stammesangehörigen das Gefühl der Verbundenheit mit den Ahnen, den Sternen und dem jenseitigen All. In vielen Religionen assoziierte man das Feuer mit Licht und Geist. Später machten das Christentum, das Judentum und der Hinduismus vom Feuer bei heiligen Zeremonien Gebrauch.

Die Nutzung des Feuers zur spirituellen Reinigung und Segnung eines Zuhauses gehört zu den ältesten, sichersten und schnellsten Methoden des Raumklärens, da das Feuer als Katalysator zwischen dem Bekannten und Unbekannten wirken kann. Es transzendiert die Form und nimmt doch selbst eine Form an. Während es seine Nahrung verzehrt, reinigt und transformiert es auf absolute Weise. Eines der bekanntesten und verbreitetsten Symbole für Transformation ist der Phoenix, der sich in immer neuer Gestalt aus der Asche erhebt. Er entsteigt dieser Asche nicht einfach als eine neue Version seiner früheren Form, sondern erhebt sich, verwandelt in einen heiligen Geist, erhaben und verklärt in die Lüfte. Die Alchimisten glaubten, daß das Feuer »das Agens der Umwandlung« sei, daß alle Dinge aus dem Feuer entstehen und in das Feuer wieder zurückkehren.

Die Vorstellung, daß das Feuer bei Veränderungen als Katalysator wirkt, findet sich in vielen Kulturen. Wenn im alten China in einem Haus ein Feuer ausbrach, so eilten Dorfbewohner nicht allzu rasch zu Hilfe herbei, weil sie glaubten, das Feuer reinige das Haus von unausgewogenen Energien, und deshalb sei es ganz gut, wenn man es eine Weile brennen ließe. (Ich persönlich bin allerdings doch ganz froh, daß wir über Feuerwehrleute und Feuerwehrautos verfügen.)

Das Feuer bietet sich beim Raumklären in hervorragender Weise an, da es in vier wesentlichen Bereichen dieses Prozesses katalysatorisch wirksam sein kann. Zunächst läßt es sich sehr gut bei Ihrer persönlichen Vorbereitung einsetzen. Weiter kann es bei einem Ritual dazu verwendet werden, den Raum von stagnierenden und verbrauchten Energien zu reinigen. Schließlich können Sie es bei der Anrufung einsetzen, wenn Sie den Raum wieder mit lebensfördernden Energien aufladen möchten. Und wenn Sie das Feuer des Sonnenlichts in Ihre Wohnung rufen, kann es bei der Bewahrung und dem Schutz des von Ihnen aufgebauten Energiefeldes helfen.

Vorbereitung zur Energiearbeit mit dem Feuer

In diesem Abschnitt finden Sie verschiedene Techniken, mit deren Hilfe Sie den Geist des Feuers in Ihre persönliche Vorbereitung einbeziehen können, wenn Sie einen Raum mit Hilfe des Feuers energetisch reinigen wollen. Je stärker Sie sich mit dem Geist des Feuers verbinden, ihn in sich heraufbeschwören, desto stärker wird sich auch Ihr Zuhause mit den lebenspendenden Eigenschaften des Feuers füllen.

Um eine Verbindung mit dem Geist des Feuers herzustellen, gehen Sie folgendermaßen vor:

1. Setzen Sie sich still hin, und werden Sie innerlich ganz ruhig.
2. Entzünden Sie eine Kerze, und blicken Sie unerschütterlich in ihre Flamme.
3. Fühlen Sie die von der Kerze ausgehende Wärme. Stellen Sie sich vor, wie sich die Wärme der Flamme in Ihnen ausbreitet.
4. Erweitern Sie Ihr Bewußtsein, und stellen Sie sich vor, daß Sie die Sonne sind. Spüren Sie, wie Sie von der Wärme der Sonne erfüllt werden und diese Wärme Ihrerseits ausstrahlen.
5. Visualisieren Sie, wie Sie vom »Geist des Feuers« erfüllt werden. Lassen Sie, wie der große Phönix im Flug, die Macht und Schönheit des Feuers in sich einströmen. Im Feuer liegt eine ungeheure Schönheit. Feuer, das kann eine einzige Kerzenflamme in einem Kloster sein oder der dunkelrot und orangefarben flammende Himmel beim Sonnenuntergang. Das eisige Feuer einer Sternschnuppe am Firmament oder auch die sanfte Sonnenwärme einer Sommerwiese. Erspüren und finden Sie den Teil in sich, der im Verstehen des Feuers ruht. Manche Menschen erleben ihre Verbindung mit der Energie des Feuers als körperliche Empfindung, als einen Wärmestrom, der den ganzen Körper erfaßt. Für andere manifestiert sich diese Verbindung in einem mentalen Bild vom Feuer. Im folgenden Abschnitt finden Sie eine Meditation, die Ihnen helfen kann, mit dem Element des Feuers in Verbindung zu treten. Verbinden Sie sich mit dem Feuer, das Ihrem Geist und Ihrer Seele innewohnt, und Ihre Reinigungsrituale werden machtvoll und brillant sein.
6. Danken Sie dem Geist des Feuers dafür, daß er Sie und Ihr Zuhause erfüllt.

Meditation zur Blauen Flamme

Dies ist eine Meditation, mit der Sie einen tieferen Zugang zum Geist des Feuers in Ihrem Innern finden können. Nehmen Sie sie eventuell auf Tonband auf, oder wiederholen Sie sie für sich vor Ihrem Ritual des Raumklärens. Sie stellt eine exzellente Möglichkeit dar, sich der Energie des Feuers zu öffnen. Wenn Sie wie bei einer Meditation Ihre Aufmerksamkeit nach innen richten, entdecken Sie die weite Welt des »inneren Raums«, die ebenso real wie die äußere Welt ist. Diese Meditation wird Ihnen helfen, zu einer sehr tiefen Entspannungsebene zu gelangen und Ihr Bewußtsein so zu verändern, daß Sie die Energien in einem Raum oder Haus leichter und besser wahrnehmen können.

Die innere Reise beginnt damit, daß Sie sich in eine bequeme Körperhaltung bringen; Ihre Wirbelsäule soll gerade, Ihr Körper durch nichts eingeengt sein. Ihre Augenlider werden nun schwer ... ganz leicht und natürlich werden sie immer schwerer. Mit jedem Atemzug entspannt sich Ihr Körper zusehends ... vom Scheitel bis hinunter zu den Zehenspitzen ... tiefer und tiefer, entspannter und immer entspannter ... mit jedem Atemzug, in jedem Moment fühlen Sie sich lockerer. Achten Sie nun auf Ihren Atem ... beobachten Sie, wie Sie einatmen und ausatmen, sich heben und senken ... einatmen, ausatmen, mit jedem Atemzug fühlen Sie sich entspannter, Ihr Körper gerät in einen Schwebezustand und befindet sich in völligem Gleichgewicht.

Unsere Muskeln sind paarweise angeordnet, ein Muskel zieht nach rechts, sein Partner nach links, der eine zieht nach oben und der andere nach unten. Mit jedem Atemzug bewegen sich Ihre Muskeln in vollendetem Gleichklang, und Ihr Körper fühlt sich auf wunderbare Weise schwerelos. Körper und Geist sind in vollkommener Harmonie.

Atmen Sie weiterhin tief und langsam. Mit jedem Atemzug fühlen Sie sich noch entspannter. Lassen Sie alle Gedanken, Sorgen und Kümmernisse davonschweben wie lässig dahintreibende Wolken an einem warmen Sommernachmittag. Nun sind Sie vollkommen entspannt. Stellen Sie sich vor, Sie befinden sich in einem sehr schönen Tempel. In der Mitte des Tempels brennt eine große blaue, Ihren Kopf überragende Flamme. Sie gehen auf diese blaue Flamme zu. Sie halten Ihre Hände der Flamme entgegen und spüren eine leichte kühle Brise. Dies ist die Heilige Blaue Flamme. Sie wirkt reinigend und erneuert Ihre Energien. Sie treten jetzt in diese kühle blaue Flamme ein. Sie stehen inmitten der Flamme und merken, daß sich alle Unreinheiten in Ihnen auflösen. Sie spüren in Ihrem Inneren eine Klärung, Läuterung und Ausbalancierung.

Werden Sie nun innerlich ganz still, und lauschen Sie auf Ihre innere Stimme, Ihr inneres Wesen, Ihre Visionen. Spüren Sie die tiefe Stille und den tiefen Frieden in Ihrem Innern. In diesen Augenblicken sind Sie offen für Unterweisung.

Lassen Sie nun, während Sie inmitten der Blauen Flamme stehen, folgende Worte tief in sich einsinken. Kein Gipfel ist für Sie unerreichbar, denn Sie wissen, daß Sie grenzenlos sind. Heute leuchtet das Licht hell in Ihnen. Sie befinden sich mit allen sichtbaren und unsichtbaren Dingen in Harmonie, und diese befinden sich in Harmonie mit Ihnen. Sie sind offen und bringen Ihre Gefühle mit Leichtigkeit zum Ausdruck. Sie sind in jeder Situation des Lebens entspannt. Es steht Ihnen frei, Liebe zu empfangen, und überall um Sie herum ist Liebe. Ihre Gesundheit ist exzellent, und jede Ihrer Körperzellen strahlt Gesundheit aus. Erfahrung ist notwendig, damit Sie weiter wachsen und sich weiter ausdehnen, und Sie heißen jede Erfahrung herzlich willkommen.

Es steht Ihnen frei, Liebe zu empfangen. Sie sind voll und ganz für Ihr Leben verantwortlich. Sie atmen tief und sind entspannt und ausgeglichen. Sie besitzen die Kontrolle über Ihr Leben. Sie sind offen für neue Ideen und akzeptieren den Reichtum, den das Leben zu bieten hat. Ideen fliegen Ihnen leicht zu; Sie handeln, und Sie handeln jetzt. All Ihre Handlungen sind richtig und angemessen. Sie sind ruhig und entspannt.

Überall um Sie herum ist Liebe, und Sie werden geliebt. Sie befinden sich in Harmonie mit dem Großen Geist und wissen, daß Sie in Ihrem Wesen unendlich, unsterblich, ewig und universell sind. Dies ist Ihr Tag. Gehen Sie in Freude und Frieden hinaus in Ihren Tag im Wissen, daß ein göttlicher Plan für Sie existiert und Sie sich in vollkommener Übereinstimmung mit diesem Plan befinden. Sie sehen deutlich in die inneren Bereiche hinein und lassen sich von einer machtvollen, heilenden Lebensenergie durchströmen.

Treten Sie aus der Blauen Flamme heraus, wissend, daß Sie nun bereit sind, mit dem Raumklären zu beginnen. Sie öffnen die Augen, fühlen sich konzentriert und wach und dennoch sehr entspannt.

Kerzen-Meditation

Dies ist eine andere Meditation, die Sie kurz vor dem Reinigungsritual durchführen können. Entzünden Sie eine Kerze. Setzen Sie sich vor die Kerze, und konzentrieren Sie sich auf den blauen Teil der Flamme. Atmen Sie ein und aus, und konzentrieren Sie sich auf das blaue Licht. Auf diese Weise fokussieren Sie Ihre eigenen inneren Energien. Fühlen Sie, wie die Energie Ihren Körper mit Wärme und Klarheit erfüllt und ihn entspannt. Diese Meditation bereitet Sie vor, indem sie Sie in höherem Maße auf Ihre Intuition einstimmt.

Beenden Sie die Meditation, indem Sie Ihre Hände in mindestens dreißig Zentimeter Entfernung über die Kerze halten und sie sanft in der Wärme der Flamme »waschen«. Achten Sie darauf, daß Ihre Ärmel etwas hochgekrempelt sind, damit sie nicht Feuer fangen. Diese symbolische Reinigung Ihrer Hände ist vor allem dann wichtig, wenn Sie eine der Techniken anwenden, bei der Sie Ihre Hände einsetzen.

»Die Sonne herabrufen«

Manche Menschen sind der Ansicht, daß das »von der Sonne herabgerufene« Feuer das mächtigste Feuer ist, das wir beim Raumklären verwenden können. Für diese Prozedur nehmen Sie einfach ein Vergrößerungsglas und halten es (an einem sonnigen Tag) draußen so lange über ein Blatt Papier, bis sich eine kleine Flamme entzündet. Mit diesem Feuer können Sie dann sorgsam eine Kerze oder ein Kaminfeuer anzünden.

Reinigung durch das Feuer

Meine erste Lehrerin, Morna Simeona, die hawaiianische Kahuna und Heilerin, lehrte mich eine sehr machtvolle Methode der Reinigung durch das Feuer, die sofort die Energien eines Raums läutert. Ich begegnete Morna auf ziemlich ungewöhnliche Weise. Ich war zwanzig und lebte auf Hawaii. Eines Morgens wachte ich auf und dachte, wie schön jetzt doch eine Massage wäre. Ich hatte noch nie eine professionelle Massage erhalten, doch von ihren wohltuenden Auswirkungen gehört. Ich sah im Branchenverzeichnis von Honolulu nach, wo Massagepraxen seitenweise aufgeführt waren, und wußte nicht, wen ich anrufen sollte.

Das Royal Hawaiian Hotel, ein stattliches altes Hotel auf Waikiki, verfügte über ein Massagezentrum, also rief ich dort an und buchte für später am gleichen Tag eine Massage. Dort angekommen, saß ich ein Weilchen im Wartezimmer und blätterte in einer Zeitschrift. Plötzlich »fühlte« ich jemanden den Raum betreten. Ich blickte auf und sah eine schöne hawaiianische Frau mittleren Alters, die mich aus sanften freundlichen Augen anblickte. Ich fing an zu weinen. Aus meinem Weinen wurde ein Schluchzen. Ich war völlig verwirrt: Hier, im Wartezimmer des Massagezentrums eines Hotels, saß ich und schluchzte haltlos und ohne ersichtlichen Grund. Als ich wieder sprechen konnte, fragte ich: »Was ist los mit mir? Warum weine ich?«

»Es ist einfach die Entspannung«, sagte sie weich und liebevoll. »Machen Sie sich nichts draus. Kommen Sie mit, ich bin Ihre Massagetherapeutin.« In diesem Moment wußte ich, daß ich einem ganz besonderen Menschen begegnet war. Als ich ihr den Flur entlang folgte, schien alles, was einen Moment zuvor noch unbeseelt wirkte, lebendig zu werden. Ich warf einen Blick auf eine kleine Vase mit Blumen. Jede Blume funkelte vor Leben und schien fast zu summen. Die Flurwände schienen zu atmen und zu pulsieren. Alles sah ganz »normal« aus und schien doch völlig anders zu sein. Es war, als sei die Welt um mich herum plötzlich zum Leben erwacht. Ich war schockiert, und doch schien alles ganz natürlich und richtig seinen Gang zu nehmen. Im Massageraum wies mich Morna an, mich auf den Massagetisch zu legen. Als sie meinen Körper mit ihren Händen berührte, durchfuhr mich ein elektrischer Strom. Ich fiel schnell in einen tiefen Schlaf. Als ich erwachte, fühlte ich mich frisch und innerlich gereinigt. Ich wußte, daß ich von dieser bemerkenswerten Frau lernen wollte.

Morna entstammte einer langen Tradition heilender Kahunas. Ihre Mutter, Großmutter und Urgroßmutter waren alle Kahunas gewesen. Morna wurde schließlich zu einem »Living National Treasure of the United States« erklärt.

Zunächst zögerte sie, mich zu unterrichten, doch als sie erfuhr, daß ich indianischer Herkunft bin, willigte sie ein. (Dieses Erbe war für Morna wichtig, während ich persönlich glaube, daß es nicht unbedingt einer Abstammung von Ureinwohnern bedarf, um die uralte Weisheit der erdverbundenen Kulturen zu verstehen. Meiner Meinung nach ist dieses Verständnis eine Sache des

Herzens, nicht des Blutes.) Sie unterrichtete mich in hawaiianischen Heilmethoden und in Massagetechniken. Ich lernte auch einiges über Kräutermedizin. Morna, die oft geholt wurde, um Geister aus Menschen und Häusern auszutreiben, lehrte mich auch, wie man die Energien in Häusern und Räumen reinigt. Obwohl sich ihre Techniken meist direkt aus uralten Ritualen herleiteten, setzte sie bei diesen Zeremonien auch modernere Elemente ein. Ihr Ritual des Raumklärens mit Feuer bleibt nach wie vor eine der machtvollsten Techniken, die ich kenne.

Ich benutze diese Methode, wenn in einem Raum ein Streit stattgefunden hat oder noch starke Emotionen vorhanden sind (die ein Gefühl von Schwere und »dicker Luft« hinterlassen haben) und ich die Energien rasch bereinigen möchte. Sie ist auch hervorragend geeignet, wenn eine kranke Person in dem Zimmer gelegen hat. Sie werden anschließend sofort eine Verbesserung der Raumenergien feststellen.

Ich benutze weiterhin diese Methode, wenn ich umziehe und das Haus von verbrauchten und stagnierenden Energien reinigen will. Zudem eignet sich diese Technik sehr gut für Therapeuten und Heilerinnen, die psychische Rückstände ihrer Klienten des jeweiligen Tages beseitigen möchten.

Für diese Reinigungsmethode benötigen Sie folgende Gegenstände:

Eine **tiefe Schale aus Pyrexglas.** Metall ist nicht optimal, weil es mit Salz chemisch reagiert. Feuerfestes Glas deshalb, weil normales Glas oder auch Keramik durch die Hitze des Feuers oft zerspringt. Die Schale muß tief genug sein, um das Feuer aufnehmen zu können. (*Mindestens* zwölf bis achtzehn Zentimeter tief, vorzugsweise tiefer.)

Einige Backsteine. Sie dienen dazu, die feuerfeste Schale vom Boden fernzuhalten, damit die Hitze nicht den Teppich oder Fußboden beschädigt.

Einen Teelöffel Alkohol. (Unter keinen Umständen mehr, wegen der Feuergefahr.) Morna benutzte gewöhnlich Alkohol zum Einreiben, doch jede Form von Alkohol tut's.

Zwei Teelöffel Epsomer Bittersalz oder Meersalz.

Für alle Fälle eine Decke zum Ersticken des Feuers (sehr wichtig).

Lesen Sie bitte die untenstehende Warnung durch, bevor Sie mit der Prozedur beginnen. Bauen Sie dann die Backsteine in der Mitte des zu reinigenden Zimmers auf, und sorgen Sie dafür, daß sich in diesem Bereich nichts Entflammbares befindet. Das ist ganz wesentlich. Stellen Sie die feuerfeste Schale auf die Backsteine, vergewissern Sie sich, daß Sie fest steht und nicht wackelt. Nachdem Sie sich noch einmal Ihre Absicht für das Feuerritual deutlich vergegenwärtigt haben, schütten Sie das Epsomer Bittersalz auf den Grund der Schale und gießen dann den Alkohol hinein. Entzünden Sie die Mixtur mit einem langstieligen Zündholz, bevor sich der Alkohol verflüchtigt hat.

Bleiben Sie in der Nähe des Feuers sitzen oder stehen. Konzentrieren Sie sich auf die Flammen, vergegenwärtigen Sie sich den Zweck des Feuers. Warten Sie, bis das Feuer vollkommen erloschen ist. Die Schale ist noch heiß, warten Sie also fünf Minuten ab, bevor Sie sie anfassen.

Sie werden sofort einen Unterschied wahrnehmen. Ein Zimmer, das vorher irgendwie vernebelt und trübe wirkte, wird nach dem reinigenden Feuer frischer, klarer und sauberer aussehen, die Farben werden leuchtender sein. Leute, die den Raum betreten, werden vielleicht sagen, daß sie besser atmen können.

Warnung: Versichern Sie sich, daß Sie, wenn Sie das Feuer anzünden, keinen Alkohol an Ihren Händen haben, damit Sie sich nicht verbrennen. Achten Sie auch darauf, daß Sie dem Feuer mit Gesicht und Kleidung nicht zu nahe kommen und daß sich nichts in der Nähe befindet, das Feuer fangen könnte. Fügen Sie der Mixtur, nachdem Sie sie entzündet haben, niemals zusätzlichen Alkohol hinzu, die Flamme könnte sonst den Alkoholbehälter erfassen. Ich schlage auch vor, daß Sie als Sicherheitsmaßnahme eine Decke oder einen Metalldeckel (keinen mit Wasser gefüllten Feuerlöscher) bereitlegen, um damit, sollte ein Unfall passieren, die Flammen zu ersticken. Lassen Sie das Feuer nie ohne Aufsicht brennen und halten Sie kleine Kinder und Haustiere fern. Wenn diese Vorsichtsmaßnahmen nicht befolgt werden und sich doch jemand verbrennt, halten Sie als Erste-Hilfe-Maßnahme die verwundete Stelle unter kaltes Wasser. Sie werden jedoch keine Probleme haben, wenn Sie die wenigen einfachen Vorsichtsmaßnahmen einhalten. Vielleicht testen Sie die Prozedur erst einmal an einer ungefährlichen Stelle im Freien, bevor Sie sie in Innenräumen anwenden.

Auch wenn ich beim Raumklären nicht speziell das Element des Feuers einsetze, habe ich doch fast immer eine Kerze im Raum brennen, weil das die stagnierenden Energien, die während des Reinigungsprozesses freigesetzt werden, neutralisieren hilft. Versichern Sie sich, wie immer bei einer Kerze, daß sie nie ohne Aufsicht brennt und an einem sicheren Ort steht. Die Installation von Rauchdetektoren in einem Haus ist eine kluge zusätzliche Schutzmaßnahme, vor allem wenn man häufig Kerzen und andere ungeschützte Flammen benutzt. Doch sollten diese Detektoren regelmäßig überprüft werden.

Anrufung des Feuers

Das Feuer ist ein lebendiges Wesen. Es ist nicht minder lebendig als die Erde, auf der wir wandeln, und die Luft, die wir atmen. Feuergeister sind voller Wärme, Leidenschaft und Begeisterung. Sie können Ihre täglichen Begleiter sein und dazu beitragen, daß Ihr Zuhause von Licht und Leben erfüllt ist.

Schon allein das Anzünden einer Kerze kann eine Veränderung in Ihrem Bewußtseinszustand bewirken. Es kann die Energie im Raum heben und Sie mit dem lebendigen Geist des Feuers verbinden.

Sie können Feuer benutzen, um nach der Reinigung frische, klare Energie anzurufen und in den Raum zu leiten. Am häufigsten nimmt man dazu eine Kerze zu Hilfe.

Es gibt zahlreiche Arten von Kerzen, die Sie zur Anrufung neuer Energie verwenden können. Die meisten Kerzen sind aus Bienenwachs, Paraffin oder Stearin; manche tropfen, andere tropfen nicht. Obwohl Sie Kerzen jeglichen Materials verwenden können, bevorzuge ich persönlich handgefertigte Kerzen, weil hier ein menschliches Wesen zu ihrem Entstehen beigetragen hat. Dieser Geist des Erschaffens wird wieder freigesetzt, wenn die Kerze brennt. All die verschiedenen Arten von Kerzen – spitz zulaufende Kerzen, gerade Kerzen, Windlichter und Votivkerzen – können ganz nach Ihren Bedürfnissen eingesetzt werden. Doch bei jedem Umgang mit Feuer und Kerzen sollten Sie außerordentliche Vorsicht walten lassen. Vergewissern Sie sich, daß keine Kerze unbeaufsichtigt brennt und daß sich nichts Brennbares in der Nähe befindet (auch keine Vorhänge).

Es gibt zwei wichtige Aspekte beim Einsatz von Kerzen. Der erste: Konzentrieren Sie sich auf Ihre Absicht, das heißt, seien Sie sich vollständig im klaren darüber, warum Sie die Kerze entzünden, bevor Sie es tun. Richten Sie Ihre Aufmerksamkeit konzentriert auf die Ergebnisse, die Sie für einen bestimmten Bereich erzielen wollen. Der zweite Aspekt, »Intensität der Zielgerichtetheit« genannt: Konzentrieren Sie sich, während Sie die Kerze anzünden, intensiv auf Ihr Ziel, oder projizieren Sie es.

Wir kennen im Westen den Brauch, daß man sich etwas wünschen darf (fokussierte Aufmerksamkeit), während man sich darauf konzentriert (Intensität der Zielgerichtetheit), die Kerzen auf einer Geburtstagstorte auszublasen, was den Mechanismen bei dieser Technik des Raumklärens sehr ähnelt.

Fokussierung der Absicht

Sind die Energiefelder im Raum bereinigt, können Sie sich der »Widmung« der Energie zuwenden. Halten Sie die unangezündete Kerze in Ihren Händen. Zentrieren Sie sich für einen Augenblick, und stellen Sie sich vor, daß Sie von leuchtendem Frieden umgeben sind. Richten Sie dann Ihre Absicht auf die Ergebnisse, die Sie sich für diesen Raum wünschen. Vielleicht wünschen Sie sich, daß der Raum mit Licht und Wärme erfüllt wird. Oder Ihre Absicht richtet sich auf Schutz und Sicherheit.

Segnen Sie dann Ihre Kerze, indem Sie sie an die Mitte Ihrer Brust ziehen, an das Herz-Chakra halten (mit Liebe assoziiertes Energiezentrum). Sie können sie auch über den Kopf halten und um den Segen des Großen Geistes oder der Höheren Macht, an die Sie glauben, bitten. Es gibt nicht nur eine einzige richtige Art, eine Kerze zu segnen. Folgen Sie immer dem Weg, der Ihnen der beste zu sein scheint, und folgen Sie der Weisheit Ihres Herzens.

Intensität der Absicht

Stellen Sie die noch unangezündete Kerze an einem sicheren Platz im Raum auf. Atmen Sie dreimal tief durch, und fühlen Sie, wie sich Ruhe und Stille allmählich in Ihnen ausbreiten. Lassen Sie sich von den »Gefühlen« erfüllen, die Sie mit den für den Raum beabsichtigten Resultaten verbinden, und visualisieren Sie, wie sich diese Gefühle auch im Raum ausbreiten. Wenn Gefühl und Visualisierung zu einer klaren Absicht gelangt sind, entzünden Sie die Kerze, wobei Sie die Intensität Ihrer Absicht empfinden. In diesem Augenblick fungiert die Kerzenflamme als Verstärker und projiziert Ihre Gedanken und Gefühle in den Raum.

Blicken Sie nun einfach in die Flamme, und lassen Sie den Raum sich mit Ihrer Intention füllen. Sie könnten auch laut oder lautlos ein Wort, das Ihren Wünschen für den Raum Ausdruck gibt, einige Male wiederholen. Zum Beispiel: »Friede, Friede, Friede.« Seien Sie sich bewußt, daß die durch Ihre Absicht und Intensität erzeugte Energie den Raum erfüllt, wobei die brennende Kerze einen Konzentrationspunkt darstellt.

Lassen Sie jetzt los, und entspannen Sie sich. Das ist der Moment, in dem sich die wahre Magie ereignet. Einigen traditionellen Lehren gemäß wird eine Kerze niemals ausgeblasen. Man löscht sie aus Achtung vor den Feuergeistern entweder mit der Hand oder benutzt eine Lichtputzschere.

Kerzen und Farben

Die Verbindung von Feuerkraft und Farbenenergie kann ganz besonders machtvoll sein, da wir zweifelsohne von Farben beeinflußt werden. Deshalb schlage ich vor, daß Sie, wenn Sie die Kerzen für Ihr Raumklären aussuchen, auf die Farben achten und die Farbe auswählen, die Ihnen für Ihre Absicht am geeignetsten erscheint. Wenn Sie zum Beispiel daran arbeiten, ein Gefühl von Friede und Ausgewogenheit in Ihrem Zuhause zu schaffen, könnten Sie einen Blauton wählen. Wenn Sie sich andererseits eine sehr lebendige Energie vorstellen, die Ihr ganzes Haus durchströmt, möchten Sie vielleicht Gelb- oder Rottöne verwenden.

Mit den speziellen Absichten und Wünschen verbinden sich traditionelle Farbassoziationen. Wenn Ihr Wunsch Liebe ist oder Sie ein Kind empfangen möchten, entzünden Sie vielleicht eine rosafarbene Kerze in Ihrem Schlafzimmer. Wenn Sie mehr Fülle in Ihr Leben bringen möchten, ist eine grüne Kerze hilfreich. Eine gelbe Kerze kann das Gefühl von Freude und geselliger Fröhlichkeit steigern. Im folgenden finden Sie einige Informationen zu den verschiedenen Farben, die Ihnen bei der Wahl Ihrer Kerzen helfen können.

Rote Kerzen können Sie verwenden, wenn Sie in einem Raum die physische Aktivität stimulieren möchten. Wenn Sie also zum Beispiel in Ihrem Haus über einen Fitneßraum oder einen Bereich mit Übungsgeräten verfügen und Sie Ihre physische Kraft steigern wollen, entzünden Sie dort eine rote Kerze. Oder etwa wenn Ihrer Beziehung das sinnliche Moment abhanden gekommen ist, können Sie eine rote Kerze in Ihrem Schlafzimmer entzünden und sie der Leidenschaft widmen.

Wenn Sie eine rote Kerze anzünden, können Sie dabei folgendes Gebet sprechen:

Ich widme diese Kerze dem Mut, der Stärke und der Leidenschaft. Möge die flammende Lebenskraft einer rot untergehenden Sonne nun diesen Raum erfüllen! Mögen alle, die diesen Raum betreten, von Stärke, Entschlußkraft und Begeisterung erfüllt sein.

Orangefarbene Kerzen können Sie in einem Raum verwenden, in dem sich Familie und Freunde versammeln werden. Sie könnten zum Beispiel kurz vor einer Party eine orangefarbene Kerze brennen lassen, um das Gefühl von Kameradschaft und Enthusiasmus im Raum zu stimulieren. Die Kerze könnten Sie der Freude und Fröhlichkeit widmen, die Sie allen für diesen Abend wünschen.

Wenn Sie eine orangefarbene Kerze anzünden, können Sie dabei folgendes Gebet sprechen:

Ich widme diese Kerze der unendlichen Freude und dem Optimismus. Möge die Schönheit einer sich der Morgensonne öffnenden orangefarbenen Mohnblume alle erfüllen, die hier mit der Herzenswärme der Gemeinschaftlichkeit und der Freiheit des Selbstausdrucks eintreten.

Gelbe Kerzen können Sie in einem Raum verwenden, in dem Sie oder Ihre Kinder lernen und studieren, oder in dem Sie das philosophische Gespräch anregen oder die Konzentrationsfähigkeit steigern möchten.

Wenn Sie eine gelbe Kerze anzünden, können Sie dabei folgendes Gebet sprechen:

Ich widme diese gelbe Kerze der Klarheit des Sonnenlichts. Möge dieser Raum von Freude erfüllt sein und eine klare Konzentrationskraft ausstrahlen. Bring allen, die hier eintreten, Weisheit, fröhliches Kommunizieren und Glück.

Grüne Kerzen sind in allen Räumen segensreich, in denen die Familie Zeit miteinander verbringt. Sie sind auch in ehemaligen Krankenzimmern hilfreich. Grüne Kerzen stimulieren das Gefühl von Ausgeglichenheit, Harmonie, Friede, Hoffnung, Wachstum und Heilung.

Wenn Sie eine grüne Kerze anzünden, können Sie dabei folgendes Gebet sprechen:

Ich widme diese grüne Kerze der Heilung, Wiedergeburt und Fülle. Möge die Farbe der sich im Frühling entfaltenden Blätter diesen Raum mit heilender Kraft, Ausgewogenheit, Erneuerung und Vitalität erfüllen.

Blaue Kerzen eignen sich ausgezeichnet für Schlafzimmer oder Räume, in denen meditiert wird.

Wenn Sie eine blaue Kerze anzünden, können Sie dabei folgendes Gebet sprechen:

Ich widme diese Kerze der Heiterkeit und inneren Wahrheit. Mögen alle, die diesen Raum betreten, vom sanften Blau des weiten offenen Himmels berührt werden, und möge dieser Raum vom Großen Geist und von Friede erfüllt sein.

Lilafarbene Kerzen sind wie blaue Kerzen beruhigend. Darüber hinaus wird diese Farbe oft mit medialem Bewußtsein und Intuition assoziiert. Ich empfehle lavendelfarbene und violette Kerzen für Meditationsräume und Ihren Hausaltar.

Wenn Sie eine violette Kerze anzünden, können Sie folgendes Gebet sprechen:

Ich widme diese Kerze der inneren Vision und der inneren Wahrheit. Möge das tiefe Violett des Abendhimmels die Intuition aller, die diesen Raum betreten, vertiefen und ihnen Frieden bringen.

Weiß umfaßt alle Farben. Weiße Kerzen können jederzeit und in allen Räumen verwendet werden.

Wenn Sie eine weiße Kerze anzünden, können Sie dabei folgendes Gebet sprechen:

Ich widme diese Kerze der spirituellen Erweckung und Einstimmung. Möge die Reinheit des weißen Winterschnees alle, die hier eintreten, mit göttlicher Erkenntnis erfüllen.

Da Farben eine sehr persönliche Angelegenheit sind, ist es wichtig, daß *Sie* nach Ihrem Gefühl die Farbe der Kerzen aussuchen, statt sich stets an ein Rezept zu halten. Die obengenannten Informationen sollen Ihnen lediglich helfen, damit zu beginnen. (Ausführlichere Informationen zu den Farben finden Sie in Kapitel 12.) Es gibt natürlich auch Farben, die ich hier nicht erwähnt habe und die Sie vielleicht von Ihrem Gefühl her gerne für einen bestimmten Raum verwenden würden. Ich entzünde zum Beispiel manchmal rosafarbene Kerzen in meinem Wohnzimmer, weil ich Rosa mit Liebe assoziiere und diese Farbe in einem sehr häufig benutzten Raum ein Gefühl von Wärme verbreitet. In meinem Meditationsraum lasse ich oft türkisfarbene Kerzen brennen, weil ich das Türkis mit meinen indianischen Wurzeln in Verbindung bringe. Außerdem finde ich die Kombination von Blau und Grün sehr beruhigend.

Siebentagekerzen

Sie können, nachdem Sie ein Ritual des Raumklärens durchgeführt haben, auf sehr leichte Weise das energetische Gleichgewicht in Ihren Räumen aufrechterhalten, wenn Sie eine sieben oder auch vierzehn Tage lang brennende Kerze anzünden. Solche Kerzen kann man in Devotionalienläden kaufen. Sie stecken in großen, feuerfesten, farbigen Glasbehältern und können eine bestimmte Anzahl von Tagen ununterbrochen brennen. Trotzdem müssen Sie dafür sorgen, daß sie an einem sicheren Ort stehen, um möglichst jedes Feuerrisiko zu vermeiden. Obwohl die meisten dieser Kerzen verlöschen, wenn sie aus Versehen umgestoßen werden, sollten sie sich doch außerhalb der Reichweite von Kindern und Haustieren befinden.

Für gewöhnlich lasse ich wenigstens eine Siebentagekerze in meinem Haus brennen, weil das für seinen lebendigen Geist ungeheuer förderlich ist. Alle, die eintreten, empfinden ein Gefühl der Wärme und des Willkommens, wenn eine solche Kerze in einem Haus oder Raum stille Wache gehalten hat. Viele Leute verwenden die Siebentagekerze für ihren Hausaltar. (Auf Seite 215) finden Sie Informationen zur Errichtung eines Hausaltars.)

Öllämpchen und Laternen

Obwohl ich lieber Kerzen als Öl- oder Paraffinlämpchen benutze, können diese doch sehr vorteilhaft eingesetzt werden. Die Öllämpchen lassen sich oft mit gefärbten Ölen füllen, wodurch Feuer mit Farbe kombiniert werden kann. Ich persönlich bevorzuge Öllämpchen aus dünnem, klarem Glas, deren Docht in einer schmalen, gläsernen Hülse steckt, wodurch der Eindruck erweckt wird, die stetige Flamme schwebe über dem Lämpchen. Ich habe beobachtet, wie in Meditationsräumen ein exzellenter Gebrauch von solchen Lämpchen gemacht wurde. Ihr Licht strahlt etwas Heiteres und fast Ätherisches aus. Paraffinlampen haben den Nachteil, daß sie einen starken Geruch ausströmen, doch auch sie können ihre Funktion erfüllen und beim Aufbau der Energien im Raum helfen.

Kaminfeuer

Ein Kamin stellt ein natürliches spirituelles Zentrum in einem Zuhause dar. Seit uralten Zeiten haben sich die Menschen um ein Feuer versammelt. Wo das Feuer war, wurde die Nahrung gekocht. Das Feuer schuf einen Lichtkreis, erzeugte Wärme und ein Gefühl von Gemeinschaft. In uns allen steckt eine angeborene Urerinnerung an das Feuer, um das wir in der Dunkelheit sitzen. Die Macht dieser Erinnerung wird schon durch die geringe symbolische Verwendung des Feuers als Kaminfeuer aktiviert. Ein Feuer kann den Menschen und dem Ort, wo es entfacht wird, Wärme, Stärke und das Gefühl von Frieden vermitteln.

Wenn Sie ein Kaminfeuer anzünden, möchten Sie vielleicht für jedes Holzscheit, das Sie in den Kamin stecken, einen Segen sprechen. Bei manchen indianischen Stämmen wird jedes einzelne Holzscheit gesegnet, das man zur Vorbereitung der Schwitzhüttenzeremonie ins Feuer legt. Das soll die spirituelle Macht des Feuers stärken.

Wenn Sie das erste Holzscheit in den Kamin legen, können Sie zum Beispiel sagen: »Ich widme dieses Holzscheit dem Frieden in diesem Haus.« Sie brauchen nicht allzuviel Zeit auf jeden Segen verwenden, um auf diese Weise zu der vom Feuer erzeugten Energie beizutragen.

Wenn Sie dann vor dem Feuer sitzen, blicken Sie einen Moment lang schweigend in die Flammen. Öffnen Sie sich den Visionen für die Zukunft, den Botschaften vom Großen Geist oder Ihren Höheren Mächten. Werden Sie innerlich still. Hören Sie zu. Lernen Sie. Lassen Sie das Feuer zu Ihrem Herzen, Ihrem Körper und Ihrer Seele sprechen.

Rituale unter Anrufung des Feuers

Wenn Sie das Glück haben, einen Kamin zu besitzen, dann wollen Sie ihn vielleicht zu einem Ritual unter Anrufung des Feuers benutzen. Schreiben Sie auf ein Stück Papier, was Sie sich für Ihr Zuhause wünschen, und werfen Sie es ins Feuer. Tun Sie das im Wissen, daß das Feuer Ihre Gebete zu den kausalen Ebenen weiterleitet, die sie dann veranlassen, sich zu manifestieren. Vielleicht wünschen Sie sich mehr Wärme und Liebe in Ihrem Zuhause. Schreiben Sie in diesem Fall: »Ich widme dieses Feuer der Liebe, Wärme und Freundschaft in diesem Haus.« Sie können Ihre Wünsche auch in Form einer Zeichnung zum Ausdruck bringen und diese dann dem Feuer übergeben. Sie braucht kein Kunstwerk zu sein. Halten Sie sie in den Händen, und laden Sie sie mit positiver Energie auf. Stecken Sie sie dann ins Feuer.

Sehen Sie zu, wie sie verbrennt, und seien Sie sich bewußt, daß sich Ihre Wünsche, während sich die Zeichnung in Hitze, Asche und Rauch verwandelt, zu den unsichtbaren Reichen erheben, damit der Schöpfer helfen kann, Ihre Träume Wirklichkeit werden zu lassen. Bewahren Sie einen kleinen Teil der Asche auf, und wenn sie erkaltet ist, verstreuen Sie sie in Ihrem Zuhause. Das trägt dazu bei, daß die Energie des Feuers in Ihrem Heim bewahrt wird.

Einmal kam eine Frau zu mir, die von ihrem früheren Ehemann sehr gepeinigt wurde. Jeden Tag brachte der Postbote Drohbriefe von ihm, und mehrere Male war er in ihr Haus eingebrochen und hatte sie physisch mißhandelt. Sie fürchtete um ihre Sicherheit und die Sicherheit ihrer Kinder. Trotz der Anordnung des Gerichts, sich von ihrem Haus fernzuhalten, belästigte er sie immer mehr. Sie war verzweifelt und wußte nicht, was sie tun sollte. Als sie mich anrief und fragte, ob sie irgend etwas tun könnte, um ihr Haus zu einem sichereren Ort für sich und ihre Kinder zu machen, riet ich ihr, sich nochmals an einen Rechtsanwalt zu wenden, und suchte sie außerdem in ihrem Haus auf, um zu sehen, ob sich dort eine stärkere Schutzenergie aufbauen ließ. Nachdem die Energien in ihrem Haus gereinigt und ausbalanciert worden waren, entschlossen wir uns zu einem Feuerritual, das recht bemerkenswerte Resultate zeitigte.

Zunächst stellte ich in einem zentral gelegenen Zimmer ihres Hauses einen Feuer-Schutzkreis her. Anschließend verteilte ich zehn kleine Kerzen in Glasbehältern in Form eines Kreises von etwa ein Meter achtzig Durchmesser auf dem Boden. Dann wies ich die Frau an, sich in die Mitte des Kreises zu setzen, und auch ich begab mich in den Kreis. In die Mitte des Kreises stellte ich eine große, noch unangezündete Kerze, die sich ebenfalls in einem Glasbehälter befand. Als wir schließlich in diesem Kreis saßen, bat ich sie, sich auf ihren Wunsch zu konzentrieren. Ich wies sie an, diesen Wunsch positiv und nicht negativ zu formulieren. Sie sollte zum Beispiel nicht sagen: »Ich will meinen Exmann nie wieder sehen«, sondern statt dessen: »Meine Kinder und ich sind sicher und leben in Frieden.« Dann bat ich sie, sich in ihrer »Absicht« auf die Resultate, die sie für ihr Zuhause anstrebte, zu »konzentrieren«. Schließlich wies ich sie an, dieses

Gefühl in sich immer stärker werden zu lassen, bis sie von der Intensität der Absicht völlig durchdrungen war. Wenn dieser Augenblick erreicht war, sollte sie die Kerze anzünden und dem Feuer ihre Absicht widmen. Das tat sie, und ein paar Minuten lang beobachteten wir schweigend die hohe Kerzenflamme. Es war ein Augenblick der Macht und Kraft und der inneren Ruhe. Dann löschten wir diese und der Reihe nach auch die anderen zehn kleineren Kerzen aus.

Am nächsten Tag rief sie mich ganz aufgeregt an. Der Postbote hatte diesmal keinen Drohbrief gebracht. Auch am Tag danach und am übernächsten Tag erhielt sie keinen weiteren Brief. Sie hat in den dreieinhalb Jahren, die seit unserem Feuerritual vergangen sind, nie wieder etwas von ihrem ehemaligen Rächer gesehen oder gehört. Das war ziemlich bemerkenswert, wenn man bedenkt, daß sie niemandem von unserem Ritual erzählt hatte. Es hatte sofort funktioniert.

Bewahrung der Feuerenergie

Hier sind einige Vorschläge, wie Sie Ihr Zuhause mit dem Feuerelement energetisch aufladen und den so geschaffenen geweihten Raum bewahren und schützen können.

- ▷ Hängen Sie geschliffene Bleikristalle ins Fenster, um die Feuerenergie der Sonne in Ihre Wohnung zu leiten.
- ▷ Hängen Sie Spiegel an strategischen Stellen auf, so daß sich das Sonnenlicht in Ihrer Wohnung reflektiert.
- ▷ Rufen Sie den Geist des Feuers in Ihr Zuhause.

Den Geist des Feuers ins Zuhause rufen

Wenn Sie den Geist des Feuers anziehen wollen, gehen Sie folgendermaßen vor:

Ehren Sie das »Feuer«, das zu Ihnen ins Haus kommt: Segnen Sie die Leitungen, die die Feuerenergie der Elektrizität in Ihr Haus bringen. Um sie zu segnen, legen Sie die Hände auf den Hauptverteilerkasten oder richten, wenn er Ihnen nicht zugänglich ist, Ihr Bewußtsein auf ihn. Sprechen Sie:

Ich danke dir, Geist des Feuers.
Möge das Feuer, das durch dich fließt, dieser Familie Segen bringen.

Wenn Sie in einem Apartment leben und nicht an die Hauptquelle der Elektrizität in Ihrem Haus herankommen können, sprechen Sie diesen Segen über einzelne elektrische Knotenpunkte in Ihrer Wohnung.

Rufen Sie die feinen ätherischen Energien des Feuers an: Entzünden Sie eine Siebentagekerze, und widmen Sie sie dem Geist des Feuers. Damit wird die Kerze zu einem ständigen Eintrittsort für den Geist des Feuers in Ihr Zuhause, der Ihnen Wärme, Leben und transformierende Stärke bringt.

Rufen Sie die Magie des Feuer-Geistes an, damit sie Ihr Zuhause erfüllen möge: Öffnen Sie an einem sonnigen Tag ein Fenster oder eine Tür, und richten Sie Ihr Bewußtsein auf die Sonne. Bitten Sie darum, daß der Geist des Feuers in Ihr Haus eintreten möge. Bitten Sie darum, daß der Geist des Feuers Ihr Zuhause erfüllen und seine heilende, transformierende, stärkende Energie einbringen möge.

5

Heiliges Wasser

Stellen Sie sich vor, Sie wandern durch einen etwas nebligen Wald mit großen, stattlichen, immergrünen Bäumen. Die Luft ist frisch und feucht, der Boden unter Ihren Füßen ist mit einem weichen Moosteppich bedeckt. Der durchdringende Geruch von Kiefernnadeln macht Ihren Kopf klar, und Ihre Augen sehen sehr scharf. Sie wandern an einem Bach entlang, der in einen Teich mündet. Hohe Felsen ragen auf, und über eine Klippe ergießt sich ein Wasserfall in den Teich. Sie atmen den feinen Wasserschleier ein, der sich überall ausbreitet, sind erregt und von Kopf bis Fuß lebendig. Sie haben das Gefühl, daß Ihnen alles gelingt!

Das Wasser ist eines der mächtigsten Instrumente, mit deren Hilfe sich der Geist eines Hauses, eines Raums oder irgendeines persönlichen Bereichs reinigen läßt. Wasser hat von Natur aus reinigende Eigenschaften. Schon in uralten Zeiten wurde es bei spirituellen Ritualen und Zeremonien verwendet und mit den Mysterien menschlicher Existenz in Zusammenhang gebracht. Mit Wasser können Sie ein Haus von negativer, stagnierender Energie befreien und das Gefühl von Klarheit und Frieden wiederherstellen. Allein aufgrund der Tatsache, daß es im Haus vorhanden ist, zieht es eine wunderbare spirituelle Energie an.

Es gibt viele Geschichten und Legenden aus aller Welt, die sich auf den Glauben gründen, daß Wasser Leben, Jugend, Weisheit und Unsterblichkeit verleiht. Bei den alten Ägyptern stellte das Wasser den Ursprung der Geburt der Götter dar. Die Hinduisten glauben, daß es der Beginn und das Ende aller Dinge auf Erden sei. Bei den Mesopotamiern repräsentierte es die unergründliche Quelle menschlicher Weisheit. Viele Kulturen entwickelten Wasserkulte. Man glaubte, daß sich im Klang und in der Bewegung des Wassers die Seele eines lebendigen Geistes zeigt.

In der christlichen Tradition spielt es eine zentrale Rolle beim Ritual der Taufe. Jesus wurde von Johannes dem Täufer ins Wasser getaucht, um den Beginn seiner spirituellen Arbeit als Erwachsener anzuzeigen. Er entstieg dem Wasser »neu geboren«, und seither führen die Christen diese Tradition als Symbol für den Beginn ihres spirituellen Wegs fort.

In den Stammeskulturen wird das Wasser häufig bei Heilzeremonien verwendet. Die Cherokee-Indianer legten eine verletzte Person in einen Bach oder Fluß. Sie glaubten, daß das sanft über den Körper hinfließende Wasser den Geist dieser Person beruhigte und die Verletzung aus dem Körper herauswusch.

Wasser empfiehlt sich ganz besonders, wenn Sie einen Raum von negativen Emotionen reinigen wollen, da es grundsätzlich mit Emotionen assoziiert wird. Bei der Traumarbeit gilt Wasser oft als Metapher für Emotionen. Wenn in einem Traum zum Beispiel gefrorenes Wasser vorkommt, kann das auf blockierte Gefühle oder erstarrte Emotionen deuten. Abgestandenes Wasser in einem Traum symbolisiert fast immer eine Periode der Stagnation und Unproduktivität im Leben dieses Menschen, wogegen fließendes Wasser meist frei fließende Emotionen, ein Gefühl der Befreiung und eine von Sinn getragene Bewegung durchs Leben anzeigt.

Bei meiner heilerischen Tätigkeit wurde mir die wichtige Rolle, die das Wasser für unseren Körper und unser Zuhause spielt, bewußt. Mir fiel auf, daß die Heilerfolge um einiges besser ausfielen, wenn meine Patienten vor der Therapie etwas Wasser tranken. (Ich empfehle ihnen oft, vor einer Heilsitzung wenigstens ein Glas Wasser zu trinken.) Das Wasser agiert in ihrem Körper als Leiter von Energien, die auf sie übertragen werden.

Auch in meinen Seminaren beobachtete ich erheblich bessere Resultate, wenn die Teilnehmerinnen und Teilnehmer genügend Flüssigkeit zu sich genommen hatten. Auch hier schien das Wasser in ihrem Körper als leitendes Medium für heilende Energien zu fungieren, ganz ähnlich, wie sich Wasser als Leiter für elektrische Energie verwenden läßt.

Beim Raumklären konnte ich die Energien viel deutlicher wahrnehmen und auch effektiver arbeiten, wenn mein Körper ausreichend mit Wasser versorgt war. Und zu meiner nicht allzu großen Überraschung entdeckte ich auch, daß die emotionalen und physischen Resultate besser waren, wenn die Luft im Raum vor einer Heilsitzung oder einem Seminar befeuchtet wurde. Meine Erfahrungen unterstützen somit die Theorie, daß Wasser in unserem Zuhause als Leiter bei der Übertragung von Energien agieren kann. Das Wasser kann Ihnen helfen, Ihr Heim zu einem spirituellen Zufluchtsort und zu einer Übertragungsstation des Lichts zu machen.

Wasser läßt sich bei allen vier Schritten des Raumklärens einsetzen. Als großes reinigendes Element der Natur spielt es generell eine wichtige Rolle bei Ihrer persönlichen Vorbereitung und kann vor allem auf hervorragende Weise zur Reinigung der Emotionen eingesetzt werden. Es wurde zur Anrufung spiritueller Energien bei der Taufe und noch früher in vorchristlichen Zeiten genutzt. Außerdem können Sie mit seiner Hilfe ganz wunderbar einen Energieschutz in Ihrem Zuhause aufbauen.

Vorbereitung zur Energiearbeit mit dem Wasser

Wasser können Sie als machtvolles Mittel bei jeder Art von Vorbereitung auf das Klären der Energien einsetzen. Sie rufen den lebendigen Geist des Wassers herbei, wenn Sie sich vor Ihrem Ritual körperlich reinigen, wenn Sie Ihre Wohnung mit Wasser säubern und wenn Sie »aufgeladenes« Wasser in Ihrer Wohnung haben. Das ist alles sehr wichtig und gut, da wir durch die in unseren Adern fließenden Wasser des Lebens ständig mit dem Geist des Wassers in wechselseitiger Verbindung stehen. Unser physischer Körper besteht größtenteils aus Wasser. Sie können ziemlich lange Zeit ohne Essen auskommen, aber wenn Sie kein Wasser trinken, kann Ihr Körper nicht überleben.

Jeder Herzschlag verbindet uns mit dem universellen Geist des Wassers, der uns wiederum mit allen Wassern auf unserem Planeten vernetzt. Das Wasser, das Sie trinken, und das Wasser, das durch Ihren Körper fließt, lag einstmals in Form einer gefrorenen Masse hoch oben auf schneebedeckten Bergen. Das Wasser in Ihrem Körper rauschte einstmals in Bergbächen zu Tal, um schließlich ins Meer zu fließen. Das Wasser in Ihrem Körper war einmal in Wolken hoch über der Erde versammelt, fiel als sanfter Regen hernieder und hat auch schon den Grund der tiefen Meere gesehen. Das Wasser, das Ihren Körper durchfließt, hat schon die Körper Ihrer Vorfahren durchströmt und wird durch die Körper Ihrer Nachkommen fließen.

Der Geist des Wassers ist mächtig durch seine Intuition, Emotion und Spiritualität. Er bedeutet Erneuerung und Wiedergeburt. Seine Macht sind die beruhigenden kühlen Schauer an einem heißen, schwülen Nachmittag. Wasser heilt, reinigt und verjüngt. Wasser reinigt als sanfter Nebel, als Sommerregen oder in Form heftiger Gewitterschauer alles, was es erfaßt. Der Geist des Wassers wohnt in einem stillen Bergsee; im Teich einer Wüstenoase, dessen lebenspendendes Naß die wilden Tiere anzieht; im majestätischen tiefen Ozean, in dem Delphine umherspringen und den die Wale durchziehen.

Der Geist des Wassers ist Kindheit und Unschuld. Er heilt die Emotionen und die Vergangenheit, er bringt Leben und Nahrung. Wenn Sie den Geist des Wassers in Ihr Zuhause rufen, wird er Ihnen helfen, die Tiefen Ihrer Seele zu erforschen.

Um eine Verbindung mit dem Geist des Wassers herzustellen, unternehmen Sie folgende Schritte:

1. Setzen Sie sich ruhig hin, und werden Sie innerlich still.
2. Fühlen Sie nun das Wasser in Ihrem Innern und um Sie herum. Stellen Sie sich vor, wie das Wasser Ihren Körper durchfließt. Fühlen Sie die Feuchtigkeit in Ihrer Haut, Ihrem Mund und Ihren Augen. Nehmen Sie wahr, wie die Feuchtigkeit der Luft Ihr Gesicht berührt, Ihre Hände umgibt, Ihren ganzen Körper einhüllt.
3. Trinken Sie ein Glas Wasser, und stellen Sie sich vor, wie der Körper das Wasser in sich aufnimmt und wie das Wasser Ihren Körper aufrechterhält und versorgt.
4. Erweitern Sie Ihr Bewußtsein, bis Sie fühlen, daß das Wasser, das Sie trinken, und das Wasser in Ihrem Innern Teile des Wassers sind, das in den Flüssen und Bächen fließt.
5. Dehnen Sie Ihr Bewußtsein jetzt noch weiter aus, so daß Sie sich eins mit allen Seen und der ungeheuren Weite der Meere empfinden.

6. Setzen Sie dies fort, bis Sie sich vorstellen, der »Geist des Wassers« geworden zu sein. Stellen Sie sich vor, daß Sie die kleinen Tautropfen sind, die nächtens kommen werden, um den Durst der Blätter zu löschen; Sie sind ein Delphin, der in der kristallblauen See herumplanscht und tanzt.
7. Je stärker Sie sich mit dem »Geist des Wassers« verbinden, ihn in sich heraufbeschwören, desto stärker wird er Ihr Zuhause erfüllen.
8. Danken Sie dem Geist des Wassers für sein Eintreten in Ihr Heim.

Wasser »aufladen«

Das Wasser für das Raumklären sollte in Vorbereitung auf das Ritual »aufgeladen« werden. Dieses Aufladen gleicht dem Aufladen Ihrer Autobatterie. Sie führen dem Wasser Energie zu. Wasser aus einer klaren Quelle oder Meerwasser braucht nicht aufgeladen zu werden, weil es schon durch die Sonne, Erde und Luft energetisiert worden ist. Doch meist hat das Wasser, das uns für die Energiearbeit zur Verfügung steht, schon ewig in einem Plastikbehälter im Supermarkt herumgestanden oder kommt mit Chlor und Fluor versetzt und gefiltert aus der Wasserleitung, wenn es bereits seine natürliche Schwingung und lebendige Energie verloren hat.

Mit Sonnenenergie aufgeladenes Wasser

Gießen Sie das Wasser, das Sie für Ihr Ritual verwenden wollen, in eine Schale. Eine Keramik- oder Glasschale eignet sich besser als eine aus Metall, es sei denn, Sie wollen aus bestimmten Gründen das Wasser mit der Energie eines Metalls verbinden – also zum Beispiel mit Hilfe einer Kupferschale das Wasser mit der Kupferenergie versehen. Lassen Sie die Schale im Sonnenlicht stehen, damit das Wasser die heilenden Eigenschaften der solaren Energie absorbieren kann. Die Schale soll draußen im Freien stehen und nicht etwa auf einer sonnigen Fensterbank hinter geschlossenen Fenstern. Gewöhnlich reichen drei Stunden aus, damit sich das Wasser auflädt. Mit Sonnenenergie aufgeladenes Wasser hat eine nach außen gerichtete, überschäumende Yang-Energie und eignet sich sehr gut für dunkle Räume oder Räume mit einer düsteren oder schwerlastenden Energie und auch für Zimmer, in denen eine kranke Person gelegen hat.

Mit Mondenergie aufgeladenes Wasser

Hier setzen Sie das Wasser draußen im Freien den Mondstrahlen aus. Mit Mondenergie aufgeladenes Wasser hat eine wunderbare weibliche heilende Qualität und kann helfen, die Energien in einem Raum weicher zu machen. Es eignet sich gut für Räume, in denen sehr starke Emotionen wie Wut oder große Trauer Ausdruck fanden. Es läßt sich auch hervorragend im Schlafzimmer verwenden, wo es zu einer den Schlaf und den Träumen förderlichen Atmosphäre beiträgt.

Regenbogenwasser

Drei Stunden Sonnen- oder Mondlicht hintereinander sind rar, wenn das Wetter nicht mitspielt. Im Winter friert das Wasser im Freien zuweilen ein. Im folgenden finden Sie eine Technik, die Sie an bewölkten Tagen oder im Winter anwenden können. Diese Regenbogenwasser-Methode erlernte ich von meiner hawaiianischen Kahunalehrerin. Die Hawaiianer betrachteten den Regenbogen als Geschenk der Götter, und Wasser galt ihnen als etwas Heiliges. Man benutzte es bei Segnungen und Heilzeremonien. Sie können diese alte hawaiianische Schamanentechnik zum Reinigen und Energetisieren von Wasser anwenden.

Halten Sie Ihre Handfläche über das Behältnis mit dem Wasser, das Sie für das Ritual benutzen möchten. Berühren Sie das Wasser nicht, sondern lassen Sie die Hand langsam und im Uhrzeigersinn über dem Wasser kreisen. Stellen Sie sich dabei vor, daß eine Kaskade von Regenbogenlicht Ihrer Hand entströmt, die das Wasser mit Heiterkeit und Freude bestrahlt.

Meine Lehrerin begann ihr Raumklären-Ritual immer damit, daß sie von dem Regenbogenwasser ein wenig trank. Den Rest des Wassers benutzte sie dann für die Reinigung und Ausbalancierung der Raumenergien. Sie erklärte, daß sie, wenn sie von dem Wasser trank, dieselbe Regenbogenlichtenergie erfüllte, die auch beim Raumklären wirksam war, und sie dadurch zu einem besseren Medium für die rituelle Arbeit wurde.

Mit Kristallenergie aufgeladenes Wasser

Sie können auch einen gereinigten, klaren Quarzkristall vierundzwanzig Stunden lang in einen mit Wasser gefüllten Glasbehälter legen. (Informationen zum Reinigen von Kristallen finden Sie in Kapitel 7.) Diese Methode funktioniert besonders gut, wenn Sie den Behälter an ein Fenster stellen, wo das Licht den Kristall durchdringen kann – das Licht hilft, den Kristall zu aktivieren. Dieses Wasser eignet sich hervorragend für Räume, in denen geheilt wird. Außerdem ist es gut für das Begießen und Befeuchten von Zimmerpflanzen.

Reinigungsrituale mit Wasser

Solche Rituale können Sie durchführen, wenn Sie in eine neue Wohnung einziehen, wenn Sie im Frühjahr Reinigungs- und Läuterungsrituale durchführen oder wenn die Energie bei Ihnen zu Hause in »Unordnung« geraten ist. Sie merken es daran, daß alles ein bißchen »daneben« ist. Wenn zum Beispiel der Toaster den Geist aufgibt, die Glühbirnen durchbrennen, die Leute verdrießlich und müde sind und niemand dem andern eigentlich richtig zuhört, dann ist ein Reinigungsritual mit Wasser angesagt.

Die Reinigung mit Quellwasser

Nach der Tradition bestimmter Stammesgesellschaften taucht die Schamanin die Spitze eines Pflanzenzweigs oder Schößlings in das energetisierte Wasser und besprengt dann den Raum als Bestandteil des Reinigungsrituals. Wenn Sie so vorgehen wollen, segnen Sie zunächst einmal eine kleine Schale mit Quellwasser oder »aufgeladenem« Wasser. Zum Segnen stellen Sie die Schale in die Mitte des Raums, den Sie klären wollen. Halten Sie dann Ihre Hände darüber, und bitten Sie um Segen für das Wasser und Ihr Raumklären. Sie können zum Beispiel sagen:

Möge dieses Wasser vom Geist erfüllt werden, und möge dieser Raum durch die Kraft des Wassers gereinigt und geklärt werden. Wie das Wasser erneuert und heilt, so soll auch dieser Raum erneuert und geheilt werden. So soll es sein.

Nehmen Sie die Schale, und gehen Sie damit zur östlichsten Ecke des Raums. Nehmen Sie das Zweiglein einer Pflanze, eines Krauts oder von einem Baum, und tauchen Sie es einen Moment lang ins Wasser. Besprengen Sie dann jede Ecke des Raums sowie ihr Umfeld, und sprechen Sie dabei (laut oder lautlos):

Wasser, Wasser ... wasch den Raum rein und licht
Wasser, Wasser ... klär den Raum mit Liebe und Licht!

Gehen Sie weiter im Uhrzeigersinn durch den Raum, und besprengen Sie ihn mit Wasser. Wenn Sie an eine Stelle gelangen, wo sich die Energie besonders stagnierend oder zäh anfühlt, tauchen Sie das Zweiglein ins Wasser und sprenkeln das Wasser siebenmal in die Luft. Fühlt sich die Energie danach immer noch nicht klar an, wiederholen Sie den Vorgang. Viele Stammeskulturen praktizieren dieses Ritual des siebenmaligen Besprengens mit Wasser bei Zeremonien; manche verwenden Zweige, andere die Fingerspitzen.

Wenn Sie den Zweig ins Wasser tauchen, verbindet sich seine Energie mit der Energie des Wassers, wodurch Sie über eine doppelte Kraft für Ihr Ritual verfügen. Hier sind einige Vorschläge für Bäume oder Pflanzen, deren Zweige Sie verwenden können.

Kiefer: Nehmen Sie einen kleinen Kiefernzweig, wenn Sie es mit einer besonders zähen und massiven Energie zu tun haben. Kiefern- oder Fichtenöl wird den Reinigungsmitteln für den Haushalt zugesetzt, weil es desinfizierende Eigenschaften besitzt. Die stark reinigenden Kiefernzweige eignen sich besonders gut für Räume, in denen jemand krank war. Sie können auch gut verwendet werden, wenn sich die Energie tot oder leblos anfühlt oder Sie das Gefühl haben, durch Sirup zu waten. Fügen Sie dem Wasser einen Tropfen Kiefernöl hinzu, um die Wirkung zu steigern.

Zeder: Ein Mitglied meines Cherokee-Stammes lehrte mich, daß das Besprengen mit einem Zedernzweig einen heiligen Reinigungsakt darstellt, weil »sowohl das Wasser wie auch die Zeder unserem Volk heilig« sind. Die Zeder verfügt über einige Eigenschaften, die auch die Kiefer aufweist, doch ist diese von ihrem Wesen her weicher und spiritueller. Benutzen Sie einen Zedernzweig, wenn Sie eine Reinigung und Ausbalancierung der spirituellen Energien vornehmen.

Zitronenkraut: Es eignet sich hervorragend, um stagnierende Energien in Bewegung zu setzen, oder für Räume, in denen ein Streit stattgefunden hat. (Wenn Sie kein frisches Zitronenkraut bekommen, können Sie getrocknetes Zitronenkraut nehmen und im Wasser einweichen.) Es kann auch gut für Räume verwendet werden, in denen Sie nicht klar denken können oder in denen die Energie immer wieder zu stocken scheint. Zitronenkraut belebt und stimuliert.

Frischer Schößling: Für ein generelles Raumklären eignet sich jeder frischer Schößling (bitte denken Sie daran, der Pflanze für ihre Gabe zu danken). Wenn Sie ein Frühjahrsreinigungsritual durchführen, ist jeder Frühlingsschößling oder -zweig gut. Ein stabiler Zweig mit kleinen Blättern scheint für das Besprengen mit Wasser am geeignetsten zu sein.

Blumen: Wenn Sie die Energien in einem Raum ganz sanft erhellen oder einen Meditationsraum klären wollen, eignet sich eine Blume am besten. Jede Blume hat ihre eigene Energie. Sie können zum Beispiel eine Rose für Liebe und ein Gänseblümchen für Freude nehmen.

Reinigung mit Hilfe einer mit Wasser gefüllten Schale

Diese Methode können Sie mit jeder anderen von Ihnen angewandten Technik verbinden. Sie kann für alle Arten des Raumklärens eingesetzt werden. Nehmen Sie, bevor Sie mit Ihrem Ritual beginnen, eine Schale mit »aufgeladenem« Wasser, und stellen Sie sie in die Mitte des Raums, den Sie bearbeiten. Vergegenwärtigen Sie sich die Absicht, daß dieses Wasser die stagnierenden Energien, die während des Rituals freigesetzt werden, absorbiert. Fügen Sie, wenn die Energie im Raum sehr dicht und zäh ist, dem Wasser etwas Meersalz hinzu. Heben Sie nach dem Ritual die Wasserschale vorsichtig hoch, und schütten Sie das Wasser in den Ausguß. Lassen Sie danach etwa eine halbe Minute kaltes Wasser nachfließen. Manchmal sieht das Wasser nach sehr intensivem Klären richtiggehend dunkel und trübe aus. Reinigen Sie die Schale mit kaltem Wasser und lassen Sie sie an der Luft, vorzugsweise in der Sonne, trocknen.

Reinigung mit einem Wasserzerstäuber

Die emotionale Energie bleibt meist noch lange, nachdem die Emotionen, die sie erzeugt haben, verflogen sind, in einem Raum haften. Oft wirkt die Luft im Raum nach einem Streit irgendwie dick und aufgeladen. Genau das ist auch der Fall. Eine elektrische »Ladung« bleibt als Überrest der negativen Emotionen zurück. Die schnellste Methode zur Neutralisierung dieser Restenergie ist der Einsatz eines Wasserzerstäubers. Das Besprühen Ihres Zuhauses mit Wasser ist eine der einfachsten und wirksamsten Techniken, wenn Sie die Energien verwandeln und Ihre Wohnung von emotionalen Überresten befreien wollen.

Das Besprühen neutralisiert nicht nur fast sofort die emotionale Ladung im Raum, sondern erzeugt eine mit negativ geladenen Ionen besonders stark angereicherte Umgebung. (In Kapitel 6 finden Sie einige Informationen über negativ geladene Ionen.) Eine solche Umgebung finden Sie zum Beispiel an einem Wasserfall oder am Meer oder in einem Kiefernwald. In einer mit negativ geladenen Ionen angereicherten Atmosphäre fühlen

Sie sich wohl gestimmt, wach und wie neu belebt. In einer Umgebung mit positiv geladenen Ionen fühlen Sie sich träge und lethargisch.

In Nadelwäldern ist die Luft mit negativ geladenen Ionen durchsetzt, weil diese sich um die Nadelspitzen der Bäume versammeln. Der Sprühregen eines Wasserfalls und die am Ufer anbrandenden Meereswellen erzeugen ebenfalls negativ geladene Ionen, was einer der Gründe ist, warum Sie sich in einem Kiefernwald oder am Meer so wohl fühlen. Eine solche Atmosphäre können Sie mit Hilfe eines Wasserzerstäubers auch in Ihrem Zuhause herstellen.

Je feiner das Wasserspray, desto besser, doch jede andere Sprühflasche tut's auch. Am besten füllen Sie die Flasche mit Quellwasser. Wenn Sie aber nur über Leitungswasser verfügen, können Sie das Wasser mit den bereits erläuterten Methoden »aufladen«. Sie sollten sofort nach dem Besprühen einen Unterschied feststellen können.

Der Trick dabei ist, den Raum nur ganz leicht zu besprühen. Durchtränken Sie nicht alles mit Wasser. Schicken Sie überall nur einen Hauch von Feuchtigkeit hin. Auch Ihre Pflanzen werden vom regelmäßigen leichten Besprühen profitieren.

Wenn Sie ein Therapiezimmer in Ihrem Haus haben, sollten Sie es auf diese Weise nach jedem Klientenbesuch reinigen. Dadurch wird es für den nächsten Klienten von allen emotionalen Energieüberresten befreit. Bevor ich begann, nach jedem Klienten den Wasserzerstäuber in meinem Therapiezimmer einzusetzen, kam es häufig vor, daß der nächste Klient sich mit einigen Themen auseinandersetzte, an denen schon sein Vorgänger geknabbert hatte. Meinem Gefühl nach war das deswegen der Fall, weil der zweite Klient in das zurückgebliebene Energiefeld des ersten Klienten eintrat und unbewußt die noch im Raum haftenden Emotionen auffing. Wichtig ist auch, daß Sie sich nach jedem Klienten die Hände waschen (auch dann, wenn Sie ihn oder sie gar nicht berührt haben) und sich selbst besprühen, damit Ihre und die Energien des Raums zwischen den Klientenbesuchen immer geklärt werden.

Anrufung

Blütenessenzen für Ihre Wohnung

Die Verwendung von Blütenessenzen in einem Zerstäuber ist eine Methode, die viele Menschen als sehr wirkungsvoll erfahren haben, wenn es darum geht, die feinen Energien in einem Haus positiv zu beeinflussen und die Energie der Lebenskraft herbeizurufen. In den frühen 30er Jahren fiel dem bekannten Waliser Arzt Dr. Edward Bach auf, daß viele Krankheiten anscheinend in direktem Zusammenhang mit dem emotionalen und seelischen Zustand des Patienten standen. Er hatte den Eindruck, daß die traditionelle Medizin nicht an die Ursachen rührte, die der Krankheit zugrunde lagen, und machte es sich deshalb zur Aufgabe, die Persönlichkeit des Patienten und nicht die Krankheit zu behandeln. Im Laufe der Jahre fand Bach insgesamt 38 Blütenessenzen zum Ausgleich seelischer Disharmonien, die seinem Gefühl nach vielen Krankheiten zugrunde lagen. Seine Heilmittel bestanden aus unterschiedlich verdünnten Blüten- und Pflanzenextrakten, die die heilsame Energie der Pflanzen enthalten sollen. Ich habe festgestellt, daß es sich sehr wohltuend auf die feinen Energien der Wohnung auswirken kann, wenn ich Bach-Blütenarzneien in einem Zerstäuber mische und diese Mixtur gelegentlich im Raum (oder im ganzen Haus) versprühe. Aus Platzgründen kann ich nicht die Eigenschaften aller Bach-Blütenarzneien aufzählen, doch schlage ich vor, daß Sie Rescue bereithalten, um die ätherischen Energien eines Raums nach einem Zerwürfnis, einem Streit oder einem Problem wieder auszubalancieren. Hier seien noch einige weitere Bach-Blüten mit ihren Eigenschaften genannt.

Cherry Plum:	Ruhe, stiller Mut
Wild Rose:	Vitalität, lebhaftes Interesse an allem
Water Violet:	Sanftheit, Gelassenheit, Ausbalanciertheit, Anmut
Centaury:	Stille, Weisheit
Vine:	Weisheit, Führung, Hilfe für andere

Star of Bethlehem:	bereinigt Spannungen und Überreste von Spannungen
Gorse:	positiver Glaube, Schwierigkeiten bewältigen zu können
Rescue Remedy:	balanciert die Energie nach Streitigkeiten oder Krankheit aus

Ich schlage vor, daß Sie intuitiv entscheiden, welche Blütenarznei sich am besten für Ihren Raum eignet. Zu diesem Zweck drehen Sie alle Fläschchen so um, daß Sie die Etiketten nicht lesen können, und streifen leicht mit den Fingern darüber hinweg. Oft wird dann eines oder mehrere der Fläschchen Ihre Finger irgendwie »ansprechen«. Vermischen Sie dann einige Tropfen davon mit klarem Quellwasser oder destilliertem Wasser im Zerstäuber, und versprühen Sie die Mischung im Raum.

Homöopathie für Ihre Wohnung

Schon seit zweihundert Jahren wenden sich die nach einer Alternative zur Schulmedizin suchenden Menschen den homöopathischen Arzneien zu. Die homöopathische Philosophie geht davon aus, daß winzige Dosen einer krankheitsverursachenden Substanz helfen können, die an dieser Krankheit leidende Person zu heilen. Das Grundprinzip der Homöopathie besteht im Gesetz des Potenzierens, welches besagt, daß die heilende Potenz eines Agens mit dem Grad der Verdünnung zunimmt. Die Homöopathie gründet sich auf eine Hypothese, die so alt wie Hippokrates ist, daß nämlich »Gleiches Gleiches heilt«. Manche Arzneien sind so stark verdünnt, daß sich in ihnen kaum eine Spur von der ursprünglichen Substanz mehr entdecken läßt. Der deutsche Arzt Samuel Hahnemann entwickelte im frühen 19. Jahrhundert die Philosophie der modernen Homöopathie. Heute zählen zu ihren Verfechtern so bekannte Persönlichkeiten wie Königin Elisabeth II. und Mutter Teresa. Die Wirksamkeit und Entwicklungsfähigkeit der Homöopathie wurde durch zahlreiche Forschungen und Untersuchungen auch an Tieren untermauert.

Fügen Sie einige Tropfen der homöopathischen Arznei (benutzen Sie in Alkohol verdünnte, keine pulverisierten Arzneien) dem

Wasser im Zerstäuber hinzu, und besprühen Sie die Räume Ihres Zuhauses. Wenn Sie zu dieser Methode greifen, sollten Sie unbedingt das homöopathische Mittel Arnika in einem Raum verwenden, in dem jemand einen inneren Aufruhr, einen plötzlichen Schock oder eine starke Aufregung erlebt hat. Wie auch bei den Bach-Blüten können Sie entweder ganz bewußt entscheiden, welche Arznei für einen Raum gut ist, oder Sie streifen mit den Fingern über die Fläschchen und lassen Ihre innere Stimme sprechen. Machen Sie sich keine Sorgen, ob Sie auch genau das »richtige Mittel« verwenden, denn egal, was Sie nehmen, Sie können damit den Energien im Raum keinen Schaden zufügen. Sowohl die homöopathischen Mittel wie auch die Bach-Blüten balancieren die feinen Energien in einem Raum aus und bieten sich hervorragend für Meditationsräume an.

Aromatherapie für Ihre Wohnung

Sie können auch eine Kombination aus Aromatherapie und Wasserzerstäuber ausprobieren, wenn Sie eine für Ihre Emotionen förderliche Energie in Ihre Wohnung rufen wollen. Fügen Sie dem Wasser in der Sprühflasche nur einen Tropfen eines ätherischen Öls hinzu. Nehmen Sie nicht mehr, weil Sie sonst die Düse verstopfen könnten. (Vorzüge und Bedeutung der Aromatherapie werden in Kapitel 6 besprochen.)

Ich bewahre meine Zerstäuber an verschiedenen Stellen im Haus auf. Einen habe ich in der Küche, er ist mit Quellwasser gefüllt und mit einem Tropfen Zitronengrasöl versetzt. Wenn das Geschirr abgespült und der Boden gekehrt ist, besprühe ich die Küche, sozusagen als I-Tüpfelchen, mit meinem belebenden Zitronengraswasser. Danach funkelt die ganze Küche nur so.

Im Wohnzimmer habe ich einen Zerstäuber mit Lavendelöl-Wasser. Damit besprühe ich das Wohnzimmer mehrmals am Tag. Wenn wir uns dann abends ins Wohnzimmer zurückziehen, hat es seine Energie im Laufe des Tages erneuert.

Im Schlafzimmer habe ich einen Zerstäuber mit Geranienöl-Wasser, den ich einsetze, nachdem ich das Bett gemacht habe, und auch dann, wenn ich untertags das Zimmer wieder betrete. Es funktioniert ganz gut, wenn Sie an verschiedenen Orten einen solchen Wasserzerstäuber parat haben und die Räume im Vorbeigehen immer mal wieder besprühen. Die Mixtur aus Wasser und Öl erhält sich über lange Zeit frisch, so daß Sie sie gewöhnlich nur erneuern müssen, wenn die Flasche leer ist.

Wann immer Sie das Bedürfnis nach einer persönlichen Erfrischung verspüren, können Sie sich auch selbst besprühen. Stecken Sie einen kleinen Zerstäuber in Ihre Handtasche. Füllen Sie ihn zuvor mit energetisiertem Wasser und einem Tropfen Ihres Lieblingsöls, oder benutzen Sie ihn, wenn Sie auf Reisen sind. Dieses Besprühen ist gut für Ihre Haut und kann Sie untertags rasch wieder erfrischen, da Ihr Energiefeld belebt und Ihre Aura gereinigt wird.

Bewahrung und Schutz

Luftbefeuchter

Mit einem Luftbefeuchter können Sie ganz leicht die Frische und Feuchtigkeit der Luft sowie das Wasserelement in Ihrer Wohnung bewahren. In kalten Ländern sind viele Wohnungen im Winter wegen der Auswirkungen der Heizung oft trockener als die Sahara. Ein Kaltwasserluftbefeuchter kann hier den schädlichen Auswirkungen der Trockenheit entgegenwirken. Ich schlage vor, daß Sie aufgeladenes Wasser verwenden. Dies wird nicht nur dazu beitragen, daß die hilfreichen negativ geladenen Ionen erzeugt werden, Ihre Haut weicher bleibt und Sie besser schlafen können, sondern es wird Ihnen auch bei Ihren Träumen helfen. Viele Menschen berichten, daß ihre Träume farbenfroher, lebendiger und auch prophethischer wurden, nachdem sie einen Luftbefeuchter in ihrem Schlafzimmer installiert hatten. Meiner Meinung nach ist das Wasser nicht nur ein Träger von Emotionen, sondern auch von medialen Impulsen. Und viele Menschen stellen auch einen Unterschied in ihren medialen oder visionären Träumen fest, wenn sich ein Luftbefeuchter im Zimmer befindet, da er negativ geladene Ionen erzeugt.

(Wenn Sie in einem sehr feuchten Klima leben, wie zum Beispiel in Hongkong, wollen Sie vielleicht in einem Ihrer Räume einen Entfeuchter aufstellen, falls Sie merken, daß Sie sehr oft extrem emotional reagieren und nur schwer zu einem emotionalen Gleichgewicht finden. Wenn Sie über einen Raum verfügen, in dem Sie sich »austrocknen« können, trägt dies dazu bei, ein Übermaß an Emotionen etwas zu reduzieren.)

Zimmerspringbrunnen

Ein Zimmerspringbrunnen steigert nicht nur die Luftfeuchtigkeit und schafft eine negativ geladene Ionenatmosphäre, sondern kann auch mit seinem leisen Geplätscher einen heilsamen Klanghintergrund schaffen. Jeder Raum, in dem sich ein Zimmerspringbrunnen befindet, fühlt sich sofort lebendig und energiegeladen an. Sie können ihn in vielen Blumenläden und Geschenkläden kaufen. Es gibt ihn in allen Größen und Formen, vom kleinen Rinnsal, das über ein paar Kieselsteine fließt, bis hin zu großen Statuen im griechischen Stil, aus denen sich das Wasser in einen kleinen Brunnen ergießt. Manche sind sehr teuer. Sie können sich aber auch recht leicht Ihren eigenen Zimmerspringbrunnen basteln. Suchen Sie sich eine große, tiefe Schale. Kaufen Sie eine kleine elektrische Unterwasserpumpe. (Viele Gartenzentren verkaufen sie zu erschwinglichen Preisen.) Plazieren Sie die kleine Pumpe in der Mitte der Schale. Arrangieren Sie einige Flußsteine so darum herum, daß sie die Pumpe bedecken und aus dem Wasser herausragen. Führen Sie den mit der Pumpe verbundenen Schlauch durch die Steine. Schalten Sie ein und – voilà! – Sie haben Ihren Springbrunnen.

Sie können den Geist des Wassers in Ihren Garten rufen, wenn Sie dort einen Springbrunnen installieren. Das hört sich zwar nach einem ziemlich wagemutigen Projekt an, ist aber im Grunde nicht so schwierig. Heben Sie eine Grube in Ihrem Garten aus, und plazieren Sie darin ein schon vorgeformtes Teichbecken. Legen Sie Steine hinein, installieren Sie Ihre Unterwasserpumpe, und schon verfügen Sie über Ihren eigenen Springbrunnen. Sie können die Grube auch mit einer entsprechenden Folie auslegen, was gewöhnlich billiger kommt als das vorgeformte Teichbecken. Die Pumpen arbeiten elektrisch, weshalb Sie einen qualifizierten Elektriker benötigen, der Ihnen ein Spezialkabel unter der Erde verlegt oder zumindest so, daß niemand darüberstolpert. Viele Gärtnereien können Ihnen dazu detaillierte Auskunft geben. Ein Springbrunnen in Ihrem Garten zieht Vögel, Elfen, Elementargeister, Wassergeister und spirituelle Energien an.

Teiche

Auch ohne Springbrunnen ist ein einfacher Teich ein attraktiver Anblick und bringt beruhigende Energie in Ihren ganzen Garten. Er braucht nicht groß zu sein (ich habe einen, der nur fünfundfünfzig Zentimeter breit ist) und ist sehr leicht zu installieren. Heben Sie eine kleine Grube aus, und legen Sie sie entweder mit einer geeigneten Folie aus, oder verwenden Sie ein schon vorgeformtes Teichbecken. Umgeben Sie das Ganze mit Flußsteinen. Setzen Sie einige Wasserpflanzen ein, erneuern Sie das Wasser jedesmal, wenn Sie Ihren Garten wässern, und Sie haben Ihren ganz besonderen heiligen Gartenteich. Sie können auch ein großes wasserdichtes Faß oder ein sehr großes Gefäß mit Wasser und einigen Wasserpflanzen füllen. Diesen tragbaren Teich können Sie dann im Haus oder im Freien benutzen, um den Geist des Wassers in Ihr Haus oder in Ihren Garten zu rufen.

Eine weitere Variation ist das Vogelbad, das Sie im Garten oder in der Wohnung aufstellen und mit Wasser oder mit auf dem Wasser schwimmenden Blumenblüten füllen können.

Wasserschalen

Wenn Sie überall in Ihrem Zuhause Wasserschalen aufstellen, kann das die heilende Energie fördern. Eine einzige schöne, flache Schale mit Wasser, auf dem eine einzige Blüte schwimmt, kann als Fokus zum Zentrieren und Ausbalancieren der Energie dienen. Oder Sie können ungeschliffene Quarzkristalle in eine Schale mit Wasser legen. Das Wasser erhöht die Sende- und Übertragungsfähigkeit der Kristalle. Sie können auch hübsche mit Wasser und farbigen Steinen gefüllte Flaschen auf die Fensterbank stellen, die das Licht von draußen in Ihre Wohnung leiten. Flaschen mit gefärbtem Wasser auf der Fensterbank (Nahrungsmittelfarben oder Wasserfarben funktionieren gut) bringen die Farbschwingung in Ihr Zuhause. (Informationen über den Gebrauch von Farben finden Sie in Kapitel 12.) Denken Sie daran, das Wasser in den Flaschen häufig zu erneuern, damit sie klar bleiben.

Aquarien

Ein Aquarium mit Fischen kann zum Gefühl von Schönheit und Harmonie in einer Wohnung beitragen, während es gleichzeitig den Gehalt an negativ geladenen Ionen in der Luft steigert. Wenn Ihnen an Fischen nicht viel gelegen ist, können Sie ein Aquarium auch nur mit Wasserpflanzen und Steinen als Unterwasser-Zen-Garten einrichten. Die Pflanzen werden frischen Sauerstoff an die Luft abgeben. Wie schon erwähnt, muß dafür gesorgt werden, daß alle Wasserbehälter stets frisch und klar bleiben, um die heilende Wirkung des Wassers zu maximieren. Untersuchungen zu den Auswirkungen von Aquarien, die an Patienten in Wartezimmern von Ärzten durchgeführt wurden, haben ergeben, daß diese durchwegs einen beruhigenden und besänftigenden Effekt haben. Jedes lebendige Wesen trägt zusätzlich zur Energie in einer Wohnung bei, und die heitere und beruhigende Wirkung von Fischen wird, wenn Sie den Raum betreten, den Streß von außen weniger wichtig erscheinen lassen.

Wenn Sie den Geist des Wassers noch stärker in Ihre Wohnung einbringen möchten, können Sie folgende zusätzliche Schritte erwägen:

Reinigen Sie das Wasser, das zu Ihnen in die Wohnung kommt. Benutzen Sie ein Wasserfiltersystem, um Ihr Leitungswasser zu reinigen. Ich persönlich bevorzuge eines, das auf der Basis der umgekehrten Osmose funktioniert. Doch es sind viele gute Systeme auf dem Markt.

Rufen Sie die subtilen ätherischen Energien des Wasser herbei. Segnen Sie die Wasserleitungen in Ihrem Zuhause, so daß das Wasser auf »gesegnete Weise« hereinkommt. Um die Rohre zu segnen, halten Sie die Hände darüber und sagen:

Ich danke dir. Möge das Wasser, das durch dich fließt, dieser Familie Segen bringen.

Wenn Sie in einem Apartment wohnen und nicht an die Hauptrohre gelangen können, sprechen Sie diesen Segen über die Wasserhähne in Ihrer Wohnung aus.

Rufen Sie die Magie des Wasser-Geistes an, damit sie Ihr Zuhause erfüllen möge. Öffnen Sie ein Fenster oder eine Tür, und bitten Sie darum, daß der Geist des Wassers in Ihr Haus eintreten möge. Auch wenn es kein regnerischer Tag ist, enthält die Luft doch fast immer eine gewisse Feuchtigkeit.

6

Die Alchimie der Luft

Ich sitze völlig still. Die Morgenluft ist herb und klar. Der starke Kiefernnadelduft, den die umstehenden Bäume ausströmen, dringt mir in die Nase. Die ersten Strahlen der Morgensonne explodieren wie Lichtscherben über der fernen Cascade-Bergkette. Mein Atem wird ruhig, ich werde innerlich still, und ich spüre die nahende Präsenz des Großen Geistes. In diesem Moment erklingt das Windspiel, das über mir hängt, ganz sachte und mit kristalliner Reinheit.

Die Luft ist immer vollkommen still am Morgen, wenn ich auf der Gartenbank vor unserer Berghütte sitze, um zu meditieren. Und wenn ich den Anhauch des Großen Geistes spüre, läuten immer sanft die Glöckchen. In der Stille weiß ich, daß ich nicht allein bin. Der Große Geist hat sich herabgeschwungen, um mich auf den Flügeln des Luftgeistes zu berühren.

Die anscheinend so flüchtige und unsichtbare Lebenskraft der Luft, die uns umgibt, setzt sich aus allerfeinsten Energiefeldern zusammen. Luftgeister wirbeln und tanzen mit den ursprünglichsten ätherischen Energien, die vom zarten Flügelschlag der Sylphen und vom süßen Atem der Engel erfüllt sind. In diesem Kapitel lernen Sie, wie Sie die Geister der Luft in Ihr Leben rufen können, sowie einige praktische Techniken zum Reinigen der Luft in Ihrer Wohnung, damit sie zu strahlender Gesundheit und Freude beitragen kann.

Vorbereitung

Wir sind durch unseren Atem in ständigem Austausch mit der Luft verbunden. Um sich auf das Raumklären mit Hilfe des Luftelements vorzubereiten, sollten Sie sich als erstes durch bewußtes Atmen mit dem Geist der Luft verbinden. Über diese Technik können wir den universellen Luftgeist entdecken, der uns mit dem gesamten Planeten vernetzt. Es ist ein Element, das wir mit allen anderen, auch pflanzlichen Lebewesen teilen. Die Luft, die Sie gerade eingeatmet haben, wurde schon von Ihren entferntesten Ahnen eingeatmet und wird von Ihren Nachkommen eingeatmet werden. Ohne den Schutzmantel der Luft, der unseren schönen Planeten einhüllt, wäre ein Leben, wie wir es kennen, nicht möglich. Wir beginnen unser Leben außerhalb des Mutterleibs mit einem scharfen und aufschreckenden Atemzug, der zum erstenmal die Atemluft in unsere Lungen bringt, und von da an atmen wir so lange weiter, bis wir bereit sind, unseren Körper auf dieser Ebene zu verlassen.

Die Macht des Luftgeistes besteht in Veränderung und Transformation. Er ist der Atem des Lebens, der Inspiration und des Strebens. Er ist die besänftigende kühle Brise an einem schwülen, heißen Nachmittag. Während Wasser heilt, reinigt und verjüngt, transformiert die Luft. Von der wispernden Brise über einen sanften Wirbelwind bis hin zum tobenden Hurrikan verändert die Luft alles, was sie erfaßt. Von den meeresgleich wogenden unendlich weiten Prärien über die schimmernden, spielerisch im Wind tanzenden Blätter der Zitterpappel bis hin zu den zarten Samenkokons, die von einem plötzlichen Windstoß erfaßt in die Luft getragen werden – überall bewirkt die Luft neue Perspektiven und Veränderungen.

Die Luft ist das Reich des Adlers und der Eule. Sie ist Freiheit, Wahrnehmung, Kommunikation. Im Element der Luft sehen Sie Situationen von einer höheren Warte aus. Wenn Sie den Geist der Luft in Ihr Zuhause rufen, wird das Ihnen helfen, Ihre Flügel zu finden, und Sie können Ihrerseits zu Höhenflügen aufbrechen.

Um eine Verbindung mit dem Geist der Luft herzustellen, unternehmen Sie folgendes:

1. Setzen Sie sich ruhig hin, und werden Sie innerlich still.
2. Erspüren Sie die Luft, von der Sie umgeben sind. Nehmen Sie wahr, wie sie Ihr Gesicht berührt, Ihre Hände umgibt und Ihren ganzen Körper einhüllt. Fühlen Sie, falls Sie im Freien oder an einem offenen Fenster sitzen, wie die Luft über Ihre Haut, Ihre Haare streicht. Ist diese Berührung so sacht, daß sie nicht wahrzunehmen ist? Oder ist sie stärker, kälter, belebender?
3. Nehmen Sie bewußt die Luft wahr, die beim Einatmen in Ihre Lungen dringt. Nehmen Sie bewußt wahr, daß Sie Luft einatmen, die Sie unmittelbar umgibt.
4. Erweitern Sie Ihr Bewußtsein und stellen Sie sich vor, daß Sie die ungeheure Weite des Himmels einatmen. Erweitern Sie mit jedem Atemzug Ihr Bewußtsein, bis Sie sich vorstellen, daß Sie das Firmament, den blauen Himmel über Ihnen, die Weichheit der Wolken, die erregende Intensität des Windes ein- und ausatmen.
5. Setzen Sie dies fort, bis Sie das Gefühl haben, »Luft« geworden zu sein. Sie können sich auch vorstellen, daß Sie ein Adler sind, der seine großen, mächtigen Kreise über Berge und Täler zieht.
6. Dieser kosmische Atem wird es Ihnen erlauben, sich mit dem Geist der Luft zu verbinden und ihn in Ihr Haus zu rufen.
7. Danken Sie dem Geist der Luft dafür, daß er in Ihr Haus eintritt.

Reinigung

Rauch im spirituellen Kontext

Rauch verbindet uns mit dem Geist der Luft und wurde schon zu allen Zeiten in vielen Kulturen der Welt als Bestandteil religiöser Reinigungsrituale eingesetzt. Aufsteigender Rauch bildet einen Kanal, der uns mit dem Großen Geist verbindet. Unsere Gebete steigen mit dem Rauch auf zu Gott, und die Antworten auf diese Gebete reisen auf dem gleichen Weg zu uns zurück.

Vor dem Eingang buddhistischer Tempelhallen steht gewöhnlich eine große Urne mit brennenden Räucherstäbchen. Die

Gläubigen bleiben dort einen Moment stehen, atmen den Rauch ein oder fächeln ihn mit ihren Händen über ihren Körper, um sich zu reinigen, bevor sie den Tempel betreten.

Räuchern

Das Räuchern ist eine traditionelle indianische Methode, um einen Raum mit Hilfe von Rauch zu reinigen. Mit Räuchern ist das spirituelle Verbrennen von getrockneten Kräutern und Pflanzen gemeint, wobei der erzeugte Rauch dazu benutzt wird, die eigene Energie oder die einer anderen Person zu verwandeln oder die Energie eines bestimmten Raums zu reinigen und auszubalancieren. Für ein solches Ritual können viele Kräuter und Pflanzen verwendet werden, wobei zu den gebräuchlichsten der Salbei, das Süßgras oder die Zeder gehören. Aber Sie können auch andere, in Ihrer Umgebung leichter erhältliche Kräuter und Pflanzen verwenden.

Salbei wird bei vielen indianischen Zeremonien eingesetzt, weil er über starke Reinigungskräfte verfügt. Bei der Sonnentanzzeremonie tragen die Tänzer Salbeikränze auf dem Kopf und kauen Salbeiblätter, um ihr Durstgefühl zu lindern. Salbei wird mit Reinheit und den Dingen des Geistes und des Himmels assoziiert.

Süßgras wird ebenfalls fast in allen nordamerikanischen indianischen Stammesgesellschaften verwendet. Sein frischer, sauberer Geruch, der ein wenig an frisch gemähtes Heu erinnert, soll negative Gedanken und böse Geister vertreiben. Es wird in den Schwitzhütten, bei Heilzeremonien und bei vielen Reinigungs- und Weiheritualen benutzt.

In meiner Cherokee-Tradition findet die Zeder bei Zeremonien oft Verwendung. Auch sie vertreibt sehr wirkungsvoll negative Energien. Zum Räuchern benutzt man ihre immergrünen Nadeln, nicht die Rinde. Wenn Sie eine Pflanze nicht in Form eines Kräuterbündels (siehe nächste Seite), sondern in loser Form verwenden, also zum Beispiel mit immergrünen Nadeln oder mit Kräutertabak arbeiten, müssen Sie Ihre Räuchertechnik etwas ändern.

Wie Sie Kräuter für das Räuchern erhalten

Es ist schön, wenn Sie organisch gewachsene Kräuter kaufen können. Sie können aber auch Ihre eigenen Kräuter anpflanzen, sammeln und trocknen. Das hat einige Vorteile. Zum einen können Sie Pflanzen verwenden, die in Ihrer Heimat wachsen und Ihnen ein Gefühl der Verbundenheit mit Ihrem Fleckchen Erde vermitteln. Zum anderen haben Sie eine viel persönlichere und somit intensivere Beziehung zu den Pflanzen, die Sie selbst gesammelt oder aufgezogen haben, was ihre Kraft bei Reinigungsritualen besonders erhöht.

Wenn Sie Ihre eigenen Kräuterbündel für das Räuchern herstellen, müssen Sie den Pflanzen unbedingt in jedem Abschnitt des Prozesses Achtung erweisen – bei ihrem Wachstum, beim Abschneiden und beim Trocknen. Danken Sie dem Geist der Pflanze für seine Gabe. Nach indianischer Tradition sind Sie um so reicher, je mehr Sie geben können, und um so mehr werden Sie auch geliebt und behütet. Es ist ganz wichtig für Sie, anzuerkennen und zu respektieren, daß die Pflanze beim Räuchern einen Teil von sich selbst an Sie abgibt.

Wenn Sie Kräuter sammeln, dürfen Sie nie die ganze Pflanze nehmen. Lassen Sie ihr immer genug Blattwerk, damit sie ihr Leben bis zur Vollendung weiterleben kann. Schnüren Sie die Stengel und Blätter mit einem Faden fest zusammen, und hängen Sie das Bündel an einem kühlen, trockenen Ort mit der Spitze nach unten auf. Wenn es getrocknet ist, kann es zum Räuchern verwendet werden.

Das Räuchern

Die Kräuter entzünden: Zünden Sie zunächst das Kräuterbündel an. Blasen Sie anschließend das Feuer wieder aus, das Bündel wird weiterhin Rauch entwickeln. Halten Sie mit der anderen Hand eine feuerfeste Schale darunter, um eventuelle Funken aufzufangen.

Ein warnendes Wort zum Räuchern: Diese Kräuter können noch eine ganze Weile vor sich hinschwelen, auch wenn das Feuer anscheinend schon erloschen ist. Lassen Sie sie also nie unbeaufsichtigt stehen, um keinen Wohnungsbrand zu riskieren. Drücken Sie nach Beendigung Ihrer Räucherzeremonie das Bündel fest in der Schale aus, bis es keinerlei Rauch mehr entwickelt. Danach stellen Sie für alle Fälle die Schale mit dem Bündel in den Ausguß.

Wenn Sie mit losem Räucherwerk wie mit immergrünen Nadeln oder Tabak arbeiten, können Sie sie in eine feuerfeste Schale geben, die Sie auf einige Backsteine stellen. Danach können Sie sie entzünden. (Getrocknete Kräuter brennen gewöhnlich sehr leicht.) Anschließend blasen Sie das Feuer sacht wieder aus und lassen die Kräuter in der Schale vor sich hinschwelen. Denken Sie daran, daß die Schale wahrscheinlich sehr heiß wird. Sie sollten sie also auf ihrer feuerfesten Unterlage stehenlassen und den Rauch mit den Händen heranziehen.

Das Räuchern der eigenen Person: Vor dem Räucherritual zur Reinigung der Energien Ihres Zuhauses sollten Sie auch ein Räucherritual für Ihre eigene Person durchführen, um Ihre Gedanken zu klären, die ätherische Energie Ihrer Aura zu reinigen und eine Basis inneren Gleichgewichts und das Geerdetsein zu schaffen. Zu diesem Zweck entzünden Sie Ihre Kräuter und bieten den Rauch den Vier Richtungen dar, dann Großmutter Erde unten, Großvater Himmel oben und dem Großen Geist. Runden Sie Ihre Hände zu einer Schale und führen Sie den Rauch an Ihren Körper heran. Beginnen Sie mit Ihren Augen. Umfangen Sie etwas Rauch mit Ihren Händen, und streichen Sie ihn über Ihre Augen. Dabei sprechen Sie: »Mögen meine Augen klar sehen.« Wiederholen Sie den Vorgang, streichen Sie den Rauch über Ihren Kopf, und sprechen Sie dabei: »Mögen meine Gedanken klar sein.« Fahren Sie damit fort, den ganzen Körper und die Beine mit Rauch zu bestreichen. Weihen Sie dabei den Rauch den Wirkungen, die die betreffenden Körperbereiche auf symbolischer Ebene für Sie haben sollen. Bringen Sie zuletzt den Rauch an Ihre Brust, und sprechen Sie: »Möge mein Herz rein und offen sein.« Dieses Ritual wird Sie in einen fokussierten und energetisierten Zustand versetzen, und Sie werden nun bereit sein, die Energie im Raum, den Sie klären möchten, zu kanalisieren.

Das Räuchern einer anderen Person: Manchmal werden Sie ein solches Räucherritual auch für eine andere Person durchführen wollen. Vielleicht für eine Person, die Ihnen bei Ihrer Zeremonie hilft, oder für die Mitbewohner vor Betreten eines frisch geklärten Hauses. Hier ist eine Feder sehr nützlich. Beginnen Sie damit, daß Sie den Rauch den Vier Richtungen, der Erde, dem Himmel und dem Großen Geist darbieten. Halten Sie das rauchende Kräuterbündel in Ihrer rechten Hand, und lassen Sie die andere Person den Rauch mit Armen und Händen einsammeln und ihr Gesicht darin eintauchen. Sie stehen dabei ein paar Schritte entfernt und lenken mit sanften, knappen Bewegungen der Feder, die Sie in Ihrer rechten Hand halten, den Rauch in die Richtung der anderen Person. So bringen Sie den Geist der Luft in ihr Aurafeld, während sie durch den Rauch gereinigt wird. Bearbeiten Sie allmählich in dieser Weise die ganze Vorderseite des Körpers vom Kopf bis zu den Füßen und danach die Rückseite des Körpers.

Wenn Sie damit fertig sind, bringen Sie die Schale mit dem Kräuterbündel an einen brandsicheren Ort. Sie beenden den Vorgang, indem Sie mit der Feder an der anderen Person von Kopf bis Fuß mit weiten Bewegungen hinabstreichen. Mit den knappen, raschen Bewegungen der Feder brachten Sie den Rauch in ihr Aurafeld, mit den langen streichenden Bewegungen nehmen Sie alle ätherischen Unreinheiten mit und leiten sie zur Erde, wo sie neutralisiert werden. Wenn Sie an eine Körperstelle gelangen, die sich energetisch ein wenig zäh anfühlt oder an der die Feder steckenzubleiben scheint, können Sie darauf ein bißchen mehr Zeit verwenden.

Das Räuchern ist eine intuitive Kunst. Lassen Sie sich von Ihrem Inneren lenken und zeigen, was und wie Sie es tun sollen. Wenn Sie das Ritual beendet haben, leiten Sie die Energie aus der Feder ab, indem Sie mit ihr leicht den Boden berühren oder sie ausschütteln.

Federn für das Räuchern

Federn sind ein machtvolles Verbindungsglied zur Welt des Geistes und können uns auf sehr tiefe Weise mit dem Geist der Luft verknüpfen. Federn bestehen hauptsächlich aus Luft. Der Schaft einer Feder ist hohl. Wenn die indianischen Häuptlinge oder Schamanen einen Kopfschmuck aus Federn trugen, stieg die von ihrem Kopf ausgehende Energie durch die hohlen Federschäfte zum Großen Geist auf. Federn boten die Möglichkeit, sich mit dem Geist zu verbinden, und viele Federnarten galten den Indianern als heilig. Gemäß ihrer Tradition verbindet man sich mit diesem Tier und seinem Totemgeist, wenn man den Teil eines Tieres an sich trägt oder in der Hand hält. Man glaubt, daß Vögel in ihrem Flug dem Großen Geist am nächsten kommen und uns somit mit den höheren Mächten in Kontakt bringen. Sie können beim Räuchern eine einzelne Feder oder auch einen ganzen Flügel verwenden.

Erweisen Sie beim Raumklären Ihren Federn und dem Geist des Vogels, von dem sie stammen, alle Ehre. Bewahren Sie sie an einem bevorzugten Platz auf, und »füttern« Sie sie gelegentlich mit ein wenig Maismehl. Sie können sie mit Maismehl bestreuen, das Sie dann wieder abschütteln.

In den Vereinigten Staaten ist es gesetzlich verboten, ohne Genehmigung des Innenministeriums irgendwelche Teile von geschützten Vögeln, einschließlich verlassener Nester und leerer Eier, an sich zu nehmen. Es gibt spezielle Vorschriften, die den Besitz von Eulen-, Falken- und Adlerfedern allen verbieten, einige wenige indianische Personen ausgenommen. Sie werden sich möglicherweise nach den diesbezüglichen Vorschriften in Ihrem Land erkundigen müssen.

Jede Federnart besitzt ihre eigene spezielle Energie, und Sie werden vielleicht erst Ihre Ziele für sich abklären wollen, bevor Sie eine Feder für das Räucherritual auswählen. Adlerfedern haben eine starke Yang-Energie, werden also mit männlicher Energie assoziiert. Eine solche Energie können Sie verwenden, wenn Sie in einem Raum die Produktivität oder die Sicherheit erhöhen möchten. Eulenfedern werden andererseits mit Yin-Energie und dem weiblichen Prinzip assoziiert. Krähen- und Rabenfedern bringt man mit dem inneren Leben und den geheimen Methoden in Verbindung. Taubenfedern stehen für Anpassung und Überleben. Seemöwenfedern verbinden uns mit der Majestät des Meeres. Alle Federn können als Boten zwischen Männern und Frauen und der Geisterwelt dienen. Sie fungieren als direktes Verbindungsglied zu diesen anderen Bereichen.

Das Räuchern eines Raums

Fangen Sie damit an, indem Sie den Rauch allen Vier Richtungen, der Erde, dem Himmel und dem Großen Geist darbieten. Nehmen Sie dann eine Räucherprozedur an sich selbst und den Ihnen assistierenden Personen vor. »Waschen« Sie im Rauch Ihre Hände und alle Dinge, die Sie eventuell benutzen (Glocken, Trommeln usw.). Halten Sie die Schale mit den schwelenden Kräutern anschließend in Ihrer nicht dominierenden und die Feder in Ihrer dominierenden Hand. Fangen Sie in der östlichsten Ecke an, gehen Sie im Uhrzeigersinn vor, und schicken Sie den Rauch mit kurzen, schnellen und entschiedenen Feder-Bewegungen aus dem Handgelenk an die Peripherie des Raums. Fächeln Sie, wenn Sie energetisch zähe oder stagnierende Bereiche fühlen, den Rauch sehr rasch dorthin, um die Energie aufzubrechen.

Stellen Sie sich, wenn Sie im äußeren Umfeld des Raums mit dem Räuchern fertig sind, in die Mitte, und bitten Sie den Großen Geist, den Raum zu reinigen und zu klären. Hier ist ein entsprechendes Gebet:

> *Großer Geist, mögen meine Gebete mit diesem Rauch zu dir aufsteigen, damit du diesem Raum und allen, die ihn bewohnen, Segen und Frieden bringst. Ich weiß, daß dein Segen durch diesen Rauch auf uns herabkommt. Wir danken dir für den Segen, den wir erhalten haben.*

Räucherstäbchen

Ein Zimmer läßt sich auf recht einfache Weise beleben, wenn Sie bei Ihrem Reinigungsritual ein Räucherstäbchen entzünden. Der Duft durchdringt den ganzen Raum und erfüllt ihn nicht nur mit einem angenehmen Wohlgeruch, sondern hilft auch beim Klären der Energien. Die Düfte, die Sie auswählen, spielen eine wichtige Rolle. Die Energien verändern sich je nach Situation, und dementsprechend verändern sich auch Ihre Geruchsbedürfnisse. Deshalb ist es gut, verschiedene Sorten parat zu haben. Nehmen Sie sich ein paar Sekunden Zeit, wenn Sie das Räucherstäbchen entzünden, und sprechen Sie ein Weihegebet. Ich glaube, daß alle Gebete gehört werden.

Heiliger Atem

Ihr Atem ist ein mächtiges Instrument, das Sie einsetzen können, wo immer Sie sich befinden. Sie können einen »Raum beatmen«, um ihn energetisch zu reinigen. Ihr Atem ist heilig und eines der wertvollsten Werkzeuge, das Ihnen zur Reinigung Ihrer Lebensräume zur Verfügung steht. Wenn Sie einen »Raum beatmen« wollen, stellen Sie sich zunächst in seine Mitte und beginnen sich in Ihrem Bewußtsein über Ihren Körper hinaus auszudehnen. Dehnen Sie sich mit jedem Atemzug weiter aus, bis Sie das Gefühl haben, den ganzen Raum zu erfüllen. Beginnen Sie danach den Raum zu umkreisen, tasten Sie ihn mit den Händen nach »Energieblockaden« ab, und »blasen« Sie überall dorthin, wo die Energie aufgebrochen und zerstreut werden muß. Sie erreichen vielleicht Stellen, wo Ihnen das Atmen schwerer fällt als an anderen. Blasen Sie dort, bis Ihnen das Atmen leichtfällt, und setzen Sie dann Ihre Umkreisung fort. Stellen Sie sich vor, daß Sie der Raum *sind*, fühlen und erspüren Sie ihn so lange, bis der ganze Raum leicht atmet. Dies mag Ihnen als eine etwas ungewöhnliche Methode des Raumklärens erscheinen, doch wenn Sie sie einmal erlebt haben, werden Sie sie sehr anregend und erheiternd finden.

Anrufung

Aromatherapie

Wer von uns ist nicht schon durch einen bestimmten Geruch sofort in eine andere Zeit und an einen anderen Ort versetzt worden? Der Duft von frisch gebackenem Brot, von frischem Kaffee, der Geruch der Luft nach einem Sommerregen weckt in fast allen von uns Assoziationen. Unser Körper reagiert sehr stark und emotional auf die unterschiedlichen Gerüche. Die Gerüche Ihres Zuhauses können Ihre Gefühle ihm gegenüber positiv beeinflussen oder stark beeinträchtigen. Mit Aromastoffen bringen Sie die ursprünglichsten und feinsten Energiefelder von Pflanzen und Blumen in Ihr Heim.

Die Aromatherapie läßt sich bis über 2000 Jahre zurückverfolgen. Schon Hippokrates rühmte die Vorzüge aromatischer Duftstoffe in Bädern und Ölen. Und schon immer wurden ätherische Pflanzenöle für therapeutische Zwecke genutzt. In der Bibel finden sich Hinweise darauf, und im Mittelalter nutzte man sie, um in Zeiten der Pest die Luft zu reinigen.

In den 20er Jahren verbrannte sich der Chemiker René Maurice Gattefosse bei einem Laborexperiment sehr stark die Hand. Er griff sofort in ein Gefäß mit Lavendelöl, das gerade in der Nähe stand. Zu seiner Überraschung stellte er fest, daß der Schmerz sofort nachließ, und danach beobachtete er, daß das Öl den Heilungsprozeß zu beschleunigen schien. Gattefosse, der zum Begründer der heutigen Aromatherapie wurde, begann darauf, die Eigenschaften ätherischer Öle (Öle, die die Essenz der Eigenschaften und Duftstoffe einer Pflanze beinhalten) zu untersuchen. Mit seiner Forschungsarbeit wurde er zu einem Pionier für das heutige Interesse an diesem sich rasch erweiternden Gebiet.

Vor einiger Zeit hat Professor Arch Minchin an der Universität in Wisconsin entdeckt, was Laien schon immer wußten, daß nämlich Gerüche unsere Gefühle und Emotionen sowie *unsere Energieebene* beeinflussen können. Professor Minchin setzte im Rahmen seiner Untersuchungen einzelne Personen in einer kontrollierten Umgebung verschiedenen Gerüchen aus und entdeckte bei dieser Gelegenheit, daß er *nur durch die Veränderung des Geruchsstoffs, den die Versuchsperson zu riechen bekam,* deren Gefühle und Energieebene verändern konnte.

Kürzlich betrat ich das Zimmer meiner sechzehnjährigen Tochter, das sie gerade verlassen hatte, und wurde von einer Lavendelgeruchwolke schier überwältigt. Als ich sie auf diesen starken Duft ansprach, erklärte sie mir: »Mami, ich reibe mich immer mit Lavendelöl ein, wenn wir in der Schule eine Prüfung haben, weil ich dann viel besser abschneide. Viele andere in der Schule machen das auch. Es scheint einen wirklich guten Einfluß auf unsere Prüfungsergebnisse zu haben.« Sie und die anderen Kinder in der Schule wußten nicht, daß Lavendel weltweit als Entspannungsmittel benutzt wird. Sie wußten nur, daß es ihre Prüfungsergebnisse zu verbessern schien. Vielleicht trug es dazu bei, daß sie weniger Angst vor der Prüfung hatten und sich deshalb besser konzentrieren konnten.

Ich kann gar nicht genug betonen, wie wichtig der Geruch ist. Mehr als alle anderen Sinne beeinflußt unser Geruchssinn unsere emotionale Reaktion auf Leute und Situationen. Es hat sich erwiesen, daß der von einer Person ausgehende Geruch bei anderen eine stärkere Reaktion hervorruft als etwa ihr Aussehen oder ihre Stimme, *selbst wenn sie den Geruch gar nicht bewußt wahrnehmen!* Unsere Geruchsrezeptoren sind so empfindlich, daß ein einziges Molekül einer Substanz ausreicht, eine Sinneszelle zu reizen. Unser Geruchssystem ist imstande, weniger als einhundertmillionstel Gramm Moschus wahrzunehmen.

Vielleicht ist Ihnen schon aufgefallen, daß fast jede Wohnung einen eigenen charakteristischen Geruch aufweist. Obwohl sich die meisten Menschen des Geruchs ihrer eigenen Wohnung nicht bewußt sind, spielt er für die Gesamtpersönlichkeit und den Charakter eines Zuhauses doch eine wichtige Rolle. Die Gerüche in Ihrem Heim können Ihre und die Gefühlslage Ihrer Familie wie auch die Reaktion der Gäste beim Eintreten äußerst stark beeinflussen. Sie können darauf Einfluß nehmen, indem Sie einfach gewisse Düfte hinzufügen (oder durch die Reinigung der Luft entfernen). Wenn Sie zum Beispiel eine kleine Schale mit Zedernspänen, Rosenblüten oder Kiefernnadeln im Raum aufstellen, kann das sofort Ihre Stimmung heben.

Es gibt eine ganze Reihe von Möglichkeiten, wie Sie bestimmte Düfte und die entsprechenden Energiefelder in Ihr Zuhause bringen können. Hier sind einige einfache Methoden.

Duftlampen

Mit Duftlampen können Sie Wohlgeruch im ganzen Zimmer oder sogar in einem kompletten Bereich Ihres Hauses verbreiten. Es gibt sie in den verschiedensten Formen. Am gebräuchlichsten ist ein kleines Keramikschälchen, das mit Wasser und einigen Tropfen Duftöl gefüllt wird, und einer Kerze oder einem Teelicht darunter. Das Wasser erwärmt sich durch die Hitze der Flamme, und es breitet sich ein sanfter und angenehmer Duft im ganzen Umfeld aus. Manchmal sind die Duftlampen auch mit kleinen Nachtlichtern versehen, die die nötige Wärme abgeben und ebensogut funktionieren wie Kerzen. Außerdem gibt es sie in Form von Keramikringen oder anderen nicht brennbaren Ringen, die man auf Glühbirnen anbringen und mit einigen Tropfen Duftöl versehen kann. Gewöhnlich empfehle ich sie nicht, da das Öl manchmal durch die Hitze der Glühbirne verbrennt, was einen unangenehm strengen Geruch erzeugt. Manche Ringe sind besser als andere, Sie sollten vielleicht ein wenig experimentieren.

Auf dem mit Holz zu beheizenden Herd unserer Berghütte steht im Winter ein großer Topf mit Wasser. Dadurch wird nicht nur der Raum befeuchtet, sondern es entsteht auch ein wunderbar frisches »Berggefühl«, wenn ich einige Tropfen ätherischen Öls, gewöhnlich Kiefern- oder Fichtenöl, hinzufüge. Ein paar Tropfen im Badewasser können ebenfalls Wohlgeruch verbreiten und Ihr Bad um so angenehmer machen.

Zerstäuber

Ich benutze Zerstäuber, wenn ich in einem weiten Bereich des Hauses Duft verbreiten möchte. Hier bieten sich mehrere Möglichkeiten an. Sie können eine Sprühflasche benutzen (wie man sie auch für Pflanzen verwendet) und eine sehr geringe Menge eines ätherischen Öls hinzufügen. Sie können sich auch eine Reihe von Zerstäubern mit verschiedenen ätherischen Ölen zulegen und sie je nach Bedarf einsetzen. Ich verwende sie in meinen Seminaren mit sehr guten Resultaten. Nach einer tiefen Entspannungsübung besprühe ich den Raum mit Zitronengras- oder Rosmarinwasser, was erfrischend und belebend wirkt und alle Anwesenden munterer werden läßt. Vor einer Meditation verwende ich häufig eine Mischung aus Lavendel und Sandelholz, was die Entspannung fördert.

Bei mir zu Hause benutze ich oft elektrisch betriebene Zerstäuber, die mit einer sehr schnellen Schwingung und einer winzigen Zerstäuberdüse arbeiten. Sie geben zwar ein summendes Geräusch von sich, was etwas irritierend sein kann, aber sie haben den Vorteil, sehr rasch einen großen Bereich abzudecken, und ich brauche mir, wie bei Kerzen, keine Gedanken wegen einer möglichen Feuergefahr zu machen. Daher können Sie sie gut einsetzen, wenn Sie nicht zu Hause sind. Eine andere Art von

Zerstäuber ist ein Ventilator, der Luft durch eine durchtränkte Karte bläst und auf diese Weise den Duft verbreitet.

Weitere Methoden zur Verbreitung von Wohlgeruch

Es gibt zahlreiche Möglichkeiten, wie Sie in Ihrem Zuhause Wohlgeruch und damit ein angenehmes Gefühl verbreiten können. Zur Auswahl stehen Duftkerzen, Räucherwerk, Parfüms in Sprayfläschchen ohne Ärosol, duftende Seifen, getrocknete Blüten und Duftkissen oder Duftkörbchen mit *natürlichen* Duftmischungen (was bedeutet: mit ätherischen Ölen und keine chemisch hergestellten Duftmischungen). Es soll hier auch ein ätherisches Öl erwähnt werden, das meiner Meinung nach von Tieren ausgehende Gerüche äußerst wirksam neutralisiert, nämlich das Orangenöl. Bei sehr strengen Gerüchen können Sie ein enzymneutralisierendes Agens verwenden.

Natürliche ätherische Öle versus synthetische Duftöle

Bei den meisten kommerziellen Produkten werden sowohl synthetische wie auch natürliche Komponenten verwendet. Doch wenn Sie zur Gesamtenergie Ihres Heims positiv beitragen wollen, empfehle ich Ihnen nachdrücklich den Gebrauch natürlicher ätherischer Öle, da viele Menschen von allergischen Reaktionen wie Kopfschmerzen, Halsschmerzen und sogar Übelkeit berichten, wenn sie synthetischen Duftstoffen ausgesetzt sind. Ätherische Öle sind ein natürliches Produkt, wobei die Duftstoffe der jeweiligen Pflanzen oder Kräuter mit Methoden der Wasserdampfdestillation gewonnen werden. Solche Pflanzenöle weisen eine um 70 Prozent höhere Konzentration auf als die ursprünglichen Pflanzen oder Kräuter.

Ätherische Öle sind nicht nur hinsichtlich des Duftes vorzuziehen, sie besitzen auch, was noch wichtiger ist, die Energie und spirituellen Eigenschaften der jeweiligen Pflanze. Sie weisen nicht die Beständigkeit synthetischer Duftstoffe auf und variieren diesbezüglich je nach Örtlichkeit, Klima und Bodenbeschaffenheit, enthalten jedoch die essentiellen und machtvollen Eigenschaften der Pflanze ebenso wie deren Lebenskraft. Synthetische Duftstoffe können nie den Geist der Pflanze kopieren, der zur Gesamtenergie Ihres Zuhauses beiträgt. Obgleich synthetische

Duftstoffe billiger sind und länger halten, besitzen sie doch nicht diese wundervolle Verbindung zum Wald oder zur Wiese, mit der Natur und der Alchimie des Lebens, die die ätherischen Öle aufweisen.

Im folgenden sind einige ätherische Öle mit ihren Eigenschaften aufgelistet.

Basilikum:	gibt inneren Auftrieb, klärt gedankliche Prozesse
Bergamotte:	gibt inneren Auftrieb, aber beruhigend
Eukalyptus:	belebend, reinigend, tonisierend
Fenchel:	entspannend, wärmend, beruhigend
Fichtennadel:	erfrischend, reinigend
Geranie:	stimmungsausgleichend, harmonisierend
Grüne Minze:	erfrischend, stimulierend
Kamille:	lindernd und beruhigend, exzellent nach einem Streit zu gebrauchen
Kiefer:	erfrischend, reinigend, stimulierend
Lavendel:	beruhigend, besänftigend, entspannend
Limonelle:	belebend, erfrischend
Majoran:	sehr entspannend, mindert Ängste
Mandarine:	erfrischend, gibt inneren Auftrieb
Myrrhe:	stärkend, inspirierend
Neroli:	streßmindernd, beruhigend
Olibanum:	beruhigend, nimmt Ängste
Orange:	hebend, erfrischend
Patschuli:	inspirierend, sinnlich
Pfefferminze:	stimulierend, reinigend, erfrischend, belebend
Rose:	emotional, besänftigend
Rosmarin:	stimulierend, reinigend, fördert das Lernen und Studieren, belebend
Salbei:	reinigend, läuternd
Sandelholz:	streßmindernd, sinnlich, besänftigend, hilft zur Befreiung von Ängsten
Teestrauch:	desinfizierend, stimulierend, sehr machtvoll – sparsam verwenden!
Thymian:	stimulierend, stärkend, aktivierend
Vetiver:	entspannend, regenerierend

Wacholder:	reinigend, stimulierend
Ylang Ylang:	besänftigend, sinnlich
Zedernholz:	entspannend, streßmindernd
Zitrone:	hebend, erfrischend, geistige Wachheit
Zitronengras:	stimulierend, reinigend, tonisierend

Und hier sind einige Vorschläge für Kombinationen, die Sie in den verschiedenen Räumen Ihres Zuhauses verwenden können:

Schlafzimmer:	Lavendel, Rose, Geranie und Ylang Ylang
Kinderzimmer:	sehr verdünnt Lavendel und Orange
Studierzimmer:	Rosmarin, Pfefferminze, Basilikum und Bergamott
Arbeitszimmer:	Eukalyptus, Pfefferminze und Rosmarin
Wohnzimmer:	Orange, Mandarine und Bergamotte oder Kiefer und Wacholder
Küche:	Zitrone und Grapefruit
Eßzimmer:	Zitrone, Grapefruit und Mandarine (aber nicht während der Mahlzeiten)
Badezimmer:	Pfefferminze und Kiefer oder Rose und Ylang Ylang
Meditationsraum:	Sandelholz oder Olibanum

Gerüche sind etwas sehr Persönliches. Wir alle verbinden starke Assoziationen mit Gerüchen und Düften. Die meisten Leute schätzen etwa den Duft von Lavendel sehr und finden ihn äußerst entspannend. Ich traf jedoch einmal einen Mann, der immer völlig verstört war, wenn er irgendwo Lavendel roch. Es stellte sich heraus, daß er im Haus seiner Großmutter Lavendelduft gerochen hatte, als ihn eine Biene in die Nase stach! Es ist wichtig, daß Sie sich bei Düften nach Ihrer Intuition richten und sich nicht an vorgefertigte Rezepte halten.

Zu den Freuden meines Lebens gehört es, mich bei Duftstoffen ein wenig alchimistisch zu betätigen. Ich verfüge über eine große Palette von ätherischen Ölen und mische die Düfte so lange, bis ich eine Kombination gefunden habe, die meiner Stimmung entspricht. Für gewöhnlich wähle ich für untertags Düfte, die mich stimulieren – wie Grapefruit, Zitrone, Pfefferminze – und abends, wenn mir mehr nach Ruhe zumute ist, Düfte, die mich eher entspannen – Lavendel und Sandelholz. Wenn jemand krank war, verwende ich zur Reinigung des Zimmers Eukalyptus, Rosmarin oder Wacholder.

Hier sind noch einige Rezepte, doch vergessen Sie nicht, daß Sie in dieser Sache Ihrer eigenen Intuition folgen sollten:

Meditationsraum:	vier Tropfen Sandelholz, ein Tropfen Olibanum
Schlafzimmer:	vier Tropfen Lavendel, ein Tropfen Neroli, ein Tropfen Mandarine
Wohnzimmer:	vier Tropfen Orange, zwei Tropfen Bergamotte, ein Tropfen Olibanum

Ich werde oft gefragt, ob Zerstäuber zur gleichen Zeit wie Luftreiniger benutzt werden sollen. Ich schlage vor, sie getrennt einzusetzen, da ein gutes Luftreinigungssystem die Duftstoffe Ihres Zerstäubers eliminiert.

Bewahrung

Saubere Luft

Saubere Luft in Ihrem Zuhause schafft eine den Luftgeistern zuträgliche Umgebung, die sie dann mit ihren lebenspendenden Eigenschaften erfüllen können. Wir vergessen allzu leicht, daß sich die Luft um uns herum auf unsere Gefühlslage auswirken kann. Wir können sie weder sehen noch berühren, und wenn sich nicht gerade ein ausgesprochen unangenehmer Geruch im Zimmer bemerkbar macht, denken wir gewöhnlich nicht daran. Doch die Luft, die wir atmen, kann sich äußerst unterschiedlich auf unsere Gefühle auswirken und unser Aurafeld stark beeinflussen.

Viele Menschen, die es mit dem Essen, das sie zu sich nehmen, und dem Wasser, das sie trinken, äußerst genau nehmen, denken über die Luft, die sie atmen, überhaupt nicht weiter nach. Wir sind wie Fische im Wasser, die ihr Umweltelement so lange ignorieren, bis sie herausgeangelt werden. Die Luft ist so sehr Bestandteil unserer »Existenzgrundlage«, daß wir es meist gar nicht merken: wir sind in einen Ozean von Luft eingetaucht. Die Luftqualität in Ihrem Haus wirkt sich nicht nur sehr stark auf Ihre Gesundheit, sondern auch auf die Gesamtenergie Ihres Zuhauses aus.

Die Luft hat Substanz und Gewicht. Sie übt einen Druck von ca. 320 Gramm auf jeden Quadratzentimeter unseres Körpers aus. Wir sind körperlich so beschaffen, daß wir pro Tag ungefähr 10 000 Liter Luft einatmen. Diese Luft enthält nicht nur den lebenswichtigen Sauerstoff, sondern auch das »Prana« oder die Energie der Lebenskraft. Das Prana ist einer der Gründe, warum Yogis die wichtige Rolle des Atmens hervorheben. Über die Atmung können wir uns die uns umgebende Energie der Lebenskraft verfügbar machen und sie absorbieren. Unsere Luft ist aber mittlerweile so verschmutzt, daß es immer schwieriger wird, sauberen Sauerstoff und Prana in uns aufzunehmen.

Sogar die Landluft ist nicht rein. Bei einer Untersuchung auf hohen Berggipfeln fernab von der Verschmutzung der Städte wurde Schnee eingesammelt und auf Verunreinigungen hin untersucht. Erstaunlicherweise entdeckte man darin für diese Umgebung so fremdartige Substanzen wie Blei und Autoabgase.[1] Das bedeutet, daß es nur noch sehr wenige Plätze auf der Erde gibt, wo wir reine, süße Luft atmen können.

Die Luft, die wir atmen, wird nicht nur durch die Stadtabgase verunreinigt, sondern kann auch durch bestimmte andere Stoffe verseucht sein. Dazu können Formaldeyhd- und andere Aldehyddämpfe gehören, die von Furnierholz, Preßspanplatten und auch älteren mit Schaumstoffen gepolsterten Möbeln herrühren; des weiteren Radon, das von Beton, Ziegelsteinen und Erdschichten ausgeht; Kohlenmonoxyd- und Stickstoffdioxydemissionen der Öfen; Tabakrauch, der zahlreiche verunreinigende Stoffe enthält.

Die Luft, die wir atmen, wird von diesen Verschmutzern ihrer Lebenskräfte sowie auch einer natürlichen, heilenden Komponente, dem Ion, beraubt.

Der Ioneneffekt

Die Luft setzt sich wie alle Materie aus Molekülen zusammen. Jedes Molekül besitzt einen Kern aus positiv geladenen Protonen, der von negativ geladenen Elektronen umgeben ist. Die

Natur strebt stets ein Gleichgewicht zwischen Protonen und Elektronen an. Das ständige Wechselspiel zwischen diesen beiden gegensätzlichen, doch harmonisierenden Kräften im Universum, versinnbildlicht durch Yin und Yang, findet sogar auf der Molekularebene statt.

Das (negativ geladene) Elektron ist 1800mal leichter als das (positiv) geladene Proton und wird durch Verschmutzung leicht verdrängt. Wenn ein solches Ungleichgewicht eintritt, entsteht ein positiv geladenes Ion (einer der Fälle, in denen positiv nicht unbedingt mit gut gleichzusetzen ist!). Positiv geladene Ionen finden sich in Hülle und Fülle in der verschmutzten Luft und entstehen durch Reibung, wobei negativ geladene Ionen leicht vertrieben werden.

Ohne ein Gleichgewicht der Ionen würden wir nicht überleben. Eine Gruppe von russischen Wissenschaftlern unternahm den Versuch, kleine Tiere wie Mäuse, Kaninchen und Meerschweinchen in einer ionenfreien Atmosphäre zu züchten – alle Tiere starben binnen weniger Tage.[2]

Wissenschaftler aus vielen Ländern haben bewiesen, daß sich eine Störung des natürlichen ionischen Gleichgewichts auf das physische und emotionale Wohlbefinden des Menschen schädigend auswirkt. Über 700 wissenschaftliche Dokumentationen und Forschungsergebnisse aus aller Welt belegen, daß ein Übermaß an positiv geladenen Ionen schädlich ist, ein Übermaß an negativen Ionen sich hingegen positiv auswirkt.[3]

Israelische Forscher haben Bakterien, darunter Staphylokokken, Streptokokken und Candida, einem Umfeld negativ geladener Ionen ausgesetzt. »Die Zählung der Erreger ergab, daß sie sich innerhalb von 6 Stunden um dramatische 50 Prozent und innerhalb von 24 Stunden um 70 Prozent reduziert hatten, was darauf schließen läßt, daß sich mit einer solchen Ionisierung Krankheiten unter Kontrolle halten lassen.«[4]

Eine Untersuchung, die Dr. Kornblueh in den Vereinigten Staaten durchführte, ergab, daß Patienten, die unter Heuschnupfen oder Asthma litten und einem Umfeld mit negativ geladenen Ionen ausgesetzt wurden, bald zu 63 Prozent völlig oder teilweise beschwerdefrei waren. »Sie kamen niesend, mit tränenden Augen, juckender Nase, aus Schlafmangel völlig erschöpft und so elend an, daß sie kaum gehen konnten.

Nachdem sie fünfzehn Minuten vor dem negative Ionen erzeugenden Apparat verbracht hatten, fühlten sie sich um so viel besser, daß sie gar nicht mehr fortwollten.« Ihre Beschwerdefreiheit hielt ungefähr noch zwei Stunden lang an, nachdem sie in ihre nichtionisierte Umgebung zurückgekehrt waren.[5]

Eine Untersuchung in Rußland zur Erforschung der Auswirkungen eines Umfelds negativ geladener Ionen auf die physische Leistung von Männern ergab bemerkenswerte Resultate. Nachdem die Männer 25 Tage lang täglich 15 Minuten einem solchen Umfeld ausgesetzt wurden, zeigte sich eine signifikante Verbesserung ihres allgemeinen Gesundheitszustands sowie auch hinsichtlich ihres Appetits und Schlafverhaltens. Nach nur 9 Tagen hatte sich ihre Arbeitskapazität um 50 Prozent gesteigert, und nach dem 25. Tag ergab sich bei ihnen eine Produktivitätssteigerung um 87 Prozent![6]

Ionisatoren sind mit positiven Ergebnissen bei Brandverletzungen eingesetzt worden, wo sie durch die Reduzierung der Wundinfektionsrate zur rascheren Heilung beitrugen.[7] Das führte man darauf zurück, daß Ionisatoren das Absterben von Staphylokokken und anderen in der Luft befindlichen Bakterien, die die üblichen Infektionskrankheiten verbreiten, unterstützen.

Bei einer anderen Forschungsstudie in Israel deuteten die Auswertungen von EEGs darauf hin, daß sich in einer mit negativ geladenen Ionen angereicherten Umgebung die bio-elektrischen Aktionsströme des Hirns verändern. Die Versuchspersonen berichteten, daß sie nach der Behandlung eine anfängliche Entspannung verspürten, auf die eine gesteigerte Wachheit folgte. Die Forscher stellten eine Verbindung zwischen diesen Empfindungen und der Verlagerung der Alphawellen vom Hinterhaupt- zum Frontalbereich des Gehirns her, zu der es kam, als die Versuchspersonen den negativ geladenen Ionen ausgesetzt wurden.[8]

Hier sind einige der üblichen physischen Auswirkungen, die eine Umgebung mit überwiegend positiv geladenen Ionen mit sich bringt:

▷ Man fühlt sich außerordentlich müde und schläfrig.
▷ Man kommt morgens mit Mühe aus dem Bett.

- ▷ Man fühlt sich schon nach dem Aufwachen schlapp und im Kopf benebelt.
- ▷ Man fängt mittags zu gähnen an und meint, dringend ein Schläfchen zu benötigen.
- ▷ Depressionen.
- ▷ Gefühle der Anspannung und Reizbarkeit.
- ▷ Häufige Kopfschmerzen, Heuschnupfen, Allergien.
- ▷ Atemnot.

Manchmal bringt auch die Natur Umweltbedingungen hervor, die sich auf die Menschen entkräftigend auswirken. Es gibt die Winde mit positiv geladenen Ionen, die überall auf der Welt ihren eigenen Namen haben. In Kalifornien heißen sie Santa-Ana-Winde, in Kanada die Chinook-Winde, in Deutschland ist es der Föhn, in Frankreich der Mistral und in Israel der Sharav. Auf die meisten Menschen wirken sich diese Winde negativ aus, sie leiden unter Kopfschmerzen, Müdigkeit, geschwollenen Beinen, Übelkeit und werden manchmal sogar gewalttätig. Winde mit positiv geladenen Ionen beeinflussen unseren biochemischen Haushalt. Der Serotoninpegel steigt, was zu Gereiztheit und Spannung führt.

Eine natürliche Umgebung mit negativ geladenen Ionen finden wir am Meer, in Kiefernwäldern und an Wasserfällen. Auch Gewitter tragen dazu bei. Man braucht nur an einem Wasserfall zu stehen, um sofort zu merken, wie sich die negativ geladenen Ionen auf das allgemeine Befinden auswirken. Sie werden sich vermutlich entspannter, ja sogar erheitert fühlen. Manche erklären dieses Phänomen durch das erhebende Gefühl, das wir angesichts der Majestät und Schönheit des Meeres, eines Kiefernwaldes oder eines heftigen Gewitters empfinden. Weil Wasserfälle und die Spitzen von Kiefernnadeln jedoch exzellente Erzeuger negativ geladener Ionen sind, kann Ihr Heiterkeitsgefühl vom wohltuenden Ionengehalt der Luft herrühren.

Hier ist eine Vergleichstabelle, die Ihnen eine gewisse Vorstellung vom Ionensättigungsgrad der Natur im Unterschied zu Industriegebieten vermittelt.

Ionenerzeuger der Natur	Ionen pro Kubikzentimeter
Blitze	100.000.000
Feuer	100.000
Wasserfälle	25.000
Meeresbrandung	5.000
Bergwälder	4.000
Land	1.000 – 2.000[9]

Örtlichkeiten	Ionen pro Kubikzentimeter
Stadt – im Freien	0 – 500
Wohnung oder Büro (ohne Rauchen, Klimaanlage und Heizung)	250 – 500
Wohnung oder Büro (mit Rauchen, Klimaanlage oder Heizung)[10]	0 – 200

Die Anschaffung eines Ionisators wäre eine Möglichkeit, in Ihrer Wohnung eine mit negativ geladenen Ionen angereicherte Umgebung zu schaffen. Er sollte von guter Qualität sein. Die Emissionsnadeln von Modellen schlechter Qualität sind nicht aus rostfreiem Stahl oder vernickelt, sondern bestehen aus einer allmählich korrodierenden Legierung, was bedeutet, daß Ihr Apparat nach einigen Monaten keine negativ geladenen Ionen mehr ausstößt. Viele Ionisatoren lagern die neutralisierten Schmutzpartikel an den Zimmerwänden oder auf den Böden ab, so daß sie dann periodisch gereinigt werden müssen. Meinem Gefühl nach ist es jedoch besser, den Schmutz an den Wänden und nicht in der Lunge zu haben.

Vor ein paar Jahren schickte ich meinen Großeltern einen Ionisator. Einige Monate später besuchte ich sie in Los Angeles. Als ich in ihrer Wohnung ankam, war meine Großmutter ein wenig verstört. »Ich möchte dir etwas zeigen, Denise«, sagte sie und führte mich in das Zimmer, in dem der Ionisator stand. Zu meiner Überraschung mußte ich feststellen, daß die Wand, in deren Nähe der Apparat stand, fast schwarz war. Von ihrer ursprünglichen Farbe, einem muschelfarbenen Rosa, war so gut wie nichts mehr zu sehen.

Bei mir zu Hause im nordwestlichen Teil der Vereinigten Staaten, wo die Luftverschmutzung noch relativ gering ist, benutzte ich Ionisatoren, ohne einen »Schatten« an der Wand zu bemerken. Doch in Los Angeles, wo die Luftverschmutzung geradezu legendär ist, war meine Großmutter schon nach wenigen Monaten mit einer geschwärzten Wand konfrontiert. Dies war jedenfalls ein klarer Beweis dafür, daß der Ionisator funktionierte.

Der Grund, warum die Wände in solchen Fällen schmutzig werden, besteht darin, daß die (positiv geladenen) Staub- und Schmutzpartikel die negativ geladenen Ionen anziehen, die ihre negative Ladung auf die Staubpartikel übertragen. Der somit negativ geladene Staub zieht seinerseits weitere positiv geladene Staubpartikel an, bis er zu schwer wird, um sich in der Luft halten zu können, und herabfällt. Da Wände leicht positiv geladen sind, ziehen sie ebenfalls negativ geladenen Staub an. Ionisatoren können die Wände buchstäblich mit dem in der Luft befindlichen Staub »galvanisieren«.

Um allzu schwarzen Wänden vorzubeugen, schlage ich vor, den Ionisator nicht an einer Wand, sondern in der Mitte des Raums aufzustellen, so daß Sie die neutralisierten Schmutzpartikel, die sich um den Ionisator auf dem Boden ansammeln, mit dem Staubsauger entfernen können. Wenn die Luft sehr verschmutzt ist, kann sich auch dann ein »Schatten« an der Wand bilden, wenn der Ionisator in der Mitte des Raums steht.

Es gibt verschiedene natürliche Möglichkeiten der Erzeugung negativ geladener Ionen in Ihrer Wohnung (wenngleich nicht in dem Ausmaß, wie sie ein Ionisator erzeugt). Farne sind hervorragende Erzeuger negativ geladener Ionen. Früher hatte ich zahlreiche Farne in meinem Praxisraum, weil ich feststellte, daß die Gefühlsausbrüche der Klienten das Ionengleichgewicht im Raum buchstäblich zerstören konnten. Sie kennen vielleicht den Ausdruck: »Die Atmosphäre war geladen«, nach einem Streit beispielsweise. Die Menschen stoßen bei einer heilsamen inneren Befreiung oder beim Erleben sehr intensiver Emotionen in der Tat eine »Ladung« Positivionen aus. Ich stellte fest, daß die Farne in meinem Zimmer halfen, die Balance wiederherzustellen, indem sie einige der positiv geladenen Ionen neutralisierten. Ich bedankte mich immer ganz besonders bei diesen Farnen für ihr »Opfer«, denn wenn viele Menschen durch eine heilsame Krise gegangen waren, so zeigte sich, daß die Farne dahinwelkten und ersetzt werden mußten. Ein Besprühen mit Wasser erzeugt ebenfalls negativ geladene Ionen im Raum.

Ozonisatoren zur Luftreinigung

Ozon ist eine äußerst instabile Form von Sauerstoff, dessen Moleküle 3atomig statt wie üblich 2atomig sind. Ozon wird erzeugt, wenn eine elektrische Ladung das Sauerstoffmolekül in getrennte Atome aufspaltet. Aus Sauerstoffmolekülen, die sich zu einer Gruppe von 3 Atomen (O_3) verbinden, wird Ozon. Reiner Sauerstoff aus 2 Atomen (O_2) versucht ein drittes Atom stets loszuwerden.

Ozon findet sich in einer konzentrierten Schicht der Atmosphäre in etwa 50 Kilometer Höhe über der Erdoberfläche und ist einer der wesentlichen Gründe, warum ein Leben auf unserem Planeten möglich ist, da es als Schutzschicht zwischen den das Leben vernichtenden kürzestwelligen Sonnenstrahlen und der Erde fungiert. Ozon kann auf natürliche Weise durch Blitze und Wasserfälle oder Reflexionen der Sonne auf einem Schneefeld entstehen. Es kann auch maschinell erzeugt und zur Reinigung von Wasser und Luft benutzt werden. Ozon ist eines der machtvollsten Sterilisierungsmittel auf der Welt. Es kann die Molekularstruktur von schädlichen und toxischen Gasen sowie von bakterieller und organischer Materie aufbrechen. In einigen Fällen ist es einem normalen Luftfiltersystem vorzuziehen, weil es Gerüche, Bakterien und Gase von Molekulargröße, die die meisten Luftfilteranlagen nicht entfernen können, neutralisiert.

Wie schon erwähnt, sind unter anderem die Blitze Ozonerzeuger, und ein gutes Ozonluftreinigungssystem stellt Ozon auf ähnliche Weise her. Ein Blitz ist unpolarisiert, was bedeutet, daß er im Unterschied zu Wechselstrom immer positiv oder immer negativ geladen ist. In den Vereinigten Staaten wechselt er bei einem Zyklus von etwa 60mal pro Sekunde zwischen positiver und negativer Ladung hin und her (in Europa und in den meisten anderen Ländern 50mal pro Sekunde).

Obwohl Ozonisatoren noch etwas umstritten sind, herrscht unter den Wissenschaftlern zumindest Einigkeit darüber, daß Ozon einige chemische Luftverschmutzungsstoffe neutralisiert.

	Vorteile	Nachteile
Ionisatoren	Neutralisieren luftverschmutzende Partikel; erzeugen eine elektrische Ladung im Raum, die das emotionale Wohlbefinden steigert.	Wände und andere Flächen sind schwierig zu reinigen; neutralisieren keine toxischen Gase.
Ozonisatoren	Neutralisieren toxische Gase; eliminieren Gerüche; töten Bakterien und Schimmel.	Etwas lärmend; wirken nicht auf Staub oder Partikel in der Luft; Modelle von minderwertiger Qualität können zu photochemischem Smog beitragen.
Heizungsfilter, freistehende Filterapparate	Filtern in der Luft befindliche Partikel und einige Bakterien (nur größere Organismen); oft billiger als die Alternativen.	Keine Wirkung auf toxische Gase; können manchmal eine Brutstätte für Schimmel sein, wenn die Filter nicht periodisch ausgewechselt werden; freistehende Apparate sind laut.

Überschüssige Sauerstoffmoleküle treffen auf toxische Gase und neutralisieren sie. Auch Bakterien, Schimmel, Mehltau und Schwamm werden zuverlässig eliminiert, wenn sie mit Ozon in Kontakt kommen.

Ozonisatoren neutralisieren auch fabelhaft Gerüche, weshalb sie in Fischverarbeitungsfabriken, Kinos, Tierläden, Bars, Garagen und Krankenhäusern eingesetzt werden. Wenn Menschen Haustiere halten, riecht es bei ihnen manchmal mehr nach Stall als nach Wohnung. Ein Ozonisator kann den etwas üblen Tiergeruch in kurzer Zeit völlig beseitigen. Auch Küchengerüche von Fisch oder angebrannten Töpfen und Pfannen können auf diese Weise entfernt werden.

Ich benutze einen Ozonisator im Schlafzimmer. Gewöhnlich schalte ich ihn nur tagsüber ein, da er ein leichtes Summen von sich gibt. Es ist wunderbar, ein nach Sauberkeit und Reinheit riechendes und sich dementsprechend anfühlendes Zimmer zu betreten.

Weitere Luftreinigungssysteme

Ein Luftfiltersystem ist eine etwas billigere Möglichkeit, um die Luft in Ihrem Heim zu reinigen. Diese Apparate nehmen die Luft auf, blasen sie durch einen Filter und geben sie in gereinigtem Zustand wieder aus. Die effizientesten Filtersysteme heißen HEPA-Filter und werden auch von Krankenhäusern benutzt. Wenn Sie die Filter in Ihrem Heizungs- und/oder Klimaanlagesystem auswechseln, kann das ebenfalls zu einer sauberen Luft beitragen.

Alle drei Arten von Luftreinigungsapparturen passen leicht in eine Wohnung und sind normalerweise nicht größer als ein Brotkorb.

Den Geist der Luft ins Zuhause rufen

Wenn Sie den Geist der Luft in Ihr Zuhause rufen wollen, gehen Sie folgendermaßen vor:

Reinigen Sie die Luft von eher dichten Energien: Benutzen Sie Luftreinigungssysteme, um toxische Gase, luftverschmutzende Partikel, Bakterien und Schimmel zu entfernen.

Reinigen Sie die subtileren ätherischen Energien in der Luft: Benutzen Sie ätherische Öle und Duftlampen oder Zerstäuber, um die Luft mit dem ätherischen Geist von Blumen und Kräutern zu erfüllen.

Rufen Sie die Magie des Luftgeistes an, auf daß sie Ihr Zuhause erfüllen möge: Öffnen Sie ein Fenster oder eine Tür, und bitten Sie die Geister der Luft, einzutreten. Wenn sie dann herbeisegeln, werden Sie auch an einem windstillen Tag eine fast greifbare Brise spüren. Luftsäcke, Wetterhähne, Windräder oder Windspiele vor dem Haus oder vor einem Fenster ziehen die Luftgeister an. Die Sylphen und Luftgeister erfreuen sich an diesen absonderlichen Dingen und werden darüber mit Ihnen kommunizieren.

7
Heilende Erde

»Mutter, ich fühle deinen Herzschlag. Mutter, ich fühle dich unter meinen Füßen.« Die Familien trafen sich, um Mutter Erde zu ehren. Sie sitzen im süß duftenden Gras einer Sommerwiese und beginnen zu singen. Ein langsamer und weicher Singsang. Einer nach dem anderen stehen sie auf, wiegen sich hin und her, und ihr Gesang wird immer mächtiger. »Mutter, ich fühle deinen Herzschlag. Mutter, ich fühle dich unter meinen Füßen.« Sie verstummen fast, und Stille breitet sich über der Wiese aus. Wie ein Seufzer von Mutter Erde als Antwort darauf erfaßt eine tiefe Welle resonanter Energie jede Person und durchströmt ihren Körper. Tränen werden vergossen, alte verschlossene Räume des Herzens öffnen sich, zerstörte Träume sind wieder gültig, und ein Gemurmel des Dankes ist überall zu hören. »Sie lebt!« »Sie hat uns gehört!«

Langsam versinkt die goldene Sonnenscheibe hinter dem westlichen Horizont. Schläfrige Kinder werden von starken Armen aufgenommen. Füße in Sandalen geraten in Bewegung und machen sich auf den Weg nach Hause. Der Tag geht zur Neige, doch in den Herzen derer, die hier versammelt waren, wird er noch lange nicht vergessen sein.

Von allen vier Elementen ist keines je so verehrt worden wie die Erde. Die Menschen der frühesten Kulturen ehrten und achteten sie als ein lebendiges, bewußtseinsbegabtes Wesen, das ihr Leben in allen seinen Phasen bestimmte. Uralte Kulturen, die in enger Verbindung zur Erde lebten, betrachteten Mutter Erde als lebendige, fruchtbare Ernährerin aller Bewohner. Ein Gefühl tief verwurzelter Partnerschaft mit der Erde, ein sensibles Verständnis vom Leben *mit* der Erde statt eines bloßen Lebens auf ihr war vorherrschend. Basilius Valentinus, ein Alchimist des 15. Jahrhunderts, sagte: »Die Erde ist kein toter Körper, sondern von einem Geist bewohnt, der ihr Leben und ihre Seele ist. Alle geschaffenen Dinge, einschließlich der Minerale, beziehen ihre Stärke aus dem Erdengeist. Dieser Geist ist Leben, er wird von den Sternen genährt, und er nährt alle lebendigen Dinge, denen er in seinem Schoße Schutz gewährt.«

Der Glaube an eine lebendige Erde hat sich in unserer modernen Gesellschaft beinahe völlig verflüchtigt. Ende des 19. Jahrhunderts brachte Smohalia, ein heiliger Mann der Sioux-Indianer, sein Entsetzen darüber leidenschaftlich zum Ausdruck. Er sagte:

> »Du sagst, ich soll in die Erde hineinstechen und graben? Soll ich ein Messer nehmen und es meiner Mutter in die Brust stoßen? Sie wird mich dann, wenn ich sterbe, nicht von neuem in ihrem Schoß aufnehmen ... Dann werde ich nie wieder in ihren Körper zurückkehren und wiedergeboren werden können. Du sagst, ich soll das Gras und das Korn schneiden und es verkaufen, um reich zu werden wie der weiße Mann. Aber wie könnte ich es wagen, das Haar meiner Mutter abzuschneiden?«

Doch vielleicht existiert tief in der Psyche aller Menschen das Gefühl einer mystischen Einheit mit der Erde. Vielleicht gibt es tief in uns allen eine innere Gewißheit, daß das menschliche Leben der Erde entspringt, denn allmählich fangen die Menschen wieder an, sich dieser alten Sichtweise anzunähern. Die heutigen Verfechter des alten Glaubens vertreten die sogenannte Gaia-Hypothese, benannt nach jener griechischen Göttin, die die Muttergottheit der Erde verkörpert. Ihre Anhänger entsinnen sich der Tatsache, daß wir nie weit von der Erde entfernt sind und das, was wir ihr antun oder für sie tun, uns selbst antun oder für uns tun. Wenn wir die Erde achten, werden auch wir geachtet.

Die Erde als Element ist »erdend« und stärkend. Der Geist der Erde vermittelt Stabilität, alte Weisheit und Macht. Von ihren herrlichen Bergen über ihre sanften, welligen Hügel bis hin zu ihren süß duftenden Wiesen bringt die Erde Heilung und Kraft. Wenn Sie das Erdelement in Ihr Zuhause rufen, erzeugt das eine heitere und stabile Energie. Ihr Heim wird zu einer Burg in Zeiten der Veränderung. Jeder Mensch, der Ihr Zuhause betritt, wird sich unterbewußt der Erdenergie aussetzen und sich, wenn er es wieder verläßt, geerdeter und sicherer hinsichtlich seines Lebensweges fühlen. Wenn Mutter Erde in Ihrem Zuhause residiert, wirkt sich das sogar auf jene aus, die nur draußen vorbeigehen. Auch sie werden eine größere innere Kraft verspüren.

Vorbereitung

Um mit dem Geist der Erde in Verbindung zu treten:

1. Setzen Sie sich ruhig hin, und werden Sie innerlich still.
2. Halten Sie etwas Erde in Ihren Händen. Jeder Krümel davon ist mit der Essenz von Mutter Erde durchtränkt. Fühlen Sie den lebendigen Geist der Erde, die Sie in den Händen halten.
3. Richten Sie Ihr Bewußtsein auf die Erde unter Ihren Füßen. (Auch wenn Sie hoch oben in einem Apartment wohnen, können Sie die Erde fühlen.)
4. Dehnen Sie Ihr Bewußtsein so weit aus, bis Sie unsere ganze schöne Mutter Erde erfüllen. Fühlen Sie, wie Sie von ihrer Stärke und Kraft umfangen sind und wie diese Stärke und Kraft von Ihnen ausstrahlt.
5. Visualisieren Sie, wie Sie vom Geist der Erde erfüllt werden. Lassen Sie sich von der Macht und Schönheit der majestätischen Berggipfel der Erde durchdringen. Erfühlen und finden Sie den Teil Ihrer selbst, der im Verständnis der Erde ruht, und Ihre Rituale des Raumklärens werden geerdet und heilend sein.
6. Bedanken Sie sich beim Geist der Erde, daß er in Sie und Ihr Zuhause eintritt.

Vorbereitung auf das Raumklären mit Hilfe von Salz – Die Kraft der Erde

Das Salz ist eines der größten Geschenke, das die Erde zu geben vermag. Salz kann Negativität neutralisieren und die Aura reinigen. Mit einem Bad in Salzwasser können Sie sich sehr gut auf das Raumklären vorbereiten. Das Salzwasser wird Sie nicht nur reinigen, sondern läßt Sie auch die Energie während des Raumklärens besser kanalisieren. Das Salz erhöht die elektrische Leitfähigkeit des Wassers, und wenn wir unsere Haut, eine halbdurchlässige Membran, in Salzwasser baden, wirkt die Salzlösung auf sie ein. Das Salz interagiert mit der Bioelektrizität unseres Nervensystems. Ich glaube, daß uns ein Salzwasserbad zu besseren Verteilern der uns umgebenden elektrischen Kraftfelder werden läßt. Es steigert die ätherische Fähigkeit unserer Neurotransmitter und erhöht die ätherische biochemische Verbreitung über die Synapsen, die Verbindungsstellen, die der Reizübermittlung zwischen unseren Nervenzellen dienen. Dies erzeugt einen stärkeren Energiefluß durch das Meridiansystem des Körpers, jenes System von Energiekanälen, das die Grundlage für die Akupunktur bildet.

Wenn Sie zur Erdung und Reinigung Ihres Aurafeldes ein Bad in Salzwasser nehmen möchten, schütten Sie zwei Pfund Salz oder ein Pfund Salz und ein Pfund Natriumbikarbonat in Ihr Badewasser und baden Sie etwa eine halbe Stunde darin. Entspannen Sie sich dabei vollkommen, und visualisieren Sie, wie Sie sich im Salz auflösen. Stellen Sie sich vor, daß das Salz jeden Teil Ihres Körpers und Ihres Wesens reinigt.

Nach dem Baden geben Ihnen die Salzreste auf Ihrer Haut vielleicht das Gefühl, im Meer geschwommen zu sein – was ja recht angenehm sein kann. Sie können das Salz aber auch abduschen, wenn Sie möchten, dadurch wird die Wirkung des Reinigungsrituals nicht geschmälert.

Wenn Sie sich Ihrer Fähigkeit, Energie zu kanalisieren, öffnen möchten, nehmen Sie eine andere Art von Salzwasserbad. Lösen Sie ein Pfund Epsomer Bittersalz im Wasser auf, und baden Sie zehn Minuten darin. *Duschen Sie sich danach mit sehr kaltem Wasser ab.* Ein solches Bad empfiehlt sich dann, wenn Sie beim Raumklären ein hohes Maß an Energie durch Ihren Körper kanalisieren müssen.

Reinigung

Das Mächtigste, was Sie für die energetische Reinigung Ihrer Wohnung verwenden können, kommt aus der Erde: Kristallines Salz, das der Tiefe ihres Inneren entstammt, ist eines der stärksten Heil- und Reinigungsmittel dieses Planeten. Stünde nur ein einziges Mittel für das Raumklären zur Verfügung, würde ich das *Salz* wählen.

Salz ist eine wertvolle Ressource, die von den alten Völkern im Wissen um seine erstaunlichen Heilkräfte jahrtausendelang sehr geschätzt wurde. Seit jeher war ihnen bekannt, daß es als Arznei, als Konservierungsmittel und Element der Verbindung zur Geisterwelt wunderbar genutzt werden konnte. Es galt als so wertvoll, daß es Unze um Unze mit Gold aufgewogen und im alten China sogar als Zahlungsmittel gebraucht wurde.

Auch an vielen sprachlichen und kulturellen Aspekten läßt sich der Wert, der dem Salz beigemessen wurde, ablesen. Es heißt, daß in der Kabbala das Wort für Salz ein heiliges Wort ist, daß es den dreifachen Wert von Jahwe, Gottes Name der Macht, besitzt.

In alten Zeiten stand das Salz für das sich erneuernde Blut der Muttergöttin. Sowohl in der jüdischen wie auch in der christlichen Religion galt es auf dem Altar als Substitut für das Blut, weil es dem Schoß des Meeres entstammte und dem Geschmack von Blut ähnlich ist.

Die Römer betrachteten das Salz als »Salzblut des Geistes«, und bei der Hochzeitszeremonie teilten sich Braut und Bräutigam traditionellerweise einen aus Mehl und Salz gebackenen Fladen. Das Mehl symbolisierte das Fleisch und das Salz das Blut. Mit Hilfe dieses Rituals stellte man zwischen dem Paar eine Verbindung aus »Fleisch und Blut« her, wodurch die beiden auf magische Weise zu Blutsverwandten wurden. Der mancherorts verbreitete Aberglaube, wonach das Verschütten von Salz Unglück bringt, leitet sich von dieser Verbindung zwischen Blut und Salz her – wenn man Salz verschüttet, verschüttet man Blut.

Die Bibel spricht von einem »Salzbund« (Numeri 18,19), einem Bund, der ebenso verbindlich ist wie der mit Blut besiegelte Bund. Die Araber teilten Brot und Salz zur Bekräftigung eines unauflöslichen Bundes. Semitische Propheten sprachen vom »Salz der Erde«, womit sie das Blut der Mutter Erde meinten. Die Christen übernahmen diesen Begriff, um damit eine in Erfüllung gegangene Prophezeiung zu bezeichnen. Wir sprechen heute vom »Salz der Erde«, wenn wir zum Ausdruck bringen wollen, daß jemand wahrhaft vertrauenswürdig ist. Salz wird insofern mit Weisheit, Stabilität und Stärke assoziiert.

Salz als natürliches Mittel zur Reinigung

Salz verfügt über beachtliche reinigende Eigenschaften. Im Ozean fungiert es als Antiseptikum, das Bakterien zerstört. Obwohl wir unsere Meere auf ebenso zerstörerische Weise verschmutzen wie das Land, regeneriert sich Salzwasser schneller. Das Salz im Meer vermag einen Teil der biologischen Verschmutzung, durch die die Küsten unseres Planeten verpestet werden, zu neutralisieren und zu vernichten. Dem Salz im Wasser ist es zu verdanken, daß der Ozean eine sich völlig selbstreinigende Umwelt darstellt.

In vielen Kulturen wendete man Salz traditionellerweise bei Ritualen zur Reinigung von negativen Energien an. Kirchenglocken wurden mit Salz und Wasser gesalbt, um sie zu segnen und zu taufen, während man Gott anflehte, die Dämonen durch die Macht des Glockenklangs zu vertreiben. Auch Kinder wurden bei der Taufe mit Salz eingerieben, um die Dämonen zu verjagen.

Man nahm an, daß der reichliche Gebrauch von Salz bei den christlichen Ritualen eine Nachahmung alter römischer Sitten darstellt, wo Salz zur Auflösung von Negativität verwendet wurde. Es war ein alter Brauch, etwas Salz über die linke Schulter zu streuen, um Unglück abzuwenden. Warum wurde ein so hochgeschätztes Gut verstreut? Die linke Seite war mit dem »Bösen« und die rechte Seite mit dem Guten assoziiert. Wenn man Salz über die linke Schulter streute, konnten sich die bösen Geister, die nur auf eine Gelegenheit warteten, Unheil anzurichten, nicht mehr rühren. Wichtig ist dabei nur die Tatsache, daß Salz als primäres Element zur Neutralisierung von Negativität bekannt war.

In der Kultur fast jedes Stammes, in dem ich einige Zeit verbrachte und ausgebildet wurde, benutzte man Salz zur Reinigung. Zu den Grundpraktiken der Kunst des Raumklärens, die ich von meiner hawaiianischen Lehrerin erlernte, gehörte der Gebrauch von Salz. Tatsächlich beinhaltet jede Tradition des Raumklärens, die ich erforscht habe, auch Salz.

Seine Kraft rührt zum Teil von seiner kristallinen Struktur her. Wir beginnen gerade eine Zeitphase, in der eine erhöhte Anzahl und Vielfalt ätherischer Energien auf unseren Planeten einwirken. So erfreuten sich in den letzten Jahren Kristalle zunehmender Beliebtheit, weil sie für die Kanalisierung und Ausrichtung auf diese neuen Energien nützlich sind.

Salz steht uns von allen Kristallen am umfassendsten zur Verfügung und kann uns mit seinen Kristalleigenschaften bei der Kanalisierung der Energie in unserer eigenen Person und in unserem heimischen Umfeld helfen. Es ist nicht nur bei unserer Anpassung an die neuen Energien hilfreich, sondern dient auch als Leiter bioelektrischer Energie. Es verstärkt den Fluß ätherischer Energie in unserem Körper und in unserem Zuhause.

Für ein Reinigungsritual in Ihrem Heim verwenden Sie am besten natürliches Salz – entweder Meersalz oder nicht jodiertes Steinsalz. Was Sie nehmen, hängt von Ihren Zielen ab. Meersalz ruft die Kräfte des Meeres an, die der Reinigung und emotionalen Heilung besonders förderlich sind. Steinsalz hingegen wird mit den Kräften der Erde assoziiert und ist sehr nützlich, wenn Sie das Gefühl von Ausgewogenheit und Geerdetsein herstellen möchten. Allerdings sind diese Unterschiede so gering, daß beide Salze einen sehr ähnlichen Effekt haben.

Reinigungsritual mit Salz für Ihr Zuhause

Schütten Sie das Salz in eine Schale, und halten Sie diese in den Händen, während Sie darum bitten, daß der Geist der Erde Ihr Salz erfüllen möge. Gehen Sie in das Zimmer, das Sie klären wollen, und begeben Sie sich in die östlichste Ecke. Streuen Sie eine Prise Salz in die Ecke, und sprechen Sie:

Heiliges Salz, Salz der Meere, Salz der Erden
Kläre diesen Raum, damit wir frei werden.

Oder Sie sprechen einfach ein Gebet, das den persönlichen Bedürfnissen Ihrer Seele am besten entspricht. Lassen Sie sich bei der Wahl des Gebets von Ihrem Herzen leiten.

Nachdem Sie in alle vier Ecken des Raums eine Prise Salz gestreut haben, begeben Sie sich in die Mitte des Raums und beginnen, eine Spirale im Uhrzeigersinn abzugehen. Verstreuen Sie überall dort, wo sich die Energie klebrig, lastend, kalt oder blockiert anfühlt, ein wenig zusätzliches Salz. Lassen Sie sich dabei von Ihrer Intuition leiten. Öffnen Sie Ihr Herz und Ihre Emotionen einfach den Informationen, die der Raum Ihnen zukommen läßt. Wenn Sie damit fertig sind, sprechen Sie:

Mutter Erde, an die wir uns nun wenden,
Höre den Ruf, den wir dir senden.
Damit ein jedes Wesen hier geheilet werde,
Tritt ein in dieses Haus, o Mutter Erde.

Das verstreute Salz können Sie nach dem Ritual mit dem Staubsauger wieder entfernen. Lassen Sie aber ein wenig Salz in den Ecken liegen.

Erzeugen Sie mit Salz einen Energiewirbel

Sie können ein rasches und wirksames Reinigungsritual durchführen, indem Sie einen Energiewirbel in der Mitte des Raums erzeugen. Dazu benötigen Sie sehr feines Salz. Zermahlen Sie Ihr Salz also mit einem Stößel in einem Mörser zu ganz feinen Kristallen. Stellen Sie sich dann in die Mitte des Zimmers, und verstreuen Sie das Salz mit ausladenden Armbewegungen ringsum im Uhrzeigersinn. Dieses sehr feine Salz wird die Luft und alle versteckten Stellen im Raum reinigen.

Salz im Schlafzimmer

Wenn Sie sich durch äußere Einflüsse aus dem Gleichgewicht geworfen fühlen, wenn Sie meinen, durch Gedanken oder Emotionen von anderen negativ beeinflußt zu werden, oder wenn Sie von üblen Träumen heimgesucht werden, können Sie als Gegenmaßnahme Salz in Ihrem Schlafzimmer verstreuen. Mit dieser Methode bauen Sie ein eigenes Energiefeld auf, das nicht von außen beeinträchtigt wird.

Nehmen Sie Salz, und ziehen Sie damit einen größtmöglichen Kreis in Ihrem Zimmer, wobei Sie auch die Ecken mit einbeziehen. Ziehen Sie anschließend einen kleineren Kreis um Ihr Bett. Sie brauchen keine großen Mengen Salz zu verstreuen. Ein dünner, schmaler Ring reicht schon aus, um für die Nacht, wenn Sie schlafen, einen Schutzkreis aufzubauen. Diese Methode ist besonders wirksam, da Sie sich im Schlaf in einem höchst beeinflußbaren und verletzbaren Zustand befinden.

Sie werden auf diese Weise in den nächtlichen Stunden vor den Gefühlen und Gedanken anderer geschützt sein. Wenn Sie in einem Salzkreis schlafen, kann Ihr Geist unbeeinträchtigt und auf ausgewogene und geerdete Weise Informationen verarbeiten und sich von aller negativen Energie, die sich tagsüber angesammelt hat, befreien. Die Nacht wird zu einer Zeit des Ausruhens und der Erholung, und Sie werden mit einem Gefühl der Sicherheit wieder aufwachen und voller Energie sein.

Anrufung

Die Erde hat uns eines der machtvollsten Instrumente zur Verfügung gestellt, mit dessen Hilfe wir Energie in unser Zuhause rufen und seine Energiefelder aufladen können: ein wundervolles Werkzeug, das den Tiefen von Mutter Erde entstammt.

Klare Quarzkristalle bestehen aus Siliziumdioxyd, das wie das Salz zu den auf der Erde am häufigsten vorkommenden und in Fülle vorhandenen Mineralen zählt. Als Grundkomponente der Computersysteme spielt es ein wichtige Rolle in unserer modernen elektronischen Technologie. Siliziumdioxyd gehört zu den wesentlichsten Bestandteilen der Computertechnologie, weil es elektrische Impulse übertragen kann, die im Computer anschließend in interne Informationen umgewandelt werden. Abgesehen von dieser Eigenschaft besitzt der Quarzkristall eine bemerkenswerte Schwingungsfähigkeit und kann alle Farbfrequenzen des gesamten Lichtspektrums ausstrahlen. Quarzkristalle können Energie erzeugen und aktivieren.

Kristalle sind in den esoterischen Traditionen vieler alter Kulturen überall auf der Welt benutzt worden. In meinem eigenen Stamm, bei den Cherokees, wurden sie zu Prophezeiungen und zur Einstimmung in die inneren Dimensionen verwendet. Auch viele andere indianische Stämme, darunter die Apachen und die Hopis, haben sich ihrer bedient.

Ein Kristall, den Sie bei sich zu Hause aufstellen, kann Ihre Absicht besonders stark ausstrahlen. Zwar besitzen Kristalle oder andere Steine selbst keine magischen Eigenschaften, doch sie fungieren als Katalysatoren für das menschliche Bewußtsein. Sie können Ihre Absicht konzentrieren, transformieren und übertragen.

Alles in Ihrem Heim weist (wie Leben überhaupt) eine bestimmte Schwingung oder Frequenz auf. Gegenstände verlieren ihre Vitalkraft, wenn auch ihre optimale Frequenz niedriger wird. Ein Quarzkristall in einem Raum kann als Generator wirksam werden und Energiefrequenzen aussenden, die von Ihrem Zuhause und den darin befindlichen Gegenständen absorbiert werden. Somit trägt er dazu bei, daß die Dinge in Ihrem Zuhause ihre optimale Frequenz beibehalten. Ein Quarzkristall hat den Nachteil, daß er von Zeit zu Zeit gereinigt werden muß, wenn er seine Übertragungseigenschaften nicht verlieren soll.

Wenn Sie also Ihren Quarzkristall regelmäßig reinigen, erhält dies seine Vitalität, andernfalls verliert er sein Schwingungspotential. Dies bedeutet nicht, daß Sie Ihre Kristalle nach einem bestimmten Zeitplan reinigen müssen. Tun Sie es, wenn sie ihr »Funkeln« zu verlieren scheinen. Das kann alle paar Monate sein oder, wenn Sie sich in einer persönlich problematischen Übergangszeit befinden, auch jede Woche. In jedem Fall sollten Sie sie bei Ihrem alljährlichen Frühjahrsputz reinigen und neu programmieren.

Zu diesem Zweck stellen Sie den Kristall auf ein Stück Seide und setzen ihn drei bis vier Stunden dem Sonnenlicht aus. Die heilende und sterilisierende Kraft der Sonne wird ihn reinigen und neu beleben.

Sie können ihn aber auch mit Salz und Wasser reinigen. Mixen Sie eine Salzlösung aus wenigstens einer Tasse Wasser und einer halben Tasse Salz. Graben Sie ein kleines Stück des Kristalls im Salz ein, und lassen sie ihn mindestens 24 Stunden in dieser Lösung liegen. So wird er geerdet und gereinigt.

Sie können den Kristall auch mit Eukalyptusöl reinigen. Nehmen Sie ihn in die Hand, und reiben Sie seine ganze Oberfläche mit dem Öl ein. Diese Technik empfiehlt sich, wenn die Sonne nicht scheint oder Sie nicht über die Zeit verfügen, den Kristall für 24 Stunden in der Salzlösung stehenzulassen. Die reinigende Wirkung des Eukalyptus in Verbindung mit den streichenden Bewegungen läutert den Kristall und lädt ihn wieder auf.

Programmierung Ihres Hauskristalls

Um Ihren Kristall als Hausenergiegenerator zu programmieren, führen Sie als erstes den gereinigten Kristall an Ihr drittes Auge (eines der wesentlichen Energiezentren des Körpers). Wenn Sie den Kristall dem Schutz und der Sicherheit Ihres Zuhauses weihen wollen, können Sie dabei zum Beispiel folgende Worte sprechen:

Ich weihe dich der Sicherheit und dem Schutz dieses Heims. Ich danke dir für deinen Beistand.

Sie könnten den Kristall auch dem spirituellen Wachstum aller Haushaltsmitglieder, der Fülle und dem Wohlstand, der Liebe und den guten Beziehungen oder der Kommunikation und der Wahrheit weihen. Sie können in jedem Raum Ihres Hauses einen Kristall aufstellen und ihn dann jeweils einer bestimmten Absicht widmen. Den Kristall in der Küche etwa der Stärke und Nahrung für die Familie. Sie können aber auch einen zentralen Hauskristall mit einer umfassenden Absicht für Ihr ganzes Zuhause aufstellen.

Dieser Hauskristall kann für alle sichtbar oder auch im verborgenen plaziert werden. Folgen Sie dabei Ihrem Gefühl. Wenn Sie allerdings viele Besucher haben, sollten Sie besser eine weniger exponierte Stelle wählen, da Kristalle auf die Energiefelder ihres Umfelds sehr empfindlich reagieren.

Andere Steine aus der Mineralwelt bringen Energien in Ihr Heim. Auch sie können je nach Bedarf sichtbar aufgestellt werden oder im verborgenen, wo sie dennoch ihre speziellen Eigenschaften entfalten.

Lingams

Dies ist mein Lieblingsstein für mein Zuhause. Es gibt verschiedene Legenden über den Ursprung der Lingams, doch am weitesten verbreitet ist die Theorie, wonach sie von einem Meteoritenschwarm herstammen, dessen Brocken vor vielen Jahrhunderten in einen bestimmten Fluß in Indien stürzten. Gesichert ist die Tatsache, daß ihr mineralischer Gehalt für die Erde ziemlich ungewöhnlich ist und sie somit tatsächlich von einem fernen Stern stammen könnten. Doch wo sie nun tatsächlich herkommen, ist weniger wichtig als die Kraft und die Schwingung dieser Steine. (Sie werden in Indien und Tibet verehrt, wo man sie in den Lamaklöstern unter dem Thron aufstellt.) Während die Energie eines Kristalls so flüssig und leicht wie Wasser ist, ist die des Lingams solide und geerdet wie die Erde selbst.

Lingams müssen nicht so oft gereinigt werden wie Kristalle, sie mögen es aber, wenn ihnen von Zeit zu Zeit die Ehre erwiesen wird. Traditionellerweise betupft man sie mit Sandelholzöl und legt Blumen an ihrer Basis nieder, denn Lingams werden üblicherweise in senkrechter Position aufgestellt. Sie können durchaus sichtbar plaziert werden, da sie mit ihrem soliden, geerdeten Wesen nur schwer von den Energiefeldern anderer beeinflußt werden. Ein Lingam bringt unglaubliche Kraft und Erdung in Ihr Zuhause. Mit seiner enormen Yang-Energie eignet er sich gut für ein Haus, dessen Bewohner ziemlich ätherisch sind und Mühe haben, mit den Füßen auf dem Boden zu bleiben. Außerdem ist er ein grimmiger Beschützer und bewahrt die Integrität des Energiefeldes Ihres Zuhauses, das somit nicht leicht von außen zu beeinflussen ist.

In Kürze seien nun einige Edelsteine genannt, die Sie benutzen können, um Ihre Wohnräume aufzuladen und ihnen Lebenskraft zuzuführen.

Achat	stabilisiert und balanciert aus; roter Achat energetisiert; blauer Achat beruhigt
Amethyst	ruft weibliche spirituelle Energie herbei, beruhigt und besänftigt
Aquamarin	besänftigend, beruhigend, atlantisch
Aventurin	heilend, erleichtert das Atmen
Bernstein	absorbiert exzellent Negativität
Blutstein	entgiftend, heilend und stärkend
Fluorit	Kreativität und spirituelles Bewußtsein
Granat	aktiviert Leidenschaft und Lebenskraft

Jade	heilend, besänftigend, Fülle
Karneol	fokussiert und motiviert; Zuversicht und Handeln
Koralle	physische Stärke und Entschlußkraft
Lapislazuli	spirituelle Erweckung
Malachit	beruhigend, Weisheit, Friede
Mondstein	weiblich, ätherisch, Liebe
Perle	Liebe, weiblich, Mond, Wasser
Rauchquarz	Fülle, Weisheit, gute Wahl für einen Hauskristall
Rosenquarz	Liebe, Kinder, Familie, Kreativität
Sodalith	spirituelle Erweckung
Sugilith	innere Vision, Meditation
Tigerauge	erdend, fokussierend
Türkis	Geist, Stärke, Erfolg, Erfüllung, Schutz
Turmalin	erdend, neutralisiert Negativität, medialer Schutz, reinigend
Zitrin	klärt Gedanken, Zuversicht, Kommunikation, Entscheidung

Edelsteine sind das Leben des Lichts, eingefangen in reiner, sichtbarer Form. Diese Form umfaßt viele Farben innerhalb des gesamten Lichtspektrums. Jede Farbe weist ein spezielles Schwingungsmuster auf, das mit einer bestimmten Energie korrespondiert und eine spezifische emotionale Reaktion hervorruft. Sie können sie in eine Schale legen und diese in einem Raum aufstellen, Sie können sie auch in die Erde einer Zimmerpflanze stecken oder sie im Freien um Ihr Haus herum verteilen. Steine bringen, wo auch immer, eine wunderbare Vielfalt an Schwingungsenergie der Erde mit sich.

Hier sollen noch jene Steine erwähnt werden, die Sie an besonderen Orten sammeln. Wenn Sie sich zum Beispiel an einem wunderschönen Ort in der Natur aufhalten und einen schönen glatten Stein aus dem Fluß finden, dann wird dieser Stein die »Energie des Flusses und der Bäume und des Himmels« in sich tragen. Auf diese Weise können Sie die Schwingung eines schönen Ortes in der Natur in Ihr Zuhause bringen.

Wenn Sie einen Stein kaufen oder bekommen, sollten Sie auf seine Energie achten. Ist er der Erde entrissen und auf seiner

Reise zu Ihnen nicht achtsam und respektvoll behandelt worden, so ist ihm vielleicht nicht die Schönheit eines »glücklichen Steins« zu eigen. Aus diesem Grund sind meine Steine meistens ganz gewöhnliche Steine und keine Edelsteine, doch sie sind im wesentlichen »glückliche Steine« und bringen eine fröhliche Energie in mein Heim.

Bewahrung

Beschützerbäume

Als Kind gab es für mich einen Baum, der mein ganz besonderer Freund war. Als ich aufwuchs, sehnte ich mich oft nach einem Freund, denn ich hatte ein sehr gestörtes und traumatisches Familienleben. Wenn der Schmerz zu groß wurde, rannte ich zum Fluß hinunter. Am Ufer wuchs dort ein großer, wunderschöner Baum mit hängenden Ästen, die sich gefährlich weit über den tiefbraunen, reißenden Fluß erstreckten. Sobald meine Hände die rauhe Rinde berührten, überkam mich ein wunderbares Gefühl der Ruhe. Es war, als ob der Baum besänftigende Wellen der Harmonie in meine Richtung ausströmte. Ich kletterte erst die knorrigen, gewundenen Äste hinauf und glitt dann an einem langen über den Fluß hängenden Ast hinunter. Da gab es eine von meinen vielen Besuchen schon glattpolierte Stelle, wo ich mich, vor allen Blicken geschützt, unter den Blättern einnisten konnte. Ich war in Sicherheit. In die Arme meines starken Freundes gekuschelt, konnte ich dort endlich weinen. Wenn ich dann Stunden später an seinem rauhen Stamm wieder hinunterrobbte, fühlte ich mich erfrischt. Ich war von neuer Hoffnung für mich und meine Umwelt erfüllt. Als Kind fühlte ich mich durch das liebende Bewußtsein eines Baumes beschützt.

Bäume haben Seelen

Bäume, die in naher oder näherer Umgebung Ihrer Wohnung wachsen, können Ihrem Zuhause eine hingebungsvolle, schützende Energie schenken. In alten Zeiten glaubte man, daß Bäume eine Seele besitzen. Sie wurden als beseelte Wesen betrachtet und behandelt sowie als göttliche Quelle der Weisheit und des Schutzes verehrt. Gemäß der alten nordischen Tradition hatte der Allvater den Weltenbaum Yggdrasil erschaffen, ein Symbol allen Lebens. Die alten Griechen verehrten Bäume, weil sie das weissagende Wesen der Götter in sich trugen. Bäume waren Orte der Prophezeiung, von daher kommen auch die »sprechenden Eichenbäume« im heiligen Orakelhain von Dodona. Man sagte, daß die Bäume mit menschlicher Stimme sprachen, wenn die Priesterinnen den Hain betraten. Einer Legende zufolge bewohnte Zeus eine ganz bestimmte Eiche, die als »Orakeleiche« bekannt wurde.

Bei den Cherokees wie auch bei anderen indianischen Stämmen galten die Bäume als heilig. Normalerweise nahm man nur das Holz von auf natürliche Weise umgefallenen Bäumen und fällte keine lebendigen Bäume. Mußte ein Baum gefällt werden, so bat man ihn um seine Erlaubnis und brachte ihm Geschenke im Austausch für das Geschenk seines Lebens, das er dem Indianerstamm machte.

Für die Maoris auf Neuseeland wie auch für die meisten anderen Stammesgesellschaften hat jeder Baum eine Seele. Es erfüllt sie mit Verzweiflung, daß so viele Bäume auf diesem Planeten gefällt werden, denn wenn ein Baum gefällt wird, kann seine Seele nirgendwohin und kehrt zu den Sternen zurück, und so wird die Erde immer ärmer.

Die Kelten waren für ihre Verehrung der Bäume besonders bekannt. Die Bäume, vor allem die Eiche, waren ihnen heilig. Die spirituellen Berater der keltischen Stammesführer wurden Druiden genannt, was »Männer der Eichen« bedeutet. Die Druiden teilten sich über ein geheimes Alphabet, das aus fünfundzwanzig Buchstaben bestand, mit. Vierzehn dieser Buchstaben waren nach Bäumen benannt. Jeder Baum brachte eine spezielle spirituelle Qualität zum Ausdruck, die durch den nach ihm benannten Buchstaben übermittelt wurde.

Es gibt eine Reihe von Geschichten, die von Dryaden (Baumgeister) erzählen, die ihre Baumwohnung verließen und zur Verteidigung der Kelten in die Schlacht zogen. Ein Baumgeist konnte sein Zuhause aber nur für kurze Zeit verlassen und sich nicht allzuweit davon entfernen, sonst mußte er sterben. Oft waren die Dryaden allzulange fort und fanden den Tod auf dem Schlachtfeld.

Bäume als Tür zu mystischen Welten

In manchen schamanischen Traditionen dienen Bäume den Erdbewohnern als Tür oder Durchgang zu anderen Welten. Im Trancezustand reist der Geist des Schamanen oder der Schamanin durch die Wurzelsysteme der Bäume. Baumwurzeln sind Pfade, auf denen man zu den inneren Reichen und in die Unterwelt wandern kann. Der Baum fungiert als Übergang von der normalen Realität in mystische Bereiche. Kalifornische Indianerstämme benutzen einen Baumstumpf als Ausgangspunkt für ihre heiligen Reisen. Die Arunt in Australien benutzen einen hohlen Baum. Die Amazonasindianer folgen den Wurzeln des Baums, um in die Unterwelt zu gelangen.

Pflanzen haben ein Bewußtsein

Es gibt Belege dafür, daß Pflanzen eine »Absicht« haben können. Sie reagieren auf ihre Umwelt. Zum Beispiel der Löwenzahn: In der freien Natur wächst er ziemlich hoch, in einem Garten wird er aber nur so groß, daß er von den tödlichen Messern des Rasenmähers nicht erfaßt werden kann.

Einer der ersten Wissenschaftler, die von einem Bewußtsein bei Pflanzen sprachen, war der Wiener Biologe Raoul Francé. Er behauptete, daß Pflanzen über ein außerordentliches Wahrnehmungsvermögen verfügen und sogar kommunizieren können. Er glaubte auch, daß sie auf schlechte Behandlung reagieren und für einen freundlichen und liebevollen Umgang mit ihnen dankbar sind. Die Wissenschaftler des frühen 20. Jahrhunderts ignorierten Francés Erkenntnisse weitgehend, doch in den 60er Jahren wurden sie von Forschern bestätigt, die bewiesen, daß Pflanzen in der Tat eine Absicht haben und mit Menschen kommunizieren können.[1]

Ein anderer Wissenschaftler, der verstand, daß Pflanzen bewußtseinsbegabt sind, war Luther Burbank (1849–1926). Er war sehr bekannt für seine Pflanzenkreuzungen und selektiven Züchtungen und erzielte Ergebnisse, die für die traditionell denkenden Wissenschaftler seiner Zeit unerreichbar waren. Er behauptete, daß »das Geheimnis einer verbesserten Pflanzenzüchtung in der Liebe besteht«. Ein berühmtes Beispiel für seine Vorgangsweise war die Züchtung eines stachellosen, als Viehnahrung sehr begehrten Kaktus. Burbank sprach sanft und liebevoll mit den Kakteen und ließ sie wissen, daß sie ihre Stacheln nicht benötigten. So schuf er eine Atmosphäre von Liebe und Vertrauen und brachte es schließlich tatsächlich fertig, eine neue, stachellose Variante zu züchten.[2]

Bäume des Lichts

Wenn Sie einen Beschützerbaum haben, kann er zu einer *sehr wichtigen* Quelle der Heilung, Stärkung und des Lichts werden. Bäume werden in den kommenden Jahren eine immer wichtigere Rolle spielen, weil sie Kontaktstellen der Energie sind. Sie verschaffen Energieharmonien und Energiefrequenzen Zutritt, sie können konzentrierte Energie aufnehmen und übertragen. Die Liebe und Achtung, die Sie Ihrem Baum entgegenbringen, wird ihn zu einem noch machtvolleren Wirbel werden lassen, der dann Energie und Licht zuführt. Ihr Beschützerbaum kann auch ein sehr kraftvoller Übermittler von Energie und Heilung für Ihren ganzen Haushalt und sogar Ihre ganze nähere Umgebung sein. Ich habe schon Bäume gesehen, die mehr als einen Kilometer weit Energie in alle Richtungen ausgesendet haben.

Wenn Sie die Energie von Bäumen anrufen wollen, um die Energie in Ihrem Zuhause zu schützen und zu bewahren, suchen Sie sich einen Baum in Ihrem Garten oder vielleicht in einem nahegelegenen Park aus, mit dem Sie sich verbinden können. Dieser Baum muß nicht unbedingt direkt neben Ihrem Haus wachsen. Finden Sie einen Baum, der Ihnen ein gutes Gefühl gibt, wenn Sie bei ihm stehen. Dieses Gefühl ist ein starker Hinweis darauf, daß er ein guter Beschützerbaum für Ihr Zuhause sein wird.

Baum-des-Lichts-Meditation

Setzen Sie sich unter Ihren ausgewählten Baum, oder bleiben Sie bei ihm stehen. Setzen Sie sich bequem hin, das Rückgrat gerade an den Stamm gelehnt. Oder legen Sie, wenn Sie stehen, die Arme um den Stamm. Atmen Sie, entspannen Sie sich, lassen Sie los. Lassen Sie Ihr Bewußtsein mit dem Baum verschmelzen. Fühlen Sie, wie die Energie im Baum hochströmt. »Fühlen« Sie die Wurzeln tief in der Erde und die Zweige hoch im Himmel. Fragen Sie Ihren Baum nach seinem Namen. Bitten Sie, daß die Dryade oder der Geist des Baums Ihr Zuhause einhüllen möge.

Bedanken Sie sich, lassen Sie ein Geschenk zurück, ein Zeichen, eine Geste Ihrer guten Absicht und der Freundschaft für Ihren Baum. Das ist wichtig. Nach indianischer Tradition geben Sie immer etwas im Austausch. (Ich kenne einen Schwarzfußindianer, der stets einen glänzenden Kupferpenny hinterläßt, wenn er seinen Baum besucht.)

Feen, Gnome, Elfen, Sylphen, Undinen und Salamander

Seit wir uns immer mehr hin zu einer modernen Technologiewelt entwickeln, befindet sich das Elementarreich der Feen und Elfen auf dem Rückzug. Ich werde traurig, wenn ich auf eine Wiese blicke und keine Elementargeister oder Feen mehr sehe. Es ist besonders wichtig, daß Sie aus Ihrem Garten eine Umgebung machen, in der sich alle lebendigen Wesen, Feen und Elfen eingeschlossen, willkommen fühlen. Der Philosoph Paracelsus nannte diese Wesen auf den unsichtbaren Ebenen »Elementale«, und die meisten Kulturen kennen Geschichten über das Feenvolk. Die Elementargeister werden in vier Gruppen unterteilt: die Erdgeister – Elfen, Gnome und Kobolde; die Wassergeister – Nymphen, Undinen und Wasserkobolde; die Luftgeister – Sylphen; und die Feuergeister – Salamander. All diese Elementale sind Geschöpfe des Feenvolks, auch wenn die meisten Leute, wenn sie von Feen sprechen, nur die Blumen- und Pflanzenfeen meinen.

Ich ging oft mit meiner hawaiianischen Lehrerin in die tropischen Wälder Hawaiis. Sie war eine sehr sanfte und anmutige Frau, und der Geist der Erde wohnte tief in ihrer Seele. Sie brachte immer einen großen Korb mit Papayas, Mangos, Bananen und Ananas als Geschenk für den Mehunekönig (den Feenkönig) und sein Volk mit. Ich stand dann »Wache« und wartete auf sie, während sie noch tiefer in den Wald vordrang. Schließlich kam sie mit leerem Korb zurück und berichtete mir von ihrer Unterhaltung mit den Mehunes. Sie hatte das »Zweite Gesicht« und konnte die Feen sehen und mit ihnen sprechen.

Wie Sie Feen zu Ihrem Garten anziehen

Feen sind reale Wesen, und es bringt Segen, wenn Sie um Ihre Wohnung herum eine für elementale Energien attraktive Umwelt schaffen.

Schaffen Sie einen Garten, der nicht nur für die Pflanzen, sondern für jede Art von Leben förderlich ist. Installieren Sie Vogelhäuschen, Vogelbäder, und sorgen Sie für Vogelnahrung. Lassen Sie für Bienen und Schmetterlinge attraktive Blumen und Pflanzen wachsen. Feen werden von allen Orten angezogen, wo es Schmetterlinge gibt. Legen Sie auch einen Nachtgarten für Nachtgeschöpfe wie Fledermäuse, Eulen und Grillen an. Breiten Sie Nüsse für die Eichhörnchen aus. Die Natur ist auch mitten in der Stadt lebendig. Wenn Sie »Leben« in Ihren Garten bringen, ziehen Sie auch Feen und Elementale an.

Hier finden Sie nun eine kurze Aufzählung von Pflanzen, die die schönen Schmetterlinge (und Feen) zu einem Besuch in Ihrem Garten einladen:

Aster
Fingerstrauch
Gartenverbene
Große Sommermargerite
Kosmee
Lavendel
Mädchenauge
Petunie
Rosmarin
Schafgarbe
Schmetterlingsstrauch
Skabiose
Thymian
Ysop
Zinnie

Für einen Nachtgarten nehmen Sie weiße Blumen, weil ihre irisierende Farbe im Dämmerlicht oder in der Abenddunkelheit hervorsticht. Sie können auch Blumen pflanzen, die nur nachts blühen – besonders günstig sind Pflanzen, die vor allem in der Nacht einen starken, süßen Geruch ausströmen wie zum Beispiel der Ziertabak, die Mutterblume oder die Wunderblume.

Installieren Sie einen kleinen Springbrunnen oder Teich. Vielleicht wollen Sie auch eine Engelstatue oder eine Statue des heiligen Franziskus aufstellen. Diese und auch andere Gartenplastiken ziehen die Landschaftsengel an. Alles, was Licht reflektiert (wie glänzende Gartenkugeln) oder sehr farbig ist oder sich bewegt (wie zum Beispiel Fähnchen), zieht Gnome und Elfen an. Sowohl die Feen wie auch die Wassergeister lieben den plätschernden Klang und den Anblick von Springbrunnen.

Lassen Sie einen kleinen Bereich Ihres Gartens etwas verwildern. Elementale mögen das. Wenn Sie auf diese Weise eine kleine Ecke in Ihrem Garten den Feen widmen, fühlen sie sich sehr willkommen.

Bitten Sie auch die Feen und Elfen, Ihren Garten zu besuchen. »Where intention goes, energy flows« – Der Energiefluß folgt der Absicht. Wenn Sie Ihr Bewußtsein auf Feen und Gnome und auf das Reich der Elementargeister richten, werden sie darauf reagieren und sich von Ihrem Garten angezogen fühlen.

Garten der Energie

Wenn Sie das Glück haben, einen Garten zu besitzen, kann die durch ihn erzeugte Energie auch zur Aufrechterhaltung der Energien in Ihrem Zuhause beitragen. Sie können sich einen Garten der Energie erschaffen. Er braucht nicht groß zu sein, auch im winzigsten Garten von nur einigen Quadratmetern läßt sich ein phantastisches Energiefeld aufbauen.

Sie sollten sich vorab entscheiden, welche Energie Sie in Ihrem Garten erzeugen wollen, da sie sich auf Energiefelder in Ihrer Wohnung auswirken wird. Geht es Ihnen um Leidenschaft, Aktivität und Bewegung, dann gestalten Sie Ihren Garten zu einer Symphonie aus Klängen, Farben, Düften und visuellen Reizen. Pflanzen Sie lebhafte rote, orangene und leuchtend sonnige gelbe Farben. Seien Sie übermütig und ausgelassen. Sorgen Sie für riesengroße Farbtupfer und eine dramatische Vegetation. Wenn Sie andererseits ein spirituelles, heiteres Energiemandala für Ihr Zuhause anstreben, sollten Sie eine meditative Atmosphäre in Ihrem Garten kultivieren. Pflanzen Sie Lavendel, zarte Glockenblumen, Rosen und andere Blumen in zarten, weichen Tönen. Ganz gleich, welches Mandala Ihr Garten projizieren soll, er kann zu einem Garten der Energie werden, der die Stimmung aller allein dadurch hebt, daß sie sich in ihm aufhalten und er sie mit Energie erfüllt.

Das Bepflanzen Ihres Gartens

Bevor Sie in Ihrem Garten etwas anpflanzen, sollten Sie sich mit dem Geist der Erde verbinden. Verwenden Sie Zeit auf jede Pflanze, die Sie in Ihrem Garten ansiedeln wollen, erspüren Sie, wo sie am glücklichsten wäre und mit den anderen Pflanzen in größtmöglicher Harmonie wachsen kann. Danken Sie jeder Pflanze, wenn Sie sie in Mutter Erde einsetzen, dafür, daß sie zur Schönheit und Energie Ihres Zuhauses beiträgt.

So wie jeder sein Tiertotem hat, hat jedermann ein Pflanzentotem. Pflanzentotems sind spezielle Pflanzen, die Ihnen, wenn Sie sich bei ihnen aufhalten, ein Gefühl des Wohlseins und der Stärke vermitteln. (In Kapitel 14 wird erläutert, wie Sie Ihr Pflanzentotem finden.) Ihr ganzer Garten wird viel dynamischer und energiegeladener werden, wenn er sowohl Ihre persönlichen Totems wie auch die Pflanzenverbündeten der anderen Haushaltsmitglieder beherbergt.

Insekten

Am besten schützen Sie Ihr im Garten geschaffenes Energieumfeld auf natürliche und organische Art. Es ist gut für Sie und Ihre Pflanzen, wenn Sie die Insekten, die sich von den Pflanzen ernähren müssen, mit organischen Methoden unter Kontrolle halten. Eine Möglichkeit wäre die Ansiedlung von Marienkäfern, Fadenwürmern oder Gottesanbeterinnen in Ihrem Garten. Sie können auch bestimmte Pflanzen, wie zum Beispiel die Ringelblume, um Ihre Blumenbeete herum auspflanzen, die Ihnen dann bei der Abwehr von schädlichen Insekten beistehen werden. Benutzen Sie natürliche Seifenlauge gegen Blattläuse. Wenn Sie bereit sind, den Insekten etwas von Ihrem Garten zu überlassen, schafft das ein weitaus natürlicheres Energiefeld als der Einsatz von chemischen Pestiziden.

Die Wissenschaft hat einige interessante Erkenntnisse über die Beziehung zwischen der Pflanzen- und Insektenwelt gesammelt. Manche Insekten können im ultravioletten Bereich des Lichtspektrums sehen, und Blumen senden in diesem Bereich Strahlen aus. Die Farben fungieren als eine Art Sprache zwischen Pflanze und Insekt. Wenn eine Pflanze zum Beispiel unter Streß steht, weil sie einen Wurzelschock erlitten hat, weil es zu trocken oder zu feucht ist oder weil eine Wurzelfäulnis eingesetzt hat, verändert sich ihre natürliche Farbausstrahlung. Ein Insekt, das diese Veränderung im Farbenspektrum wahrnimmt, spürt, daß diese Pflanze unter Streß steht und deshalb verletzlich ist. In der freien Wildbahn sorgt das Prinzip des »Überlebens der Tauglichsten und Stärksten« für ein Maximum an Lebenskraft, indem die schwächeren Tiere ausgesondert werden. Dies gilt auch für die Pflanzenwelt. Blattläuse und Insekten werden von einer Pflanze, die unter »Streß« steht, angezogen; sie verschlingen sie, wodurch für stärkere Pflanzen Platz geschaffen wird. Es ist wichtig, daß wir alle Lebewesen respektieren und achten – auch die Insekten, die unsere Pflanzen verspeisen. Wenn Sie beschließen, Insekten, die sich über Ihren Garten hermachen, zu zerstören, dann segnen Sie sie, während Sie es tun.

Zimmerpflanzen

Wenn Sie eine Pflanze in Ihr Heim bringen, wird sie zu einem Teil von Ihnen und Ihrem Energiefeld. Abgesehen von der beruhigenden Wirkung, die Pflanzen über ihre Farben und die Anregung unseres Sinns für die Natur ausüben, tragen sie auch zu einer positiven, stärkenden Lebenskraft in unserem Zuhause bei. Jede Pflanze besitzt ihr spezielles Energiefeld. Farne etwa haben eine weiche, sanfte Ausstrahlung und reagieren stark auf die Energiefelder ihrer unmittelbaren Umgebung. Kakteen verfügen über ein erdendes Energiefeld und sind imstande, negative Emotionen zu absorbieren, ohne sich selbst zu schwächen.

Hier ist ein Ritual, das Sie mit einer Zimmerpflanze, die zur Aufrechterhaltung einer starken Energie in Ihrem Zuhause beitragen soll, durchführen können.

- ▷ Ernennen Sie eine Pflanze zur Beschützerpflanze Ihres Hauses.
- ▷ Geben Sie dieser Pflanze einen Namen, oder fragen Sie sie nach ihrem Namen. Der Name ist wichtig, weil Sie dadurch eine Beziehung zur Pflanze herstellen. Wie bei jeder Beziehung

sind auch hier Anerkennung und Bestätigung der Schlüssel zum Aufbau einer engen Verbindung.

- ▷ Sprechen Sie eine Affirmation – das kann ein Wunsch, eine spezifische Absicht oder etwas sein, daß Sie sich für die Energie Ihres Hauses erträumen. Diese Absicht können Sie in die physische Dimensionsebene bringen, indem Sie ihr ein faßbares Objekt zuordnen, etwa einen Stein (auf den Sie vielleicht ein Symbol für Ihre erwünschte Realität malen oder in ihn einritzen). Wenn Sie zum Beispiel beabsichtigen, aus Ihrem Zuhause einen Ort des Heilens zu machen, suchen Sie sich einen kleinen Stein, und stellen Sie sich vor, daß Sie die Absicht des Heilens auf ihn übertragen.
- ▷ Graben Sie dann den Gegenstand dicht unter der Oberfläche in die Pflanzenerde ein. Sie können ihn auch sichtbar hinlegen, wenn Sie wünschen, daß er Sie stets an Ihre Absicht erinnert.
- ▷ Bekräftigen Sie jedesmal, wenn Sie die Pflanze gießen, Ihre Absicht im Wissen, daß Sie damit Ihre Absicht oder Ihren Traum nähren. Nach dem Begießen wird die Pflanze Ihre Absicht in den Raum ausstrahlen.

Kupfer

Kupfer ist eines der großartigsten Instrumente, das uns Mutter Erde zur Energetisierung unseres Heims zur Verfügung gestellt hat. Es leitet auf hervorragende Weise die neuen Energien. Wenn Sie Ihr Bett energetisch aufladen wollen, um im Schlaf Energie zu absorbieren und zu integrieren, nehmen Sie einen Kupferdraht und winden ihn im Uhrzeigersinn sieben- oder zwölfmal um einen runden Gegenstand. Wenn Sie einen sehr dünnen Kupferdraht verwenden, können Sie ihn um einen Bleistift wickeln. Je stärker der Draht ist, um so größer muß die Spule sein. Plazieren Sie an jedem Bettpfosten eine Spule und eine weitere in der Mitte unter dem Bett. Wenn Sie das Gefühl haben, auf diese Weise zu schnell zuviel Energie aufzunehmen, um sie noch assimilieren zu können, benutzen Sie kleinere Spulen, oder legen Sie nur eine Spule unter das Bett. Wenn Sie die Wirkung der Kupferspulen verstärken wollen, tragen Sie während des Schlafs ein Kupferhalsband oder Kupferarmband.

Wenn Sie die Energie an Ihrem Meditationsort verstärken wollen, nehmen Sie sehr feinen Kupferdraht und bespannen damit die Decke oder den Boden unter dem Teppich (idealerweise beides). Der Zwischenraum zwischen den gespannten und miteinander verbundenen Drähten sollte etwa 30 Zentimeter betragen.

Falls sich in Ihrer Wohnung ein Ort mit einem Energiepegel befindet, der sehr niedrig zu sein scheint, können Sie eine Ecke in diesem Bereich des Hauses mit einer Kupferspule versehen. Und wenn Sie Ihr ganzes Zuhause mit einem ätherischen Energiemandala überziehen wollen, plazieren Sie vier große Kupferspulen in den vier Ecken Ihres Heims (entweder innen und außen). Falls Sie die Möglichkeit haben, eine Kupferspule im Dachgeschoß oder auf der Spitze Ihres Hauses anzubringen, können Sie Energie bestens in Ihr Zuhause »rufen«.

Den Geist der Erde in Ihr Zuhause rufen

Wenn Sie den Geist der Erde in Ihr Zuhause rufen wollen, verfahren Sie folgendermaßen:

Erweisen Sie der »Erde« in Ihrem Zuhause Achtung: Segnen Sie das Holz, die Steine und die Ziegel, aus denen Ihr Haus besteht und die ursprünglich aus der Erde kamen. Sie können Ihre Hände an eine Holzwand legen und dabei sprechen:

> *Ich danke euch, ihr Erdgeister.*
> *Möge die Erdenergie, die durch euch fließt,*
> *dieser Familie Segen bringen.*

Rufen Sie die feinen ätherischen Energien der Erde an: Zu diesem Zweck verteilen Sie Kristalle, Steine und Pflanzen in Ihrem Haus.

Rufen Sie die Magie des Erdgeistes an, damit er Ihr Zuhause erfüllen möge: Konzentrieren Sie Ihr Bewußtsein auf die Erde, die sich unter Ihrem Zuhause befindet, ganz gleich, wie hoch Sie wohnen. Rufen Sie den Geist der Erde an, und bitten Sie ihn, Erdung, Stabilität und Heilung in Ihr Zuhause zu bringen.

8

Heilige Töne

Nur der Laut meines Atems durchbricht die Stille des Zenklosters. Ich sitze der Wand gegenüber und beobachte die Rhythmen meines Atmens. Plötzlich implodiert die zerbrechliche Ruhe des Augenblicks, als der Zenpriester den Tempelgong anschlägt. Der Ton scheint aus meinem Innern heraus zu vibrieren. Mein ganzer Körper schwingt mit dem machtvollen Klang des Gongs. Die Wände verschwinden. Ich verschwinde. Ich fühle, wie ich tiefer und tiefer sinke. Jenseits aller Form, jenseits aller Zeit. Die tiefe Resonanz des Gongs trägt mich ins Zentrum der Stille; in die Leere, in die Einheit mit allen Dingen.

Das Lauschen auf den Gong im Zenkloster gehört zu den tiefsten Erfahrungen meines Lebens. Seine Schwingung ließ mich Zeit und Raum transzendieren und in eine andere Realität eintreten. Überall auf der Welt werden in den Klöstern Glocken und Gongs verwendet, weil man glaubt, daß ihr Ton uns in den Satori-Zustand oder zur Erleuchtung bringen kann. Ihr Ton läßt uns nicht nur in andere Dimensionen eintauchen, er ist auch ein machtvolles Instrument des Raumklärens und zur Anrufung heilender Energie.

Der Ton hat zwei Aspekte: Es gibt den hörbaren und den stillen Ton. Der hörbare Ton hat die Macht, Emotionen hervorzurufen, und kann unter Umständen auch eine so dramatische Schwingung erzeugen, daß »sie die Mauern von Jericho zum Einsturz bringt«. Den gebieterischen Ton vermögen wir jedoch nicht zu hören. Der Ton besitzt ein Energiemandala, an das sich der hörbare Ton anlagert. Wir sind stets von Tonmandalas umgeben, auch in der Stille. Einige der schönsten und machtvollsten Töne ereignen sich in vollkommener Stille. Der Ton ist Energie, er ist Schwingung. Ob wir ihn mit den Ohren hören oder nicht, wir sind stets von ihm umgeben. Der Ton hat Farbe, er besitzt Lebenskraft und Bewußtsein. Sie können mit Ton einen heiligen Tempel erschaffen, der Ihr Zuhause überlagert. Der Ton reinigt und klärt nicht nur die Energie Ihres Heims, er kann auch dessen Schwingungsfrequenz erhöhen und es in Licht und Liebe zum Singen bringen. Der Ton kann nicht nur die Moleküle Ihres Heims, *er kann auch den Raum zwischen den Molekülen* beeinflussen. Die Instrumente, die Sie zum Raumklären verwenden, aktivieren Mandalas für hörbare und unhörbare Oktaven.

Alles hat einen Ton. Jeder Grashalm, jede Wolke, jeder Berg hat seinen Ton, seine eigene Schwingung. Ihr Schaukelstuhl, Ihr Toaster und Ihr Küchentisch haben alle einen Ton. Wenn Sie mit einem Musikinstrument die Energie in Ihrer Wohnung reinigen, brechen Sie nicht nur die stagnierende Energie auf, Sie stimmen auch jedes Regal, jeden Nagel, jede Kachel und jeden Ton Ihres Zuhauses durch den Ton auf das Ganze ein.

Ihr Zuhause absorbiert aus dem Ton, den Sie erzeugen, die Oktaven, die es braucht, um in Harmonie zu sein.

Sie brauchen sich keine Sorgen zu machen, wenn Sie den »Ton« Ihres Arbeitszimmers oder Ihres Sofas nicht kennen. Ihr Zuhause absorbiert die Oktaven aus dem Ton, den Sie erzeugen, so wie Pflanzen aus der Erde die Nährstoffe ziehen, die sie für ihr Gleichgewicht brauchen. Ihr Zuhause und die darin befindlichen Gegenstände nehmen Frequenzen, Harmonien und Oktaven aus dem Ton auf, den Sie mit Ihren Musikinstrumenten erzeugen.

Gegenstände können ebenso wie Menschen in Disharmonie geraten, und der Ton kann ihnen helfen, wieder zur Harmonie zu gelangen. Eine Schneiderin erzählte mir einmal, daß Scheren, unmittelbar nachdem sie zu Boden gefallen sind, nicht mehr so scharf schneiden. Irgendwie fühlen sie sich dann eine Zeitlang nicht so gut an, sagte sie. Ich glaube, daß der Schock die Scheren in Disharmonie geraten läßt. Ihre Tonschwingung gerät ein wenig aus dem Gleichgewicht, wenn man sie fallen gelassen hat, doch können sie durch den Ton wieder in Harmonie gebracht werden. Ich schlug der Schneiderin vor, neben der Schere eine Glocke erklingen zu lassen, wenn sie heruntergefallen war, und zu sehen, ob das die Schneidefähigkeit verbesserte. Sie probierte es aus und stellte sofort einen Unterschied fest.

Die Indianer verstanden die Konzeption des »stillen Tons« sehr gut. Sie setzten diese Technik ein, um bei der Jagd Tiere zu »rufen« und um die Pflanzen zu finden, die sie sammeln wollten. Mein Lehrer Tanzende Feder lehrte mich, wie man mit dem »stillen Ton« Tiere »ruft«. Er erklärte, daß jedes Tier und jede Pflanze seine oder ihre eigene Tonschwingung hat. Die meisten Töne von belebten und unbelebten Gegenständen können wir zwar nicht mit unseren Stimmbändern, doch mit unseren Energiefeldern erzeugen. Wenn Sie zum Beispiel eine Krähe mit dem »stillen Ton« rufen wollen, müssen Sie sich zuerst die Krähe vorstellen. Lassen Sie Ihr Bewußtsein mit der imaginierten Krähe verschmelzen. Stellen Sie sich dann die Schwingung und den Ton des Vogels vor oder erspüren Sie ihn. Projizieren Sie anschließend die Schwingung des »stillen Tons« der Krähe nach außen. Dadurch wird der Ruf an die Krähen in der Gegend ausgesandt. Wundern Sie sich nicht, wenn sich dann allmählich Krähen in Ihrer Nähe versammeln.

Ich glaube, wir haben erst damit begonnen, die Kräfte des Tons zu entdecken. Die Erforschung der Tatsache, daß Ton heilen kann, daß er eine *Schnittstelle* zu anderen Dimensionen darstellt und Energiefelder zu verändern vermag, steckt noch in den Kinderschuhen. Wenn Sie mit Ton die Energie Ihres Zuhauses reinigen wollen, dann denken Sie an die stillen Töne ... jene Töne, die Sie nicht hören können.

Das Raumklären mit Hilfe von Ton

Für das Raumklären mit Ton können Sie jedes Musikinstrument verwenden. Sie können improvisieren oder sich Ihr eigenes Instrumentarium erschaffen. In manchen Stammeskulturen trommelt man mit Löffeln gegen Töpfe und Pfannen, um einen Raum von »bösen Geistern« zu befreien. (Der Begriff »böse Geister« steht normalerweise für stagnierende Energie, kann sich aber auch auf erdgebundene Geister erstrecken.) Doch welcher Instrumente Sie sich auch bedienen, fangen Sie stets mit eher starken und lauten Tönen an, und gehen Sie dann zu leiseren und feineren Tönen über.

Das von Ihnen benutzte Instrument ist dabei weniger wichtig als das, was Sie bei der Prozedur fühlen. Wenn Sie ein Instrument beim Raumklären benutzen, erfühlen Sie mit Ihrem Bewußtsein den Ton und werden selbst zum Ton. Fühlen Sie den Ton in Ihrem Innern schwingen. Stellen Sie sich vor, daß der Ton von Ihnen ausstrahlt und den ganzen Raum erfüllt. Treten Sie in eine Dimension ein, in der Sie nicht vom Ton, vom Raum oder vom Instrument getrennt sind.

Seien Sie der Ton, wenn Sie den Raum »tonen«.

Alles im Raum hat einen Ton. Lassen Sie, wenn Sie zum Ton werden, die Tonwellen aus sich hervorströmen, und alle Töne im Raum werden allmählich harmonieren. Sie sind sozusagen der Dirigent, und jeder Ton im Raum stimmt sich unter Ihrer Führung ein. Ein solchermaßen harmonisierter Raum läßt sich mit einer großartigen Symphonie vergleichen – alle Gegenstände befinden sich in einer harmonischen Beziehung zueinander. Ein harmonisierter Raum scheint zu leuchten und im Licht zu singen.

Glocken

Mein Zenmeister erklärte mir, daß ein Glockenton noch lange weiterschwingt, nachdem wir ihn nicht mehr hören können. Daß er durch das Universum widerhallend bis in die Ewigkeit getragen wird.

Ich arbeite beim Raumklären sehr gerne mit Glocken. Wenn möglich, benutze ich zum Raumklären vor einem Seminar immer Glocken, weil sie ein so kristallklares Energiefeld im Raum hinterlassen. Außerdem gehen vom Glockenklang nicht nur Tonschwingungen, sondern auch wunderschöne *Farbschwingungen* aus. Diese Farben sind für unser Auge gewöhnlich nicht sichtbar, doch viele Menschen können danach einen Unterschied in den Farben des Raums feststellen. Menschen, die die Aura sehen können, sehen auch oft die Farben des Tons. Aber auch dann, wenn Sie sie nicht sehen können, sind Sie imstande, sie mit Ihrem Herzen und Ihrer Seele zu fühlen.

Glocken wurden schon immer mit religiösen Zeremonien assoziiert. Sie kommen ursprünglich aus Asien. Archäologen haben Glocken aus der Zeit um 800 v. Chr. gefunden. Sie waren sicher schon vor dieser Zeit in Gebrauch. Die keltischen Stämme, berühmt für ihre Metallgußtechniken, sollen die Glocken aus Asien nach Europa gebracht haben. In Frankreich wurden sie um 500 n. Chr. und in England hundert Jahre später eingeführt.

Die Größe der Glocken

Am besten ist es, wenn Sie eine ganze Reihe großer bis kleiner Glocken haben. Auf diese Weise können Sie mit lauten, tiefen Tönen anfangen, die zum Aufbrechen stagnierender Energie sehr geeignet sind, und dann allmählich zu kleineren Glocken übergehen, die eine feine Reinheit in den Raum bringen. Für den Anfang wäre ein Satz von Glocken gut, deren Form etwa gleich ist und die einen Durchmesser von zehn oder zwölf bis etwa drei Zentimetern aufweisen.

Glockenarten

Wenn ich mir die von einem Glockenklang erzeugte Energie im Raum ansehe, fallen mir Unterschiede im verwendeten Metall, der Glockengröße und der Energie des Glockenherstellers auf. Manche Glocken haben Energiefelder, die sich wie üppige, langsame Wellen ausbreiten. Andere ähneln kleinen Wellen, durchzogen von tiefen Einbuchtungen, die dann zum kleinen Wellenmuster zurückkehren. So mancher Glockenklang steigt auf, bevor er dann abrupt abfällt. Und es gibt Frequenzen, die sich in sich selbst zurückfallen. Jede Glocke wirkt sich auf die Raumenergie anders aus.

Welche Art von Glocke Sie sich zulegen, ist eine äußerst persönliche Angelegenheit. Nachdem Sie ermessen können, ob sie sich für Ihr Raumklären eignet, besteht das oberste Kriterium darin, wie sie sich für Sie anfühlt, wie sie sich für Ihr Raumklären eignet. Eine Glocke, die Sie lieben und ehren, wird die Energie Ihrer Wohnung schneller reinigen und ausbalancieren als die älteste und wertvollste Glocke der Welt. Die Zuneigung, mit der Sie sie in der Hand halten, wird sie mit einer ganz besonderen und heiligen Energie versehen. Zwischen Ihnen und einem Gegenstand, den Sie lieben, kommt es zu einer Art Alchimie. Hier sind einige Vorschläge für verschiedene Glockenarten, doch sollte Ihr persönliches Gefühl für Ihre Entscheidung maßgebend sein.

Silberglocken verfügen über eine wunderbare Reinheit des Klangs und ein sehr weibliches Wesen. Sie beschwören die Energie des silbrigen Mondlichts herbei. Sie eignen sich hervorragend für ein Haus mit starkem Yang oder für eines, dessen Bewohner äußerst aktiv und nach außen gewandt sind, die sich Zeit nehmen sollten, um nach innen zu schauen und ihre Träume und die stille Gelassenheit ihres Selbst zu entdecken. Silberglocken können helfen, Magie und Unschuld in ein Zuhause zu bringen. In manchen Kulturen schenkt man neugeborenen Babys ein Silberglöckchen, weil darin der Geist von Unschuld und Reinheit ist.

Der therapeutische Effekt spezifischer Metallkombinationen ist in den Kulturen des Ostens schon lange bekannt. Tibetische Glocken bestehen gewöhnlich aus sieben Grundmetallen: Eisen, Kupfer, Zinn, Silber, Blei, Gold und Zink. Ich liebe diese Glocken, weil sie eine multidimensionale Energie- und Farbausstrahlung haben.

Massive Messingglocken, die einen konsistenten Klang aufweisen, sind nicht leicht aufzutreiben. Doch wenn Sie einer solchen Glocke habhaft werden können – sie eignet sich gut zur Erzeugung einer stark aktivierenden Energie. Von ihr geht eine funkelnde, vibrierende, nach außen gewandte Energie, eine starke Yang-Energie, aus. Sie empfiehlt sich, wenn die Hausbewohner zu sehr in sich gekehrt, zu reserviert sind und stagnieren.

Bronzeglocken, wie man sie in den japanischen Klöstern verwendet, sind sehr gut für erdende Energie einsetzbar. Die Auswirkung einer Bronzeglocke auf die Raumenergie ist bemerkenswert. Ihr Klang dehnt sich in seidiger, wellenartiger Form aus und sinkt dann plötzlich zu Boden. Wenn die Hausbewohner zur Flüchtigkeit und Zerstreuung neigen, bringt eine Bronzeglocke sofort eine besser geerdete Energie in die Räume.

Manche Glocken, wie zum Beispiel Kirchenglocken, werden in einem Stück aus einem bestimmten Metall gegossen, das sich aus Kupfer und Zinn zusammensetzt. Daß die meisten Kirchenglocken auch einen Kupferanteil aufweisen, ist interessant, da sich jede Glocke, die kupferhaltig ist, hervorragend für die Energiearbeit eignet. Kupfer zieht die Energie der Lebenskraft an (siehe Seite 143), die sich dann mit den Tonschwingungen der Glocke vermischt und zu einer machtvollen Harmonie führt.

Benutzen Sie eine Glocke, die Kupfer in sich hat, wenn Sie mit Energie arbeiten oder Ihre Schwingungsfrequenz erhöhen wollen.

Meine Lieblingsglocke ist eine aus Messing und 22 Karat Gold bestehende balinesische Tempelglocke. Sie hat einen herrlichen Klang und ist wunderschön anzusehen, aber vor allem liebe ich sie, weil sie mit soviel Liebe und Sorgfalt geschaffen wurde. Eine auf Bali lebende Familie von Glockenmachern, die am Fuß eines Berges lebt, hat sie von Hand gefertigt. Solche Glocken werden gewöhnlich nur für balinesische Priester hergestellt. Doch ein auf Bali lebender Freund von mir entwickelte eine enge Freundschaft mit dieser Familie, und so machten sie eine Glocke für mich unter der strikten Voraussetzung, daß sie nur für heilige Zwecke benützt wird. Auf ihre Herstellung wurde eine ungeheure Sorgfalt verwendet. Ihr zweimonatiger Herstellungsprozeß begann zum vorgeschriebenen richtigen Zeitpunkt (Vollmond), und in jedem Stadium dieses höchst komplexen Vorgangs wurden den balinesischen Gottheiten Opfergaben dargebracht, um sicherzugehen, daß die Glocke »lebt«, wie die Balinesen es ausdrücken. Schließlich führte ein hoch angesehener balinesischer Priester an einem glückverheißendem Tag eine stundenlange Weihezeremonie durch, um die Glocke zu segnen, aufzuladen und sie ihrem heiligen Zweck zu widmen.

Eine andere, mir ebenfalls sehr liebe Glocke war ein Geschenk von einem ganz besonderen Freund. Sie stammt aus dem Kloster des heiligen Franziskus in Assisi. Obwohl ihr Klang nicht ganz vollkommen und sie auch nicht die schönste aller Glocken ist, liebe ich sie doch, weil ich fühle, daß sie in ihrer Seele die Energie der Mönche und des heiligen Franziskus trägt.

Erwerben Sie, wenn irgend möglich, eine Glocke, die von einer Ihnen bekannten Person hergestellt wurde; oder versuchen Sie wenigstens, soweit Sie können, alles über den Ursprung der Glocke herauszufinden. Solche Glocken können eine machtvolle Erweiterung Ihres Instrumentariums zum Raumklären darstellen.

Glockenpflege

Bewahren Sie Ihre Glocken (wie alle Instrumente zum Raumklären) an einem besonderen Ort auf, wenn Sie sie nicht benutzen. Behandeln Sie sie mit Respekt und Liebe. Stellen Sie sie, wenn möglich, als Zeichen des Respekts an einen erhöhten Platz (zum Beispiel auf ein Regalbrett statt auf den Boden). Bewahren Sie sie nicht in einem Schrank auf, in dem Sie allen möglichen Krimskrams verstauen, oder im Badezimmer oder in einem Bereich Ihres Zuhauses, der eher profanen denn spirituellen Zwecken gewidmet ist. Wenn Sie die Glocke außer Haus irgendwohin mitnehmen, sollten Sie sie in ein Tuch einwickeln, das nur dafür bestimmt ist. Das schützt die Glocke auf ihrer Reise und schirmt sie von den Emanationen der Alltagsgegenstände ab, bis sie benutzt wird. Wenn möglich, sollten Sie sie auch in einer eigens dafür bestimmten Tasche transportieren.

Ob Sie andere Ihre Glocken in die Hand nehmen lassen, bleibt Ihrer Entscheidung überlassen. Wenn Sie sie einer anderen Person in die Hand geben, sollten Sie jedoch ein gutes Gefühl dabei haben, damit die Reinheit ihrer Schwingung erhalten bleibt.

Wie Sie die Glocken benutzen

Es gibt zwei Möglichkeiten, eine Glocke erklingen zu lassen, entweder indem Sie sie von außen anschlagen oder indem Sie sie läuten. Das heißt, beim Läuten benutzen Sie den inneren Glockenklöppel, für das Anschlagen können Sie sich Ihren eigenen Klöppel ausdenken.

Wenn Sie die Glocke von außen anschlagen, haben Sie mehr Kontrolle über den Ton. Das Läuten der Glocke hat hingegen den Vorteil, daß Sie dabei Ihren Arm schwingen können, was den Energiefluß in Bewegung bringt. Außerdem können Sie auf diese Weise einen kontinuierlichen Klang erzeugen, was nützlich ist, wenn Sie einen sehr großen Raum oder viele Räume zu klären haben.

Für das Anschlagen der Glocke können Sie ein hölzernes Stöckchen verwenden. (Bei großen Glocken können Sie einen hölzernen Kochlöffel verwenden.) Sie können das Holzstöckchen auch mit feinem Leder überziehen. Experimentieren Sie mit verschiedenen Schlägen, denn jeder erzeugt einen anderen Ton.

In manchen esoterischen Traditionen dauert es Monate, bis Sie gelernt haben, die Glocke richtig zu halten, wenn sie für religiöse Zwecke eingesetzt werden soll. Doch es reicht, wenn Sie herausfinden, wie Sie die Glocke bequem halten, ohne daß die Hände und Handgelenke ermüden. Halten Sie eine Glocke immer leicht und entspannt, verkrampfen Sie nicht.

Der Gebrauch von Glocken beim Raumklären

Wickeln Sie die Glocke, die Sie für das Raumklären benutzen wollen, aus und halten Sie sie erst einmal einige Augenblicke in der Hand, um sich wieder mit ihr vertraut zu machen. Das ist so, als ob Sie eine Freundin begrüßten, die Sie schon eine Weile nicht mehr gesehen haben.

Stellen Sie sich in die Raummitte. Schlagen Sie die Glocke einmal an und achten Sie sehr genau auf den Klang, denn der erste Klang sagt Ihnen viel über die Energie im Raum. Bei stagnierender Energie hört sich der Klang gedämpft an, bei stark unausbalancierter Energie blechern und schrill. Sie müssen mit den unterschiedlichen Klängen Ihrer Glocke vertraut sein, um ihre Reaktionen auf die verschiedenen Arten von Energie entschlüsseln zu können. Am Anfang sind Sie vielleicht noch nicht in der Lage, die Unterschiede in den Klängen wahrzunehmen. Doch wie ein Weinkenner den Unterschied in den Jahrgängen herausschmeckt, während sie für Uneingeweihte alle gleich schmecken, werden auch Sie mit einiger Übung die feinen Klangvariationen heraushören. Und auch wenn Sie sich nicht ganz sicher sind, was Sie da tun, wird der Klang Ihrer Glocke, während Sie das Zimmer umkreisen, doch die Energien im Raum reinigen und ausbalancieren.

Begeben Sie sich mit Ihrer größten Glocke zur östlichsten Ecke des Raums. Schlagen Sie sie mit einer entschiedenen Bewegung klar und sauber an. Schlagen Sie sie viermal an. Hören Sie nach jedem Anschlagen sehr genau auf den Klang. Er sollte sich mit jedem Schlag reiner und klarer anhören. Ist das nach einem viermaligen Anschlagen nicht der Fall, fahren Sie damit fort. Lassen Sie nach jedem Anschlagen den Klang so lange ausklingen, bis Sie ihn nicht mehr hören können.

Auch in Räumen mit einer relativ klaren Energie sollten Sie jedesmal Unterschiede im Klang feststellen können, wenngleich sie weniger dramatisch ausfallen. An Stellen, wo sich die Energie schon lange angesammelt und gestaut hat, werden Sie, wenn der Klang die stagnierende Energie vertreibt, deutlichere Unterschiede heraushören. Läuten Sie Ihre Glocke oder schlagen Sie

sie weiterhin mit knappen, sauberen Bewegungen an, bis der Ton sehr deutlich ist und eine klare Resonanz hat.

Gehen Sie, wenn Sie die erste Ecke geklärt haben, langsam im Uhrzeigersinn weiter im Raum herum. Die Energiearbeit im Uhrzeigersinn scheint in den meisten Fällen am besten zu funktionieren. In seltenen Fällen hat aber auch eine Bewegung gegen den Uhrzeigersinn ihr Gutes. Falls Sie dauernd das Gefühl haben, daß Ihr Vorgehen im Uhrzeigersinn »irgendwie nicht richtig« ist, versuchen Sie es mit der Richtung gegen den Uhrzeigersinn.

Halten Sie beim Gehen die Glocke in der rechten Hand und tasten Sie mit der linken Hand die Energiefelder ab. Jeder Mensch scheint diese Energieunterschiede anders zu fühlen oder wahrzunehmen. Manche Leute empfinden einen Bereich stagnierender Energie als zäh und klebrig. Andere wiederum als trübe. Manche spüren ein Kältegefühl, das ihnen sogar Schauer über den Arm jagt. Sie werden wahrscheinlich ein wenig experimentieren müssen, um herauszufinden, wie Sie den Unterschied zwischen stagnierender und klarer Energie wahrnehmen.

Gehen Sie weiter im Raum herum, schlagen Sie weiter Ihre Glocke an oder läuten Sie sie, bis jeder Teil des Raums einen klaren Klang auslöst. Sie sollten diese zunehmende den Raum erfüllende Klarheit spüren können. Gewöhnlich brauchen Sie gegen Ende Ihrer Raumumkreisung die Glocke nicht mehr so oft anzuschlagen wie zu Beginn. Bleiben Sie, wenn Sie an eine Stelle kommen, die sich energetisch stagnierend anfühlt, stehen und schlagen Sie die Glocke so lange an, bis Sie einen klaren, sauberen Klang erhalten. Setzen Sie Ihre Umkreisung fort, bis Sie an Ihrem Ausgangsort angekommen sind.

Oft stelle ich stagnierende Energien nicht nur in den Ecken, sondern auch im Umfeld von Steckdosen und elektrischen Geräten fest. Vertrauen Sie Ihrer Intuition, wenn Sie sich fragen, wo Sie die Glocke läuten sollen. Sind Sie sich an einer Stelle nicht sicher, dann läuten Sie sie. Ihre Unsicherheit deutet oft auf ein inneres Wissen.

Wenn Sie Ihre Runde mit der großen Glocke beendet haben, beginnen Sie eine neue Runde mit einer kleineren Glocke und nachfolgend mit immer noch kleineren Glocken. Hören Sie jedesmal sehr genau hin und warten Sie ab, bis Sie wirklich einen ganz klaren und sauberen Ton erhalten. Dieser zeigt an, daß die

Energie im Raum frei fließt. Zum Schluß können Sie eine sehr kleine Glocke oder Schellen oder Druidenkugeln nehmen. Die meist silberfarbenen Druidenkugeln geben beim Schütteln einen zarten ätherischen, fast feenhaften Klang von sich. Wenn Sie mit Ihrer Arbeit fertig sind, werden Sie eine wunderschöne, fein gestimmte Energie erzeugt haben.

Es gibt ganz spezielle Glocken, die zum »Singen« gebracht werden können. Dazu nehmen Sie einen glatten Holzstab und fahren mit ihm kontinuierlich an der Oberfläche der Glocke entlang, was eine Schwingung und einen reinen, klingenden Ton erzeugt. Manche tibetischen Glocken können auf diese Weise verwendet werden. Für das Raumklären benutzen Sie sie nicht anders als die Glocken zum Läuten oder Anschlagen.

Manchmal ist es nützlich, wenn Sie bei Ihrer Arbeit mit der Glocke ein Fenster offenlassen. Das ist zwar für das Abfließen der stagnierenden Energie nicht unbedingt notwendig, aber das geöffnete Fenster agiert als wichtiges Symbol für Ihr Unterbewußtsein. Sie werden so auf tiefer Ebene wirklich *fühlen*, daß sich die stagnierende Energie durch das Fenster verflüchtigt.

Zeichnen Sie, wenn Sie Ihre letzte Umkreisung beendet haben, in Richtung der Ecke, in der Sie begonnen haben, mit ausgestreckter Hand ein Unendlichkeitszeichen (eine liegende Acht) in die Luft. Damit schließen Sie den Kreis. Sie haben den Kreis in der östlichsten Ecke begonnen und schließen ihn nun, indem Sie den Anfang mit dem Ende verbinden.

Gongs

Es gibt zwei Arten von Gongs. Die eine ist ein Schlaginstrument in Form einer runden Platte aus gehämmertem Metall, die an einem Ständer aufgehängt wird. Die andere besteht ebenfalls aus gehämmertem Metall und hat die Form eines Beckens. Die meisten Gongs werden in China hergestellt, obwohl man inzwischen auch einige flache Gongs in Europa fabriziert.

Hängende Gongs

Hängende Gongs können von ihrem Klang her sehr beeindruckend sein. Die Töne variieren von einer tiefen Schwingung, die aus der Mitte der Erde zu kommen scheint, bis hin zu Klängen wie schimmernder Sternenstaub. Ihr volltönender Klang verändert sich auch je nach Art des verwendeten Schlegels. Die meisten Schlegel bestehen aus Gummi oder Holz, die mit Stoff, Fell oder Wolle überzogen werden.

Für das Raumklären können Sie den hängenden Gong auf zweierlei Art benutzen. Entweder umkreisen Sie den Raum an seiner Peripherie, halten den Gong und schlagen ihn an, genauso wie Sie mit einer Glocke verfahren. Für einen solchen Fall schlage ich vor, daß Ihr Gong nicht mehr als 50 Zentimeter im Durchmesser mißt, da er sonst sehr schwer zu tragen ist.

Sie können den Gong aber auch in der Mitte des Raums aufstellen. Gongs sind so machtvoll und dringen mit ihrer Klangenergie in jede Ritze, so daß Sie durchwegs von der Raummitte aus arbeiten können. Wenn ein großer Gong angeschlagen wird, hat man das Gefühl, das ganze Gebäude käme ins Schwingen.

Um ein Maximum an Schwingung zu erreichen, schlagen Sie den Gong erst sanft und weich rundum an seinem Rand an. Sie werden spüren, wie sich dabei eine Schwingung aufbaut. Schlagen Sie den Kreis dann allmählich immer mehr der Mitte zu an, bis der ganze Gong sich in seiner Resonanz gesteigert hat; schlagen Sie ihn dann schließlich einmal in der Mitte an. Werden Sie innerlich still und lassen Sie sich und den ganzen Raum von seiner Schwingung erfüllen.

Sie beginnen mit den lautesten und tiefsten Tönen und gehen dann zu leiseren und feineren über und vollenden Ihre Energiearbeit so, wie Sie es auch mit den Glocken tun. Machen Sie zum Schluß das Unendlichkeitszeichen.

Beckenförmige Gongs

Diese Gongs setzen Sie auf ähnliche Weise wie die Glocken und hängenden Gongs ein. Wenn Sie einen sehr großen Gong benutzen, der zum Tragen zu schwer ist, stellen Sie ihn in der Mitte des Raums auf und schlagen ihn an wie oben beschrieben. Wenn Sie bei Ihrem Raumklären dann allmählich zu kleineren Gongs übergehen, nehmen Sie sie in die linke Hand und schlagen sie mit der rechten Hand an ihrem Rand an, während Sie den Raum umkreisen. An Stellen mit stagnierender Energie schlagen Sie den

Gong an und bewegen das klingende Becken in einem horizontalen oder vertikalen Kreis. Das intensiviert die Tonkraft. Denken Sie auch hier daran, das Ritual mit einem Unendlichkeitszeichen zu beschließen.

Ich habe eine ganze Reihe von beckenförmigen Gongs zu Hause aufgestellt, die die Familienmitglieder, wenn sie vorbeikommen, anschlagen können. Diese gelegentliche Tonschwingung klärt und hebt die Energie der Räume.

Stimmgabeln

Stimmgabeln können dazu benutzt werden, die Raumenergie, nachdem die dichteren Energien ausgeräumt worden sind, auf ganz feine Weise zu stimmen. Und sie können auch bei der persönlichen Vorbereitung auf das Raumklären Anwendung finden.

Wenn Sie sich mit einer Stimmgabel auf das Raumklären einstimmen und Ihre eigenen Energien harmonisieren wollen, nehmen Sie sie in die Hand und schlagen damit sehr fest auf die Handfläche der anderen Hand. Führen Sie die schwingende Stimmgabel in einem ganz langsamen Bogen vom linken bis zum rechten Ohr. Strecken Sie dann den Arm aus und richten Sie sie im Schwung nach unten, so daß sie auf die Erde zeigt. Halten Sie sie eine Sekunde in dieser Position, führen Sie sie dann im Schwung nach oben, so daß sie auf den Himmel zeigt. Halten Sie sie eine Sekunde in dieser Position und führen Sie sie dann wieder vom linken Ohr zum rechten Ohr und zurück. Auf diese Weise wird der Ton der Stimmgabel allmählich Ihr feines Energiefeld ausbalancieren.

Benutzen Sie Stimmgabeln beim Raumklären nur, *nachdem* Sie die dichteren Energien schon aufgelöst haben. Sie können aufgrund ihres zarten und feinen Wesens die ätherische Raumenergie harmonisieren.

Klangschalen

Klangschalen sind Instrumente in Form einer Schale, die einen sich an Intensität und Volumen steigernden Ton erzeugen, wenn Sie mit einem Holzstab außen oder innen an ihrem Rand entlangfahren. Gewöhnlich sind sie aus Metall und kommen aus Tibet oder Nepal, obgleich heute auch einige Kristallglasschalen aus Silikon hergestellt werden. Klangschalen erzeugen überaus bemerkenswerte Energiefelder, denn ihr Ton steigt spiralförmig in immer weiteren Kreisen aus der Schale auf und bewegt sich gleichzeitig spiralförmig hinunter zur Mitte der Schale.

Normalerweise können Sie sie beim Raumklären nicht mit sich herumtragen, weil sie feststehen müssen, um ihren Klang voll zu entfalten. Das Drehmoment der Energie dieser Instrumente erzeugt eine heilige Spirale, die eine Lawine an kosmischer Energie anziehen kann. Negativität und stagnierende Energie werden durch sich ständig weiter ausdehnende Kreise weggewirbelt, während das Zentrum der Schale ätherische leuchtende Energie in Ihr Zuhause »ruft«. Die Klangschalen gehören zu den wenigen Instrumenten, die gleichzeitig Energien klären und anrufen können.

Windspiele

Wenn Sie um Ihr Haus eine Schutzenergie aufbauen wollen, empfiehlt es sich, den Geist des Windes anzurufen. Und dazu können Sie ringsum Windspiele aufhängen. Sie erzeugen eine kreisförmige und sehr schützende und heilende Klangenergie, die auch wirksam ist, wenn kein Klang zu hören ist.

Sie können Windspiele auch in der Wohnung aufhängen (siehe Seite 248 und 261), und zwar vorzugsweise an Stellen, wo eine leichte Berührung oder ein Windhauch sie gelegentlich zart erklingen läßt. Ich habe elektrisch betriebene Windspiele bei mir zuhause, die ab und zu so aufklingen, als ob eine leichte Brise den Weg in mein Wohnzimmer gefunden hätte.

Wenn Sie die Raumenergie sehr fein stimmen wollen, verwenden Sie einen kalibrierten Satz an Glöckchen, die Sie in einer Reihe aufhängen. Ihr Klang hört sich ätherisch, ja fast mystisch an. Schlagen Sie sie in ihrer Tonfolge vom tiefsten Ton ausgehend an.

Trommeln

Trommeln tragen den Herzschlag von Mutter Erde in sich. Trommeln tragen den Geist des Lebens in sich. Die Cherokees haben einen alten Spruch, der lautet: »Sonne und Mond sind die Trommelstöcke, die mit der Erde spielen und allen Kindern der Erde Harmonie und Frieden bringen.«

Von den ältesten Zeiten bis auf den heutigen Tag haben Menschen überall auf diesem Planeten die Trommel in ihre Kultur einbezogen. Weil sie das kollektive Bewußtsein verändern und synchronisieren kann, wurde sie für eine Vielfalt kultureller Zwecke benutzt. Sie hat die Krieger zum Kampf gerufen und Eingeweihte in einen Zustand tiefer ritueller Trance geführt. Sie wurde für religiöse Zeremonien wie auch zur profanen Unterhaltung verwendet.

In fast allen erdbezogenen Kulturen wird der Trommelschlag oder das Klacken zweier gegeneinander geschlagener Stäbe zum Klären von Energie benutzt, und zwar aus zwei Gründen. Der erste ist der, daß der rhythmische Klang die Schamanin oder den Schamanen in einen veränderten Bewußtseinszustand versetzen kann. Er verändert buchstäblich die Hirnwellen, was wissenschaftlich nachgewiesen wurde. Der Rhythmus des Trommelschlags bringt den Medizinmann oder die Medizinfrau in einen veränderten Bewußtseinszustand, in dem sie mit ihrer Intuition, mit Gott, den Geistern und ihren Ahnen in engerer Verbindung stehen und während ihres Raumklärens die Ratschläge vernehmen können, die ihnen gegeben werden.

Der zweite Grund, warum Schamanen die Trommel für das Raumklären verwenden, ist der, daß ihre machtvolle Schwingung die Energie sofort zum Fließen bringt. Das Schlagen der Trommel reinigt den Raum von unerwünschter Energie oder »unerwünschten Geistern« und ruft zugleich die »guten Geister« herbei. Trommeln können bannen oder anrufen. Sie können Sie zu den Sternen tragen und zu Ihren Wurzeln zurückkehren lassen.

Die Trommel ist von ihrem Wesen her weiblich, der Trommelstab männlich. Wenn Sie beide im Rhythmus zusammenbringen, tragen Sie zur Ausbalancierung der beiden gegensätzlichen, doch harmonisierenden Kräfte im Universum, Yin und Yang, bei. Mit jedem Trommelschlag helfen Sie, daß die männliche und weibliche Energie in Ihrer eigenen Person, in Ihrem Zuhause und im Universum zur Angewogenheit gelangt. Das ist die Medizin der Trommel. Trommeln erzeugen Kraftkreise, die die Energie Ihres Zuhauses stark und rasch ausbalancieren können.

In den Stammeskulturen werden Trommeln als »lebendige« und geheiligte Gegenstände betrachtet. Sie haben Bewußtsein und einen Geist, so glaubt man. Wehe dem, der die Trommel eines Schamanen ohne Erlaubnis berührt. Ein Medizinmann vom Stamm der Apachen erzählte mir, daß bei ihnen früher ein Mensch, der ohne Erlaubnis eine solche Trommel berührte, mit dem Tod bestraft wurde.

Als ich mich in einem Zuludorf in Afrika aufhielt, fragte ich, ob es bei ihnen eine ähnliche Tradition gäbe. Credo Mutwa, der verehrte und ranghöchste Schamane der Zulus, erklärte mir, daß auch bei ihnen früher jeder, der die Trommel eines Schamanen ohne Erlaubnis berührte, mit dem Tod bestraft wurde, daß aber heute in solchen Fällen den Leuten Geld (200 Rand) abverlangt würde. Er erzählte mir auch, daß die Trommel eines verstorbenen Trommlers »erstochen und getötet und für tot erklärt« und an einer heiligen Stätte, einem Trommelfriedhof, begraben wird. Diese Traditionen vermitteln einen Eindruck von der der Trommel zugeschriebenen Macht und der Ehrfurcht, die ihr entgegengebracht wurde.

Jede Trommel hat ihre eigene Persönlichkeit und fühlt sich im Vergleich mit anderen Trommeln unterschiedlich an. Manche sind reserviert und fokussiert, andere eher überschäumend und nach außen gewandt. Die Zulus glauben, daß Trommeln entweder männlich oder weiblich »geboren« werden und nur unter den friedvollsten Umständen angefertigt werden sollten, weil nur dann Friede aus dem Trommeln erwächst.

Wenn ich trommle, habe ich manchmal das Gefühl, die Zeit stehe still. Ich habe das Gefühl, in die Vergangenheit zurückreichen wie auch mit der Zukunft in Berührung kommen zu können. Farben vibrieren, Leben entspringt meinen Poren, und in mir erwacht eine Energie, die mich an uralte Versprechungen und künftige Erfüllungen erinnert. Wenn ich meine Trommel in den Händen halte, fühle ich mich zu Hause.

Die verschiedenen Trommelarten

Sowohl die Materialien wie auch die Methoden, mit denen die Trommeln angefertigt werden, sind überall auf der Welt verschieden. Auf den melanesischen Inseln klettert der Trommelmacher auf den Baum, der das Holz für die Trommel liefern soll, und bleibt dort oben, bis er die Trommel angefertigt hat. Die Banyankole in Afrika bringen der Trommel jeden Tag eine Opfergabe dar. Eine heilige Kuhherde liefert einer Frau, welche als die »Frau der Trommel« bekannt ist, Milch, die diese dann früh am Morgen zur Trommelhütte trägt (die Trommeln haben ihr eigenes Gehäuse). Die Milch bleibt dann bis neun oder zehn Uhr morgens vor der Hütte, denn bis dahin haben die Trommelgeister, wie man glaubt, die Essenz der Milch aufgenommen.

Oft werden die Trommeln aus einer Tierhaut, die über Holz in verschiedenster Form gespannt wird, angefertigt. Sie können aber auch aus ausgehöhlten Baumstämmen bestehen, die man dann auf die Seite rollt oder an Bäumen aufhängt und mit einem Schlegel anschlägt. In den konfuzianischen Tempeln Chinas gab es ein Meter achtzig breite Trommeln. Beim dionysischen Kult im alten Griechenland benutzten die Frauen bei ihren Mondritualen kleine runde Handtrommeln. Manche Trommeln haben eine, andere zwei bespannte Seiten, was eine doppelte Schwingung erzeugt. Die benutzten Materialien richteten sich nach dem, was man zur Hand hatte.

Zum Raumklären werden heute meist die runden Handtrommeln verwendet, wobei hier die gebräuchlichste Form die Trommel indianischen Stils ist, ein runder mit Tierhaut bespannter Holzrahmen. Sie können jedoch jede Art von Trommel für das Raumklären verwenden.

Das Trommeln

Halten Sie, bevor Sie mit dem Trommeln beginnen, die Trommel an Ihren Körper und lassen Sie Ihr Bewußtsein in die Trommel einfließen. Reiben Sie sie zur Begrüßung in langsamer, kreisförmiger Bewegung. Viele Trommeln haben ihren eigenen Namen, und so können vielleicht auch Sie sie mit ihrem Namen ansprechen. Die Ojibwas sprechen ihre Trommel respektvoll mit »Großvater« an, und wenn Ihre Trommel keinen eigenen Namen hat, können auch Sie den Ehrentitel »Großmutter« oder »Großvater« verwenden.

Werden Sie, nachdem Sie Ihre Trommel begrüßt haben, innerlich still und warten Sie ab, bis sich die Energie in Ihnen aufgebaut hat. Hat sie ihren Gipfelpunkt erreicht, geben Sie ihr mit einem lauten Schrei Ausdruck. Mit diesem spontanen Laut rufen Sie den Großen Geist an. Sie bitten ihn, Ihnen beim Raumklären zu helfen. Dann fangen Sie mit dem Trommeln an, wobei Sie die Trommelstöcke sehr locker in der Hand halten. Die Bewegung sollte aus dem Handgelenk, nicht aus dem Arm kommen. Denn wenn sie die Kraft des Arms einsetzen, kann das auf die Dauer sehr ermüdend werden.

Je nach Zweck setzt man verschiedene Trommelrhythmen ein. Für den Anfang ist der Rhythmus des Herzschlags, ein Zweier-Takt, sehr gut. Das ist wahrscheinlich der uranfänglichste Klang, der uns menschlichen Wesen bekannt ist. Er ist es, den wir im Mutterleib als erstes hören. Er richtet und balanciert die beiden gegensätzlichen, doch harmonisierenden Kräfte im Universum aus – das Yin und Yang, weiblich und männlich.

Lassen Sie, nachdem Sie im Zweier-Takt zu trommeln begonnen haben, Ihr Atmen tiefer werden und entspannen Sie sich körperlich. Irgendwann wird dann eine Energie oder ein Gefühl in Ihrem Innern allmählich die Führung übernehmen. Entscheiden also nicht Sie, welchen Rhythmus Sie trommeln, sondern lassen Sie sich von der Trommel sagen, welcher Rhythmus gebraucht wird. Jeder Raum hat eine andere Energie und verlangt nach einem anderen Trommelrhythmus. So könnten Sie feststellen, daß Sie beim Klären der Energien im Badezimmer einen feinen, schnellen Rhythmus trommeln, und daß sich dann der Rhythmus, wenn Sie das Schlafzimmer betreten, zu einem langsameren Dreier-Takt verändert hat. Vertrauen Sie Ihrer Intuition. Vielleicht haben Sie sogar das Gefühl, daß, während der Rhythmus Sie durchbraust, Sie getrommelt werden. Das beste Trommeln ereignet sich, wenn Sie beiseite treten und sich trommeln lassen – wenn Sie zulassen, daß sich ein natürlicher Trommelrhythmus durch Sie hindurchbewegt. Wenn Sie an irgendeiner Stelle im Körper oder in Ihren Emotionen gestaut oder geblockt sind, wird das Trommeln nicht nur die Energie im Raum, sondern auch in

Ihnen klären. Je weniger Sie über den richtigen Trommelrhythmus nachdenken, desto besser können die rhythmischen Wogen des Universums Sie durchfließen. (Spezifische Anweisungen zum Raumklären mit Hilfe der Trommel finden Sie auf Seite 312).

Beenden Sie, wenn Sie mit dem Raumklären mit Hilfe der Trommel fertig sind, das Ritual, wie Sie es begonnen haben. Warten Sie noch einmal, bis sich die Energie in Ihnen so aufgebaut hat, daß Sie das Gefühl haben, sie nicht länger halten zu können, und stoßen Sie dann einen lauten Schrei aus. Auf diese Weise danken Sie dem Großen Geist für seine Hilfe. Die Technik, ein Ritual mit einem Schrei zum Himmel hinauf zu beginnen und zu beenden, erlernte ich von einem im Grand Canyon lebenden Havsupai-Indianer. Er erklärte mir, daß sie keine Tradition seines Stammes, sondern ihm während einer Visionssuche gekommen sei. Wenn er seine Trommel berührt, so erzählte er mir, »überkommt mich ein Gefühl von Segen, das mich in spirituelle Reiche eintreten läßt«. Mit seiner Erlaubnis habe ich seine machtvolle Technik in meinen Unterricht aufgenommen.

Die Trommel läßt sich auf exzellente Weise einsetzen, wenn die Raumenergie sehr gestockt ist. Die Trommelschläge brechen eine dichte, dumpfe Energie sehr rasch auf. Glocken und das Räuchern sind für feinere, subtilere Energien gut, aber wenn Sie einen Raum mit einer sehr dichten, lastenden Energie klären müssen, ist die Trommel das wirksamste Instrument. Und vor allem ist sie nützlich beim Klären von Emotionen. Sie gehört zu den machtvollsten Werkzeugen beim Klären emotionaler Energien in einem Raum, wenn dort eine emotionale Entladung stattgefunden hat, ein Wutausbruch oder große Trauer oder wenn es einen Todesfall oder Krankheit im Haus gegeben hat.

Trommelpflege

Eine mit einer Tierhaut bespannte Trommel verändert ihren Ton je nach Luftfeuchtigkeit, Temperatur und der Energie des Ortes, wo sich die Trommel befindet. Die Haut dehnt sich untertags aus und zieht sich wieder zusammen, was unterschiedliche Laute erzeugt. Manchmal können Sie dieses Sich-Ausdehnen und Wieder-Zusammenziehen sogar hören. Viele Leute sagen, daß die Trommel zu ihnen spricht. Wenn die Trommel an einem feuchten Tag einen eher dumpfen Laut von sich gibt, können Sie sie erwärmen, indem Sie sie einer Wärmequelle aussetzen. (Manche modernen Indianer benutzen dazu einen Fön.) An einem außerordentlich heißen Tag kann sich Ihre Trommel etwas »blechern« anhören. Sie dehnt sich wieder aus, wenn Sie mit einem feinen Wasserzerstäuber ihre Oberfläche befeuchten.

Geben Sie Ihrer Trommel einen Ehrenplatz. Gewöhnlich hängt man sie vorzugsweise an die Wand. Sie sollten sie keinesfalls mit der Oberfläche nach unten auf dem Boden abstellen, denn das bedeutet eine Respektlosigkeit. Wenn Sie mit Ihrer Trommel unterwegs sind, sollten Sie sie in einer spezifisch dafür vorgesehenen Tasche transportieren oder sie in ein dafür bestimmtes Tuch einwickeln. Eine Trommel, die Sie für zeremonielle Zwecke benutzen, sollte lieber nicht für eine Jamsession auf einer Party verwendet werden.

Rasseln

Die Rassel stellt beim Raumklären eine Ergänzung zu Ihrer Trommel dar. Verwenden Sie die Trommel zu Anfang Ihrer Energiearbeit am Raum und vervollständigen Sie das Ritual dann mit der Rassel. (Verwenden Sie die auf Seite 316ff. beschriebenen Techniken.)

Die Rassel hat einen sehr besänftigenden Ton und erzeugt ein sanftes Energiefeld. Sie eignet sich hervorragend für das »Versiegeln« des Raums, nachdem er geklärt worden ist. Man hat festgestellt, daß auch ihr Klang wie der der Trommel die Hirnwellen verändert und uns in einen tief entspannten Zustand versetzen kann. Es ist kein Zufall, daß Mütter Rasseln benutzen, um ihre Babys zu besänftigen.

Die verschiedenen Rasselarten

Wie die Trommeln gibt es auch die Rasseln in vielerlei Gestalt und Form. Eine Form von Rassel besteht aus einem getrockneten Kürbis, in dem sich Samenkörner befinden. Sie kann aber auch eine Lederkugel, in der kleine Kiesel klappern, oder aus Holz und mit Sand gefüllt sein. Manche Rasseln werden auch aus Hirschhorn hergestellt oder bestehen aus in Trauben zusammenhängenden hohlen Samenkörnern, die dann einen rasselnden Laut von sich geben. Ich bevorzuge, vielleicht aufgrund meiner indianischen Herkunft, beim Raumklären indianische Rasseln, aber jede Art von Rassel kann benutzt werden.

Die Verwendung der Rassel beim Raumklären

Beginnen Sie damit, daß Sie Ihre Rassel segnen. Bringen Sie den Vier Richtungen und dem Großen Geist etwas Maismehl oder Tabak dar. Dafür nehmen Sie eine kleine Schale mit Maismehl oder Tabak und eine andere Schale, in die Sie die gesegnete Opfergabe hineintun. Nehmen Sie, wenn Sie Maismehl benutzen, mit drei Fingern eine kleine Prise, führen Sie sie zu Ihrem Mund und blasen Sie sachte darauf. Halten Sie sie dann in die östliche Richtung und bitten Sie den Geist des Ostens um seinen Segen. Geben Sie dann das gesegnete Maismehl in die Opferschale. Wiederholen Sie diesen Vorgang in die anderen drei Richtungen, nehmen Sie dann noch eine Prise Maismehl, blasen Sie darauf und führen Sie sie zu Ihrer Brustmitte, während Sie den Großen Geist um Segen bitten. Nehmen Sie dann Ihre Rassel und schütteln Sie sie in jede der Vier Richtungen und vor Ihrer Brust. Plazieren Sie das Maismehl in der Mitte des Raums als Gabe für die Geister, die Ihrer Einladung gefolgt sind. (In Kapitel 16 finden Sie dazu weitere Informationen.)

Ihr Handgelenk sollte beim Rasseln sehr locker sein, und Sie sollten die Rassel auch locker in der Hand halten. Ich schlage einen Rhythmus von etwa 200 Schlägen in der Minute vor, das ist ein sehr schneller Rhythmus. Halten Sie, wenn Sie blockierte Energie aufbrechen, die Rassel etwa in Augenhöhe und bewegen Sie sie mit raschen Bewegungen, so wie ein Specht einen Baumstamm behackt. Fahren Sie damit fort, bis sich die Energie an dieser Stelle leichter anfühlt. Die Bewegungen sollten so schnell sein, daß Sie mit Ihrem Blick den Fingern nicht mehr folgen können. Wenn Sie den Raum nach dem Klären versiegeln möchten, stellen Sie sich außerhalb des Raums vor die Tür (oder Türen), die in den Raum hineinführt. Rasseln Sie dann mit dieser spechtartigen Bewegung und führen Sie dabei die Rassel die ganze Länge der Tür hinunter, so als würden Sie sie mit einem Reißverschluß schließen.

Klackstöcke

Man findet sie in vielen Stammeskulturen überall auf der Welt, doch sie werden vielleicht am stärksten mit den australischen Ureinwohnern in Verbindung gebracht. Sie können Sie auf dieselbe Weise benutzen wie die Trommel und Rassel. Sie bestehen aus zwei 15 bis 25 Zentimeter langen und etwa drei Zentimeter dicken Stöckchen und erzeugen beim Zusammenschlagen einen wunderbar resonanten, klaren Laut. Jeder Teil des Stöckchens hat einen anderen Ton und eine andere Energie. Ich arbeite sehr gerne damit, weil sie beim Raumklären den Geist der Bäume herbeirufen. (Informationen zu den Bäumen finden Sie in Kapitel 7.) Sie können mit den Stöckchen die Energie dirigieren. Schlagen Sie, wenn Sie an eine Stelle mit stagnierender Energie kommen, das eine Stöckchen mit dem anderen vom einen Ende bis zum anderen an und richten Sie es zum Schluß mit einer raschen Bewegung in die Richtung der Energie, die sich in Bewegung setzen soll.

Klatschen

Das Klatschen zerstreut Energie. Denken Sie nur einmal an eine sehr beeindruckende Aufführung, der Sie beigewohnt haben. Wann hat das Klatschen angefangen? Oft genau in dem Moment, in dem die durch die Aufführung erzeugte Energie zu versickern begann. Man sagt, daß im alten China am Ende einer künstlerischen Darbietung nie geklatscht wurde, weil bekannt war, daß dadurch die von den Künstlern erzeugte Energie zerstreut wurde. Das Publikum verließ schweigend den Raum, um die Energie der Aufführung mit sich zu nehmen.

Ich setze beim Raumklären das Klatschen ein, wenn ich außer meinen Händen kein anderes Instrument zur Verfügung habe. Es ist eine sehr wirkungsvolle Methode. Fangen Sie damit an, daß Sie in der Ecke, mit der Sie beginnen, ein paarmal in die Hände klatschen. Achten Sie darauf, daß Ihr Körper entspannt ist, die Beine leicht gegrätscht und die Knie etwas gebeugt sind. Der Klatschlaut sollte sich sauber, frisch und klar anhören. Klingt er gedämpft und irgendwie verschwommen, deutet das gewöhnlich auf stagnierende Energie. Um die stagnierende Energie aufzulösen, führen Sie das Klatschen in vertikaler Richtung vom Boden bis zur Decke durch, die Arme sind zwischen jedem Klatschen ausgestreckt. Sie heben die Energie des Raums in dem Maße, wie Sie sich der Zimmerdecke nähern.

Gehen Sie dann mit kleineren Klatschbewegungen im Raum herum, bis Sie an die nächste Stelle oder Ecke kommen, wo die Energie blockiert ist. Der Klatschlaut kann sich auch gedämpft anhören, wenn Sie an einem falsch plazierten Gegenstand im Raum vorbeikommen. Das heißt nicht unbedingt, daß dieser Gegenstand eine negative Energie hat, er könnte auch einfach nicht an der richtigen Stelle stehen. Versuchen Sie, einen anderen Platz für ihn zu finden, und klatschen Sie dann wieder in die Hände. Es kann sein, daß die Energie nun klar ist.

Energiearbeit mit dem Ton

Sie können mit der Kraft Ihrer Stimme den Energiefluß aktivieren, indem Sie eine gewisse Zeit lang einen einzigen Ton halten. Jeder Mensch kann das, dazu brauchen Sie keine Gesangsausbildung. Wenn Sie sprechen können, können Sie auch mit dem Ton arbeiten.

Dazu ist es notwendig, daß Sie in sich gehen und Ihren eigenen ganz natürlichen Ton finden. Diese Töne haben Macht. Um ihn zu finden, lockern Sie sich erst einmal. Schütteln Sie sich hin und her, hüpfen Sie auf und ab. Lassen Sie Ihren Körper so locker werden wie eine Lumpenpuppe. Machen Sie den Mund weit auf und gähnen Sie. Lockern Sie die Mund- und Kiefermuskeln durch kreisende Bewegungen.

Machen Sie ein paar tiefe Atemzüge und werden Sie innerlich ganz still. Stellen Sie sich vor, daß Sie sich tief in Ihr Inneres begeben und dort Ihren Ton finden. Sie *haben* einen Ton. Tatsächlich können Sie viele Tonschwingungen in sich haben. Jeder beseelte und unbeseelte Gegenstand hat einen Ton. Jeder von uns hat einen Wesenston, und in diesem Ton existieren eine Menge Schwingungen. Jede dieser Schwingungen besitzt eine einzigartige Kraft. Wenn Sie lernen, sich dieser Töne zu bedienen, können Sie Magie in Ihr Leben bringen.

Sie fangen an, indem Sie »Ahhhh« oder »Ohhh« machen oder einen der anderen Vokallaute nehmen. Ihr Kiefer soll dabei locker bleiben. Achten Sie darauf, daß Ihr Körper entspannt ist, und stellen Sie sich vor, daß Sie in Ihren Bauch statt in die Brust atmen. Zunächst mögen Sie denken: »O nein! Das hört sich ja nicht sehr gut an!« Aber das ist schon in Ordnung. Lassen Sie nur einfach diese Töne aus sich herauskommen. Seien Sie bereit, jeden Ton herauszulassen, der da kommt, ohne darüber zu urteilen, ob er schön oder nicht schön ist. Wenn Sie sich erst einmal an diese Art von Arbeit mit den Tönen gewöhnt haben, können Sie sie zum Raumklären einsetzen.

Begeben Sie sich nun zuerst in die östlichste Ecke des Raums. Werden Sie innerlich still und setzen Sie Ihre Imagination ein, um den Ton dieser Stelle im Raum zu erspüren oder zu erfühlen. Nun mögen Sie sagen: »Wie soll ich denn wissen, was für einen Ton diese spezielle Ecke hier hat?« Wenn Sie sich sehr unsicher sind, dann fragen Sie sich: »Na schön, ich weiß, daß ich ihn nicht weiß, aber was für ein Ton wäre es, wenn ich es wüßte?« Danach hören Sie in sich hinein. *Stellen Sie sich vor*, daß Sie den Ton oder die spezielle Tonschwingung dieses Teils des Raums hören können. Wenn Sie dann diesen Ton gefunden und sich mit ihm verbunden haben, gehen Sie wieder in sich, um nun Ihren eigenen Ton zu finden. Fangen Sie dann an, mit dem Ton zu arbeiten. Werden Sie sich gewahr, wie sich Ihr eigener Ton mit dem Ton dieser Stelle im Raum vermischt. Lassen Sie den Ton in sich hochkommen und durch Sie hindurch in den Raum einfließen. Je weniger Sie dabei denken, desto leichter geht es. Das kann zu einer sehr spannenden und erheiternden Erfahrung werden. Vielleicht »sehen« Sie sogar Farben, die sich mit Ihren Tönen verbinden.

Machen Sie so weiter, bis Sie merken, daß Sie allmählich von Klarheit und Stärke erfüllt werden. Gehen Sie weiter im Raum herum und lassen Sie die Töne durchkommen. Ist die Energie in einem Raumbereich geklärt, werden Ihre Töne klar wie fließendes Quellwasser klingen. (Wenn Sie Obertöne erzeugen können, ist das beim Raumklären ebenfalls sehr wirksam.)

Umkreisen Sie den Raum zunächst an seiner Peripherie und ziehen Sie dann immer engere Kreise. (Natürlich werden Sie eventuell dabei Möbelstücke, die im Raum stehen, berücksichtigen müssen.) Es handelt sich hier um einen sehr langsamen, meditativen Vorgang. Sie werden unter Umständen spüren, wie sich der Ton verändert, wenn Sie an eine Stelle mit stagnierender Energie kommen. Er ist weniger klar, schwingt weniger. Dann müssen Sie zusätzliche Zeit auf diese Stelle verwenden. Gehen Sie ansonsten Ihre nach innen gerichtete Spirale weiter. Ziehen Sie immer weiter Ihre Kreise, bis Sie so exakt wie möglich in der Mitte des Raums anlangen. Machen Sie dort mit Ihren Tönen weiter, bis Sie das Gefühl haben, daß sie mit ihrer Schwingung alle Ecken des Raums, den gesamten Raum ganz und gar erfüllen. Das kann für Sie wie auch für den Raum zu einer sehr sakralen Erfahrung werden.

Mantras

Mantras können Sie auf ähnliche Weise einsetzen wie die Töne. Mantras können hier die ständige Wiederholung eines heiligen Wortes oder des Namens Gottes oder auch einfach ein eintönig gemurmeltes Wort wie Friede oder sogar Ihr eigener Name sein. Alfred Lord Tennyson, ein englischer Dichter des 19. Jahrhunderts, bediente sich regelmäßig der Mantras. Einmal schrieb er in einem Brief: »Schon seit meiner Kindheit fiel ich häufig beim Gehen in eine Art Trance – in Ermangelung eines besseren Wortes –, wenn ich ganz allein war. Diese überkam mich, wenn ich im Innern immer und immer wieder meinen Namen wiederholte, bis plötzlich ... meine Individualität sich aufzulösen und in einen grenzenlosen Seinszustand zu entschwinden schien, ein beileibe nicht wirrer, sondern extrem klarer Zustand der absoluten Sicherheit und völlig unmöglich zu beschreiben.«

Ein wunderbares und oft gebrauchtes Mantra ist das Sanskritwort »Om« (auch »Aum« buchstabiert). Ich benutze gewöhnlich lieber Worte aus dem Sanskrit oder einer anderen mir fremden Sprache als Mantra, weil viele Worte aus meiner eigenen Sprache mit emotionalen Assoziationen verbunden sind, und die Mantras sollten so unbefrachtet und unbeeinträchtigt wie möglich sein. Zum Beispiel kann das Wort »Friede« für uns eine Menge (und nicht immer nur positive) Mitbedeutungen haben, die sich mit jedem Mal, wenn wir es hörten, an das Wort angelagert haben. Und alle Assoziationen, die wir mit einem Wort verbinden, werden, wenn wir es aussprechen, unbewußt aktiviert.

Andere Töne und Laute, die beim Raumklären verwendet werden können

Singen: Das Singen kann eine so machtvolle Schwingung erzeugen, daß sie Glas zerbricht. Das Singen setzen Sie beim Raumklären nicht anders ein als die Töne. Singen Sie Töne, die Sie bewegen. Singen Sie Lieder, die Sie mit Freude und Kraft erfüllen und dann von Ihnen in den Raum ausstrahlen.

Quietschlaute: Spielzeug oder andere Dinge, die Qietschlaute von sich geben, benutzen Sie, um etwas Humor in einen Raum zu bringen, wenn es davor allzu ernst in ihm zugegangen ist und die Atmosphäre etwas aufgelockert werden sollte.

Flöte: Durch das Flötenspiel können Sie eine kristallene Klarheit in einen Raum bringen. Flötenmusik eignet sich besser zum Anrufen von Energie als zum Aufbrechen blockierter Energien. Auch wenn Sie keine große Affinität zur Musik haben, können Sie sich eine billige Bambusflöte kaufen und darauf üben, bis Sie imstande sind, ein paar klare Töne hervorzubringen.

Musik: Mit Live-Musik oder aufgenommener Musik können Sie die Energie eines Raums auf dramatische Weise beinflussen. Für eine besänftigende Wirkung eignen sich Schuberts »Ave Maria«, Pachelbels »Kanon« und alle Musik von Bach und Albinoni. Flötenmusik ist hervorragend. Musik zum Einschlafen für Kinder bringt eine Energie kindlicher Unschuld in den Raum. Afrikanische Trommelmusik fördert die Kreativität, Lebenskraft und Stärke. Und gregorianische Gesänge rufen eine mächtige und dynamische spirituelle Energie herbei.

Musik ist eine höchst persönliche Angelegenheit, und Sie sollten deshalb beim Stimmen der Raumenergie eine Musik wählen, die Ihnen genau das Gefühl vermittelt, das Sie im Raum erzeugen wollen. Falls Sie die Raumenergie ganz allgemein »stimmen«

wollen, empfiehlt sich eine Reihe von Musikaufnahmen. Beginnen Sie mit etwas energetisch Aufrührerischem und Stimulierendem, zum Beispiel mit einem der klassischen Märsche, gehen Sie dann zu einer erhebenden und gleichzeitig besänftigenden Musik über (Barockmusik ist gut) und schließen Sie mit weicher, atmosphärischer New Age-Musik ab.

9

Mystische Symbole für Ihr Zuhause

Die Symbole in Ihrem Zuhause haben ihr eigenes Leben und eigenen Geist und können in beständiger Weise auf die Energie Ihrer Wohnung einwirken. Und wenn Sie sich die Macht dieser Symbole zunutze machen, können Sie buchstäblich Ihr Leben verändern.

Seit Anbeginn der Menschheit spielten Symbole eine wesentliche Rolle für das Verstehen der Welt und die Beziehung zur Welt. Schon immer haben Menschen die Kraft der Symbole benutzt und verehrt, haben mit ihrer Hilfe die uns umgebenden geheimnisvollen Kräfte nutzbar gemacht und sie gebündelt. Von den frühesten Höhlenzeichnungen über die ägyptischen Hieroglyphen bis hin zum Davidstern haben Symbole diesen geheimnisvollen Kräften Bedeutung verliehen. Durch ihre Bedeutung konnten wir die Essenz unserer Absicht herausfiltern. Und die Verwendung von Symbolen im eigenen Heim galt in den alten Kulturen als wesentlich für das Wohlbefinden seiner Bewohner.

Obwohl sich bestimmte Symbole mit der Zeit je nach Kultur und Mode verändert haben, sind manche von ihnen trotz wechselnder Gezeiten konstant geblieben. Und diese Symbole haben eine ganz eigene Macht. Die spezielle Form eines bestimmten Symbols wirkt sich nicht nur auf den Energiefluß aus, sondern ihre Macht verstärkte sich auch dadurch, daß sie über Hunderte von Jahren hinweg auf den ätherischen Ebenen eingesetzt wurden. Wenn wir zum Beispiel den Kreis nehmen, so besitzt nicht nur seine Form, die für Ganzheit und Vollendung steht, eine eigene Kraft, sondern es wird auch der auf den ätherischen Ebenen existierende »Kreis« jedesmal energetisch aufgeladen, wenn jemand einen Kreis *mit dem Gedanken an Vollendung und Ganzheit* zieht. Sie beschwören jedesmal, wenn Sie bei einer Zeremonie oder einem Ritual einen Kreis ziehen, nicht nur die Macht seiner Form herauf, sondern machen sich damit auch die Kraft des kollektiven Bewußtseins zunutze.

Ein Symbol kann auf zweierlei Weise aktiv werden. Einmal können Sie über das Symbol Ihre Energie fokussieren und projizieren. Zum andern kann es als Verstärker und Sender fungieren, *auch wenn Sie Ihre Aufmerksamkeit nicht auf das Symbol richten.* Symbole besitzen tatsächlich eine eigene Lebenskraft. Sie sind Minisendestationen für die unsere Realität durchdringenden feinen Energien. Jedes Symbol interagiert mit Ihrem Energiefeld und erzeugt ständig ein Sie stärkendes Kraftfeld.

Um die Kraft eines Symbols in Ihr Heim zu bringen, können Sie es auf ein Blatt Papier zeichnen, das Sie dann in Seide einwickeln und an Orten lagern wie zum Beispiel unter Ihrem Bett oder in einer Kommode. Sie können auch Gemälde oder Zeichnungen von Symbolen an die Wand hängen oder Symbole in Form von Plastiken oder anderer Gestalt aufstellen. Ich habe zum Beispiel ein ägyptisches Ankh aus Messing (Symbol für Lebenskraft und ewiges Leben) auf meinem Schreibtisch.

Ein faszinierender Aspekt in diesem Zusammenhang ist das Auftreten der Kornkreise. Ihre einzigartigen in Kornfelder eingebetteten Formen enthalten Symbole, die in vielen Menschen eine tiefe Erinnerung auszulösen scheinen. Obwohl sich so manche Kornkreise als Schwindel entpuppt haben, gibt es doch überwältigende Hinweise darauf, daß einige von ihnen ohne menschliches Zutun entstanden. Um die Aktivierung der inneren Codes ihrer Symbole zu fördern, zeichnen manche Menschen sie auf und hängen sie sich an die Wand.

Wenn Sie sich ein Symbol für Ihr Zuhause angefertigt oder es erworben haben, müssen Sie es unbedingt weihen. Symbole aus Metall können zu diesem Zweck durch eine Flamme geführt oder in klarem »aufgeladenem« Wasser gebadet werden. Symbole auf oder aus Papier können in den Wind oder in den Rauch von Räucherwerk gehalten werden. Wichtig ist, daß Sie dabei Ihre Absicht laut aussprechen. Hier folgen nun ein paar Symbole mit einer kurzen Beschreibung ihrer Bedeutung.

Kreis: Der Kreis ist einer der machtvollsten Symbole. Er steht für Ewigkeit, Vollendung, Einheit, das Universum, Ganzheit, Vollkommenheit und das Große Mysterium. Alle indianischen Kulturen drehten sich um den Kreis, da das Leben ihrer Vorstellung nach ein Kreislauf und nicht etwas Lineares ist. Die Mächte und Kräfte der Welt bewegen sich immer kreis- oder spiralförmig. Die große runde Sonne wie auch der Mond gehen in einer enormen Kreisbahn auf und unter. Die Macht eines Volkes entsteht aus dem heiligen Kreis des Lebens, der für Geburt, Tod und Wiedergeburt steht.

Dreieck: Das Dreieck verkörpert die Kraft der Pyramide. Es bezieht sich auf die vereinte Macht von Körper, Geist und Seele, von Mutter, Vater und Kind, von Vergangenheit, Gegenwart und Zukunft, auf die Heilige Dreieinigkeit. Es stellt ein aktives Symbol für den Großen Geist und das Streben nach den höheren Bereichen dar. Zwei Dreiecke in Form eines Hexagramms – zwei sich überlagernde Dreiecke, von denen das eine mit seiner Spitze nach oben, das andere mit seiner Spitze nach unten weist – ergeben einen sechszackigen Stern (Salomos Siegel genannt), der ein Symbol für die menschliche Seele ist. Das Dreieck hat die Macht, zu schützen.

Quadrat: Das Quadrat symbolisiert die Vier Elemente von Luft, Wasser, Feuer und Erde, sowie die Vier Richtungen und die vier Jahreszeiten. Es steht für Stabilität und Stärke. Während das Dreieck (Ausdruck für die Drei) Aktivität und Dynamik bedeutet, repräsentiert das Quadrat (Ausdruck für die Vier) die materielle Welt. Bei den Ägyptern war das Quadrat ein Sinnbild für Errungenschaft. Das Quadrat empfiehlt sich als Symbol, wenn Ihr Zuhause ein Energiemandala des Wohlstands, der Fülle und Errungenschaft sein soll.

Kreuz: Das Symbol des Kreuzes gab es schon lange vor dem Christentum und ist vielleicht der Welt ältestes Symbol mit Talismancharakter. Es symbolisiert ewiges Leben, Wiederauferstehung und göttlichen Schutz vor dem Bösen. Es repräsentiert auch Jesus Christus.

Pentagramm: Das Pentagramm ist ein Symbol für den menschlichen Körper, wobei seine Spitzen für den Kopf, die Hände und die Füße des Menschen stehen. Nach oben weisend wird es für Schutz und die Anrufung der Kräfte des Guten eingesetzt.

Unendlichkeitszeichen: Das Unendlichkeitszeichen sieht wie eine liegende Acht aus. Es eignet sich als ein sehr machtvolles und kosmisches Symbol für Ihr Zuhause. Einmal kehrte ich von einem Spaziergang nach Hause zurück und bemerkte gleich, daß sich die Energie im Haus auf sehr positive Weise aufgeladen hatte. Ich fühlte mich sofort erfrischt, ja geradezu in Hochstimmung. Ich fragte die Frau, die bei mir zu Besuch war, ob sie diese veränderte Energie bemerkt hätte. Sie erklärte mir, daß sie kurz vor meiner Rückkehr durch das ganze Haus gegangen war und das Unendlichkeitssymbol in die Luft gezeichnet hatte.

Die Bedeutung der Symbole unterscheidet sich stark von Kultur zu Kultur und verändert sich auch im Lauf der Zeiten. Die Swastika zum Beispiel ist ein uraltes und den Indianern heiliges Symbol, das man auch bei den Wikingern, Kelten und den alten Azteken fand. Doch dieses machtvolle und wunderschöne alte Symbol bedeutet heute für viele Angst und tiefes Leid, weshalb sich nur noch schwer damit arbeiten läßt.

Um die Kraft eines Symbols in Ihrem Zuhause voll und ganz zu aktivieren, müssen Sie einige Zeit auf die Visualisierung seiner Form verwenden und sich zugleich auf Ihre Absicht, den Zweck, dem es dienen soll, konzentrieren. Haben Sie sich auf diese Weise mit dem Symbol verbunden, werden Sie zu einer Art Kanal. Die Energie und die Kraft des Symbols können durch Sie hindurchfließen und Ihr ganzes Zuhause und Ihr Leben energetisieren und erhellen. Wenn Sie das Symbol erst einmal aktiviert haben, brauchen Sie es nicht mehr zu visualisieren. Es wird weiterhin seine Energie und Kraft ausstrahlen.

Andere Symbole für Ihr Zuhause

Sie werden sich im Laufe Ihres Lebens immer wieder von verschiedenen Symbolen angezogen fühlen, die eine ganz persönliche Bedeutung für Sie haben. Diese Symbole können Ihnen in Träumen erscheinen, oder sie fallen Ihnen immer und überall gleich ins Auge. Die Anziehung, die Sie fühlen, ist ein wichtiges Signal Ihres Unterbewußten, das Ihnen auf diese Weise mitteilt, daß sie eine wichtige Bedeutung für Sie haben. Wenn ein bestimmtes Symbol in Ihnen das Gefühl von Hoffnung, Befähigung, Freude, Mut oder irgendeine andere Empfindung weckt, die Sie in Ihrem Leben ausbauen möchten, sollten Sie dieses Symbol in Ihrem Zuhause aktivieren. Dazu brauchen Sie die Bedeutung, die es für Sie hat, nicht unbedingt voll und ganz zu verstehen. Überlassen Sie sich einfach dem Gefühl, das es in Ihnen auslöst, und integrieren Sie seine meditativen Qualitäten in die physische Präsenz Ihres Zuhauses.

Numerologie

Symbolisch gesehen sind Zahlen nicht nur ein Ausdruck für Quantität, sondern jede Zahl besitzt auch ihre eigene spirituelle Kraft. Es ist wichtig, daß Sie die Bedeutung, die die Zahlen für die Energie Ihres Zuhauses haben, verstehen, denn der numerologische Zahlenwert Ihrer Adresse beeinflußt nachhaltig die Energie Ihrer Wohnung.

Zahlen sind im Grunde Symbole. Jede Zahl besitzt eine spirituelle Essenz und Fähigkeit. Man weiß nicht genau, wo die Kunst der Numerologie ihren Anfang nahm, aber sie läßt sich Tausende von Jahren zurückverfolgen. Die alten Mayas praktizierten sie wie auch die Mesopotamier, von denen der Gedanke stammt, daß sich durch die Zahlen die Struktur des Universums erklären läßt. Die Kabbala – ein altes jüdisches mystisches System zum Verständnis des Universums – geht davon aus, daß Gott das Universum mit Hilfe von Buchstaben und Zahlen erschuf. Viele glauben, daß die Architektur und Struktur der Pyramiden in Ägypten und Mexiko numerologische Geheimnisse in sich birgt.

Pythagoras

Pythagoras war ein im 6. Jahrhundert v. Chr. lebender griechischer Philosoph, Metaphysiker und Mathematiker, der sich der Erforschung der mystischen Bedeutung von Zahlen als einer Wissenschaft widmete. Er verehrte die Zahlen nicht nur wegen ihrer mathematischen Qualitäten, sondern glaubte auch, daß jeder Zahl eine mystische Bedeutung zukommt. Für ihn waren sie ein Ausdruck fundamentaler Gesetze des Universums. Ohne die Zahl und ihre Natur läßt sich nichts erfassen noch erkennen, und die Macht der Zahl läßt sich in allem menschlichen Tun und Denken beobachten, so sagte er.

Die Geheimnisse des Pythagoras wurden jahrhundertelang vom Meister an den Schüler weitergegeben. War der Schüler ein Meister geworden, lehrte er sie einem neuen Initianden, und so setzte sich die Tradition fort. In den meisten Kulturen mit esoterischen Traditionen nahm die Lehre von der Zahlensymbolik einen geachteten Platz ein. Und wie viele andere berühmte Leute bediente sich zum Beispiel auch Napoleon Bonaparte der Numerologie, um mit ihrer Hilfe seine höheren Offiziere einzuschätzen.

Die Zahlen und Ihr Zuhause

In den letzten 25 Jahren habe ich mich immer auch der Numerologie bedient, wenn ich zu entscheiden hatte, welche Wohnung oder welches Haus ich mieten sollte. Tatsächlich messe ich dem numerologischen Wert meines Zuhauses eine so große Bedeutung bei, daß er zuweilen der einzige maßgebliche Faktor bei meiner Entscheidung war. Wenn ich zum Beispiel finanzielle Schwierigkeiten hatte, zog ich in ein Haus mit dem Zahlenwert Acht. Wollte ich mehr Zeit für mich haben, um an meinem spirituellen Weg arbeiten zu können, suchte ich nach einem Haus mit einer Siebener-Schwingung. Ich erlernte die Numerologie von meiner Großmutter väterlicherseits, einer Astrologin. Sie war eine Schülerin des Metaphysikers Manly P. Hall, der ihr ein tiefes Verständnis von der mystischen Macht der Zahlen vermittelte.

Wenn mich meine Klientinnen wegen eines beabsichtigten Kaufs oder Anmietens einer Wohnung um Rat fragen, rechne ich zuerst den numerologischen Wert des Hauses aus, um festzustellen, ob die Schwingung der Zahl mit der Energie der Klientin oder des Klienten harmoniert. Zum Beispiel konsultierte mich eine junge berufstätige Frau, die ständig unter Streß stand und sich beklagte, daß sie immer unterwegs sei, und die mal ein bißchen Frieden haben wollte. Ich fragte sie, wann denn der Streß angefangen habe, und sie erwiderte, er hätte begonnen, als sie in ihre derzeitige Wohnung einzog. Ich rechnete deren numerologischen Wert aus und kam auf eine Fünf; die Fünf besitzt die Energie von Aktivität und Bewegung. Das kann eine schwierige Energie werden, wenn Sie ein absolut friedliches Zuhause brauchen. (Für Aufregung und Abenteuer eignet sich eine Fünfer-Schwingung hingegen hervorragend, niemand stagniert in einem Fünfer-Haus.)

Natürlich beeinflussen viele Faktoren die Energie eines Zuhauses, aber die Numerologie spielt dabei eine wichtige Rolle. Ich hätte eine ganze Reihe von Dingen unternehmen können, um die Energie in der Wohnung dieser Frau zu verändern, aber da sie, wie sie mir sagte, ohnehin zu einem Umzug bereit war, konzentrierten wir uns auf die Numerologie der Häuser, die für sie in Frage kamen. Das erste Haus, an das sie dachte, hatte ebenfalls eine Fünfer-Schwingung, die ganz falsche Zahl für eine ein gehetztes Leben führende Person, die in ihrer Wohnung Ruhe und Frieden finden wollte. Das zweite Haus, nach dem sie mich befragte, hatte eine Sechser-Schwingung, und das war für sie genau das Richtige. Die Sechs besitzt eine Schwingung, die gut für Harmonie und Familie ist. Sie befolgte meinen Rat, zog in dieses Haus und berichtete mir, daß sie sich schon seit Jahren nicht mehr so entspannt und locker gefühlt habe.

Hier ist eine andere Geschichte, die Ihnen zeigt, was für eine außerordentlich dramatische Rolle die Numerologie bei der Veränderung des Energiefelds eines Hauses spielen kann. Eine Familie aus meinem Bekanntenkreis hatte ein Landhaus, das für die Erholung vom Druck des Stadtlebens genutzt wurde. Bis vor kurzem war es praktisch ausschließlich privaten Familienaktivitäten vorbehalten gewesen, und Gäste wurden nur sehr selten dorthin eingeladen. Die Hausnummer war 24, was eine Sechser-Schwingung ergibt, eine sehr intime harmonische Schwingungsenergie.

Dann änderte sich ihre Einstellung zu diesem Zufluchtsort plötzlich auf dramatische Weise. Sowohl der Mann wie auch die Frau fingen an, übers Wochenende Geschäftskollegen mit in dieses Haus zu nehmen und sich geschäftlichen Angelegenheiten zu widmen. Auch die Kinder luden ihre Schulfreunde dorthin ein. Binnen kurzem, ja praktisch über Nacht wurde aus diesem sehr privaten Refugium ein Zentrum der Gesellschaftlichkeit und Unternehmungen. Meine Freunde erzählten mir davon, und ich rätselte daran herum. Doch dann erwähnten sie, daß kürzlich in dem kleinen Ort, wo ihr Haus stand, sämtliche Hausnummern umnumeriert worden waren. Ihre neue Hausnummer war 211, was eine Vier ergibt, eine höchst gesellschaftlich- und dienstorientierte Zahl!

Wie Sie den numerologischen Zahlenwert Ihres Zuhauses errechnen

Für diese Berechnung nehmen Sie die Zahlen Ihrer Hausnummer und addieren sie. Wenn zum Beispiel Ihre Adresse Ulmenstraße 710 wäre, dann addieren Sie 7 + 1 + 0 = 8, Ihr Haus hätte also eine Achter-Schwingung. Ergibt die Endsumme mehr als 9, dann addieren Sie die Zahlen dieser Endsumme solange, bis Sie auf eine Zahl unter 10 kommen. Wohnen Sie zum Beispiel in der Hauptstraße 783, dann addieren Sie 7 + 8 + 3 = 18; nun addieren Sie 1 + 8 = 9. Das ergibt also eine Neuner-Schwingung.

Ein weiteres Beispiel:

Eichenstraße 9295 ergibt eine Siebener-Schwingung.
9 + 2 + 9 + 5 = 25
2 + 5 = 7

Es gibt drei Ausnahmen, und das sind die Zahlen 11, 22, und 33, die einmal die Energie von respektive Zwei, Vier und Sechs, aber auch noch eine eigene Schwingung haben (siehe Seite 190). Wenn Sie in einem Apartmenthaus wohnen und Sie nicht nur eine Hausnummer, sondern auch noch eine Apartmentnummer haben (zum Beispiel Johannesstraße 457, Apartment 27), dann werden Sie von beiden Nummern beeinflußt. Der stärkste Einfluß geht allerdings von Ihrer Apartmentnummer aus. Die Hausnummer ergibt im angeführten Beispiel eine Siebener-Schwingung:

4 + 5 + 7 = 16; 1 + 6 = 7. Sieben ist die Energie des spirituellen Wachstums über den Weg des persönlichen Rückzugs und des Alleinseins. Die Apartmentnummer ergibt eine Neun (2 + 7 = 9), eine Schwingungsenergie des Beitrags zur Menschheitsentwicklung. Zusammengenommen ergibt das eine Schwingungsenergie der Wohnung, die sich übersetzt in Sorge und Engagement für andere (Neun) über den Weg des Alleinseins und spirituellen Retreat (Sieben).

Wenn sich Ihre Hausnummer mit einem Buchstaben verbindet, zum Beispiel Farnstraße 328c, wandeln Sie den Buchstaben in eine Zahl um (A = 1, B = 2, C = 3 und so weiter). Farnstraße 328c ergibt eine Sieben: 3 + 2 + 8 + 3 (c) = 16; 1 + 6 = 7.

Hier ist eine Tabelle zur Umwandlung von Buchstaben in Zahlen:

1	2	3	4	5	6	7	8	9
A	B	C	D	E	F	G	H	I
J	K	L	M	N	O	P	Q	R
S	T	U	V	W	X	Y	Z	

Wenn Ihr Haus keine Hausnummer, sondern nur einen Namen hat, wandeln Sie die Buchstaben in Zahlen um und rechnen dann die Quersumme aus. Zum Beispiel:

EULENHAUS
5335 5 8 1 3 1   5+3+3+5+5+8+1+3+1 = 34;   3+4 = 7
EULENHAUS = 7

Die Quersumme der Hausnummer macht nur einen Teil der numerologischen Energie eines Hauses aus, so wie Ihr astrologisches Sonnenzeichen auch nur ein Bestandteil Ihres horoskopischen Gesamtprofils ist. Die Zahlen, aus denen sich die Quersumme errechnet, nehmen ebenfalls Einfluß auf die Gesamtenergie eines Hauses. Ahornweg 77 ergibt zum Beispiel eine Fünfer-Schwingung (7+7=14=5), aber da sich diese Quersumme aus zweimal der Zahl 7 (ein sehr ruhiger Einfluß) errechnet, wird dadurch die Fünfer-Schwingung des Hauses abgemildert. Ziehen wir zur Erläuterung nochmal das Beispiel der Astrologie heran. Eine Person, die ihre Sonne im Widder hat, wird gemeinhin als wagemutig, freimütig und zuweilen etwas unbesonnen beschrieben. Wenn sich aber ihr Mond und ihr Aszendent und noch einige andere Planeten in sanfteren Zeichen wie etwa in Waage oder Fische befinden, wird die dynamische Energie des Widders durch diese anderen Einflüsse abgemildert. So ähnlich läßt sich auch der Einfluß beschreiben, den die einzelnen Zahlen innerhalb einer kombinierten Zahl aufeinander ausüben.

Im Folgenden finden Sie nun einige allgemeine Informationen, die Ihnen helfen sollen, den numerologischen Zahlenwert Ihres Zuhauses zu verstehen.

Eins

Die Essenz der Zahl Eins: Unabhängigkeit; neue Anfänge; Einssein mit dem Leben; Selbst-Entwicklung; Individualität; Fortschritt; Kreativität.

Ein Zuhause mit einer Einser-Schwingung eignet sich auf hervorragende Weise für eine Person, die sich auf ein persönliches, kreatives Unternehmen einlassen will. Ein Mensch, der in einem Haus mit der Energieschwingung Eins lebt, wird eher aus Erfahrungen als aus Instruktionen und Ratschlägen anderer lernen. Die Einser-Schwingung ist jenen Personen förderlich, die ihrem eigenen Instinkt folgen und ihre Individualität auf kreative und originelle Weise zum Ausdruck bringen möchten. Manchmal können hier sehr starke Emotionen hochkommen, vor allem wenn sich mehrere starke Persönlichkeiten das Haus oder die Wohnung teilen. Aber diese Emotionen sind heilsam und können sogar zu einer inspirierten Kreativität anregen. Ein solches Zuhause wird nicht immer unbedingt sehr ordentlich sein, da zuweilen mindere Details dem kreativen Prozeß untergeordnet werden. Wenn Sie sich bislang hauptsächlich um andere gekümmert haben und nun an einem Punkt angelangt sind, wo Sie die Nummer Eins in Ihrem Leben sein müssen, dann ziehen Sie in ein Einser-Haus. Sie werden sich dort selbstbewußter, unabhängiger und risikofreudiger fühlen.

Aspekte der Herausforderung: In einem Einser-Haus können Sie sich zuweilen isoliert und allein fühlen, auch wenn Sie von anderen umgeben sind. Andere halten Sie vielleicht für egoistisch, aber Sie isolieren sich nur deshalb, um die für Sie richtigen Entscheidungen treffen zu können.

Zwei

Die Essenz der Zahl Zwei: eine Balance der Yin-und-Yang-Energien des Universums; Polaritäten; Selbstaufgabe; sich selbst hintenan stellen; wechselseitige dynamische Anziehung; Erkenntnisse und Wissen entstehen aus der Ausbalancierung und Verbindung von Gegensätzen.

Ein Zuhause mit einer Zweier-Schwingung eignet sich auf hervorragende Weise für zwei Menschen, die sich als enge Zimmergenossinnen oder -genossen, als Liebende oder als Ehepaar den Raum teilen wollen. Eine Zweier-Schwingung läßt sich mit dem Entzünden zweier Kerzen aus ein und derselben Flamme vergleichen; sie stehen einzeln, aber teilen sich dasselbe Licht. Menschen, die in einem Zweier-Haus leben, können miteinander so eng verbunden sein wie Samen in einer Samenhülse. Sie werden stark auf die Energien und Gefühle Ihrer Mitbewohner eingestimmt sein. Sie werden ein tiefes Verlangen nach Frieden und Harmonie und diplomatischem Vorgehen haben. Sie werden sich oft zurückhalten und in die Situationen einfühlen, statt Ihre Ansicht vorzubringen. Sie werden feststellen, daß Sie auf umfassende und liebevolle Weise die Perspektive anderer verstehen können. In einem Zweier-Haus werden Sie allmählich eine Sensibilität für die feinen Energien der Natur, der Musik und auch der Aurafelder anderer Menschen entwickeln. Der Garten, Musik, Kunst und Magie gedeihen allesamt in einem Zweier-Haus. Sie werden ein sanftes Wesen und den Wunsch nach Harmonie entwickeln. Ein solches Haus ist perfekt, wenn Sie Ihre medialen und intuitiven Fähigkeiten erkunden und kultivieren möchten, und es eignet sich ausgezeichnet für das Wachstum einer Ehe oder Partnerschaft.

Aspekte der Herausforderung: Weil die Zweier-Schwingung Ihre Sensibilität erweitern kann, werden Sie vielleicht manchmal eine Tendenz zur Überempfindlichkeit feststellen oder merken, daß Sie sich zu sehr um die Gefühle anderer bekümmern. In einem solchen Fall sollten Sie sich die Zeit nehmen, innerlich still zu werden und auf Ihre innere Stimme zu hören. Durch die Energie der Zweier-Schwingung kann auch manchmal der Anschein erweckt werden, daß andere ausgeschlossen werden, weil die Hausbewohner quasi sich selbst genug sind.

Drei

Die Essenz der Zahl Drei: die Dreiheit: Geist, Körper, Seele; die dreifaltige Natur der Göttlichkeit; Erweiterung; Ausdruck; Kommunikation; Spaß; Selbstausdruck; nach außen abgeben; Offenheit; Optimismus.

Ein Zuhause mit einer Dreier-Schwingung ist eines, in dem Sie Ihr Leben als positiv empfinden und es auch positiv angehen können. Zudem ist es ein Haus glanzvoller Kommunikation. Hier können Sie Ihre Lebensvision erweitern. Positives Denken führt zu positiven Resultaten. Ein Dreier-Haus entfacht Ihren Enthusiasmus und fördert Ihr warmherziges Wesen. Es eignet sich hervorragend für Partys und andere gesellschaftliche Ereignisse. Es kann auch die Erzeugung sexueller/spiritueller Energie fördern. Ziehen Sie in ein Dreier-Haus, und Ihr Gesellschaftsleben wird eine Erweiterung erfahren. Dies ist ein Zuhause, wo sich Menschen aus verschiedenen Kulturen und Lebenshintergründen begegnen und liebevoll und warmherzig aufeinander zugehen können. Die Macht der Dreiheit entfaltet sich sehr stark in einem solchen Haus wie auch die Energie des Dreiecks und der Pyramide.

Aspekte der Herausforderung: In einem Dreier-Haus kann sich die Tendenz zu einer allzu raschen Expansion entwickeln, zur Zersplitterung Ihrer Energien, zum Sich-Übernehmen. Passen Sie auf Ihre Finanzen auf, denn diese Schwingung führt zur Neigung, sich jetzt zu vergnügen und später zu bezahlen. Und sie kann auch manchmal zu einem übergroßen Optimismus führen.

Aber gewiß macht der Spaß, den Sie in einem Dreier-Haus haben werden, alle Herausforderungen wett.

Vier

Die Essenz der Zahl Vier: Sicherheit; die Vier Elemente und die heiligen Vier Richtungen; Selbstdisziplinierung durch Arbeit und Dienen; Produktivität; Organisation; Ganzheit und Einheit.

Ein Zuhause mit einer Vierer-Schwingung bedeutet eine sichere und stabile Energie. Die Vier steht für die vier Wände oder Grenzen, die Sicherheit bieten. Sie symbolisiert ein solides Fundament und Schutz. Wenn Sie in Ihrem Leben Unstabilität und Unsicherheit erfahren haben, dann sollten Sie in ein Vierer-Haus ziehen. Sie werden feststellen, daß sich Ihr praktisches, verläßliches, erdhaftes Wesen herausbildet und die Führung übernimmt. Ein Vierer-Haus ist stark geerdet und mit Mutter Erde verbunden. In einem solchen Zuhause können Sie zu Ihren Wurzeln finden und die Samen Ihrer Träume säen. Hier finden Sie Gewißheit, Stabilität und Stärke. Und Sie werden auch die Früchte Ihrer Arbeit und Mühen genießen können. Kahlil Gibran sagt in seinem *Der Prophet*: »Arbeit ist sichtbar gemachte Liebe.« Ihre Arbeit kann Ihnen Befriedigung verschaffen und zu einer Quelle der Sicherheit werden. Ein Vierer-Zuhause unterstützt die stetige Arbeit, ein dauerhaftes Arbeitsverhältnis und den Aufbau einer Grundlage für die Zukunft. Menschen, die sich von einem Vierer-Haus angezogen fühlen, arbeiten oft in Bereichen des Dienstes am anderen wie etwa in der Krankenpflege. Ein solches Haus eignet sich hervorragend für eine Gruppe von Menschen, die für ein gemeinsames Ziel arbeiten. Leute, die zum Beispiel für Greenpeace arbeiten, würden ein Haus mit einer Vierer-Schwingung für ihr gemeinsames Ziel sehr förderlich finden. Rufen Sie den Beistand der Vier Elemente, den Geist der Luft, des Wassers, des Feuers und der Erde, an. Bitten Sie die heiligen Winde der Vier Richtungen, die Vierer-Schwingung Ihres Zuhauses zu stärken. Wenn Sie am Gärtnern und an einer Verbindung mit den Erdenergien interessiert sind, wird ein Vierer-Haus gut zu Ihnen passen.

Aspekte der Herausforderung: Manchmal kann sich das Leben in einem Vierer-Haus wie Arbeit, Arbeit und nochmals Arbeit und nie Spielen ausnehmen. Wenn Sie feststellen, daß das der Fall ist, dann nehmen Sie sich einen Tag, um ausgelassen und sorglos zu sein. Unternehmen Sie törichte Dinge. Es kann auch die Tendenz zum Horten oder Eigensinn bestehen. Denken Sie daran, daß immer genug vorhanden sein wird. Lockern Sie sich! Das Leben ist nicht so ernst, wie es manchmal erscheint.

Fünf

Die Essenz der Zahl Fünf: das Gefühl von Freisein; persönliche Emanzipierung; aktiv; physisch; impulsiv; energievoll; abenteuerlustig; erfinderisch; weit herumgekommen; neugierig; Aufregung; Veränderung.

Ein Zuhause mit einer Fünfer-Schwingung vibriert, ist lebendig und verändert sich ständig. Halten Sie Ihren Hut fest, wenn Sie in ein Fünfer-Haus einziehen. Wenn Sie das Gefühl haben, in Ihrem Leben zu stagnieren, dann ist so ein Haus das absolut Richtige für Sie, denn die Fünf steht für Aktivität, Bewegung und Veränderung. Das Leben wird zu einem Karussell der Versammlungen, Telefonanrufe, Partygänge und Ausflüge zu anderen Orten. Es wird ein Leben voller Aufregung und Abenteuer. In ein solches Haus sollten Sie ziehen, wenn Sie Ihre Kommunikationsfähigkeiten verstärken wollen. Hier findet ein ständiges Kommen und Gehen statt. Bewohner von Fünfer-Häusern sind oft eine Drehscheibe für Aktivitäten. Diese Energieschwingung unterstützt die mentale Stimulierung, das Sammeln von Informationen und Erfahrungen und deren präzisen und raschen Austausch. Für eine Journalistin, die zu Hause arbeitet, ist dies ein großartiges Haus. Es unterstützt die Erfahrungen aus einer Vielfalt von Bereichen. Sie könnten hier auch an Wein, Weib (Mann) und Gesang denken. Wenn Sie vorhaben, zölibatär zu leben, dann ist das ganz entschieden *nicht* das richtige Haus für Sie. Ihre sexuelle Anziehungskraft steigert sich in einem Fünfer-Haus, und romantische Affairen werden hier befördert.

Aspekte der Herausforderung: Das Leben in einem solchen Haus kann Ihnen manchmal das Gefühl geben, ein Wirbelwind zu sein. Verlangsamen Sie das Tempo. Nehmen Sie sich die Zeit, an Gänseblümchen zu schnuppern. Außerdem besteht die Tendenz zu übereilten Entscheidungen. Normalerweise können Sie Ihrem Instinkt, wenn Sie in einem Fünfer-Haus leben, trauen. Doch bei sehr wichtigen Entscheidungen sollten Sie Atem holen und sehr sorgsam nachdenken, bevor Sie eine Entscheidung fällen.

Sechs

Die Essenz der Zahl Sechs: innere Harmonie; Mitgefühl; Liebe; Dienst; soziale Verantwortung; Schönheit; die Künste; Großzügigkeit; Ausgewogenheit; Dienst an der Gemeinschaft.

Ein Zuhause mit einer Sechser-Schwingung ist ein Zentrum der Harmonie und Ausgewogenheit. Das ist eine ganz ausgezeichnete Schwingung für eine Familie, vor allem wenn noch Kinder im Haus sind. Sie kann das Gefühl unterstützen, etwas für die Gemeinschaft tun und anderen helfen zu wollen, die unter weniger begünstigten Umständen leben. Ein solches Haus eignet sich auch hervorragend zur Entwicklung der eigenen künstlerischen Fähigkeiten. Des weiteren für in Beraterberufen tätige Personen, die zu Hause arbeiten, da die Energie der Sechs etwas Nährendes und Fürsorgliches an sich hat. In diesem Fall werden Sie feststellen, daß Sie bei Ihren Klienten sehr viel leichter zum Kern der Sache vordringen, und zwar auf eine mitfühlende und liebevolle Weise. Der Familiensinn spielt in einem Sechser-Haus eine überaus wichtige Rolle, und enge liebevolle Beziehungen, sei es mit dem Partner oder der Partnerin, den Zimmergenossen, den Freundinnen und Freunden oder den Familienangehörigen, blühen hier auf. Auch die Verschönerung des Heims und seiner unmittelbaren Umgebung bekommt Gewicht.

Aspekte der Herausforderung: Da die Sechser-Schwingung so stark auf das Geben ausgerichtet ist, kann die Tendenz entstehen, zuviel von sich abzugeben. Bemühen Sie sich um eine Balance zwischen dem Geben an andere und dem Bekümmern um die eigenen Bedürfnisse. Manchmal kann die Annehmlichkeit eines Sechser-Hauses auch zur Zurückgezogenheit verleiten. Geben Sie sich einen Ruck, wenn das der Fall sein sollte, gehen Sie hinaus und sehen Sie sich die Welt an.

Sieben

Die Essenz der Zahl Sieben: das Innenleben; eine mystische Zahl, die Weisheit symbolisiert; sieben Chakras; die sieben Himmel der hawaiianischen Kahunas; Geburt und Wiedergeburt; religiöse Stärke; heilige Schwüre; Tendenz zum Ritual, speziell dem spirituellen Ritual; der Weg der Einsamkeit; Analyse; Kontemplation.

Ein Zuhause mit einer Siebener-Schwingung ist eine Stätte der Kontemplation und des Retreat. Es bietet Ihnen einen Ort, wo Sie die Erfahrungen der Vergangenheit und die gegenwärtige Situation analysieren können, wobei der Nachdruck auf der spirituellen Entwicklung liegt. Ein Siebener-Haus ist das perfekte Haus für eine allein lebende Person, die sich zurückziehen und meditieren will und nach göttlicher Inspiration strebt. Es kann ein bißchen schwierig werden, wenn mehr als eine Person sich diesen Siebener-Raum teilen, es sei denn, sie ergänzen sich in ihren kontemplativen Bestrebungen. Ein solches Haus eignet sich hervorragend zum Studieren oder Forschen, da die Siebener-Schwingung die konzentrierte Forschungstätigkeit unterstützt. Diese Schwingung fördert auch die Intuition, die Träume, telepathische Erfahrungen, philosophische und metaphysische Studien – was Ihnen alles hilft, Ihren Weg im Leben zu finden.

Aspekte der Herausforderung: Dies ist kein Zuhause für Menschen, die in der materiellen Welt vorankommen wollen. Die Energie konzentriert sich mehr auf die spirituellen Werte als auf die weltlichen Güter. Auch wenn Sie sich eine Beziehung wünschen, ist ein Siebener-Haus nicht gerade das Geeignete, da diese Schwingung die Tendenz zum Alleinsein und zur Distanz fördert.

Acht

Die Essenz der Zahl Acht: Unendlichkeit; materieller Wohlstand; persönliche Macht und Kraft; Fülle; kosmisches Bewußtsein; Belohnung; Autorität; Führerschaft.

Ein Zuhause mit einer Achter-Schwingung bedeutet Fülle in allen Lebensbereichen; Fülle im Bereich der Freundschaften, der Familie und des materiellen Besitzes. Wenn Sie die materielle Seite Ihres Lebens in Ordnung bringen möchten, dann ziehen Sie in ein Haus mit einer Achter-Schwingung. Die Acht fördert die organisatorischen Talente und Managementfähigkeiten, die zu wachsendem materiellem Erfolg beitragen. Durch Disziplin und harte Arbeit können Sie eine Machtposition erlangen. Wenn Sie merken, daß Sie zu hart an Ihrer spirituellen und emotionalen Entwicklung gearbeitet haben, es aber in der materiellen Welt irgendwie nicht auf die Reihe kriegen, dann ist das das richtige Haus für Sie. Diese Schwingung ermöglicht Macht und Fülle in finanzieller Hinsicht und auch Preise, Ehrungen und öffentliche Anerkennung. Die Acht ist die Schwingung der Ganzheit. Ihre Beziehungen können sich unter mehr als nur einem Aspekt entwickeln – sie können physische, spirituelle und mentale Qualitäten aufweisen. Sie können Respekt und Gleichberechtigung verlangen.

Aspekte der Herausforderung: Sie müssen darauf achten, daß Sie auch an das Wohl anderer denken und klug mit Ihren Finanzen umgehen. Denn sonst bedeutet ein Achter-Haus, daß Sie sich ständig mit Themen und Problemen des Überflusses zu befassen haben.

Neun

Die Essenz der Zahl Neun: Humanitarismus; Selbstlosigkeit; das eigene Leben anderen widmen; eine Zahl der Vollendung und der Beendigungen; Freisetzung oder Befreiung; universelles Mitgefühl; Toleranz; Weisheit.

Ein Zuhause mit einer Neuner-Schwingung ist ein Ort, wo Sie die Ernte Ihrer vergangenen Bemühungen einfahren. Hier werden Ihr Mitgefühl und Ihre Liebe für die Menschheit wachsen und sich erweitern. Diese Schwingung erlaubt Ihnen den Blick über Ihre eigenen Grenzen hinaus. Sie geben großzügig an andere, weil Sie erkannt haben, wieviel Sie in Ihrem eigenen Leben gewonnen haben. In einer Neuner-Schwingung können Sie eine Tiefe der Weisheit entwickeln, die geradezu prophetisch wird. Da Sie wissen, daß Sie Teil einer universellen Familie sind, können Sie von den kleinen Dingen im Leben lassen – Sie nehmen nichts so rasch übel. Alte Freundschaften sind wichtig, und in einem solchen Haus werden Sie vielleicht von Personen aus Ihrer Vergangenheit hören. Sie werden feststellen, daß sich die Menschen von Ihrem Mitgefühl und Ihrer Weisheit angezogen fühlen. Ein solches Haus eignet sich gut, um lose Enden im eigenen Leben zu verknüpfen. Leben Sie Ihre Wahrheit, denn Sie werden ein Vorbild für andere sein.

Aspekte der Herausforderung: In Ihrem Bemühen, sich bewußt zu machen, was für die größte Anzahl von Menschen das höchste Wohl wäre, könnten Sie die Bedürfnisse des Individuums übersehen. Dazu können Sie auch das spezielle Bedürfnis eines Aspekts Ihrer selbst übersehen, weil Sie sich so stark mit dem Gesamtbild Ihres ganzen Selbst befassen. Um ein Beipiel zu geben: Ihnen ist vielleicht bewußt, daß Süßigkeiten insgesamt für Ihre Gesundheit nicht gut sind, aber Sie übersehen vielleicht, daß Ihr inneres Kind ab und zu den Trost von Süßigkeiten braucht.

Meisterzahlen

Meisterzahlen lassen sich auf kleinere Zahlen reduzieren (Zwei, Vier, Sechs und so weiter) und beinhalten die Energie dieser kleineren Zahlen. Doch gemäß der metaphysischen Traditionen besitzen die folgenden Zahlen eine besondere Macht und eigene Bedeutung:

11 Eignet sich besonders gut zur Entwicklung von Intuition, Hellsichtigkeit, spirituellem Heilen und anderen medialen Fähigkeiten. Ein gutes Haus für Personen, die diese Fähigkeiten entwickeln wollen.

22 Unbegrenztes Potential zur Entwicklung von Meisterschaft nicht nur auf dem spirituellen Gebiet, sondern auch in physischen, emotionalen und mentalen Bereichen.

33 *Alles ist möglich.*

Ich glaube, daß wir in jedem Moment unseres Lebens geführt werden und daß jeder Ort, wo wir gerade leben, Bestandteil eines größeren Plans für unser Leben und unsere Evolution ist. Oft haben wir bezüglich des Hauses, in dem wir leben, und seiner numerologischen Schwingung gar keine Wahl. Doch jede Schwingung hat ihre eigene Schönheit *und gibt Ihnen das, was Sie zur jeweiligen Zeit brauchen.* Da mögen Sie zum Beispiel denken, daß Sie allein sein und sich spirituell entwickeln wollen, und müssen feststellen, daß Sie in ein Haus mit einer Dreier-Schwingung umziehen, der Energie der Kommunikation, des Ausdrucks und der Expansion. Auch wenn es nicht gerade das zu sein scheint, was Sie sich in diesem Moment wünschten, kann es doch genau das sein, was Sie brauchen. Ich glaube nicht, daß es ein Zufall ist, wo Sie wohnen. Sie wählen eine Schwingung, die Sie zu diesem Zeitpunkt für Ihr spirituelles Wachstum brauchen. Wenn Sie aber die numerologische Schwingung Ihres Zuhauses verändern möchten, dann fügen Sie Ihrer Hausnummer einen Buchstaben hinzu (natürlich nur, wenn die Behörden dies genehmigen) und führen Sie Ihre gesamte Korrespondenz unter dieser neuen Adresse. Die Schwingung der alten Adresse wird nach wie vor ihren Einfluß ausüben, Sie können sie aber durch Ihre persönliche Entscheidung und gewählte Veränderung etwas modifizieren.

10

Umzug in ein neues Zuhause

Der Umzugstag kann zu einem der wichtigsten Tage Ihres Lebens werden. Er kann der Anfang eines großen und gewaltigen Abenteuers sein oder aber der Beginn einer Ihrer schlimmsten Alpträume. Die Samen werden in den ersten Tagen nach dem Umzug in ein neues Heim gesät und können über die kommenden Jahre entscheiden.

Ein Zuhause ist wie ein Mensch. Es hat eine Persönlichkeit, und es hat ein Bewußtsein. Wenn Sie eine Person bei der ersten Begegnung ignorieren oder – schlimmer noch – kritisieren, kann das Ihre ganze künftige Beziehung belasten. Wenn Sie aber eine Beziehung in Liebe, Zuneigung und Freundlichkeit beginnen, werden es Ihnen die kommenden Jahre oft lohnen. Es ist wichtig, daß Sie zunächst ein paar einfache Schritte unternehmen, um ein gedeihliches, gesundes und glückliches Leben in Ihrem neuen Heim zu führen.

Umzug in ein Zuhause, das schon zuvor bewohnt war

Offizielle Begrüßung

Wenn Sie Umzugspläne haben und sich eine Reihe von Wohnungen (oder Häusern) ansehen, fällt die Entscheidung, welche die beste für Sie ist, oft nicht leicht. Begrüßen Sie jede Wohnung bei der Besichtigung mit einem inneren »Hallo« (eine laute Begrüßung könnte den Makler etwas irritieren!). Hören Sie auf die Antwort, die Sie daraufhin bekommen – öffnen Sie Geist und Herz und achten Sie auf das Gefühl, das die jeweilige Wohnung in Ihnen erweckt. Nehmen Sie sich Zeit und stellen Sie sich vor, wie Sie und Ihre Familie und/oder Freunde darin leben. Versuchen Sie einzuschätzen, wie eng Sie sich mit der jeweiligen Wohnung verbunden fühlen, und stellen Sie sich vor Augen, wie sich die jeweiligen Wohnungen auf Ihre verschiedenen Lebensbereiche auswirken könnten.

Haben Sie Ihre Entscheidung getroffen, dann nehmen Sie sich etwas Zeit, um sich mit Ihrem neuen Heim bekannt zu machen. Sie könnten es zum Beispiel laut oder im stillen so ansprechen: »Sei gegrüßt. Ich bin (Ihr Name) und ich freue mich sehr, hier einzuziehen. Ich freue mich darauf, dich kennenzulernen und mit dir Zeit zu verbringen.« Finden Sie Ihre eigenen Worte, falls Ihnen das zu albern klingt. Hier geht es um den Grundgedanken, daß Sie die Beziehung mit Ihrem neuen Heim mit dem Gefühl beginnen, daß Sie glücklich sind, dort zu sein, daß Sie sich darauf freuen, für es zu sorgen und von ihm beschützt zu werden. Eine einfache Begrüßung kann Freude und Leben in eine Wohnung bringen, die anfänglich leblos und trübe wirkte. Sie kann wie ein vertrocknetes und schon seit Jahren schlafendes Samenkorn sein, das unter den richtigen Bedingungen aufkeimt und zu einem neuen kräftigen Leben heranwächst.

Machen Sie sich mit der Persönlichkeit Ihres neuen Zuhauses vertraut

Lernen Sie die Persönlichkeit Ihres Zuhauses kennen, noch bevor Sie irgendwelche Möbel hineinstellen. Verbringen Sie zunächst einige Zeit allein in der Wohnung. Wie fühlt sie sich an? Was für »Strömungen« berühren Ihren Geist, welche Energiefelder nehmen Sie wahr? Gehen Sie in jedes Zimmer. Setzen Sie sich hin und und »hören« Sie auf seine Energie. Verbinden Sie sich in der Meditation mit dem Geist des Zuhauses und schauen Sie, ob er Sie irgend etwas wissen lassen möchte, bevor Sie einziehen. Wandern Sie von Zimmer zu Zimmer. Bleiben Sie in jedem Raum stehen und schließen Sie die Augen. Öffnen Sie Ihr Herz, Ihre Ohren, Ihre Nase, Ihre Haut. Welche Bilder kommen Ihnen?

Betrachten Sie den Grundriß Ihres neuen Zuhauses. Wie kann seine Anlage Ihren Zielen für die Zeit, die Sie hier wohnen werden, dienlich sein? Was für ein Grundgefühl soll Ihre Wohnung vermitteln? Wie kann jedes Zimmer zu dieser erwünschten Grundenergie beitragen? Wie läßt sich jeder Raum am besten nutzen – wo soll Geselligkeit stattfinden, und wohin wollen Sie sich zurückziehen? Wo spüren Sie die günstigste Energie für die Meditation? Sprechen Sie Ihre Absicht in bezug auf jeden Raum laut aus.

Schlafen Sie, wenn möglich, in Ihrem neuen Heim, bevor Sie mit allen Möbeln einziehen. Achten Sie dabei auf Ihre Träume. Sie können Ihnen wertvolle Informationen liefern, die Ihnen später bei der Entscheidung über die Aufteilung der Räume eine Hilfe sind. Auch wenn Sie sich dieser Trauminformationen nicht bewußt sind, werden sie doch in Ihrem Unterbewußten gespeichert und Sie dann beim Handeln im Wachzustand anleiten.

Hausputz und Raumklären

Putzen Sie die Wohnung, bevor Sie einziehen, komplett durch. Putzen Sie die Fenster, wischen Sie die Böden, weißeln Sie die Wände. Machen Sie alles ganz sauber. Damit befreien Sie sie nicht nur von allem Schmutz, sondern auch von den Restenergien der Vormieter oder Vorbesitzer. Das heißt nicht, daß deren Emanationen schlecht waren, es bedeutet nur, daß Sie Ihr persönliches Energiefeld in der Wohnung aufbauen.

Führen Sie, wenn Sie mit dem Saubermachen fertig sind, ein gründliches Raumklären mit den in diesem Buch beschriebenen Methoden durch. *Dieses Raumklären vor dem Einzug ins neue Heim ist sehr wichtig.* Sie klären damit nicht nur die Energie, sondern bauen auch ein Energiefeld für die Zukunft auf. Die Absicht, die Sie zu Beginn Ihrer Beziehung mit Ihrem Zuhause festsetzen, schafft einen Kontext für die Form und Energie, die sich künftig in Ihrem Heim entwickeln wird. Das ist sehr wichtig. So wie die Aufmerksamkeit, die Sie einem Kind in frühen Jahren zukommen lassen, Muster für den Rest seines Lebens schafft, erzeugt auch die Absicht, die Sie kurz vor dem Einzug in Ihr neues Heim einbringen, eine Energie, die für die Dauer Ihres Aufenthalts spürbar sein wird.

Packen Sie dann all Ihre Besitztümer sorgfältig und liebevoll ein, denn das wird sie mit positiver Energie versehen. Säubern

Sie sie nach dem Auspacken mit derselben liebevollen Sorgfalt, damit sie ihre Schönheit ausstrahlen und die Atmosphäre Ihres neuen Zuhauses mit Freude erfüllen.

Namensgebung

Es ist gut, wenn Sie einen Namen für Ihr Zuhause finden. Nach alter metaphysischer Tradition hat alles seinen Namen, und wenn Sie diesen Namen kennen, gehen Sie auch eine innige Verbindung damit ein. Wollen Sie den wahren Namen Ihres Zuhauses entdecken, dann gehen Sie zuerst in den Raum, der gefühlsmäßig sein Herzzentrum ist. (Wohnungen und Häuser haben wie Menschen Chakras, ›Energiezentren‹, und wenn Sie das Herzzentrum finden möchten, fragen Sie sich einfach, an welchem Ort Sie am meisten Liebe spüren.) Wenn Sie sich dann im Herzzentrum Ihres Zuhauses befinden, versenken Sie sich in einen meditativen Zustand. Stellen Sie sich vor, daß Ihre Wohnung eine Persönlichkeit und eine menschliche Gestalt hat. Fragen Sie das Wesen, das Ihnen als Personifizierung Ihrer Wohnung erscheint, sanft und liebevoll nach seinem Namen. Es kann sein, daß Sie keinen Namen, sondern statt dessen ein Gefühl erhalten. Versuchen Sie in diesem Fall das Gefühl zu benennen. Vielleicht empfangen Sie auch einen Gesamtnamen für Ihr Zuhause und zusätzliche Namen für jeden Raum. Je mehr Sie den Namen Ihres Zuhauses benutzen und je stärker Sie sich auf den Geist Ihres Zuhauses beziehen, desto besser wird seine Gesamtenergie sein.

Einzugszeremonie

In alten Zeiten war die Einzugszeremonie ein sehr wichtiges Ereignis. In manchen Stämmen versammelte sich das ganze Dorf, um daran teilzunehmen. Die Priester segneten die Wohnstätte und baten ihren Geist, den Bewohnern Segen zu bringen. Danach gab es ein großes Fest, bei dem die Dorfbewohner bewirtet wurden.

In manchen Kulturen wurde die Einweihungszeremonie nur an »glückverheißenden« Tagen vorgenommen, das heißt, wenn der Mond und die Planeten eine für den Einzug günstige Position einnahmen.

Sie können sich Ihre eigene Einweihungszeremonie je nach Ihren Überzeugungen, Bedürfnissen und Ihrem persönlichen Geschmack gestalten. Die Details sind nicht das Wesentliche. Wichtig ist, daß Sie auf irgendeine Weise der Tatsache Ausdruck verleihen und Achtung erweisen, daß Sie einen neuen Zyklus Ihres Lebens beginnen.

Der Bau eines Eigenheims

Formelle Begrüßung des Grund und Bodens

Der Bau eines Eigenheims bietet Ihnen die einmalige Gelegenheit, sich buchstäblich von Grund auf mit Ihrem Zuhause zu verbinden. Vom ersten Moment des Gedankens an einen Hausbau an können Sie über die Art der Energie entscheiden, die Ihr Haus, solange es existiert, durchdringen soll, und können diese Energie dann zur Manifestation bringen.

Verbringen Sie, sobald Sie wissen, wo Sie Ihr Haus bauen werden, eine gewisse Zeit auf dem Grundstück. Begehen Sie das Stück Land. Schlafen Sie dort. Sprechen Sie mit ihm. Graben Sie mit Ihren Händen in der Erde und erfühlen Sie das Land. Haben Sie einen Kontakt hergestellt, dann stellen Sie sich formell vor und erklären Ihre Pläne für das Grundstück. Bitten Sie um Beistand und Unterstützung für Ihr Unternehmen und die künftigen Jahre. Der erste Schritt ist ganz wesentlich, denn wenn Sie die Unterstützung des Geistes der Erde erhalten, wird der Hausbau leichter vonstatten gehen, und der Energiefluß aus der Erde wird künftig stetig in Ihr Haus einfließen.

Die Wahl der exakten Stelle, wo das Haus gebaut werden soll

Die Kunst der Geomantie und des Feng Shui kann Ihnen hierbei eine Hilfe sein, doch am stärksten sollten Sie sich von Ihrem eigenen Gefühl leiten lassen. Wenn Sie sich erst einmal mit der Erde verbunden haben, werden Sie sehr deutlich spüren, wo das Haus am besten hingebaut werden soll. Selbst wenn alle Zeichen des

Feng Shui und der Geomantie für eine bestimmte Stelle sprechen, kann sie unter Umständen doch nicht die richtige sein, wenn sie für Sie nicht stimmt. Wenn die Indianer einen Platz für das Aufstellen ihres Tipis, den Bau eines Hogans oder einer Schwitzhütte aussuchten, richteten sie sich überhaupt nicht nach den Feng Shui-Regeln. Sie wußten es einfach, wenn sich ein Platz *richtig* anfühlte. Und das ist auch die beste Methode, um den richtigen Platz für Ihr Haus zu finden. Vertrauen Sie Ihrer Intuition.

Architekt, Baufirma und Baumaterialien

Da Sie sowohl eine Energie aufbauen wie auch einen physischen Bau errichten, ist es wichtig, daß Sie ein gutes Gefühl in bezug auf die Menschen haben, die an Ihrem Haus arbeiten. Das heißt nicht, daß der Architekt und die Bauleute jeden Morgen meditieren müssen. (Abgesehen davon, daß Sie vielleicht ein Jahrhundert warten müssen, bis Sie einen meditierenden Bautrupp finden.) Aber arbeiten Sie mit Menschen, denen Sie ein gutes Gefühl entgegenbringen, denn ihre Energie wird zum Bestandteil der sich entfaltenden Energie Ihres Hauses. Ein Haus, das mit Freude gebaut wurde, hat eine wunderbare Energie. Ein Haus, das mit viel Streit und Zorn errichtet wurde, strahlt oft Disharmonie aus.

Alles, womit Ihr Haus erbaut wird, hat seine eigene Geschichte und Bedeutung. Nehmen Sie sich etwas Zeit, um auf den Urspung all dieser Dinge zu achten und ihnen Respekt zu erweisen. Schauen Sie sich die Materialien an, aus denen Ihr Haus besteht. Sehen Sie, wenn Sie die goldfarbene Maserung Ihres polierten Holzbodens betrachten, auch die gewaltige Stärke der Eiche, von der das Holz stammt. Danken Sie dem Baum für sein Leben, das er Ihnen zum Geschenk machte, und für seinen Geist, der Ihnen Obdach und Wärme und Freude schenkt. Denken Sie, wenn Sie durch die klaren Fensterscheiben schauen, an den goldfarbenen Sand in der warmen Sonne, Sand, der dann geschmolzen und zu Glas verarbeitet wurde zu Ihrem Nutzen und für Ihre Sicht. Verbinden Sie sich mit dem Ursprung der Baumaterialien Ihres Hauses und mit dem Geist, aus dem sie gekommen sind. Wenn Sie das tun, »rufen« Sie den Geist in die Materialien.

Gundlegungszeremonie

Machen Sie der Erde ein Geschenk, wenn der Tag des ersten Spatenstichs beginnt. Sie können der indianischen Tradition folgen und als Dank etwas Maismehl oder Tabak auf die Erde streuen. Am Tag, an dem das Fundament gelegt wird, sollten Sie eine Grundlegungszeremonie durchführen. Das Fundament Ihres Hauses trägt Ihr ganzes Haus, und deshalb wünschen Sie sich sicher, daß es so stabil und ausgewogen wie möglich ist. In alten Zeiten brachte man zu diesem Zeitpunkt Opfer dar. Man tat es aus Respekt vor der großen Bedeutung, die der Fundamentlegung zukam. Sprengen Sie ein bißchen »aufgeladenes« Wasser in die für das Fundament vorgesehene Zementmischung und segnen Sie das Fundament mit den Worten: »Möge die Stärke des Firmaments dich erfüllen. Möge der Segen der Mutter Erde dich erfüllen. Möge dieses Haus in künftigen Jahren fest und stark stehen.«

Legen Sie dann etwas von Wert in das ausgegossene aber noch nicht festgewordene Fundament. Vielleicht einen gesegneten Kristall oder ein Foto von Ihrer Familie, auf dem Sie alle vollständig und glücklich versammelt zu sehen sind. Ich kenne eine Familie, die ein paar Münzen hineinlegte, weil sie sich Wohlstand in ihrem neuen Heim wünschte. (Es funktionierte. Das Familienunternehmen gedieh, solange sie in diesem Haus lebte.)

Einzugszeremonie

In einigen Stammeskulturen nimmt die Familie, wenn sie in ein neues Heim einzieht, Stöcke und trommelt damit stundenlang gegen die Wände. Auf diese Weise verbindet sie sich mit dem Geist des Hauses und feiert mit ihm.

Sie sollten, bevor Sie in Ihr neues Zuhause einziehen, versuchen, all die Schritte zu befolgen, die oben im Abschnitt über das Kennenlernen der Persönlichkeit, das Putzen und Raumklären von schon älteren Wohnungen beschrieben wurden. Auch wenn Ihr Haus brandneu ist und Sie die ersten Menschen sind, die darin leben, wird dies Ihnen doch ganz klar helfen, die von Ihnen gewünschte Energie aufzubauen. Nachdem Sie diese Schritte vollzogen haben, können Sie Ihre Freunde und Familienangehörigen in das neue Heim einladen. Bitten Sie sie, ein paar Momente lang Ihr Haus still zu segnen. Wenn Sie Freunde haben, die sich sehr gerne artikulieren, können Sie sie auch bitten, ihren Segen für das Haus und seine Bewohner laut zu sprechen und mit den anderen Anwesenden zu teilen. Feiern Sie dann ein großes Fest mit Essen und Musik. Sie haben hart gearbeitet, Sie haben ein neues Zuhause zur Existenz gebracht, Sie haben es geschafft! Feiern Sie! Ihr neues Zuhause wird mit Ihnen feiern!

11

Ihr Zuhause als Metapher

Alles um Sie herum stellt eine Widerspiegelung Ihres inneren Wesens dar. Die Dinge der Sie umgebenden sichtbaren Realität sind Symbole Ihrer unsichtbaren Welt. In jedem Moment Ihres Lebens durchwandern Sie einen ständig Ihre persönliche Wirklichkeit reflektierenden »Wald von Symbolen«. Um das zu verstehen, sollten Sie um die dieser Tatsache zugrundeliegenden Dynamiken wissen.

Wir alle haben bewußte und unterbewußte Glaubensvorstellungen von uns selbst und dem Leben, das uns umgibt. Es sind unsere *unterbewußten* Glaubensvorstellungen oder Glaubenssätze, die spezifisch über die Qualität unseres Lebens bestimmen. Wir alle haben eine unterbewußte Programmierung in uns, die unsere Sichtweise von der Welt diktiert und auch einen Einfluß darauf hat, wie andere uns sehen. Diese Programmierung entstammt der Art und Weise, wie andere sich in unserer Kindheit auf uns bezogen haben. Und sie entstammt auch den Entscheidungen, die wir in früheren Leben getroffen haben. Eine weitere Quelle bildet zudem das kollektive Unterbewußte der Gesellschaft, in der wir leben. Wenn Sie sich nicht sicher sind, was für ein unterbewußtes Energiefeld Sie in die Welt projizieren, dann brauchen Sie sich nur Ihr Leben anzusehen. Ihr Leben ist ein absoluter Indikator für die Energie und die Glaubensvorstellungen, die Sie projizieren.

Vielleicht kennen Sie den Spruch: »Du bist, was du denkst.« Das bezieht sich nicht nur auf das, was Sie *wissentlich* bewußt denken, sondern auch auf das, was Sie *unwissentlich* denken (Ihre unterbewußten Überzeugungen). Ein kleiner Junge, dem man immer wieder sagt, daß er egoistisch ist, wäre ein Beispiel für die beginnende Prägung von unterbewußten Glaubensvorstellungen. Seine intellektuellen Fähigkeiten sind noch nicht so ausreichend entwickelt, daß er sich gegen diese negative Programmierung wehren könnte, und deshalb akzeptiert sein Unterbewußtsein die Vorstellung, daß er egoistisch ist. Diese Überzeugung wird dann allmählich Teil seiner Realität, und er fängt an sich so zu fühlen, als sei er tatsächlich eine egoistische Person. *Alles das, was man erwartet, hat die Tendenz, sich zu verwirklichen*, und so wird das Kind aufwachsen und sich egoistisch benehmen. Diese innere Programmierung ist so tief in seinem Innern eingewurzelt, daß sie Bestandteil seiner »Existenzgrundlage« wird.

Wenn eine unterbewußte Glaubensvorstellung zum Bestandteil unserer »Existenzgrundlage« wird, bedeutet das, daß sie anscheindend nicht mehr den Charakter einer Entscheidung oder Überzeugung hat – sie scheint dann dem zuzugehören, wie »die Dinge nun einmal sind«. Manchmal lassen sich unsere inneren Grundüberzeugungen mit der Schwerkraft vergleichen. Die Schwerkraft ist so sehr Bestandteil unserer »Existenzgrundlage«, daß wir uns gar nicht mehr bewußt sind, wieviel Druck auf jedem Quadratzentimeter unseres Körpers in jedem Augenblick lastet. Die Schwerkraft ist ein so fundamentaler Bestandteil dessen, was wir selbstverständlich für die »Realität« halten, daß wir fast nie über sie nachdenken.

Grundüberzeugungen werden so sehr Teil unserer Selbst- und Weltanschauung, daß wir gar nicht wissen, daß es sich um Glaubensvorstellungen handelt. Sie sind mit unserem persönlichen Energiefeld »verhaftet« oder darin eingelagert. Wenn unser Körper unsere Energie wellenartig in unser Umfeld ausstrahlt, werden damit auch unsere »Glaubensvorstellungen« in die Welt projiziert. Diese agieren dann in unserem Energiefeld als ein Magnet, der mit unseren unterbewußten Überzeugungen in Übereinklang stehende Umstände und Menschen anzieht.

Das bedeutet, daß unsere persönliche Welt von unseren im Unterbewußten existierenden Grundüberzeugungen in bezug auf uns selbst und das Leben erschaffen oder manifestiert wird. Wenn Sie zum Beispiel die unterbewußte Grundüberzeugung in sich haben, daß niemand Sie je wirklich lieben wird, dann werden Sie sich weiterhin Beziehungen schaffen, in denen Sie tatsächlich nicht wirklich geliebt werden – auch wenn Sie sich auf bewußter Ebene verzweifelt wünschen, geliebt zu werden.

Oder wenn die unterbewußte Überzeugung in Ihr persönliches Energiefeld eingelagert ist, daß Sie niemandem vertrauen können, werden Sie eben diese Überzeugung ständig nach außen projizieren, sogar auch dann, wenn Sie sich heiter und friedlich fühlen. Die Emanationen Ihres Energiefelds agieren als Magnet, der dann nicht vertrauenswürdige Personen in Ihr Leben zieht.

Vielen Menschen ist allmählich klar, daß sie ihre inneren Grundüberzeugungen verändern und damit dann auch ihr Leben verändern können. Eine Veränderung Ihrer inneren Realität hat ganz natürlich zur Folge, daß sich das auch in Ihrer äußeren Realität widerspiegelt. Etwas weniger bekannt, aber gleichermaßen wahr ist die Tatsache, daß *Sie dadurch, daß Sie Ihre äußere Realität verändern, auch Ihre innere Realität verändern können.* Ihre Lebensumstände lassen sich auf dramatische Weise verändern, wenn Sie ganz einfach Veränderungen in den Energiefeldern Ihrer häuslichen Umwelt vornehmen!

Das Mandala Ihres Zuhauses

Wenn Sie die Energie in Ihrem Zuhause verändern, erschaffen Sie ein Energiemandala. Das heißt, Sie können durch die Arbeit an Ihrer Absicht und Ihrer Wohnungseinrichtung ein neues Energiemuster oder Energiemandala herstellen, daß tief in Ihr Unterbewußtsein eindringen und Ihnen helfen wird, die tiefsitzende unterbewußte negative Programmierung in Ihnen umzuwandeln.

Hat diese innere Programmierung dann eine Veränderung erfahren, projizieren Sie allmählich ein neues Energiefeld. Das Leben und Ihre Mitmenschen werden in der Folge darauf reagieren, und das Sie umgebende Universum fügt sich auf eine Weise zusammen, die der von Ihnen projizierten Energie entspricht. Wenn Sie zum Beispiel in Ihrem Zuhause ein Energiemandala des Abenteuers und des Dramas erschaffen, wird diese Schwingung von Ihrem Aurafeld absorbiert. Die Emanationen Ihrer Aura signalisieren dann, gleich wo Sie sich befinden, zu Hause oder unterwegs: »Hallo! Hier bin ich und bin für Spaß zu haben!« Sie werden das Abenteuer anziehen.

Wenn Sie sich Fülle in Ihrem Leben erschaffen wollen, stellen Sie ein Mandala der Fülle in Ihrem Zuhause her. Wenn Sie tiefen inneren Frieden empfinden wollen, dann schaffen Sie sich ein Umfeld, das eine Energie des tiefen inneren Friedens projiziert. Auf diese Weise kann Ihr Zuhause zu einer lebendigen Affirmation dessen werden, was Sie sich jetzt und in Zukunft für Ihr Leben wünschen. Hier folgen einige Vorschläge, wie Sie sich Mandalas erschaffen können, die Ihr Leben auf positive Weise beeinflussen.

Wenn Sie sich ein organisierteres und geordneteres Leben wünschen

Wenn Sie das Gefühl haben, daß in Ihrem Leben ein völliger Wirrwarr herrscht, wird sich die einfache Unternehmung des Ausmistens und Säuberns aller Ihrer Schubladen, das Herstellen einer sensationellen Ordnung in ihnen, auf Ihr restliches Leben auswirken. Das Gefühl von Ordnung und Kontrolle, das Sie dadurch erhalten, kann Ihnen ein allgemeines Gefühl von Stärke und Aufgeräumtheit vermitteln, das Sie vielleicht plötzlich befähigt, Probleme zu lösen, die Sie zuvor komplett durcheinandergebracht haben.

Gehen Sie unter Beherzigung folgenden Mottos an jede einzelne Schublade heran: »Ich brauche es, ich liebe es, oder *weg damit!*« Misten Sie jede Schublade mit der grimmigen Entschlossenheit eines Kriegers aus! Wenn etwas geflickt werden muß, dann flicken Sie es oder schmeißen Sie es weg.

Um von diesem Job nicht völlig überwältigt zu werden, fangen Sie am besten mit einer kleinen Schublade oder einem kleinen Bereich an und arbeiten sich dann langsam Schritt für Schritt durch. Wenn Sie, um mit der Reorganisierung zu beginnen, gleich den ganzen Inhalt Ihrer Schubladen auf den Boden kippen, werden Sie sich nur noch unentschlossener und konfuser fühlen. Und selbst wenn Sie es nur schaffen, ein einziges Zimmer in Ihrer Wohnung auf diese Weise in Ordnung zu bringen, wird die Bewältigung dieser Aufgabe ein machtvolles Mandala erzeugen, das Ihnen hilft, Kontrolle über Ihr Leben zu erlangen.

Wenn Sie sich mehr Fülle in Ihrem Leben wünschen

Wenn Sie sich mehr Fülle im Leben verschaffen wollen, dann fangen Sie zunächst damit an, daß Sie in Ihren persönlichen Räumen die Illusion oder das Gefühl von Luxus hervorrufen. Das läßt sich, wenn Sie Ihre Kreativität einsetzen, schon mit wenig Geld bewerkstelligen. Kaufen Sie Dinge, die nicht teuer sind, aber das Gefühl von Überfluß vermitteln, wie zum Beispiel einen farbenprächtigen Stoff. Fahnden Sie in Secondhandläden nach hübschen Dingen, die dort sehr viel weniger kosten als im Neuzustand. Suchen Sie sich Gegenstände aus, die das Genießerische in Ihnen ansprechen.

Fangen Sie mit einem Raum an, vielleicht mit dem Schlafzimmer. Drapieren Sie farbenprächtige Stoffe über Ihr Bett und behängen Sie damit die Wände. Verteilen Sie eine Menge Kissen. Sorgen Sie dafür, daß alles große Behaglichkeit und tiefes Wohlbefinden ausströmt. Hängen Sie Fotos oder Bilder mit Darstellungen der Fülle an die Wand.

Sie könnten auch eine »Schatzkarte« anfertigen, die Ihnen bei der Umprogrammierung Ihres Unterbewußten hilft. Eine »Schatzkarte« ist eine Kollage von Fotos oder Ausschnitten aus Zeitschriften, die Ihnen insgesamt ein Bild von dem vermittelt, was Sie zu manifestieren wünschen. Wenn Ihr altes Auto zum Beispiel ständig zusammenbricht und Sie ein neueres Auto wollen, dann suchen Sie nach einem Bild von dem Auto, das Sie gerne hätten. Suchen Sie auch nach einem Foto, auf dem Sie wirklich glücklich aussehen, und nach weiteren Bildern und Worten, die Fülle und Wohlstand ausdrücken, wie zum Beispiel große prächtige Blumensträuße oder schöne Teppiche und üppiges Essen. Fügen Sie alles zu einer Kollage zusammen und stecken Sie sie in einen Wechselrahmen. Achten Sie darauf, daß auch ein Bild dabei ist, das für Sie den Großen Geist zur Darstellung bringt und Sie an das bei Ihrer Manifestierung mitspielende schöpferische liebende Prinzip erinnert. Hängen Sie dann Ihre Schatzkarte an einem Ort auf, wo sie Ihr Unterbewußtes allmählich infiltrieren kann. Das ist oft das Schlafzimmer. Wenn Sie eine Grundlage für die Fülle in Ihren persönlichen Räumen herstellen, wird das Ihr Bewußtsein so verändern, daß Sie allmählich wissen, daß die Fülle tatsächlich in Ihr Leben einfließen kann.

Ein junger Mann bat mich einmal, in seinem Zuhause ein Raumklären vorzunehmen. Er war in seiner Firma wegrationalisiert worden und hatte mit finanziellen Problemen zu kämpfen. Er hoffte, daß das Klären der Energien in seinem Haus das Blatt zum Besseren wenden würde. Das Geld schien ihm ebenso schnell aus den Händen zu rinnen wie es hereinkam, sagte er mir. Als ich dann in seinen Räumen herumging, merkte ich, daß die Energie aus seinem Haus abfloß. Energetisch gesehen war es ein Sieb. Ich befragte ihn und erfuhr, daß er oft sehr müde wurde, wenn er zu Hause war, und daß Besucher häufig früh gingen, weil sie sich müde fühlten. Nachdem ich die Energielecks mit Techniken des Raumklärens verschlossen hatte, schlug ich ihm vor, eine Atmosphäre der Fülle zu kreieren. (Ich riet ihm auch, seinem Gefühl, nichts wert zu sein, nachzugehen und es aufzulösen, damit er glauben konnte, daß Fülle und Überfluß durchaus in Ordnung sind und er es wert war, in Wohlstand zu leben.)

Wir sprachen daher zunächst einmal darüber, was für ihn Fülle war. Dann bat ich ihn, die Augen zu schließen und sich auf eine kreative innere Reise zu begeben, bei der er sich vorstellte, in einem luxuriösem Haus herumzuwandern. Hier sah er, wie er mir erzählte, vor seinem inneren Auge Weinflaschen in einer Stellage, eine Flasche sehr guten Olivenöls und frischen Knoblauch in einem Korb in der Küche. Seine Bilder schienen alle um die Küche und um Ingredienzen von guter Qualität zu kreisen.

Nachdem er seine innere Reise beendet hatte, sprachen wir über seine inneren Bilder. Das Kochen machte ihm großen Spaß, und nun wurde ihm bewußt, daß viele seiner sich mit Fülle verbindenden Assoziationen mit Zutaten zu tun hatten, die beim Kochen verwendet werden. Er merkte, daß er seine Wahrnehmung von seiner finanziellen Lage in manchen Fällen durch sein Einkaufsverhalten bestärkte. Zum Beispiel verwendete er beim Kochen nicht frischen, sondern nur getrockneten und pulversierten Knoblauch (obwohl er sich frischen Knoblauch locker leisten konnte), weil in seinem Unterbewußten die Überzeugung nistete, daß nur reiche Leute frischen Knoblauch beim Kochen verwenden.

Nach unserem Treffen ging er einkaufen und besorgte sich eine Flasche gutes Olivenöl, einen guten Wein und frischen Knoblauch. Für manche Leuten mag sich diese Aktion töricht oder trivial anhören, aber für ihn bedeutete sie das Durchbrechen eines Musters von Armutsdenken. Später erzählte er mir, daß er sich seither, wenn er kochte, immer sehr luxuriös fühlte. Er schuf sich eine Küche, die für ihn nach Überfluß aussah und sich auch so anfühlte. Und jedesmal, wenn er seine Küche betrat, durchbrach er symbolisch sein altes Muster. Der Erfolg trat nicht über Nacht ein, aber so wurde sein lebenslanges Muster des Armutsdenkens langsam und stetig aufgebrochen, und er begann sich eine Zukunft der Fülle und des Wohlstands aufzubauen.

Wenn Sie sich mehr Liebe in Ihrem Leben wünschen

Finden Sie heraus, was für Sie Liebe symbolisiert, und füllen Sie Ihr Zuhause damit. Eine Frau kam zu mir, die sich mehr Liebe in ihrem Leben wünschte. Wir führten bei ihr zu Hause ein Raumklären durch, und danach installierte sie einen Zimmerspringbrunnen im Beziehungsbereich ihres Hauses (siehe Kapitel 13). Ich bat sie, mir zu erzählen, was für sie Liebe versinnbildlichte. Sie sagte, die Farbe Rosa (rosa Rosen und Herzen) symbolisiere für sie Liebe. Auf meinen Vorschlag hin pflanzte sie rosafarbene Rosen in ihrem Garten. Eine Menge! Die Schlafzimmerwände erhielten eine Tönung in sanftem Muschelrosa, und im ganzen Haus wurden Herzen in allen Größen und Variationen verteilt, angefangen von Fotos von Herzen bis hin zu herzförmigen Kissen. Ich riet ihr auch, Fotos von Menschen aufzustellen, die in ihrer Gemeinsamkeit glücklich aussahen. Innerhalb von sehr viel kürzerer Zeit als sie erwartet hatte, traf sie einen am örtlichen College unterrichtenden Professor und verliebte sich Hals über Kopf in ihn. Sie entwickelten eine wunderbare Beziehung.

Wenn Sie mehr Kreativität in Ihr Leben bringen wollen

Kreativität entsteht aus der Fähigkeit, etwas »Gewöhnliches« auf andere Weise zu sehen. Schauen Sie sich einen Korb an und sehen Sie darin einen Lampenschirm. Nehmen Sie Dinge, die andere wegwerfen, und sehen Sie zu, was Sie kreativ daraus machen können. Ich kannte drei Brüder, die alle bei der Müllabfuhr tätig waren. Sie lebten zusammen und hatten sich in ihrem Zuhause ein wundervolles magisches Ambiente geschaffen, indem sie Dinge verwerteten, die andere Menschen weggeworfen hatten. Nehmen Sie etwas, das ein anderer weggeworfen hat, und finden Sie einen Weg, es in einen schönen Gegenstand zu verwandeln.

Sie können Ihr Zuhause als Leinwand für Ihre Kreativität benutzen, ohne eine Menge Geld ausgeben zu müssen. Besorgen Sie sich ein altes Secondhandsofa und eine Menge billiges Segeltuch oder dicken Baumwollstoff. Nehmen Sie einen Pinsel zur Hand und bemalen Sie den Stoff mit Ihrem eigenen Design. Ich benutze dazu eine verdünnte Emulsion in Verbindung mit acrylsaurem Polymer, damit die Farbe haftenbleibt (oder Sie nehmen etwas teurere Stoffarbe). Stecken Sie ihn dann in die Waschmaschine und voià – da haben Sie Ihren von kreativem Geist erfüllten Designerstoff! Nähen Sie den Stoff zu einem großen Rechteck zusammen und drapieren Sie ihn über das alte Sofa. Damit der Überwurf nicht herunterrutscht, umwickeln Sie das Sofa an seiner Unterkante fest mit einem langen Stoffband.

Bemalen Sie einen einfachen Lampenschirm aus Papier mit Ihren eigenen Mustern. Tapezieren Sie Ihre Wände mit altem Packpapier oder möbeln Sie eine alte Kommode mit Papiermaché aus Zeitungen oder farbenprächtigen Glanzfotos aus Magazinen auf. Nehmen Sie eine Lichterkette mit kleinen weißen Christbaumkerzen, hängen Sie sie verschlungen in einen großen Zweig und stellen Sie ihn in einer Ecke Ihres Wohnzimmers auf, um eine zauberische Atmosphäre zu verbreiten.

Das sind nur ein paar Gedanken, um Sie auf den Weg zu bringen. Seien Sie kreativ in Ihrem Zuhause, und Sie werden feststellen, daß Sie angefangen haben, ein Mandala der Kreativität für Ihr Leben zu erschaffen.

Wenn Sie sich mehr Frieden in Ihrem Leben wünschen

Erfüllen Sie Ihr Zuhause mit der Energie und dem Gefühl von Frieden, um mehr Frieden in Ihr Leben zu bringen. Streichen Sie ein Zimmer blau. Ersetzen Sie die Rot- und Orangetöne durch blaue Farben und Pastelltöne. Trennen Sie sich von allen Gegenständen, die Sie nicht mögen oder die Sie irritieren. Spielen Sie besänftigende Musik. Weihen Sie Ihren Hauskristall dem Frieden. Stellen Sie Farnpflanzen auf. Investieren Sie in ein Aquarium mit sich langsam und anmutig bewegenden Fischen. Schaffen Sie sich einen Zimmerspringbrunnen an, damit Sie dem entspannenden Plätschern von fließendem Wasser lauschen können. Hängen Sie Fotos und Bilder mit friedlichen Naturszenen auf. Mildern Sie scharfe Ecken und Kanten ab, indem Sie sie mit Stoff verhängen oder ihn darüberdrapieren. Versprühen Sie immer mal wieder Lavendelduft in Ihrer Wohnung. Wenn sich Ihr Zuhause wie eine Stätte des Friedens anfühlt, wird auch Ihr Herz von Frieden erfüllt sein.

Wenn Sie sich mehr Leidenschaft in Ihrem Leben wünschen

Purpurfarbene Samtvorhänge, kuschelige rosafarbene Handtücher, überall Kerzen und Quasten und Troddeln zuhauf. Überlange Vorhänge, die sich schleppengleich über dem Boden dahinfalten. Überall Kissen. Farben und Stoffe der verschiedensten Art und aufeinander abgestimmt. Blumensträuße – lassen Sie sie dahinwelken, Blumen können in allen Stadien schön sein (Tulpen machen viele wunderschöne Phasen durch, in denen sie sich kringeln und verwandeln, bevor das allerletzte Blatt abfällt). Lassen Sie die Schuhe, wenn Sie sie ausziehen, in der Gegend herumpurzeln. Drapieren Sie einen alten Wollschal über Ihr Sofa. Breiten Sie ein burgunderfarbenes Seidentuch mit langen Fransen über einen Lampenschirm. Hängen Sie, leicht schräg, ein übergroßes Aktgemälde als zentralen Blickfang im Wohnzimmer auf. Versprühen Sie Parfüm in der ganzen Wohnung. Hören Sie Jazzmusik.

Natürlich hat jede Person ihre eigenen Vorstellungen von Leidenschaft. Finden Sie heraus, was Sie mit Leidenschaft assoziieren, und stellen Sie dann die entsprechende Atmosphäre in Ihrer Wohnung her. Ich wurde eingeladen, bei einer Frau mittleren Alters ein Raumklären durchzuführen. Als wir uns über ihr Leben, ihre Sehnsüchte und Ziele unterhielten, wurde klar, daß sie einsam war und sich eine Beziehung wünschte. Ihre Wohnung war sehr attraktiv, aber fast zu ordentlich. Alles war an seinem

Platz und wirkte sehr überlegt und bedachtsam aufgestellt. Auf einem Tisch standen in genau bemessenem Abstand voneinander zarte Porzellanfigürchen. Auf einem anderen Tisch war ein adrett arrangierter kleiner Blumenstrauß plaziert. Insgesamt ergab alles einen überaus erfreulichen Anblick, aber man hatte das Gefühl, daß weder in ihrer Wohnung noch in ihrem Leben Platz für jemand anders war. Es war ein geschlossener Kreislauf.

Ich bat sie um Entschuldigung und machte mich als erstes über ihr Blumenarrangement her. Ich nahm den Strauß aus der Vase, trug ihn in die Küche und stopfte die Blumen so wie sie kamen in ein Wasserglas, wo sie kreuz und quer und wasserfallartig über den Rand herabquollen. Ich bat sie dann, sich die Blumen anzusehen und mir zu sagen, was sie dabei empfand. Der Anblick löste bei ihr ein merkwürdiges und unbehagliches Gefühl aus. Wir sprachen noch weiter über ihr Leben, und sie erzählte, daß sie sich sehr eingeschränkt und eingesperrt fühlte.

Sie willigte ein, mich nach dem Raumklären noch einige Veränderungen in ihrer Wohnung vornehmen zu lassen. Nicht daß da viel zu klären gewesen wäre – nur ein bißchen stagnierende Energie hier und dort. Danach schob ich ihre Möbel herum und verteilte ihre Deckchen und Kissen wahllos in der Gegend. Ich nahm ein Gemälde ab und lehnte es auf dem Boden gegen die Wand. Ich machte noch ein paar Vorschläge für zusätzliche Dinge, die sie zur Auflockerung der Energien tun konnte.

Ihre Wohnungsenergie wirkte so präzise abgezirkelt, daß sich andere Menschen dort nur schwer wohl fühlen konnten. Durch die Unordnung wurde der geschlossene Kreislauf unterbrochen und geöffnet. All diese Veränderungen bereiteten ihr Unbehagen, aber sie willigte ein, es für eine Weile dabei zu belassen, um zu sehen, was passieren würde.

Ein paar Tage später rief sie mich aufgeregt an. Sie erzählte, daß ihre männlichen Arbeitskollegen, die vormals nicht mal Notiz von ihr genommen hatten, nun anfingen sie zu beachten, obwohl sie sich genauso (wie sie meinte) wie sonst auch verhielt. Sie fühlte sich so ermutigt, daß sie ihre Wohnung gleich noch ein bißchen mehr in Unordnung brachte. Ich erklärte ihr, daß es nicht nötig sei, sie in ein totales Chaos zu verwandeln. Wir hatten durch diese Aktion begonnen, alte Verhaltensmuster, die sich in ihrer Wohnung widerspiegelten, aufzubrechen, Verhaltensmuster, die ihr eine Beziehung verwehrt hatten. Ich freue mich berichten zu können, daß sie ein paar Monate später eine Beziehung einging. Erschaffen Sie ein Energiemandala der Leidenschaft, und sie wird sich manifestieren.

Wenn Sie sich mehr Spaß und Glück in Ihrem Leben wünschen

Wenn Sie unter einem steten Gefühl der Depression leiden und Ihre Seele beschwert ist, dann versuchen Sie Ihr Lebensumfeld in jeder Hinsicht dem Licht zu öffnen. Ziehen Sie die Vorhänge zurück. Stellen Sie viele Kerzen im Raum auf. Lassen Sie leichte luftige Stoffe von der Decke herabwehen. Erwägen Sie, sich einen Vogel als Hausgenossen zuzulegen! Sie werden überrascht sein, was für verblüffende Auswirkungen diese Unternehmungen auf Ihre Stimmungen haben.

Verwenden Sie leuchtendes Gelb und klare, fröhliche Farben für Ihre Wände und Möbel. Öffnen Sie die Fenster und lassen Sie soviel Licht wie möglich herein. Stellen Sie Kinderspielzeug in Ihre Regale. Ich finde, daß sich die altmodischen Spielzeugdinger zum Aufziehen gut eignen, um eine Wohnung fröhlicher zu gestalten. Sie entlocken unvermeidlich ein Lächeln. Hängen Sie Luftsäcke, farbenfrohe Fähnchen und Futterringe für Vögel auf. Setzen Sie Kuscheltiere auf die Betten. Stellen Sie eine wunderliche Skulptur in Ihrem Wohnzimmer auf. Bemalen Sie einen Eßzimmerstuhl mit Streifen und einen anderen mit Tupfen. Legen Sie sich schrullige, verrückte und lustige Dinge für Ihren Haushalt zu, und es wird sich auf Ihr Leben übertragen.

Wenn Sie sich mehr Einfachheit in Ihrem Leben wünschen

Befreien Sie sich von absolut allem, was Sie nicht brauchen oder nicht wirklich lieben. Seien Sie in diesem Punkt unbarmherzig. Wenn Sie etwas in den letzten zwei Jahren nicht benutzt haben, weg damit. Wenn Sie etwas ein Jahr lang schon nicht mehr getragen haben, weg damit. Entrümpeln Sie Ihre Wände. Es ist besser, ein gutes Bild an der Wand hängen zu haben, als eine Menge von Bildern und anderen Dingen, an denen Ihnen nicht wirklich liegt. Räumen Sie Ihren Couchtisch ab, lassen Sie nur einen Lieblingsgegenstand darauf stehen. Misten Sie Ihre Schränke aus. Es ist besser, zehn gute Kleidungsstücke zu haben als dreißig, die Sie eigentlich nicht wirklich mögen oder nicht tragen. Erfreuen Sie sich an der einfachen nüchternen Form Ihres Zuhauses, und auch Ihr Leben wird allmählich einfacher werden.

Befreiung von einer negativen Vergangenheit

Befreien Sie sich, wenn Sie sich von einer negativen Vergangenheit lösen wollen, von allen Gegenständen in Ihrem Zuhause, die die Energie Ihrer Vergangenheit in die Gegenwart hineintragen. Eine Klientin erzählte mir zum Beispiel, daß ihr immer übel wurde, wenn sie ihr Schlafzimmer betrat. Sie bat mich, bei ihr zu Hause ein Raumklären durchzuführen. Ich überprüfte die Energien in ihrem Schlafzimmer, und sie waren in Ordnung. Ich fragte sie, in welcher Weise ihr denn übel wurde. Sie erklärte, es sei genau die gleiche Übelkeit, die sie vor zweieinhalb Jahren, als sie schwanger war, immer am Morgen überkam. Dann fragte ich sie, seit wann ihr denn beim Betreten ihres Schlafzimmers übel wurde. Seit einem Jahr, erwiderte sie. Gab es irgend etwas in ihrem Schlafzimmer, das sich auch damals darin befand, als sie diese morgendliche Übelkeit überkam, fragte ich als nächstes.

Plötzlich leuchteten ihre Augen auf, und sie erzählte mir: »Mir war fast während meiner ganzen Schwangerschaft übel, und gewöhnlich blieb ich im Bett, weil ich mich zu krank fühlte, um aufzustehen. Die Tagesdecke auf meinem Bett war diese blaugrüne Decke, die Sie auch jetzt dort sehen. Nach der Geburt meines Babys legte ich eine neue Decke über das Bett, aber dann vor einem Jahr gerieten Flecken darauf, und ich nahm wieder diese blaugrüne Decke. Und genau ab diesem Zeitpunkt wurde mir übel, wenn ich das Schlafzimmer betrat.« Ihr wurde klar, daß sie ihre morgendliche Übelkeit während der Schwangerschaft mit dieser blaugrünen Decke assoziiert hatte, und daß sie nun jedesmal, wenn sie ins Schlafzimmer kam, unterbewußt eine Übelkeitsreaktion auslöste. Wir entfernten natürlich sofort die Decke, und seither war es mit dieser Übelkeit vorbei.

Die Zulus verbrennen die Kleidungsstücke einer Person, die eine schwierige Zeit durchmacht, um die ihnen anhaftenden emotionalen Überreste loszuwerden. In manchen Kulturen werden die Kleider verbrannt, die eine Frau während der Geburt ihres Kindes trug, um symbolisch zu zeigen, daß sie und das Baby nun in einen neuen Zyklus eintreten. Wenn Sie irgendwelche Gegenstände in Ihrer Wohnung haben, mit denen Sie schlechte Erinnerungen verbinden, oder die Sie von einer Person bekommen haben, der gegenüber Sie keine guten Gefühle hegen, dann weg damit! (Oder reinigen Sie sie gründlich, wenn Sie sich nicht von ihnen trennen mögen.)

Die Gegenstände in Ihrem Zuhause sollten mit guten Erinnerungen verbunden sein, sonst ziehen die negativen Assoziationen die Energie herunter. Wenn Sie etwas für Ihr Zuhause kaufen, sollten Sie sich darüber klar sein, daß sich Ihre Gefühle beim Einkauf auch auf Ihre Gefühle auswirken, wenn der Gegenstand dann bei Ihnen zu Hause steht. War der Erwerb eine gute und fröhliche Erfahrung, werden Sie auch gute Assoziationen mit dem Gegenstand verbinden, und er wird weiterhin diese Fröhlichkeit ausstrahlen. Wenn der Verkäufer aber ruppig und unhöflich war und Sie verstimmt waren, werden Sie wahrscheinlich nie so viel Freude an dem Gegenstand haben wie bei einem fröhlichen Kauf.

Eine junge Frau rief mich an, die im vorangegangenen Jahr geschieden worden war. Sie litt unter einer leichten Depression und fragte sich, ob wohl das Apartment, in das sie nach der Scheidung eingezogen war, eine »schlechte« Energie hatte. Als ich sie in ihrer Wohnung aufsuchte, bemerkte ich, daß von einer Reihe Gegenstände ungewöhnliche Emanationen ausgingen. Ich erkundigte mich nach ihnen und bekam zur Antwort: »Ach, Ted und ich haben das auf Hawaii gekauft.« »Ted und ich haben das in einem reizenden kleinen Antiquitätenladen erworben.« Jeder Gegenstand, der diese ungewöhnliche Energie aufwies, war ein Stück, das sie während ihrer schwierigen Ehe gekauft hatten. (Sie hatten nach sehr kurzer Bekanntschaft geheiratet, und die Ehe hielt nur ein Jahr.)

Ich sagte ihr, daß meiner Meinung nach die Energie in ihrer Wohnung im wesentlichen in Ordnung war. Ich riet ihr, ein paar Spiegel aufzuhängen und Kristalle aufs Fensterbrett zu stellen. Vor allem aber sollte sie alle Gegenstände entfernen, die sie während ihrer kurzen Ehe gekauft hatten. Dazu war sie nicht bereit, und so schlug ich vor, sie zwei Wochen lang einzulagern und zu sehen, ob sich ihre Depression in der Zwischenzeit verflüchtigte. Widerwillig befolgte sie diesen Rat. Zwei Wochen später rief ich sie wieder an, um mich nach ihrem Befinden zu erkundigen. Sie erzählte, die Depression sei weg. Und sie hätte erkannt, daß sie sich an die Vergangenheit klammerte und sich jedesmal, wenn sie die mit Ted gemeinsam gekauften Gegenstände ansah, unterbewußt wie eine Versagerin fühlte. Als sie sich von dieser (in ihrem Geist stattfindenden) beständigen Affirmation ihres Versagens befreite, hatte sie für sich einen Raum geöffnet, der ihr nun erlaubte, ihre Beziehung objektiv zu beurteilen. Sie beschloß, die Gegenstände nicht wieder in ihrer Wohnung aufzustellen, und war nun bereit, in ihrem Leben voranzuschreiten statt ständig nur zurückzuschauen.

Wenn Sie sich mehr Gesundheit wünschen

Wenn Sie aus Ihrem Zuhause ein Mandala der exzellenten Gesundheit machen wollen, dann gibt es hier zwei Möglichkeiten. Die erste betrifft die Veränderungen in Ihrer unmittelbaren physischen Umgebung. Überprüfen Sie die elektromagnetischen Felder (EMFs) in Ihrem Haus und eliminieren Sie so viele wie möglich; halten Sie sich von den restlichen EMFs fern (siehe Seite 237f.). Investieren Sie in ein Luftfiltersystem (siehe Seite 117). Trinken Sie »gereinigtes« Wasser, oder legen Sie sich ein Wasserfiltersystem zu (siehe Kapitel 5). Überprüfen Sie auch, ob Sie irgendwelche Allergiestoffe in der Wohnung haben wie Teppichkleber, Asbest oder Radon (um nur einiges zu nennen), und suchen Sie nach Wegen, diese zu neutralisieren.

Die zweite Möglichkeit: Schaffen Sie sich ein Energie und Gesundheit ausstrahlendes Umfeld. Stellen Sie überall Pflanzen auf. (Achten Sie darauf, daß sie gesund sind – nicht gesunde Pflanzen sind nicht gut für ein Mandala der Gesundheit.) Streichen Sie die

Wände in hellen, klaren Farben, vermeiden Sie dumpfe Farben oder Grautöne. Hängen Sie Fotos oder Bilder auf, auf denen gesunde oder sehr vital wirkende Leute zu sehen sind. (Mit anderen Worten, keine grauen Szenen von Londons tristen Straßen im winterlichen Nieselregen; sondern ein Foto von einer blühenden Bergwiese an einem strahlenden Sommertag.) Putzen Sie Ihr Haus komplett durch und klären Sie die Energien auf gründlichste Weise. Führen Sie dann mindestens einmal in der Woche ein leichtes Raumklären durch. Je mehr Gesundheit und Vitalität Ihr Zuhause ausstrahlt, desto leichter ist es für Sie, gesund und wohlauf zu bleiben.

Wenn Sie Ihre spirituelle Entwicklung fördern möchten

Finden Sie Fotos oder Bilder von spirituellen Lehrern oder Menschen auf dem spirituellen Weg, die Sie bewundern. Stellen oder hängen Sie die Fotos an Orten auf, wo sie sich in Ihr Unterbewußtsein einprägen können. Es ist ein guter Gedanke, das Foto eines spirituellen Lehrers neben Ihrem Bett aufzustellen, so daß Ihr letzter Blick vor dem Einschlafen und Ihr erster Blick nach dem Aufwachen darauf fallen kann. Die Vorstellung von Gurus ist nicht jedermanns Sache, weshalb Sie auch Bilder von Gottes Schöpfung, ein Gemälde von einem Wald oder einem Berg, in Ihrer Wohnung aufhängen können. Die Verteilung von Affirmationen oder inspirierenden Zitaten in Ihrem Zuhause ist eine andere gute Möglichkeit, um ein spirituelles Mandala zu erschaffen. Suchen Sie sich ein Zitat, das mit Ihren spirituellen Bestrebungen übereinklingt, und lassen Sie es von einem Kalligraphen kopieren. Rahmen Sie es und hängen Sie es an einem Ort auf, wo es sich Ihrem Unterbewußtsein einprägt. Das Badezimmer oder das Schlafzimmer eignen sich außerordentlich gut für solche Zitate oder inspirierenden Sprüche.

Als weitere Möglichkeit bietet sich ein Hausaltar an. Was ein Altar ist und wie er aussieht, ist eine Sache Ihrer persönlichen Wahl. In seiner grundlegendsten Form ist er ein kleiner Schrein für Gegenstände, die Ihre Verbindung mit dem Großen Geist symbolisieren, und für Gegenstände, die Ihnen helfen sich zu erinnern, warum Sie sich hier auf diesem Planeten befinden. Natürlich haben nicht alle Menschen einen ganzen Meditationsraum für ihren Altar zur Verfügung, doch ein kleiner Altar läßt sich auch noch im winzigsten Apartment aufbauen – auf einem Tisch, auf einem Regalbrett oder an irgendeiner Stelle, die für Sie einen geehrten Platz darstellt. Mein gegenwärtiger Meditationsraum mit Altar besteht aus einem umgebauten Schrank. Als wir davor in einem überaus winzigen Haus lebten, hatte ich meinen Altar unter einem Ziertisch. Ich fertigte eine Decke an, die den Tisch bedeckte und bis zum Boden herabhing, und daraus entstand ein wunderbarer intimer kleiner spiritueller Retreat-Ort für mich.

Ihr Altar sollte das spirituelle Zentrum Ihres Zuhauses bilden. Die durch Ihren Altar erzeugte Energie strahlt in Ihre ganze restliche Wohnung aus. Wenn Sie einen Guru oder andere spirituelle Lehrer haben, können Sie ihre Fotos auf Ihrem Altar aufstellen als Erinnerung an die Qualitäten, die Sie in ihnen wahrnehmen und die Sie persönlich anstreben. Wenn Sie Ihre Verbindung mit dem Großen Geist in der Natur finden, könnten Sie Gegenstände aus der Natur auf Ihren Altar legen. Es empfiehlt sich, dort ein Objekt als Konzentrationspunkt zu haben. Das könnte ein Symbol sein (wie zum Beispiel der Davidsstern) oder ein Foto (von einem Ort in der Natur oder einer Person, die Ihnen bei der Verbindung mit Ihrer spirituellen Quelle hilft), oder ein Gegenstand (wie etwa ein Kristall, eine Glocke, eine Feder oder eine Blume). Wichtig ist, daß Sie Ihren Altar ständig aufladen, abstauben und säubern, da er eine so wichtige Funktion in Ihrem Zuhause erfüllt.

Wenn Sie schöner werden wollen

Schaffen Sie Schönheit um sich herum, um sich selbst schöner zu fühlen. Nehmen Sie sich Zeit, werden Sie innerlich still und machen Sie sich bewußt, was für Sie Schönheit ist. Für den einen Menschen bedeutet sie eine runde Vase mit rosafarbenen Rosen, für einen anderen durch ein Fenster hereinflutendes Sonnenlicht und sanft wehende Vorhänge zu beiden Seiten. Kaufen Sie sich ein absolut wunderbares Bettlaken für Ihr Bett und fühlen Sie sich jedesmal, wenn Sie ins Bett gehen, in die sanfte Glätte und

Eleganz dieses wundervollen Lakens eingehüllt. Schaffen Sie sich eine Umgebung, die Sie als schön empfinden.

Je mehr Schönheit Sie um sich herum sehen und wahrnehmen, desto schöner werden Sie werden. Fühlen, sehen, spüren, riechen, hören Sie Schönheit überall um sich herum, wo immer Sie sind, auch wenn Sie sich nicht zu Hause aufhalten. Aktivieren Sie alle Ihre Sinne. Überall, auch in einer überfüllten, versmogten Stadt, findet sich immer irgendwo Schönheit. Vielleicht hat sich da eine hübsche kleine Pflanze durchs Pflaster gedrängt oder segelt eine kleine Wolke zwischen Wolkenkratzern dahin. Nehmen Sie die Schönheit wahr, wo immer Sie sind, zu Hause und in Ihrer Umwelt, und Sie werden schöner werden.

Wenn Sie sich mehr Abenteuer in Ihrem Leben wünschen

Ich habe eine mitten im Zentrum Londons wohnende Freundin, aber wenn Sie ihr kleines Apartment betreten, wähnen Sie sich in einem Adobehaus im Südwesten der Vereinigten Staaten. Sie hat Adobewände und Kakteen in ihrer Wohnung. Sie nimmt Salbei als Räucherwerk und spielt auf ihrer Stereoanlage indianische Flötenmusik. An den Wänden finden sich indianische Traumfänger und Fotos von Wölfen und Teppiche im Stil des Südwestens. Man hat fast das Gefühl, beim Blick aus dem Fenster weite Prairien und dahinstürmende Büffel sehen zu können, statt auf den Portobellomarkt zu schauen. Ich fragte sie, warum sie ihr Zuhause so eingerichtet habe. Sie erklärte, dies vermittle ihr ein Gefühl von Abenteuer und Pioniergeist. (Interessanterweise ist auch ihr Leben mit Abenteuern angefüllt.) Sie arbeitet in einem Londoner Büro, doch sie reiste auch in die Vereinigten Staaten, um an einer Schwitzhüttenzeremonie teilzunehmen, und sie fertigte sich eine indianische Trommel an. Die Form folgt der Absicht, und da ihre Absicht auf Abenteuer und den Geist des Westens ausgerichtet war, hat sie begonnen, sich dies auch in ihrem Leben zu erschaffen.

Hängen Sie sich, wenn Sie ein abenteuerlicheres Leben haben wollen, Fotos oder Gemälde von exotischen Orten an die Wand. Schaffen Sie sich ein Umfeld, das besagt: »Ich überschreite meine persönlichen Grenzen. Das will ich, darauf bin ich in meinem Leben aus.« Keine farblich aufeinander abgestimmten Möbel! Seien Sie wagemutig. Mischen Sie Stilmöbel und chinesisches Porzellan mit einem Heavy Metal Poster und einer schrägen Neonlampe.

Gehören Sie zu den Menschen, die ihr »gutes« Zeug nicht benutzen wollen? Die im Badezimmer die zur Schau gestellten flauschigen Handtücher auf dem Handtuchständer nicht benutzen, sondern statt dessen die etwas ruppigere Version? Nehmen Sie nie Ihr gutes Porzellan? Wenn Sie sich mehr Abenteuer in Ihrem Leben wünschen, dann brechen Sie aus. *Benutzen* Sie Ihr feinstes Porzellan! *Sitzen* Sie auf Ihrem kostbarsten antiken Stuhl. (Nehmen Sie den Plastiküberzug ab!) *Benutzen* Sie Ihre besten Handtücher! Gehen Sie Risiken in Ihrem häuslichen Umfeld ein, und Sie werden ein Mandala erzeugen, das Ihnen hilft, sich in verrückte Abenteuer zu begeben.

Wie sieht Ihr gegenwärtiges Wohnungsmandala aus?

Überprüfen Sie das Mandala, das Sie sich bisher in Ihrer Wohnung erschaffen haben. Was für eine Gesamtenergie projiziert Ihr Zuhause? Sieht es spartanisch aus, und fühlt es sich auch so an? Strahlt es Bequemlichkeit und eine entspannte Lebensanschauung aus? Ein spartanisches Zuhause ist ganz in Ordnung, wenn Sie sich eine sehr präzise Herangehensweise an die Welt wünschen. Wenn Sie aber mehr Bequemlichkeit in Ihrem Leben haben wollen, dann schaffen Sie sich ein bequemeres häusliches Umfeld. Wenn Sie mehr Präzision, Klarheit und Organisiertheit anstreben, Ihre Wohnung aber aussieht, als sei gerade ein Tornado durchgewalzt, dann verändern Sie Ihr häusliches Ambiente so, daß sich auch Ihr Leben wunschgemäß verändern kann.

Entspricht die Ausstrahlung Ihres Wohnungsmandalas dem, was Sie sich für sich selbst wünschen? Sind Sie mit den Botschaften, die Ihr Haus übermittelt, zufrieden? Wie würden Sie, wenn Sie als ein Fremder Ihr Zuhause beträten, die hier lebende Person beurteilen? (Gewöhnlich sind unsere Urteile über andere ein untrüglicher Hinweis auf unsere eigenen unterbewußten Gefühle.) Wenn Ihr Zuhause nicht das von Ihnen gewünschte Mandala ausstrahlt, dann nehmen Sie Veränderungen vor und schauen Sie mal, wie sich Ihr Leben verändert.

Das Haus als Ausdruck des Selbst

Im Ordnungssinn, der sich darin zeigt, wie wir unser Haus organisieren, spiegelt sich unser persönliches Gefühl von Ordnung im Universum wider. Ihr Zuhause ist in vielerlei Hinsicht eine symbolische Darstellung Ihres Selbst. Tatsächlich sind sich viele Traumexperten darin einig, daß das im Traum auftauchende Haus einer Person oft symbolisch für ihr Selbst steht. Der Keller repräsentiert gewöhnlich das Unterbewußtsein, während das Dachgeschoß häufig auf höhere Bestrebungen deutet. Jeder Bereich Ihres Hauses weist einen symbolischen Bezug zu einem Bereich Ihres Lebens auf. Achten Sie, wenn Sie Ihr Leben verändern oder einen Aspekt Ihres Lebens bestärken wollen, auf den korrespondierenden Bereich in Ihrem Haus. Jedes Zimmer Ihres Zuhauses repräsentiert einen Teil Ihrer Persönlichkeit. Im Folgenden finden Sie zwar ein paar Beispiele aufgeführt, doch sollten Sie selbst herausfinden, was jeder Raum für *Sie* symbolisiert.

Vordereingang

Der Vordereingang Ihres Zuhauses spielt eine sehr wichtige Rolle, da er nicht nur einen ersten Eindruck vermittelt und den Energiegrundton für die ganze Wohnung setzt, sondern weil er auch symbolisch zum Ausdruck bringt, wie Sie sich der Welt präsentieren. Ihr Zuhause soll für Sie ein nährender Raum sein, und je einladender der Eingang ist, desto mehr wird Ihr Zuhause Sie nähren und stützen. Bringen Sie im Eingangsbereich Ihre Absicht für die ganze Wohnung zum Ausdruck. Stellen Sie Kübel mit gesunden blühenden Pflanzen an der Eingangstür auf und hängen Sie Bilder im Eingangsflur auf, die Sie inspirieren. Eine gute Beleuchtung ist ebenfalls wichtig, und Spiegel können hier helfen, mehr Licht und eine zusätzliche Dimension hineinzubringen, vor allem dann, wenn der Eingangsflur sehr klein ist.

Schaffen Sie, wenn Sie sich in großzügiger und freundlicher Art der Welt präsentieren wollen, eine Atmosphäre im Eingangsbereich, die das zum Ausdruck bringt. Achten Sie darauf, daß kein Gerümpel herumliegt und er sauber ist. Ein vollgestopfter Eingangsbereich, womöglich noch so, daß sich die Tür nicht mehr ganz öffnen läßt, muß bereinigt und geklärt werden, damit die guten Energien ins Haus einströmen können. Wenn Sie sich beim Heimkommen erst mal durch Hindernisse pflügen müssen, kann das symbolisieren, daß Sie sich in Ihrem Leben Hindernisse schaffen. Das Ausräumen der Hindernisse im Eingangsbereich wird Ihnen helfen, Hindernisse in Ihrem Leben auszuräumen.

Schlafzimmer

Ihr Schlafzimmer ist Ihr Rückzugsort und kann symbolisch zum Ausdruck bringen, wie Sie Ihr inneres Selbst wahrnehmen. Es unterscheidet sich somit vom Eingangsbereich, der Ihre Präsentation nach außen widerspiegelt. Wenn Sie ein niedriges Selbstwertgefühl haben und Ihr Schlafzimmer dunkel und trübselig ist, können Sie vielleicht mehr Lampen anbringen, Spiegel aufhängen und hellere Farben verwenden. Das übermittelt Ihrem inneren Selbst auf symbolische Weise, daß Ihr innerer Raum hell und erbaulich ist. Wenn Sie aber dauernd Energie an alle anderen abgeben und nie etwas für sich übriglassen, und wenn Ihr Schlafzimmer sehr hell ist und eine Menge Fenster aufweist, möchten Sie sich vielleicht lieber ein Nest schaffen, dunkle, warme Töne verwenden und die Vorhänge zuziehen. Das erzeugt ein Mandala, das Ihnen sagt, daß Sie eine Zufluchtsstätte und einen heiligen Schutzort in sich selbst haben.

Badezimmer

Ihr Badezimmer kann symbolisch für die Befreiung und die Lösung von allem stehen, was Sie in Ihrem Leben nicht mehr brauchen; es repräsentiert auch Reinigung und Erneuerung. Wenn Sie Schwierigkeiten haben, sich von Dingen, die Sie nicht mehr benutzen, und von Beziehungen, die Sie nicht unterstützen, zu lösen, dann misten Sie Ihr Badezimmer aus und säubern Sie die

Regale. Befreien Sie sich von allen Dingen in Ihrem Badezimmer, die Sie nicht brauchen. Dadurch können Sie ein Mandala erzeugen, das Ihnen helfen wird, sich von den Dingen in Ihrem Leben zu befreien, die nicht in Ihrem besten Interesse sind. Wenn Sie das Gefühl haben, daß Ihr Leben stagniert und eine Auffrischung braucht, dann reinigen Sie Ihr Badezimmer. Der einfache Akt der Reinigung erzeugt ein Mandala der Erneuerung und Läuterung in Ihrem Leben.

Versorgungssysteme und Materialien in Ihrem Zuhause

Nicht nur die Zimmer, sondern auch die verschiedenen Versorgungssysteme und Materialien Ihres Zuhauses repräsentieren Aspekte Ihrer Persönlichkeit. Hier ein paar Beispiele dafür, obwohl es wichtig ist, daß Sie für die verschiedenen Systeme Ihre eigene Symbolik finden.

Wasser steht für Emotionen und Gefühle, weshalb die Wasserleitungen in Ihrem Zuhause Ihre Emotionen repräsentieren können. Verstopfte Rohre können auf blockierte Emotionen deuten. Eine überfließende Toilette kann ein Zeichen für überfließende Emotionen sein. Eingefrorene Wasserrohre können erstarrte Emotionen symbolisieren. Ein tropfender Wasserhahn kann auf eine ständige Erschöpfung emotionaler Energien hinweisen. Natürlich kann ein tropfender Wasserhahn auch schlicht und einfach bedeuten, daß Sie neue Dichtungsringe brauchen, aber häufig läßt sich eine Korrellation zwischen den Wasserleitungen und der emotionalen Befindlichkeit feststellen.

Die Elektrizität kann für Ihre Lebenskraft oder Ihr persönliches Energiefeld stehen. Wenn Sie es in Ihrem Zuhause ständig mit Kurzschlüssen zu tun haben, sollten Sie überprüfen, ob Sie sich in Ihrem Leben nicht zuviel aufladen. Wenn die Glühbirnen unentwegt durchbrennen, geben Sie vielleicht zuviel Energie ab und nehmen zuwenig Energie auf.

Die Böden Ihrer Wohnung stehen für die Fundamente Ihres Lebens. Wenn sich Risse im Kellerboden zeigen oder sich der Fußboden allmählich wölbt, überprüfen Sie, ob Sie in irgendeinem Lebensbereich auf »wackligem Boden« stehen.

Die Wände Ihrer Wohnung können für die Struktur und den Halt in Ihrem Leben stehen. Wenn Termiten an Ihren Wänden nagen, schauen Sie, ob irgend etwas Ihre Erhaltungssysteme annagt.

Denken Sie bei der Erkundung der Symbolik Ihres Zuhauses daran, daß alles, was Sie umgibt, eine Widerspiegelung Ihrer selbst ist. In jedem Augenblick flüstert Ihnen das Universum Botschaften zu. Botschaften, die sich in Ihren Träumen finden, in den Situationen, in die Sie verwickelt sind, und in der machtvollen Symbolik, die Sie in Ihrem Zuhause umgibt. So wie die hohen Berge, die tiefen Höhlen und die goldenen Flüsse alle in unserer Seele wohnen, stellt auch unser Zuhause einen Makrokosmos unserer Persönlichkeit dar und existiert in ihm diese innere Biologie. In unserem Zuhause findet sich der Geist der Berge, Täler, Ozeane und Sterne. Unser Zuhause besteht aus Myriaden sich überschneidender Energiefelder, die uns widerspiegeln und uns auf so vielerlei Weise zuflüstern. Unser persönlicher Wohn- und Lebensraum kann entweder ein spirituelles Mandala sein, das uns auf unserem inneren Weg unterstützt und uns heiter und fröhlich den Sprung in die Zukunft wagen läßt, oder er kann leblos und unbeseelt bleiben. Wenn Sie ein Mandala erschaffen, das voller Leben und Liebe ist, werden Sie auch ein reicheres und erfüllteres Leben führen.

12

Ins Licht

Unser Planet mit all seinen Geschöpfen hat sich unter natürlich heilendem Sonnenlicht entwickelt. Unsere Körperzyklen, unsere Hautfarbe und sogar bis zu einem gewissen Grad unsere Persönlichkeit haben sich entsprechend der Lichtmenge in unserer Umwelt herausgebildet. Unser Körper braucht Sauerstoff zum Atmen, Nahrung zu seiner Aufrechterhaltung und Licht, um existieren zu können. Nicht nur ist das Licht eines der Grundelemente, das wir zum Überleben unserer Spezies und unserer Welt unbedingt brauchen, es könnte zudem auch eine der machtvollsten (aber am wenigsten bekannten) Heilquellen sein, die uns auf diesem Planeten zur Verfügung steht.

Hier entwickelt sich ein aufregendes Forschungsgebiet, das uns darlegt, was ganze Gesellschaften von Sonnenanbetern schon seit vielen Generationen wissen: Licht kann zur Heilung von physischen und mentalen Problemen eingesetzt werden. Je nachdem können die Lichtverhältnisse in Ihrem Zuhause Sie energetisch erschöpfen oder eine Heilung unterstützen. Das Licht, das uns umgibt, ist nicht nur ein Symbol für das innere Licht des Großen Geistes, sondern auch ein entscheidender Faktor für unser physisches Wohlbefinden. Es ist kein Zufall, daß wir mit dem Begriff der »Erleuchtung« eine tiefe spirituelle Erfahrung beschreiben. Auf der tiefsten Ebene unseres Seins wissen wir um die Macht und die Kraft des Lichts. Wir verwenden Ausdrücke wie »mir ging ein Licht auf«, »er ist das Licht meines Lebens«, »im Licht leben«, und in der Bibel steht: »Es werde Licht«, was auf die Macht verweist, die wir dem Licht zuschreiben. Betreten wir dieses spannende Gebiet der Entdeckungen.

Farben

Die Farbe bietet uns eine der augenfälligsten Möglichkeiten, Licht in unserer Umwelt wahrzunehmen und uns darauf zu beziehen. Alles in unserem Leben wird von der Farbe beeinflußt.

Die Farben, die Sie in Ihrem Zuhause verwenden, haben von allen Farben in Ihrer Umwelt die stärkste und unmittelbarste Auswirkung. Auch wenn wir uns dessen nicht bewußt sind, erkennen wir doch den machtvollen Einfluß der Farbe in unserem Leben an. Wir sprechen von einem »blauen Montag«, von einer »rosaroten Brille«, wir sagen, »er sah rot«, »sie war grün vor Neid«, »er war blau«, die Aufzählung ließe sich unendlich fortsetzen. Die Farbe spielt also durchwegs eine wichtige Rolle in unserem Leben, und um zu verstehen, welche Bedeutung sie für unser Zuhause hat, müssen wir wissen, was Farbe eigentlich ist.

Was ist Farbe?

Farbe ist ein Bestandteil der Sonnenstrahlung. Das Licht der Sonne setzt sich aus zahlreichen elektromagnetischen Wellen zusammen. Von allen diesen Wellen erreicht nur ein Prozent des gesamten elektromagnetischen Spektrums die Erdoberfläche. Innerhalb dieses einen Prozents finden sich elektrische Ströme, Radiowellen, infrarote Kurzwellen, sichtbare elektromagnetische Wellen (Farben), ultraviolette Strahlen, Röntgenstrahlen, Gammastrahlen und kosmische Strahlen. Das sichtbare Licht (Farbe) macht nur einen sehr geringen Teil des elektromagnetischen Spektrums an Wellenlängen aus. Der Unterschied besteht darin, daß die Farbe für unsere Augen sichtbar ist, während es die Strahlungen der anderen elektromagnetischen Wellen nicht sind. Die Tatsache, daß der Mensch die Fähigkeit entwickelt hat, Farbe wahrzunehmen (und nicht die anderen Wellenlängen, die weniger reichlich auf unserem Planeten vorhanden sind), zeigt, daß sich die menschliche Reaktion auf das sichtbare Licht seit Beginn der menschlichen Existenz langsam entwickelt hat und *unsere Reaktion auf das Licht tief in unser Nervensystem eingebettet ist.*

Innerhalb des sichtbaren elektromagnetischen Spektrums hat das rote Licht die längste Wellenlänge (niedrigste Frequenz) und das violette Licht die kürzeste Wellenlänge (höchste Frequenz). Alle anderen Farben können zwischen diesen beiden Polen angesiedelt werden, wobei sich zwischen ihnen keine präzisen Grenzlinien ziehen lassen. Sie gehen ineinander über wie die Farben des Regenbogens. Jede Farbe und jedes Licht hat in seiner Gesamtheit eine enorme physische, emotionale und spirituelle Auswirkung auf uns.

Wie wirkt sich Farbe auf uns aus?

Albert Szent-Györgyi, Nobelpreisgewinner und Entdecker des Vitamin C, experimentierte mit der Farbe und gelangte zu tiefen Erkenntnissen. Er setzte bestimmte Enzyme und Hormone verschiedenfarbigem Licht aus und stellte fest, daß spezielle Farben bei den Enzymen und Hormonen eine molekulare Veränderung auslösen.[1] Sollten Farben, wenn sie die molekulare Struktur von Enzymen beeinflussen können, dann nicht auch eine sehr starke Wirkung auf uns ausüben? Andere Forscher stellten fest, daß einige Farben das Tempo der enzymatischen Reaktion beschleunigen, andere diese Reaktion deaktivieren können. Und manche Farben können sich auf die Enzymbewegung auswirken.[2]

Der Farbenwissenschaftler Dr. Max Lüscher untersuchte die Farbpräferenzen bei Menschen. Er kam zu dem Ergebnis, daß die individuellen Reaktionen auf Farben eine Bedeutung haben, die tief im Menschen verwurzelt ist und kulturelle Unterschiede transzendiert. Weiterhin gelangte er zu dem Schluß, daß die Vorliebe für eine Farbe auf den geistigen und emotionalen Zustand des betreffenden Menschen wie auch auf mögliche Drüsenstörungen hinweisen kann.

Auch blinde Personen werden von der Farbe beeinflußt. Forschungsergebnisse in Rußland haben erwiesen, daß manche blinden Menschen eine Farbe über ihre *Finger* erspüren können. Die Versuchspersonen sagten zum Beispiel aus, daß sie Rot als warm, rauh und kitzelnd und blaue Farben als glatt und kühl wahrnehmen (wobei Messungen ergaben, daß die Oberflächentemperatur aller Farben gleich war). Das deutet darauf hin, daß die Farben uns nicht nur auf der Ebene des Sehens beeinflussen, sondern sich auch auf unsere Energiefelder auswirken, und zwar auch dann, wenn wir die Augen geschlossen haben oder wenn wir schlafen.

Heilung durch Farbe

Man glaubt, daß die alten Ägypter zu den ersten gehörten, die die Farben zur Heilung einsetzten, während die alten Griechen spezielle Farben zur Therapierung verschiedener Leiden auflisteten. Auch wir setzen heutzutage die Farbe im medizinischen Bereich ein. In den Geburtenabteilungen benutzt man blaues Licht zur Behandlung von Gelbsucht bei Neugeborenen. Etwa sechzig Prozent der zu früh geborenen Babys weisen diese Gelbverfärbung auf, die als Folge von Blutzerfall bei der Umstellung vom embryonalen auf den normalen Kreislauf auftritt. Wird sie nicht behandelt, kann das zu Gehirnschädigungen und sogar zum Tod führen. Das blaue Licht ist hier eine sehr wirkungsvolle Behandlungsmethode. Vor der Entdeckung der Farbtherapie kannte man nur eine sehr riskante Prozedur, Austauschtransfusion genannt.[4]

Als Beispiel dafür, wie Farben die Gefühlslage von Menschen beeinflussen können, seien auch die in leuchtendem Kaugummirosa gehaltenen Räume genannt, die man heute in den Vereinigten Staaten zur Besänftigung von Gefängnisinsassen hat. Gewalttätige Gefangene beruhigen sich hier binnen weniger Augenblicke. Schon nach Sekunden läßt ihre Muskelstärke nach, was heißt, daß sich die Farbe sowohl auf physischer wie auf emotionaler Ebene auswirkt. Dies war eine sehr innovative Entdeckung, davor setzte man in solchen Fällen Sedativa oder auch brutale Gewalt ein.

Einfluß der Farbe auf die Emotionen

Einmal wurde ich von einem Elternpaar gebeten, ein Raumklären in ihrem Haus durchzuführen, weil es befürchtete, im Zimmer ihres Sohnes halte sich eine Wesenheit oder ein Geist auf. Der kleine, sehr sensible Junge hatte Alpträume und war hyperaktiv geworden, ein für ihn völlig untypisches Verhalten. Als ich die Eltern nach der Vorgeschichte seiner Verfassung fragte, erklärten sie, daß die Probleme angefangen hatten, als er einen bislang ungenutzten Arbeitsraum als neues Zimmer bekam. Sein ehemaliges Zimmer war sehr klein, und sie benutzen es nun als Kinderzimmer für ihr neugeborenes Baby.

Mir kam sofort der Gedanke, daß der Junge eine schwierige Zeit durchmachte, weil er sich erst psychisch an das neue Baby gewöhnen mußte und aus seinem bisherigen Zimmer hatte ausziehen müssen. Zwar waren sich die Eltern sicher, daß hier eine Wesenheit im Spiel war (schwierige Situationen lassen sich nur allzu leicht auf Gespenster schieben), doch ich dachte, der Junge fühlte sich vermutlich zurückgesetzt und hatte deshalb Alpträume. Als ich mich dann mit ihm unterhielt, zeigte er aber keine (bewußte) ungewöhnliche Abneigung gegen den Neuankömmling in der Familie. Bei der Überprüfung seines Zimmers konnte ich keine Überreste einer geisterhaften Präsenz entdecken. Mir fielen aber sofort die kastanienbraun gestrichenen Wände auf. Die Farbe wirkte bedrückend und auszehrend. Ich hatte das Gefühl, auf den Kern des Problems gestoßen zu sein, und bat die Familie (wobei der Sohn in den Entscheidungsprozeß einbezogen wurde), die Wände in einem hellen, sauberen, klaren Blau zu streichen.

Und ich bin glücklich, berichten zu können, daß der kleine Junge, gleich nachdem das Zimmer umgestrichen worden war, wieder zu seiner ruhigen und fröhlichen Gemütsverfassung zurückfand. Er konnte gut schlafen und hatte keine Alpträume mehr. Psychologisch gesehen könnte man sagen, daß ihm die Aufmerksamkeit, die ihm seine Eltern durch die neue Farbgebung in seinem Zimmer zukommen ließen, mehr Sicherhheit gab. Ich persönlich bin mir sicher, daß die Farbe des Zimmers der entscheidende Faktor war.

Die Farben in Ihrem Zuhause

Unser Bewußtseinsspektrum ist mit dem Lichtspektrum verbunden.

Rot

Rot regt den physischen Körper zu direktem Handeln an. Stärke, Mut, Stetigkeit, Gesundheit, Vitalität und Sexualität sind eng mit der Farbe Rot assoziiert. Sie kann sich ungeheuer vitalisierend und stimulierend auswirken und eine Hilfe bei der Überwindung von Trägheit, Depression, Angst oder Melancholie sein. Sie kann Menschen stark unterstützen, die Angst vor dem Leben haben und ihm gerne entfliehen würden. Rot ist Kraft. Es hat etwas Dynamisches und Beharrliches an sich. Es ist die Farbe des Adrenalins, des Feuers, der Begeisterung und der Antriebskraft. Es ist physische Energie. Es ist Leidenschaft und Mut und Erregung. Es liefert die notwendige Energie und Motivation, um ein Ziel zu erreichen und etwas zu leisten. Rot ist die Farbe des »Tuns«. Es ist die Farbe des »Mach's jetzt gleich und gründlich!«. Eine unter Sportlern der Universität von Texas durchgeführte Untersuchung ergab, daß sich ihre Stärke um 13.5 Prozent steigerte und die elektrische Aktivität in ihren Muskeln sich um 5.8 Prozent erhöhte, wenn sie in rotes Licht schauten. Das läßt darauf schließen, daß rote Farbe die Aktivität steigern und die physische Stärke aktivieren kann.

Rot ist nicht gerade die beste Farbe für ein Schlafzimmer, da sie stimuliert und Sie dadurch nur schwer zur Ruhe kommen. Doch Ihr Verlangen nach sinnlicher Erregung könnte sich in einem rotem Schlafzimmer steigern. Ein rotes Eßzimmer regt den Appetit an, was Sie bedenken sollten, wenn Sie gerade eine Abmagerungskur machen. Rot im Arbeitszimmer, im Fitneßraum oder auch im Wohnzimmer regt die Bewegung und Aktivität an. Wenn Sie ein zaudernder oder saumseliger Mensch sind oder gerade eine träge Phase haben, dann streichen Sie eine Wand rot an (karmesinrot, scharlachrot oder auch feuerrot oder rostrot, aber kein Rotbraun oder trübes Rot) und machen Sie sich bereit, abzuheben!

Orange

Orange ist eine warme, stimulierende Farbe, hat aber eine leichtere und höhere Schwingung als Rot. Es ist eine fröhliche und gesellige Farbe. Überall auf der Welt wird sie von den Clowns verwendet. Sie regt zum Optimismus, zur Offenheit, Zuversicht, Veränderung, Bemühung, persönlichen Motiviertheit, Flexibilität, zum Enthusiasmus und zum Gemeinschaftssinn an und fördert das emotionale Gleichgewicht. Sie hat etwas Leuchtendes und Warmherziges an sich. Sie fördert die Toleranz und Geselligkeit.

Orange ist gut für jeden Raum, in dem sich Gruppen versammeln oder wo Menschen zusammenkommen, um sich zu unterhalten und Spaß zu haben, und ganz besonders gut eignet sie sich für einen Partyraum. Die Wände meines Eßzimmers waren cremegrau gestrichen, und meine Familie wollte nie dort essen. Entweder aßen wir zwanglos in der Küche oder im Wohnzimmer. Ohne meine Gründe dafür zu erläutern, strich ich dann die Wände im Eßzimmer in einem warmen Kürbisorange. Fast sofort fingen die Kinder nun an, im Eßzimmer zu lernen. Projekte wurden im Eßzimmer durchgeführt, und plötzlich war es der Raum, in dem sich alle zu »tummeln« schienen, und natürlich wollten auch alle dort essen. Obwohl ich die Macht der Farbe kannte, war ich doch verblüfft, wie schnell alle auf diese Farbveränderung reagierten.

Gelb

Gelb stimuliert den Intellekt und die Kommunikation. Es ist die letzte der warmen, extravertierten Farbstrahlungen. Gelb wird mit mentalem Scharfsinn, Organisiertheit, dem Blick fürs Detail, Urteilsvermögen, aktiver Intelligenz, akademischer Leistung, Disziplin, Administration, Lob, Aufrichtigkeit und Harmonie assoziiert. Es fördert den verstärkten Ausdruck und die Freiheit. Es ist gut für die Konzentration und das klare Denken. Es stimuliert die Flexibilität und die Anpassung an Veränderungen. Und es wird mit Glück assoziiert.

Wenn Sie Ihr Büro zu Hause haben, eignet sich Gelb hervorragend dafür, wie auch für jeden Raum, in dem Sie Ihre mentale Verfassung heben und das Gespräch anregen wollen. Gelb gestrichene Küchen bilden meist einen Versammlungsort für Familie und Freunde und erzeugen gewöhnlich ein Gefühl des Wohlbefindens. Gelb ist auch eine gute Farbe für ein Beratungszimmer. Es bringt die Leute zum Reden, hebt gleichzeitig ihre Stimmung und weckt ihren Optimismus. Ein leuchtendes klares Gelb eignet sich auch gut für ein Kinderzimmer, da es positive Gefühle fördert und zugleich zur Entwicklung des Denkvermögens beiträgt.

Grün

Grün steht ausgleichend zwischen dem warmen, extravertierten Spektrum der roten, orangenen und gelben und dem kühlen, introvertierten Spektrum der blauen, indigo und lila Farbtöne. Somit stimuliert Grün das Gefühl von Balance, Harmonie, Frieden, Hoffnung, Wachstum und Heilung. Es ist eine Farbe, die wir überall in der Natur finden und die die Kräfte der Fülle des Universums symbolisiert. Grün erinnert uns daran, daß immer genug vorhanden ist. Das Ärztepersonal in den amerikanischen Krankenhäusern trägt oft Grün. Eine gute Farbe, weil sie erholsam und heilend wirkt.

Grün ist eine gute Farbe für jedes Zimmer. Wie gesagt, ist sie erholsam, energetisiert aber auch. Ich habe gerne Grün im Badezimmer – entweder grüne Handtücher oder grüne Pflanzen oder auch eine grüne Badezimmerausstattung oder eine grüne Wand. Da das Badezimmer symbolisch für Reinigung und Erneuerung steht, ist Grün die absolut geeignete Farbe dafür. (Siehe Kapitel 11 zu weiteren Informationen über die Symbolik der verschiedenen Räume.) Das Grün im Badezimmer sollte entweder ein helles Frühlingsgrün oder ein klares, sauberes Blattgrün sein, kein Khaki oder trübes Grün.

Blau

Blau ist die erste Farbe des kühlen Farbspektrums. Es regt Sie zur Suche nach der inneren Wahrheit an. Es hilft Ihnen, inneren Frieden zu erlangen und Ihre Ideale auszuleben. Blau regt die Inspiration und Kreativität an, fördert das spirituelle Verstehen, den Glauben und die Hingabe, die Sanftheit, innere Zufriedenheit, Geduld und Gelassenheit. Es wurde auch zur Linderung von Schmerzen eingesetzt. 1982 führte Dr. Sharon McDonald eine Untersuchung mit 60 unter rheumatischer Arthritis leidenden Frauen durch, um festzustellen, ob Farbe schmerzlindernd wirken kann. Dabei wurde festgestellt, daß blaues Licht ganz wesentlich zur Schmerzlinderung beizutragen vermag.[5]

Ein in warmem hellem Blau gehaltenes Zimmer ist gut für die Entspannung eines hyperaktiven Kindes. Blau eignet sich auch hervorragend für einen Meditationsraum oder ein Schlafzimmer oder für jeden Raum, der Frieden ausstrahlen soll.

Lila

Wie das Blau hat auch das Lila eine beruhigende, besänftigende und tröstliche Wirkung. Es wird oft mit medialem Gewahrsein und Intuition assoziiert. Eine Person, deren Lieblingsfarbe Lila ist, ist gewöhnlich ein inspirierter Mensch, der Vertrauen in die Zukunft hat, gut abstrahieren und sich gut in die innere Welt anderer versetzen kann. Lila stimuliert unsere spirituelle Sichtweise und Intuition.

Lila ist so machtvoll, daß ich Ihnen raten möchte, nicht ein ganzes Zimmer in dieser Farbe zu streichen. Am besten benutzt man es zur Akzentuierung eines weißen oder grünen oder sogar auch gelben Raums. Oder man hellt es mit weißer Farbe zu einem lavendelfarbenen Ton auf – eine hervorragende Farbe für einen Meditationsraum oder einen Raum zum Heilen, hier speziell zur spirituellen Heilung. Mir ist der genaue Farbton für einen Meditationsraum sehr wichtig, da die Farbe Einfluß darauf nimmt, wie Sie sich in diesem Raum fühlen. Ich habe schließlich meinen Meditationsraum dreimal umgestrichen, bis ich das Gefühl hatte, endlich den genau richtigen violetten Farbton – den Farbton eines hellen Amethyst – getroffen zu haben. Dazu habe ich in diesem Raum auch leuchtende Goldtupfer, die das Lila gut ausbalancieren. Lavendelfarbene Räume fördern auch die Rekonvaleszenz.

Weiß

Weiß umfaßt alle Farben. Die Schwingung von Weiß ist die schnellste Schwingung im Farbenspektrum. Es fördert die Erkenntnis des Göttlichen, die Demut und schöpferische Imagination in uns und vermag auch reinigend zu wirken. Mit seiner Energie und Kraft kann es den Fokus unser Imagination transformieren. Weiß führt uns zu einer höheren spirituellen Einstimmung und zu göttlicher Liebe. Weiß ist Reinheit und Vollkommenheit. Es kann eine wunderbar heilsame Farbe für alle Räume sein, weil sie die Macht der Transformationsenergie in sich birgt.

Sie können also Weiß für jeden Raum Ihres Hauses verwenden. Doch ein völlig weißes Zimmer mit rein weißem Dekor wirkt oft zu steril und nicht sehr freundlich und einladend. Weiß vermittelt das Gefühl von Sauberkeit und Reinheit, aber ich schlage vor, daß Sie ein weißes Zimmer, wenn es sich nicht um einen Meditationsraum handelt, stets mit farbigem Dekor und mit Bildern ausschmücken oder einen Hauch von Pfirsichfarbe, Gold oder Blau hinzufügen. Wir hatten einmal für kurze Zeit eine möblierte Wohnung mit weißen Wänden, weißen Teppichen und weißen Möbeln gemietet. Es war eine außerordentlich schöne Wohnung, in der ich mich immer sehr beschwingt fühlte, aber meine Freunde fühlten sich dort nicht wohl und empfanden sie als unfreundlich. Das überall vorherrschende Weiß erzeugte eine zu sterile und unnahbare Atmosphäre.

Schwarz

Schwarz ist das Mysterium, das Unbekannte. Es ist das Reich des Visionären und der Traumzeit. Es richtet sich nach innen, ist verengend, während sich Weiß nach außen richtet und sich ausdehnt. Schwarz ist die Dunkelheit des Winters, wenn das Leben ruht und keimt. Aus der Schwärze entsteht neues Leben. Schwarz absorbiert, während Weiß abweist. Schwarz ist still und lautlos. Es steht für das Ende und die Anfänge. Unser Tag endet und beginnt mit Dunkelheit. In manchen Kulturen tragen Nonnen, Mönche, Priester und Menschen, die in Trauer sind, Schwarz, weil es eine nach innen gerichtete Farbe ist. Schwarz konzentriert die Aufmerksamkeit auf die innere Welt, sei es nun, um sich dem spirituellen Bereich zu widmen oder Trauerarbeit zu leisten.

Ein vorherrschend in Schwarz gehaltenes Zimmer übermittelt unter Umständen einen überwältigenden und sogar depressiven Eindruck. Schwarzes Dekor kann allerdings etwas Drama und Kraft in ein Zimmer bringen, Akzente setzen und klare Aussagen vermitteln, so wie schwarze Konturen den Farben in einem Bild Betonung und eine stärkere Definierung verleihen können. Es gibt keine schlechten Farben. Jede Farbe hat ihre eigenen speziellen Qualitäten und Stärken. Als ich an der Universität studierte, machte ich eine schwierige Phase durch. In dieser Zeit strich ich die Wände meines Kellerzimmers, den Schrank und den Arbeitstisch schwarz. Auch meine Bettdecke und fast alles andere war schwarz. Ich liebte mein Zimmer und fühlte mich dort sehr wohl. Rückblickend meine ich, daß es mir eine Zufluchtsstätte bot. Dort konnte ich vor einigen Problemen des Lebens, die mich damals belagerten, Ruhe finden und überwintern. Dort konnte ich mich in mich selbst zurückziehen und zur Stille finden. Doch für die meisten wäre es wohl schwierig, in einem überwiegend in Schwarz gehaltenen Zuhause zu leben.

Farbschattierungen und Farbtöne für Ihre Räume

Offensichtlich gibt es mehr als nur die sieben Farben, die wir im Regenbogen sehen. Was ist zum Beispiel mit Silber, Gold, Rosa, Türkis, Braun und Grau? Und was ist mit den vielen Schattierungen und Tönen einer Farbe? Farbe ist eine sehr persönliche und individuelle Angelegenheit. Ein hellerer oder dunklerer Farbton einer bestimmten Farbe kann sich enorm unterschiedlich auf das Empfinden auswirken. Die oben gegebenen Informationen zu den Farben sollen Ihnen nur als Ausgangspunkt dienen.

Wenn Sie sich überlegen, wie Sie ein Zimmer streichen sollen, lassen Sie am besten Ihre Imagination spielen. Setzen Sie sich still in das Zimmer und fühlen Sie seine Energie. Stellen Sie sich dann verschiedene Farben in den verschiedenen Tönen und Schattierungen für diesen Raum vor (oder erfühlen Sie sie, wenn Sie nicht visuell orientiert sind). Was für Gefühle löst jede Farbe in Ihnen aus? Sie können auch den Geist des Raums fragen, welche Farbe er wählen würde. Gehen Sie dann in einen Laden für Malereibedarf und lassen Sie sich die Farbmuster zeigen, um die Farbe herauszufinden, die Ihrer Vorstellung am nächsten kommt. Kaufen Sie, wenn Sie sich dann für eine Farbe entschieden haben, erst einmal eine kleine Menge und streichen Sie ein kleines Stück der Wand an, um zu sehen, wie es aussieht, bevor Sie in eine große Menge Farbe investieren. Oft läßt sich allerdings aufgrund eines so kleinen Fleckchens nur schwer beurteilen, wie das ganze Zimmer schließlich aussehen wird.

Die unterschiedlichen Qualitäten der Farben

Die auf Kunstharz basierenden Farben sind zwar potentiell umweltschädlich; aber sie absorbieren und halten generell die Energie viel besser als die auf Wasser basierenden Farben. Der Nachteil ist, daß erstere eben auch die Energiefelder der Vormieter stärker bewahren und Sie dann gegebenenfalls ein sehr gründliches Raumklären durchführen müssen. Da die Säuberung schwieriger ist und der Mineraliengeruch unangenehm sein kann, bevorzugen einige Leute Emulsionen.

Im Idealfall sollten Sie sich, bevor Sie ein Zimmer streichen, einen Moment zur Aufladung der Farbe nehmen. Halten Sie sich die Absicht vor Augen, daß von den gestrichenen Wänden Energie ausströmen und den ganzen Raum erfüllen soll. Halten Sie dann Ihre Hände üben den offenen Farbkübel und fühlen Sie, wie die Energie aus Ihren Händen in die Farbe einfließt.

Die Qualität der von Ihnen ausgewählten Farbe wirkt sich auf das Allgemeingefühl, das Ihre gestrichenen Wände ausstrahlen, aus. Billige Farbe verblaßt meist schneller, was heißt, daß die von Ihnen so sorgsam ausgesuchte Farbe sich rascher verändern wird, vor allem wenn es sich um eine dunklere Farbe handelt. Farben von guter Qualität besitzen meist mehr Leuchtkraft und decken besser ab.

Farbiges Glas

Mit Ornamenten aus farbigem Glas, die Sie in ein Fenster hängen, können Sie ebenfalls die Magie der Farbe auf wunderbare Weise in Ihr Zuhause bringen. Oder erwägen Sie, ob Sie sich ein Fenster aus farbigem Glas einsetzen lassen. Wenn dann das Sonnenlicht durch dieses Fenster einströmt, verstärkt sich die Macht der Farbe, weshalb es dort eingesetzt werden soll, wo viel Sonne darauf fällt.

Regenbogenlicht

Auch mit Prismen oder Bleikristallen, die Sie in Ihre Fenster hängen, bringen Sie die Macht der Farbe in Ihre Wohnung. Das ist Farbe in ihrer reinsten, leuchtendsten und schönsten Form. Das ist die strahlende Ordnung der Unendlichkeit des Lichts. Ihre Aura wird sich aus diesem Regenbogenlicht instinktiv die Farben herausziehen, die sie braucht. Stellen Sie sich in dieses Regenbogenlicht im Wissen, daß Ihr Körper und Ihre Aura die Farben aufnehmen, die sie momentan brauchen. Nicht alle Gegenden der Welt sind mit reichlich Sonnenschein gesegnet, weshalb die moderne Technologie eine elektrische Regenbogenmaschine entwickelt hat, die auch in der dunkelsten Nacht einen Regenbogen erzeugen kann. Ein nettes Gerät auch für ein Kinderschlafzimmer, da nicht der ganze Raum erhellt, sondern ein schimmernder Regenbogen an eine Wand oder an die Decke projiziert wird. Ich hänge oft eine ganze Menge Bleikristalle in ein sonnenbeschienenes Fenster, um den Raum mit Regenbogenlicht zu durchfluten. Das ist besonders gut für einen Raum, in dem geheilt wird. Flache geschliffene Kristalle mit relativ großflächigen Facetten eignen sich hier besser als runde mit kleinen Facetten.

Gefärbtes Wasser

Wenn Sie Licht mit Farbe kombinieren wollen, können Sie auch gefärbtes Wasser in eine durchsichtige Schale oder Vase gießen. Geben Sie nur einfach ein paar Tropfen von Nahrungsmittelfarben in einen Glasbehälter mit Wasser und stellen Sie ihn aufs Fensterbrett. Aus der Verbindung von Farbe mit Wasser oder Öl zu Heilzwecken haben die Aura-Soma- und Aura-Light-Firmen inzwischen eine ganze Kunstform entwickelt.

Das Lichtspektrum in Ihrem Zuhause

Die Beleuchtung in Ihrem Zuhause kann Ihre Gefühle sehr stark beeinflussen. Der Unterschied zwischen Leuchtstofflampen und einem sanften Glühlicht ist enorm und offensichtlich. Untersuchungen haben darüber hinaus ergeben, daß fluoreszierendes Licht sich nicht nur auf Ihre Emotionen, sondern auch auf Ihre physische Gesundheit auswirkt.

Dr. John Ott, ein geachteter Lichtforscher, führte eine Untersuchung über die Auswirkungen des gesamten Lichtspektrums auf die Menschen durch. Man installierte in einer Schule in Florida zwei verschiedene Beleuchtungsarten in zwei ansonsten identischen Klassenzimmern. Ein Klassenzimmer bekam die üblichen Leuchtstoffröhren und das andere ein VitaLite, eine von Dr. Ott entwickelte, das ganze Lichtspektrum enthaltende Lichtquelle. Die Schüler, die dem fluoreszierenden Licht ausgesetzt waren, zeigten Hyperaktivität, Gereiztheit und Ermattung. Die Schüler in dem anderen Klassenzimmer brachten erheblich bessere schulische Leistungen, waren ruhig und *wiesen ein Drittel weniger Löcher in ihren Zähnen auf als die Kinder in dem Klassenzimmer mit dem kalten weißen fluoreszierenden Licht.*[6]

Ähnliche von anderen Wissenschaftlern durchgeführte Forschungsexperimente führten zu den gleichen Resultaten. Hühner, die in einem das ganze Spektrum enthaltenden Licht gehalten werden, leben doppelt so lange, legen mehr Eier, sind ruhiger und produzieren Eier mit 25 Prozent weniger Cholesteringehalt als Hühner, die anderen Arten von Licht ausgesetzt sind. (Der Cholesterinspiegel des Menschen sinkt ebenfalls ab, wenn wir dem Sonnenlicht oder Lichtquellen, die das ganze Spektrum enthalten, ausgesetzt werden.)[7] Die Beleuchtung in Ihrem Zuhause nimmt also unter Umständen starken Einfluß auf Ihre Gesundheit und Ihre Emotionen. Das weiße Licht einer Glühbirne ist zwar besser als fluoreszierendes Licht, ist aber doch ein armseliger Ersatz für das ganze Spektrum enthaltende Lichtquellen, eben weil ein Teil des Lichtspektrums fehlt und weil es praktisch keine ultraviolette (UV) Strahlung abgibt.

Die UV-Strahlung der Sonne ist zwar in großer Menge schädlich, aber in kleiner Menge brauchen wir sie für unsere Gesundheit und unser Wohlbefinden. Die normale Helligkeit eines Sommertages ist bei etwa 100.000 Lux anzusiedeln (ein Lux entspricht etwa der Lichtstärke einer Kerze), während die Beleuchtungsstärke in einem üblichen Innenraumambiente etwa 600–700 Lux beträgt. Wenn wir sehr viel Zeit im Haus verbringen, bekommen wir nur einen kleinen Prozentsatz dessen ab, was unser Körper eigentlich erhalten sollte. Dr. Zane Kime erklärt in seinem Buch *Sunlight*, daß sich der Herzschlag und der Atemrythmus verlangsamen, der Blutdruck, der Blutzucker und die Milchsäure absinken und die Stärke, die Energie, die Streßtoleranzgrenze und die Fähigkeit des Bluts, Sauerstoff zu absorbieren und transportieren, sich erhöhen, wenn wir uns regelmäßig dem Sonnenlicht aussetzen.[8] Die UV-Strahlung trägt auch zur Senkung des Blutdrucks bei, verbessert die Herztätigkeit, reduziert das Cholesterin, erhöht den Sexhormonspiegel und aktiviert die Synthese von Vitamin D, einer Vorbedingung zur Absorbierung von Kalzium.

Die meisten Glühbirnen strahlen gelbes, rotes und infrarotes Licht aus, was unnatürlich ist. Deshalb wirkt das Licht in Ihrer Wohnung manchmal trübe oder gelblich und kann auch ein Grund für Erschöpfung sein. Daher empfiehlt es sich, die Beleuchtung in Ihrem Zuhause durch ein paar Lichtquellen, die das ganze Lichtspektrum enthalten, zu verbessern, auch wenn sie teuer sind. Sie werden sofort einen Unterschied in der Energie feststellen.

Winterdepression

Viele Menschen sind von diesem Syndrom betroffen, das sich in den Wintermonaten einstellt, wenn wir viel Zeit im Haus verbringen und nicht allzuviel Licht abbekommen. Es äußert sich in Depression, Mattigkeit, Gewichtszunahme und zuweilen in starken Rückzugstendenzen. Die American Psychiatric Association betrachtet dieses Syndrom, Seasonal Affective Disorder (SAD) genannt, als echte Gemütskrankheit.

Dagegen läßt sich mit einer Lichttherapie angehen. Man stellte fest, daß sich bemerkenswerte Resultate erzielen lassen, wenn die Patienten täglich zwei Stunden lang einem intensiven, hellen, das ganze Spektrum umfassenden Licht, einem sehr viel helleren Licht, als wir es üblicherweise in unserer Wohnung haben, ausgesetzt werden. Nach einer Woche Behandlung oder in noch kürzerer Zeit stellt sich bei den Patienten meist eine dramatische Besserung ein, und sie fühlen sich wieder wohlgestimmt, produktiv und »lebendig«, wie sie sagen.[9] Ich erwähne das, weil Sie aus der Art und Menge des Lichts in Ihrem Zuhause positiven Nutzen ziehen können, auch wenn Sie nicht unter der Winterdepression leiden.

Elektromagnetische Felder in Ihrem Zuhause

Ich verbrachte meine Teenagerjahre im Mittleren Westen der Vereinigten Staaten. Ich liebte den Sommer. Ich liebte es, an warmen Sommernachmittagen über diese leuchtenden Wogen goldfarbenen Weizens zu blicken. Ich liebte die Glühwürmchen, die in einer weichen warmen Sommernacht über einer Wiese schwebten. Und ich liebte die wilde Sonnenblume mit ihren gelben, gänseblümchenähnlichen Blüten, die bis zu drei Meter hoch wird. Sie ist eine Kompaßpflanze und stellt ihre unteren Blattflächen hochkant in einer Nord-Süd-Richtung der Magnetachse auf.

Ein solches Phänomen der Ausrichtung an der Nord-Süd-Achse der Erde läßt sich nicht nur bei Pflanzen beobachten. Auch Tiere und Bakterien orientieren sich an den elektromagnetischen Feldern der Erde. Wissenschaftler haben magnetische Sensoren in Form von winzigsten Magnetitvorkommen im Gehirn einiger Vogel- und Bienenarten entdeckt. Andere Forscher behaupten, daß auch die Menschen auf die elektromagnetischen Felder ihrer Umwelt reagieren.[10]

Wir sind auf subtile und manchmal auch ganz offensichtliche Weise der Wirkung der uns umgebenden elektromagnetischen Felder ausgesetzt. Sie erhalten und beeinflussen uns ständig. Die Medizinfrauen und Medizinmänner der Vergangenheit brauchten dafür keine wissenschaftlichen Beweise. Die Schamaninnen und Schamanen allerorten spürten diese magischen und mysteriösen Kräfte, die uns aus den Vier Richtungen zugänglich sind. Und sie erwiesen stets den Vier Richtungen in Zeremonien und Ritualen Achtung. Sie fühlten intuitiv die Anziehungskraft der Erdachse und wußten, daß die elektromagnetischen Felder des Planeten alles Leben beeinflussen. Sie hatten keine Wissenschaftler, die ihnen erzählten, daß unter ihren Füßen ein unterirdischer Energiestrom fließt, der Muster bildet, elektrostatische Felder und Konzentrationen von negativ geladenen Ionen aufbaut. Auch wußten sie nicht, daß Wasserfälle, Berggipfel und elektrische Stürme positive elektrische Auswirkungen haben. Sie wußten nur, daß dies alles heiliger Bestandteil des lebendigen Universums ist.

Wir werden jede Minute eines jeden Tages von elektromagnetischen Feldern (EMFs) beeinflußt. EMFs werden vom elektischen Strom in Ihrem Zuhause aufgebaut. Sie werden durch die Lampen, die Haushaltsgeräte, die häuslichen Büroausrüstungsgegenstände und die Elektrizitätsleitungen, die zu und aus Ihrem Haus führen, erzeugt. Mir wurden die Auswirkungen der EMFs bei einem Seminar klar, das ich mit etwa 200 Personen durchführte. Ich leitete eine Meditationsübung und bemerkte, daß die Menschen in zwei bestimmten Bereichen des Raums emotional reagierten. Und es fiel mir auf, daß diese beiden Bereiche mit den aufgestellten Lautsprechern korrespondierten.

Vor Beginn der nächsten Meditationsübung stellte ich die Lautsprecher an einem anderen Platz auf. Und wieder reagierten nur die Personen, die sich in ihrer Nähe befanden, verstört. Bei der nächsten Meditationsübung schaltete ich das Mikrofon ab, weil ich annahm, daß es der lautere Ton in der Nähe der Lautsprecher war, der zu dieser Reaktion führte. Doch auch dieses Mal zeigten sich die Menschen, die in der Nähe der Lautsprecher saßen, verstört. Ich setzte die Leute um, doch ganz gleich welche Personen sich in der Nähe der Lautsprecher befanden, immer reagierten sie auf dieselbe Weise. Ich kam zum Schluß, daß sie durch das elektrische Feld der Lautsprecher beeinflußt wurden.

Natürlich reagieren wir normalerweise in der Nähe von Lautsprechern nicht emotional, aber in einem sehr tiefen Meditationszustand werden wir für Energieeinflüsse sensibler. Und in meinen Seminaren stellte ich immer und immer wieder fest, daß die Leute, wenn sie sich in einem tiefen Meditationszustand befanden, negativ von Elektrizitätsleitungen beeinflußt wurden, selbst wenn diese unter Putz lagen und gar nicht sichtbar waren.

Da wir so enorm abhängig von der Elektrizität sind, sind unsere Wohnungen von Myriaden elektrischer Leitungen durchzogen. Unser Körper setzt sich aus einer Anzahl verschiedener Felder zusammen. Das innere Universum unseres Körpers und das uns umgebende äußere Universum befinden sich in einem ständigen Wechselspiel. Wenn unser Körper mit einem starken äußeren elektromagnetischen Feld in Berührung kommt, wirkt sich das auf die schwächeren Komponenten unseres inneren physischen Energiefelds aus. Wenn sich unsere integralen Energiefelder auf die gleiche Frequenz des stärkeren Feldes zubewegen, geschieht etwas, das man biologisches »entrainment« nennt. (»Entrainment« oder »gegenseitige Phasenverriegelung zweier Oszillatoren«: das Phänomen, daß zwei oder mehrere Oszillatoren, die im selben Feld fast im gleichen Rhythmus pulsieren, dazu neigen »einzurasten«, um schließlich genau synchron zu schwingen. AdÜ) Spirituell gesehen, kann das katastrophale Auswirkungen haben, weil unsere feinen Energiefelder für elektromagnetische Energie besonders empfänglich sind. Auf rein physischer Ebene kann das unser Seh- und Hörvermögen, unsere Emotionen und unser Immunsystem beinträchtigen. Ein in Schweden durchgeführtes Forschungsexperiment, bei dem man Kinder verstärkten EMFs aussetzte, ergab, daß ihr Krebsrisiko doppelt höher war als normal. Auch das Auftreten von Multipler Sklerose und anderen schweren Krankheiten wurde mit einem den EMFS verstärkten Ausgesetztsein in Verbindung gebracht.[11]

Obwohl es viele Apparaturen auf dem Markt gibt, die angeblich die EMFs neutralisieren, überzeugen sie mich nicht. Ich kenne zwei Möglichkeiten zur Reduzierung der EMFs in Ihrer Wohnung. Die erste: Reduzieren Sie das Einschalten von elektrischen Geräten in Ihrer Wohnung, vor allem von solchen Dingen wie dem Fernseher, den Leuchtstofflampen, dem Mikrowellenherd, Computer, den Haushaltsgeräten, Motoren, dem Telefon, dem Haartrockner und der elektrischen Bettdecke. Die zweite und praktischste: Halten Sie Abstand von den Elektroquellen. Es ist sicherer, in drei Metern Entfernung vor dem Fernseher zu sitzen als nur einen Meter davon entfernt. Und Sie sollten auch besser nicht mit Ihrem Kopf oder Ihrem ganzen Körper in unmittelbarer Nähe zu einem EMF schlafen. Stellen Sie Ihren elektrischen Wecker nicht in direkter Kopfnähe auf, wenn Sie schlafen.[12]

Am besten legen Sie sich einen Apparat zur Messung der magnetischen Feldstärke zu, wenn Sie herausfinden wollen, wo sich die EMFs in Ihrer Wohnung befinden. Er kostet nicht allzuviel und ist leicht zu handhaben. Sie können daran ablesen, wo sich die stärksten EMFs in Ihrer Wohnung befinden und was der minimalste Sicherheitsabstand ist.

Jetzt an der Schwelle zu einem neuen Jahrtausend wird sich unser Verständnis vom Licht in all seinen Formen allmählich erweitern und die Erkenntnis, daß wir mit der Form vermischte Lichtwesen sind, ausbreiten. Wir werden mehr und mehr unser eigenes Licht erkennen und unsere Fähigkeit kultivieren, das uns umgebende Licht zu absorbieren und zu nutzen. Wir verkörpern Licht ... aus dem Licht sind wir gekommen, und ins Licht kehren wir zurück. Der berühmte Physiker David Bohm drückte es am besten aus: »Alle Materie ist gefrorenes Licht.«

13

Die Kunst der Anordnung

Es war meine erste Wohnung. Ich saß inmitten einer merkwürdigen Ansammlung von Stühlen aus zweiter Hand, von schiefen Lampen, ungeöffneten Schachteln und abgewetzten Teppichen. Plötzlich fing ich an, die Möbel mal nach hier und mal nach dort zu schieben, ich stellte eine Pflanze in die eine Ecke, schleuderte einen Teppich ans andere Ende und hing in raschem Schwung Poster und Gemälde an die Wände.

Plötzlich hielt ich inne und sah mich um. Es war fertig! Die atmosphärische Verwandlung des Raums setzte mich in Erstaunen. Es schien, als gäbe es für jeden Gegenstand den einen absolut perfekten Ort und ich hätte in einem magischen Moment diesen geheimnisvollen richtigen Platz für jedes Ding gefunden. Ich hatte das Gefühl, den Raum gleichsam wie eine zarte Violine »gestimmt« zu haben, eine Violine, auf der nur dann ein vollkommen reiner Klang erzeugt werden konnte, wenn jede ihrer Saiten perfekt gestimmt war.

Meine Wohnung »sang«. Alles war an seinem absolut richtigen Platz. Die abgewetzten Möbel, die zuvor irgendwie schlapp und unattraktiv ausgesehen hatten, schienen aus einer inneren Schönheit heraus zu strahlen. Das war meine erste Erfahrung mit dem, was ich die Kunst der intuitiven Anordnung nenne.

Die geheimnisvolle Kunst der Anordnung ist keine neue Kunst. Sie wurde schon vor Tausenden von Jahren im alten China praktiziert. Man nennt sie Feng Shui, und sie diktiert die Regeln, wie und wo ein Haus errichtet und die Gegenstände im Haus plaziert werden sollten. Buchstäblich übersetzt bedeutet Feng Shui »Wind« und »Wasser«. Die Chinesen betrachten ein Gebäude nicht als einen toten Gegenstand. Sie glauben, daß es ein

Energiefeld ausstrahlt, und daß es eine Energie gibt, »Chi« genannt, die allen Dingen zugrunde liegt.

Die Menschen nehmen oft intuitiv das Energiefeld eines Gebäudes wahr, sobald sie es betreten. Es kann sich kalt anfühlen, eine kitzlige Empfindung hervorrufen oder das Gefühl von Beengung, Entspannung oder Ausdehnung. Selbst Personen, die nicht an mediale Phänomene glauben, registrieren eine meßbare Reaktion auf die Energie eines Hauses. Je länger wir uns in einem Gebäude aufhalten, desto stärker werden wir von seinem Chi beeinflußt, weshalb die Kunst der richtigen Anordnung als eine außerordentlich wichtige Kunst betrachtet wird.

Sie wurde in vielen alten Kulturen praktiziert, obwohl das chinesische System das allgemein bekannteste ist. Grundsätzlich ist man sich in all den verschiedenen Systemen einig, daß die Anordnung eine wichtige Rolle spielt, doch was die Details angeht, gehen die Meinungen auseinander. Ein Koreaner zum Beispiel würde kaum ein Haus als Wohnstätte in Betracht ziehen, zu dessen Eingangstür eine Treppe mit mehr als drei Stufen hinaufführt. Und für einen Japaner käme ein Haus an der Ecke einer Kreuzung überhaupt nicht in Frage.

Sogar die verschiedenen Regionen Chinas weisen unterschiedliche Feng Shui-Traditionen auf. In der einen Region gilt eine nach Osten ausgerichtete Eingangstür als glückverheißender Eingang, während es in einer anderen Region die nach Süden ausgerichtete Haustür ist. Die Kunst der Anordnung erwuchs aus den jeweiligen Kulturen mit ihren unterschiedlichen geographischen Bedingungen. Oft erweisen sich gewisse Aspekte des chinesischen Feng Shui in der westlichen Welt wegen der unterschiedlichen Energien, Traditionen und Glaubenssysteme als unwirksam.

Die verschiedenen Ansätze des Feng Shui

Die verschiedenen Richtungen und Systeme im chinesischen Feng Shui haben alle ihre eigenen Vorteile und eigene Schönheit. Hier folgt eine kurze Zusammenfassung von einigen dieser Richtungen oder Schulen.

Der geographische Ansatz

Dieses System hat die verschiedenen Formen eines Gebäudes und die Anordnung seiner Räume in Verbindung mit der umgebenden Landschaft zur Grundlage. Jede Form strahlt eine Lebenskraft aus und beeinflußt entsprechend die Energiefelder eines Zuhauses. Das läßt sich besser verstehen, wenn wir zum Beispiel die energetische Auswirkung betrachten, die die verschiedenen Formen eines Tisches auf die an ihm versammelten Menschen haben. Quadrate und Rechtecke gelten als Yin (sehen Sie die Yin- und-Yang-Tabelle auf Seite 245). Da eine Yin-Form die Energie hält, werden die Menschen, die eine Geschäftskonferenz an einem rechteckigen Tisch abhalten, länger tagen, als wenn sie an einem runden Tisch säßen. Ein runder Tisch gilt als Yang und wirbelt die Energie weg, weshalb die Leute dort weniger lang verweilen werden.

Der kosmologische Ansatz

Diese Schule gründet ihre Theorien auf die Kosmologie und benutzt einen speziellen geomantischen Kompaß, den Lo P'an, um festzustellen, in welcher Beziehung sich ein Haus mit seinem Standort zum Sonnensystem, den Sternen, der Sonne, dem Mond, den Elementen und den Himmelsrichtungen befindet. Der Feng Shui-Meister versucht, den Standort und die Gebäudestruktur eines Hauses so zu bestimmen und die Gegenstände im Heim so anzuordnen, daß sie auf günstige Weise mit der Ordnung des Universums und der Energie von Himmel und Erde in Übereinklang stehen. Die Himmelsrichtungen und Elemente spielen in diesem System eine wichtige Rolle. So ist zum Beispiel die Richtung, in die die Haustür weist, von großer Bedeutung. Eine nach Osten ausgerichtete Haustür bedeutet Beschäftigung mit der Familie, eine nach Süden ausgerichtete Haustür beruflichen Erfolg, eine nach Westen ausgerichtete Haustür Freude und Kinder, eine nach Norden ausgerichtete Haustür die Entfaltung der persönlichen inneren Bestimmung.

Der symbolische Ansatz

Diese Schule richtet ihr Augenmerk auf die Bedeutung der Gegenstände und Symbole, mit denen sich eine Person umgibt. Man geht davon aus, daß jedes Symbol, ob nun ein christliches Kreuz, ein indisches Mandala oder auch nur ein Dreieck, in einem Gemälde seine spezielle Kraft hat. Diese Kraft wird jedesmal aktiviert, wenn die Person den Raum betritt, in dem sich dieses Symbol befindet. Und schließlich wird sich dieses Symbol mit seiner Präsenz auch im Leben dieser Person aktivieren.

Der Chi-Ansatz

Bei diesem System betritt der Feng Shui-Meister ein Zuhause und »liest« die Energie eines Raums oder eines Haues auf ganz ähnliche Weise, wie ein Akupunkteur durch den Puls einer Person eine medizinische Diagnose erstellt. Moderne Feng Shui-Praktizierende lesen auch die EMFs oder die Emissionen von Mikrowellen. Die Chi-Methode legt mehr Wert auf die direkte Interaktion mit dem Haus und verläßt sich weniger auf spezielle vorgegebene Regeln.

Wenn ein Feng Shui-Meister der Chi-Schule darum gebeten wird, einen glückverheißenden Standort für ein Haus ausfindig zu machen, bezieht er alle Faktoren wie den Landschaftscharakter, den Standort der Bäume, die Wassersituation, die angrenzenden Gebäude und die Geschichte dieser speziellen Stätte mit ein. Soll er ein neues Gebäude entwerfen oder ein bereits bestehendes untersuchen, achtet er auf die Form und Struktur des Gebäudes, die Anordnung der Räume und die Plazierung der Türen und Fenster. Ist das Haus fertiggebaut, gibt er Anweisungen, wo die Betten, die Arbeitstische, die Öfen und der Herd aufgestellt werden sollen.

In China vergleicht man ein Haus mit dem Körper eines geistigen Wesens. Die Fenster sind die »Augen«, und die Türen sind die »Münder«. Das Chi wird ins Haus eingeatmet und fließt entsprechend der inneren Struktur des Hauses weiter. Die Anordnung der Räume wie auch die Plazierung der Möbel sind dem Chifluß entweder förderlich oder behindern ihn. Ist der Energiefluß durch das Haus gut, werden seine Bewohner gesund sein und Glück haben.

Yin und Yang

Zum Verständnis des Feng Shui muß man unbedingt das chinesische philosophische System von Yin und Yang begreifen. Diese Philosophie versteht das Leben als einen Tanz zwischen diesen beiden gegensätzlichen, doch harmonisierenden Kräften des Universums. Um im Gleichgewicht zu sein, so glaubt man, müssen wir uns in Harmonie mit diesen beiden Kräften befinden. Und wenn sich ein Haus im energetischen Gleichgewicht befinden soll, muß in jedem Raum ein Gleichgewicht zwischen Yin und Yang herrschen. Hier sind ein paar Beispiele für die verschiedenen Eigenschaften von Yin und Yang:

YIN	YANG
weiblich	männlich
nach innen gerichtet	nach außen gerichtet
dunkel	hell
Ruhe	Bewegung
sinkend	aufsteigend
zusammenziehend	ausdehnend
kalt	heiß
schwarz	weiß
Berg	Tal
kurvig	gerade
Mond	Sonne
zyklisch	linear
rezeptiv	projizierend

Ein Beispiel für ein Zimmer mit einem zu starken Yin wäre ein in sehr dunkler Farbe gehaltener Raum, der immer kalt ist und wenig Licht erhält. In einem solchen Zimmer würden Sie sich sehr eingeengt und nach innen gerichtet fühlen und könnten krank werden. Wenn Sie andererseits viel Zeit in einem Raum mit einer Menge Fenster verbringen, der sehr hell, knallweiß gestrichen und sehr warm ist, liefen Sie Gefahr, zu yang zu werden und zuviel Energie zu verlieren. Auch in einem solchen Zimmer könnten Sie krank werden. In einem Raum muß also ein Gleichgewicht der Yin- und Yang-Kräfte herrschen.

Allgemeine Richtlinien des Feng Shui

Hier folgen ein paar sehr allgemeine, auf Feng Shui-Prinzipien basierende Richtlinien für die Verbesserung des Energieflusses in Ihrem Zuhause.

Haustür

Der Bereich um die Haustür, die Gegenstände im Eingangsflur und der erste Raum, den man beim Eintreten in die Wohnung sieht, spielen alle eine sehr wichtige Rolle. Der Haupteingang in Ihr Zuhause ist auch der Haupteingang, durch den die Energie in Ihr Heim einfließt. Ein Baum oder Telegraphenmast, der direkt vor dem Eingangsweg steht, kann den Energiefluß in Ihr Haus behindern und in der Folge auch zu Hindernissen auf dem Weg zu irgendwelchen Zielen, die Sie anstreben, führen. Es ist also sehr wichtig, daß der Zugang zu Ihrem Haupteingang nicht durch irgend etwas behindert wird.

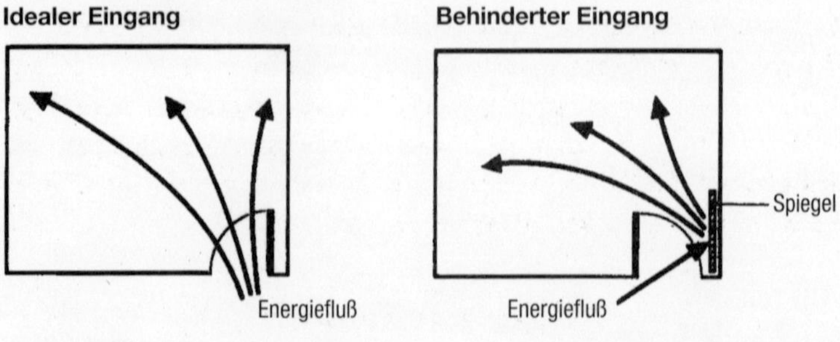

Abbildung 1 *Lösung:* **Befestigen Sie einen Spiegel an der Wand**

Jede Tür in Ihrem Haus (aber vor allem die Haustür), die sich nicht in den freien Raum hinein, sondern so öffnet, daß Sie sich mit einer Wand konfrontiert sehen, behindert den Energiefluß. Menschen, deren Wohnung viele solcher Türen aufweisen, mögen feststellen, daß sie oft unter Verstopfung leiden und vielleicht auch das Gefühl haben, in ihrem Leben nicht voranzukommen. Es scheint, als ob sie bei allem, was sie tun, gegen eine Wand rennen. Das Problem läßt sich lösen, indem man die Scharniere auf der anderen Seite anbringt und die Tür umhängt. Sollte das nicht möglich sein, können Sie einen Spiegel an der Wand neben der Tür anbringen, was die Energie leichter in den Raum einfließen läßt (siehe Abbildung 1). Der Spiegel sollte so groß wie irgend möglich sein.

Idealerweise sollte die Haustür in eine freundliche helle Eingangshalle führen oder in ein Zimmer mit einer warmen und einladenden Atmosphäre. Je ansprechender Ihr Eingangsbereich ist, desto stärker werden Sie von Ihrem Zuhause gestützt und genährt werden. Stellen Sie kräftige, vitale Pflanzen auf, hängen Sie inspirierende Bilder an die Wand, sorgen Sie für eine gute Beleuchtung und Spiegel, die zusätzliches Licht geben und den Eindruck einer größeren Dimension erwecken, falls der Flur klein ist.

In China glaubt man, daß die Bewohner eines Hauses sich vorrangig mit dem Essen beschäftigen werden, wenn die Küche der Haustür direkt gegenüberliegt, was dann zu Gewichtsproblemen führen könnte. Liegt die Eingangstür direkt dem Schlafzimmer gegenüber, sind die Hausbewohner möglicherweise schnell müde und schläfrig. Ein der Eingangstür direkt gegenüberliegendes Badezimmer läßt unter Umständen den Wohlstand abfließen. Das Problem kann in allen diesen Fällen gelöst werden, wenn Sie ein Windspiel zwischen der Eingangstür und dem fraglichen Raum aufhängen. Oder Sie können, wenn es sich um das Schlafzimmer handelt, außen an der Schlafzimmertür einen Spiegel anbringen, um die Energie davon wegzuleiten.

Allgemeine Theorien

Wenn sich in einem Zimmer eine Säule oder ein Stützpfeiler befindet, unterbricht das den Energiefluß.

Lösung: Umwickeln Sie eine runde Säule zur Minderung der schädlichen Auswirkung mit Stoff. Eckige Pfeiler sollten Sie verspiegeln, um der Unterbrechung des Energieflusses entgegenzuwirken.

Jeder Raum mit einer vorspringenden Ecke (oder Ecken) kann zum Problem werden, da scharfe Kanten und spitze Formen die Energie der Bewohner unter Umständen beschneiden und sie dann zum Beispiel unberechtigt kritisiert werden.

Lösung: Hängen Sie an beiden Seiten der vorspringenden Ecke Spiegel an die Wand oder stellen Sie eine Pflanze davor oder hängen Sie Windspiele oder eine geschliffene Kristallkugel davor auf.

Treppen mit Zwischenräumen zwischen den Stufen hindern die Energie am Hinauffließen.

Lösung: Stellen Sie Topfpflanzen unter die Treppe, damit das Chi leichter hinauffließen kann.

Zu niedrige Zimmerdecken wirken manchmal bedrückend und beengend und können zu Depression und Kopfschmerzen führen.

Lösung: Hängen Sie an möglichst vielen Wänden Spiegel auf, um das Gefühl von mehr Weite zu erwecken.

Zu hohe Zimmerdecken können das Gefühl von Verflüchtigung und Ungerichtetheit vermitteln.

Lösung: Hängen Sie Mobiles, Kristalle oder Windspiele auf, um die Decke etwas »nach unten« zu bringen.

Fenster sind die Augen einer Wohnung. Idealerweise sollten sich Fenster nach außen oder zumindest nach innen öffnen, und nicht nach oben oder nach unten, weil so mehr Chi einfließt. In China heißt es, das zerbrochene Fensterscheiben zu Augenproblemen führen können.

Lösung: Ersetzen Sie zerbrochene Fensterscheiben so schnell wie möglich.

In China steht das Badezimmer für den Ort, wo das Wasser (symbolisiert Geld) abfließt. Die Küche steht für Reichtum, weshalb das Badezimmer der Küche nicht direkt gegenüberliegen sollte, da sonst der Wohlstand der Familie weggespült werden könnte.

Lösung: Befestigen Sie an der Außenseite der Badezimmertür einen Spiegel oder hängen Sie einen Kristall zwischen Badezimmer und Küche auf.

Sichtbare Querbalken über einem Bett, einem Ofen oder einer Arbeitsfläche behindern den Energiefluß, was zu Entkräftung oder physischen Problemen führen kann.

Lösung: Verrücken Sie Ihr Bett oder Ihren Arbeitstisch oder hängen Sie etwas an dem Balken auf. In China hängt man an beiden Enden des Balkens je zwei Bambusflöten auf, wobei die niedriger hängende Bambusflöte zur Wand weist. Das hebt die niederdrückende Energie des Balkens auf.

Eine Hauptregel des Feng Shui besagt, daß Sie stets das Schicksal der Vormieter oder Vorbesitzer in Erfahrung bringen sollten. Wenn es den vormaligen Hausbewohnern wohl erging und sich ihr Vermögen mehrte, wird es auch Ihnen wohl ergehen. Wenn sie aber auf dem absteigenden Ast waren, wird ihren Nachfolgern das gleiche Schicksal widerfahren. Natürlich kann man das für Aberglauben halten, aber viele dieser alten Überlieferungen gründen sich auf die Beobachtungen unzähliger Generationen.

Lösung: Führen Sie vor Ihrem Einzug ein gründliches Raumklären durch.

Was ist zu tun, wenn die Toilette ungünstig liegt

Der Lage der Toilette wird im chinesischen Feng Shui große Aufmerksamkeit geschenkt. Hier sind, falls diese Örtlichkeit ein Problem darstellt, eine Reihe von Lösungsvorschlägen, die am besten alle miteinander befolgt werden.

1. Der Klodeckel sollte, wenn die Toilette nicht gerade benutzt wird, geschlossen bleiben.
2. Halten Sie die Tür zur Toilette geschlossen und bringen Sie an ihrer Außenseite einen Spiegel an, um die Energie wegzuleiten.
3. Hängen Sie, falls der Raum ein Fenster hat, geschliffene Kristallkugeln mit vielen Facetten auf, um möglichst viel Regenbogenlicht in den Raum zu bringen.
4. Stellen Sie Pflanzen auf.

Das Ba-Gua-System

So wie die Fußreflexzonen praktisch als eine Landkarte der Organbereiche des menschlichen Körpers betrachtet werden können, benutzen auch die Feng Shui-Praktizierenden ein System, Ba-Gua genannt, das aufzeigt, welche Bereiche Ihres Heims mit welchen spirituellen Aspekten Ihres Lebens korrespondieren. Für mich persönlich gehört das Ba-Gua-System zu den hilfreichsten der verschiedenen Feng Shui-Systeme.

Reichtum Segen Fülle	Ruhm Selbstausdruck	Beziehungen Ehe
Familie Vorfahren Erbe	Gesundheit	Nachkommen Kinder Projekte
Inneres Wissen Selbst- verwirklichung	Karriereweg	Helfer Engel

Abbildung 2: Legen Sie dieses Ba-Gua-Schema so über den Grundrißplan Ihrer Wohnung oder Ihres Hauses, daß sich der Haupteingang (je nach seiner Position) in die Bereiche Inneres Wissen, Karriereweg oder Helfer öffnet.

Abbildung 2 zeigt einen schematischen Ba-Gua-Plan, den Sie leicht auf Ihre Wohnung anwenden können. Legen Sie ihn einfach in seiner Mitte auf die Mitte eines Grundplans Ihrer Wohnung und bringen Sie den unteren Rand des Ba-Gua-Plans mit der Wand, an der sich Ihre Eingangstür zur Wohnung befindet, in Übereinstimmung. (Sie betreten Ihre Wohnung stets entweder durch den Bereich »Inneres Wissen«, durch den Bereich »Karriere« oder durch den Bereich »Helfer«.) Jeder Bereich Ihrer Wohnung korrespondiert mit einem der Ba-Gua-Bereiche, zu denen nun einige Informationen folgen.

Karrierebereich

Dies ist der Bereich, der mit Ihrem Lebensweg, Ihrer Karriere, Ihrer Kreativität, mit der Tätigkeit, auf die Sie am meisten Zeit verwenden, in Beziehung steht. Wenn Ihre Haupteingangstür in der Mitte plaziert ist, betreten Sie Ihr Heim durch diesen Bereich. Fehlt dieser Bereich in Ihrer Wohnung, können Sie unter Umständen Schwierigkeiten haben, in Ihrem Beruf voranzukommen. Hängen Sie, um die Dinge hier zu befördern, in diesem Bereich große Spiegel und Kristalle auf und stellen Sie frische grünende Pflanzen auf.

Helfer

Dies ist ein wunderbarer Platz, um einen Altar aufzustellen, um Räucherwerk zu entzünden, zu beten und Bitten an die Götter und Engel zu hinterlegen. Wenn Sie an einem Projekt arbeiten und Hilfe von anderen brauchen, hängen oder stellen Sie in diesem Bereich einen besonders großen Spiegel oder einen Kristall auf. Sie werden erstaunt sein, wieviele Telefonanrufe und Angebote Sie von Freunden und Kollegen bekommen. Wenn der Helferbereich blockiert ist oder fehlt, werden Sie das Gefühl haben, keine Unterstützung zu erhalten und allein zu sein.

Nachkommen

Dieser Bereich steht mit Kindern, Projekten oder irgend etwas, das Sie geschaffen haben, in Beziehung. Wenn Sie gerne ein Kind bekommen würden, empfiehlt es sich, Ihr Bett in diesem Wohnungsbereich oder zumindest an entsprechender Stelle in

Ihrem Schlafzimmer aufzustellen. Stellen Sie, wenn Sie an einem Projekt arbeiten, das Früchte tragen soll, in diesem Bereich blühende Blumen auf (echte Blumen oder ein Blumengemälde) und plazieren Sie dort Gegenstände, die mit dem Projekt zu tun haben.

Beziehungen

Der Beziehungsbereich betrifft die Ehe, Freundschaften und auch die Art und Weise, in der wir uns allgemein auf andere Menschen beziehen. Es ist sehr schön, wenn Sie hier Gegenstände paarweise oder in einer Gruppe versammelt und fröhliche Fotos von Ihnen und den Menschen, die Sie lieben, aufstellen. Den Fernseher sollten Sie dort besser nicht installieren. Ein Haus oder eine Wohnung, in der dieser Bereich fehlt, kann unter Umständen zu allgemein mit Problemen belasteten Beziehungen führen.

Ruhm

Dieser Bereich steht für Inspiration, Selbstausdruck und für das, wofür Sie bekannt sind. Wenn Sie hier eine Uhr aufstellen, haben Sie den Ruf, entweder sehr pünktlich zu sein oder stets zu spät zu kommen. Dies ist oft der zentrale Ort eines Zimmers. Wenn Ihre Toilette in diesem Wohnungsbereich liegt, könnte Ihr Ruf unter Umständen »den Bach hinuntergehen«.

Reichtum

Dieser Bereich bezieht sich nicht nur auf Geld, sondern auf Reichtum, Wohlstand, Glück, Segen und Fülle aller Art. Hier lassen sich gut ein Aquarium, Zierat oder solide Gegenstände von guter Qualität aufstellen. Eine Toilette in diesem Bereich gilt als äußerst ungünstig, da Sie dann symbolisch gesehen Ihren Reichtum durch die Toilette spülen.

Familie

Der Familienbereich steht mit den Eltern, Vorfahren, dem Erbe und den Einflüssen aus der Vergangenheit in Beziehung. Ein guter Platz für Familienfotos, Urkunden, Siegestrophäen aus der Vergangenheit und so weiter.

Inneres Wissen
Dieser Bereich steht mit der Innenschau, Meditation, inneren Führung und dem Studieren und Lernen in Beziehung. Es ist ein guter Bereich für einen Meditationsraum, eine Bibliothek oder ein Arbeitszimmer. Hängen Sie dort einen Kristall ins Fenster, wenn Sie Ihre Intuition fördern und die Führung durch Ihr Höheres Selbst verbessern wollen.

Gesundheit
Dieser Bereich betrifft die Gesundheit und Vitalität. Wenn hier die Pflanzen absterben, wenn er dunkel und schmutzig ist, können gesundheitliche Probleme auftreten.

Fehlende Bereiche
Wenn Ihr Heim nicht die Form eines vollkommenen Quadrats oder Rechtsecks oder aber eine L-Form aufweist, dann »fehlt« ihm ein Bereich. Chinesische Feng Shui-Anhänger würden es vermeiden, ein Haus mit »fehlenden Bereichen« zu bauen, aber westliche Architekten ziehen solche Erwägungen meist nicht in Betracht. In China glaubt man, daß ein fehlender Bereich sich auch auf das Leben der Bewohner auswirken kann, daß zum Beispiel ein fehlender Reichtumsbereich zu finanziellen Schwierigkeiten führen könnte. Und Menschen, die nach einem Umzug in ein neues Heim erleben müssen, daß es mit ihren Finanzen bergab geht, werden vielleicht feststellen, daß der Reichtumsbereich in ihrem neuen Zuhause fehlt.

Jeder spezielle fehlende Bereich bringt seine eigenen Schwierigkeiten mit sich. Glücklicherweise bieten Spiegel eine Lösung für viele dieser Probleme, da ein an der inneren Wand zum fehlenden Bereich angebrachter Spiegel symbolisch die Energie dieses Bereichs wieder in Ihr Leben einführt. Der Spiegel muß so groß wie irgend möglich und sollte vorzugsweise gerahmt sein. Die nackten Kanten ungerahmter Spiegel und gezackte Rahmen, sowie Spiegel, die nicht aufgehängt, sondern nur an die Wand gelehnt sind, können die Energie verzerren.

Sie können aber auch mit Hilfe der natürlichen Vegetation, mit Pflanzen, Gartenmöbeln und so weiter einen fehlenden Bereich auffüllen, das heißt mit allem, was die Präsenz der Hausbewohner in diesen Bereich hin ausdehnt. Eine häufig angewandte Lösung ist hier auch eine Laterne oder eine andere Lichtquelle im Freien.

Ich habe festgestellt, daß allein schon das Reinigen oder die Aufmerksamkeit, die man einem dieser Ba-Gua-Bereiche zukommen läßt, zu sehr positiven Resultaten führt. Sie können zum Beispiel, wenn Ihre Karriere zu einem Stillstand gekommen ist, einen Zimmerspringbrunnen im Karrierebereich installieren. Das fließende Wasser (das Geld, Kreativität und Inspiration symbolisiert) wird dann dazu beitragen, daß wieder Bewegung in Ihre Karriere kommt. Oder Sie können, wenn Sie den Wunsch nach mehr Liebe in Ihrem Leben haben, Gegenstände, die für Sie Liebe symbolisieren, im Beziehungsbereich Ihres Zuhauses aufstellen, so etwa eine Schale mit Rosen oder ein Foto von zwei Menschen, die Arm in Arm am Strand entlangwandern.

Karen Kingston, eine in London ansässige Feng Shui-Beraterin, erzählte mir einmal die Geschichte von einer Frau, die seit über vier Jahren keine Liebesbeziehung mehr gehabt hatte. Sie war sehr überrascht, als sie schon zehn Minuten, nachdem sie einen Kristall ins Fenster des Beziehungsbereichs in ihrem Heim gehängt hatte, einen Anruf von einem Bewunderer erhielt, der sie einlud, mit ihm auszugehen. Binnen einer Woche sah sie sich mit der Situation konfrontiert, zwischen zwei möglichen Liebhabern wählen zu müssen.

Viele Menschen berichten, daß sich ihr Einkommen und die Segnungen und die Fülle in ihrem Leben vermehrten, nachdem sie einen Kristall ins Fenster im Reichtumsbereich ihrer Wohnung gehängt hatten. Ein Kristall am Fenster im Helferbereich bringt praktische Hilfe und Führung von den Engeln und unsichtbaren Helfern. (Kristalle aktivieren das sie durchdringende Licht und bringen somit zusätzliche Energie, wenn sie ins Fenster gehängt werden.)

Jedes Gebäude und jeder Raum innerhalb des Gebäudes hat ein Ba-Gua. Die Ausrichtung seines Schemas wird immer durch die in das Zimmer führende Haupttür bestimmt. Sogar Ihr Arbeitstisch hat ein Ba-Gua, dessen »Eingangstür« Ihr Sitzplatz ist (siehe Abbildung 3). Stellen Sie, wenn Sie Ihren Wohlstand vermehren wollen, eine Kristallschale in die obere linke (mit dem

Lösungsbeispiele in Fällen fehlender Bereiche

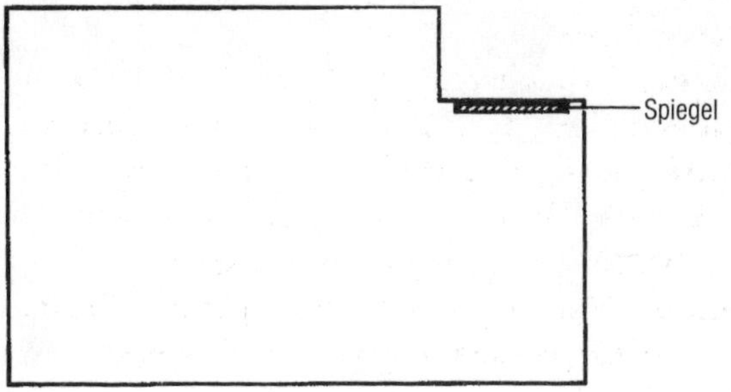

Hier wird das Problem eines fehlenden Bereichs mit Hilfe eines Spiegels gelöst.

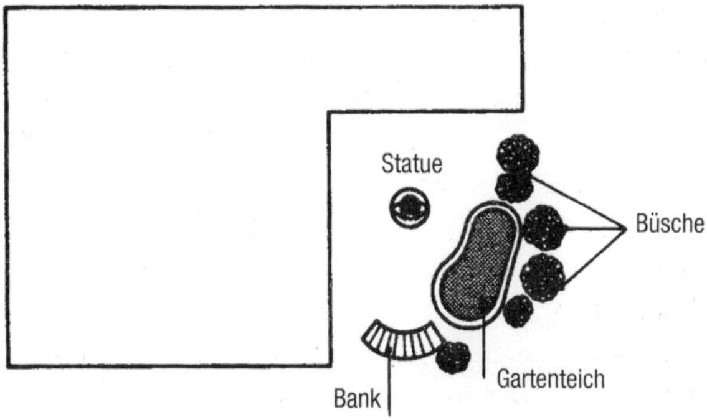

Hier wird das Problem eines fehlenden Bereichs mit Hilfe von Büschen und Gartenmöbeln gelöst.

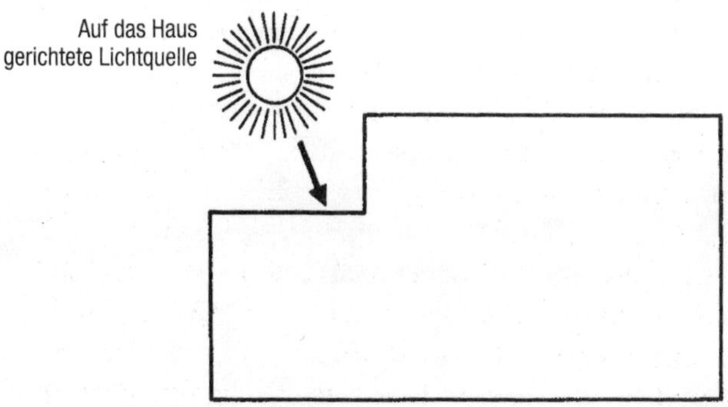

Hier wird das Problem eines fehlenden Bereichs mit Hilfe einer auf das Haus gerichteten Lichtquelle gelöst.

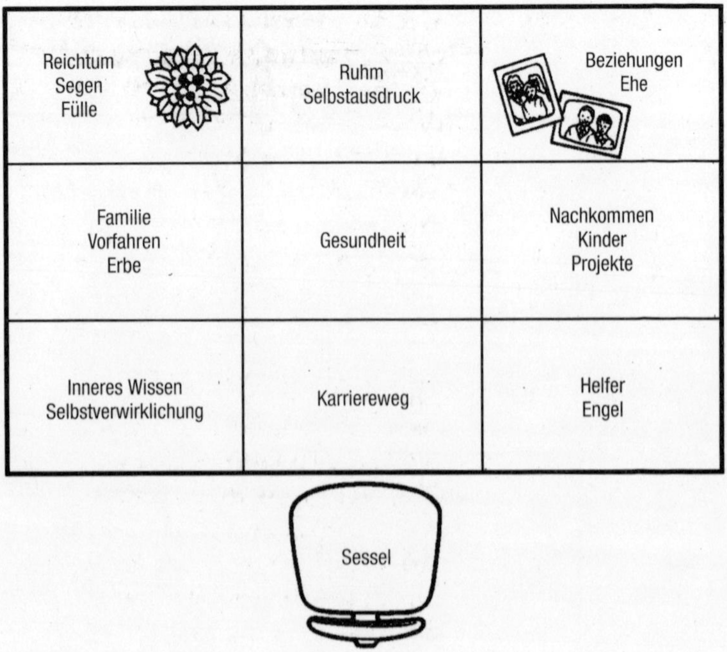

Abbildung 3: Beispiel für ein Arbeitstisch-Ba-Gua.
Plazieren Sie Schönheit und Kraft ausstrahlende Gegenstände in all den Bereichen Ihres Arbeitstisches, die Sie energestisch aufladen möchten.

Wohlstandsbereich korrespondierende) Ecke Ihres Arbeitstisches, um symbolisch Fülle aus dem Universum anzuziehen, und zur emotionalen Erfüllung fröhliche Familienfotos in die rechte obere Ecke. Achten Sie darauf, daß Sie Ihren Papierkorb nicht direkt unter dieser Ecke stehen haben.

Intuitives Feng Shui

Das Studium irgendeines der Feng Shui-Systeme kann viele Jahre in Anspruch nehmen und für den Laien sehr verwirrend sein. Ich glaube aber, daß wir alle tief in uns eine ungeheure Quelle intuitiven Wissens um die Kräfte der »An-Ordnung« haben. Und ich glaube auch, daß wir ohne jahrelanges Studium dieses intuitive Wissen anzapfen können.

Haben Sie jemals Möbel in einem Zimmer herumgeschoben und dann einen Augenblick innegehalten, um zu »spüren«, wie sich diese neue Anordnung anfühlt, um sie dann weiter herumzuschieben, bis es sich »richtig« anfühlte? Oder haben Sie je versucht, Blumen in einer Vase zu arrangieren, und es kam plötzlich der Punkt, wo Sie »wußten«: Jetzt ist es richtig? In beiden Fällen haben Sie die intuitive Kunst der Anordnung praktiziert. Wenn ich merke, daß ein neues Arrangement »richtig« ist, kann ich tiefer atmen.

Sie können, wenn es zum Beispiel einen Bereich in Ihrem Zuhause gibt, der sich nicht richtig anfühlt, die Gegenstände anders plazieren oder neue Gegenstände hinzufügen oder alte wegnehmen, so lange bis es sich richtig anfühlt. Durch eine andere Plazierung der Gegenstände läßt sich der Energiefluß in Ihrer ganzen Wohnung positiv verändern.

Wenn Sie sich Ihres intuitiven Feng Shui bedienen, kann das oft zu weitaus bemerkenswerteren Resultaten führen, als wenn Sie sich bloß an vorgegebene Regeln halten. Ein in Kanada ansässiges Ehepaar suchte mich einmal in Seattle auf, weil es sich große Sorgen um seine finanzielle Situation machte. Die beiden besaßen eine Anzahl exklusiver Boutiquen, die sehr gut gingen, doch pötzlich verloren sie eine Menge Geld und standen kurz vor dem Bankrott. Es war mir zu diesem Zeitpunkt nicht möglich, mir ihr Heim in Vancouver anzusehen, weshalb ich mich meiner »intuitiven Kräfte« bediente, um zu sehen, ob ich mit irgendwelchen Vorschlägen für sie aufwarten konnte. Ich »sah« in ihr Zuhause hinein und bemerkte eine schwarze Couch, die ein ungeheures Problem für den Energiefluß darstellte. Ich fragte sie, ob sie eine schwarze Couch hätten.

»Ja«, sagten sie, »es ist eine schwarze Ledercouch. Sie bildet den Mittelpunkt unseres Wohnzimmers.«

»Sie müssen diese schwarze Couch loswerden«, antwortete ich.

»Das können wir nicht«, sagte der Ehemann. »Sie war sehr teuer und überdies ein Geschenk von meiner Schwiegermutter.«

Ich fragte sie, wann sie diese Couch bekommen hatten. Vor zwei Jahren, erklärten sie. Und wann hatten Ihre finanziellen

Probleme begonnen? fragte ich. Ebenfalls vor zwei Jahren. Die beiden waren sehr überrascht, als ihnen klar wurde, daß beide Ereignisse zeitlich fast genau zusammenfielen.

Ich fragte den Ehemann, was für Gefühle er gegenüber seiner Schwiegermutter hegte. Er enthüllte, daß er sie nicht mochte und sich von ihr beherrscht fühlte. Das Anfangskapital für ihr wirtschaftliches Unternehmen war ursprünglich von ihr gekommen, und obwohl sie es inzwischen zurückgezahlt hatten, wollte sie immer noch das Sagen haben. Jedesmal, wenn er die Couch sah, kamen im Ehemann feindselige Gefühle auf, und um es seiner Schwiegermutter heimzuzahlen, sabotierte er unterbewußt das Unternehmen. Ich muß betonen, daß sich das alles ganz und gar auf der unterbewußten Ebene abspielte, denn auf der bewußten Ebene erweckte der Anblick der Couch keine aggressiven Gefühle in diesem Mann, aber seine Emotionen wurden dennoch aktiviert.

Nach seiner Rückkehr nach Vancouver entledigte sich das Paar der Couch. Ein paar Monate später meldeten sich die beiden bei mir und waren sehr begeistert. Ihre finanzielle Situation hatte sich vollkommen verändert, und sie hatten wieder Erfolg.

Ich denke nicht, daß in jedem Haus die Anordnung perfekt sein muß. Häuser und Wohnungen sind wie Menschen, und zuweilen entsteht unser größtes Wachstum aus der Beziehung mit den Menschen, mit denen wir Schwierigkeiten haben. Manchmal läßt uns eine beengendes Zuhause spirituell wachsen, da wir uns nach innen wenden müssen, um mit den Widrigkeiten fertig zu werden, und so mit unserer größten Stärke in Berühung kommen. Ich glaube, der beste Umgang mit dem Feng Shui ist der intuitive, und ich glaube auch, daß wir hier alle über eine angeborene Fähigkeit verfügen. Haben Sie Vertrauen in Ihre Intuition. Benutzen Sie Ihre Imaginationsgabe. Seien Sie kreativ. Und vor allem soll es Ihnen Spaß machen!

Beispiele

Einige der Informationen über das Feng Shui in diesem Kapitel und auch in den folgenden Kapiteln stammen von Karen Kingston, die das Raumklären und Feng Shui professionell betreibt.

Als Karen hörte, daß ich ein Kapitel über das Feng Shui in dieses Buch aufnehmen wollte, schickte sie mir dazu großzügig einiges allgemeine Material sowie einige persönliche Fallbeispiele aus ihrer Praxis.

Eine ihrer Klientinnen war eine Frau, die eine große Public-Relations-Firma von zu Hause aus leitete und in finanziellen Schwierigkeiten steckte. Als sich Karen mit ihr unterhielt, stellte sich heraus, daß die Klingel an der Haustür dieser Frau nicht funktionierte. Wenn die Klingel nicht funktioniert, können die Hausbewohner nur schwer hören, wenn jemand an der Tür ist, was energetisch gesehen für sich möglicherweise ergebende Gelegenheiten ein Problem darstellt. Auch wenn die Frau ihre beruflichen Kontakte hauptsächlich über das Telefon abwickelte und nicht über persönliche Besuche in ihrem Haus, bedeute der Akt der Reparatur der Klingel auf der Energieebene doch das Aussenden der Botschaft, daß sie zugänglicher und erreichbarer sein wollte. Nachdem die Klingel wieder funktionierte, steigerte sich ihr Umsatz gewaltig.

Eine andere Geschäftsfrau bat Karen um Hilfe, weil sie zwar bis zu einem gewissen Grad erfolgreich war, aber eine Ebene erreicht hatte, über die sie nicht hinausgelangen konnte. Das Beratungsgespräch ergab, daß sie sich vor einem Jahr einen Schrank gekauft hatte, der nun die Energie in ihrem Karrierebereich blockierte. Dazu kam, daß sie ebenfalls in diesem Bereich zwei einander gegenüberliegende Spiegel aufgehängt hatte, so daß die Energie zwischen den beiden nur ständig hin- und herhüpfte und nicht weiterfloß. Sie behob die Probleme, indem sie den Schrank und einen der Spiegel an einer günstigeren Stelle aufstellte beziehungsweise aufhing, und danach ging es in ihrer Karriere voran.

Karen berichtete mir auch vom Fall einer Kollegin, die mit einer Musiklehrerin arbeitete, welche finanzielle Probleme hatte. Nachdem diese ein Sofa entfernt hatte, das den Eingang zum Reichtumsbereich blockierte, bekam sie binnen einer Woche elf neue Schülerinnen.

Eine andere Frau wünschte sich, nachdem sie kurz zuvor geschieden worden war, eine Affaire, ohne sich allzu tief einlassen zu müssen. Eine Feng Shui-Beraterin riet ihr, ein Aquarium im Beziehungsbereich ihres Hauses aufzustellen. Kurz danach traf diese

Frau einen reizenden Mann, mit dem sie eine kurze, aber befriedigende Affaire hatte. Wann immer diese Frau nun eine Beziehung beenden und eine neue anfangen will, reinigt sie ihr Aquarium und setzt neue Pflanzen ein. Sie sagt, es funktioniert jedesmal.

Ein Mann hatte nun schon seit einiger Zeit versucht, sein Apartment zu verkaufen, ohne auch nur ein einziges Angebot zu erhalten. Er ließ sich von Karen beraten, und sie empfahl ihm, 300 Pfund für einen großen Spiegel und ein paar grünende Pflanzen auszugeben, um mit ihrer Hilfe den behinderten Energiefluß in der Wohnung in Gang zu setzen. Innerhalb von zehn Tagen hatte er zwei Interessenten, die sich gegenseitig überboten, und schließlich bekam er für sein Apartment 9000 Pfund mehr, als er ursprünglich haben wollte.

Die folgende, die machtvollen Auswirkungen der Feng Shui-Prinzipien illustrierende Geschichte haben mir zwei Freundinnen erzählt, die in Melbourne leben. Sie wohnen und arbeiten im gleichen Haus. Ich hatte ihnen ein Rohmanuskript meines Buches mit der Bitte um Feedback zugeschickt. Sie schrieben mir, daß sie gleich nach der Lektüre des Manuskripts ein gründliches Raumklären vorgenommen hätten. Auch wurde ihnen nach diesem Kapitel klar, daß der Reichtumsbereich in ihrem Haus fehlte. Sie schufen sich in diesem Bereich einen wunderschönen Garten mit Farnen, Kieselsteinen und einem Buddha. Schon in der ersten Woche danach kletterten ihre Verkaufszahlen entschieden nach oben. Aber in der nächsten Woche hatten sie den größten Umsatztag, den sie je erlebt hatten, und nahmen doppelt soviel wie in der ganzen Woche zuvor ein – an nur einem Tag!

Im Feng Shui kennt man neun grundlegende Heilmittel zur Hebung der Energie:

1. *Helle Lichter und lichtreflektierende Gegenstände:* Spiegel, geschliffene Kristalle und eine helle Beleuchtung aktivieren das Chi (die Energie).
2. *Klänge:* Musik kann sich auf das Chi im Raum auswirken. Windspiele mildern oder steigern den Chi-Fluß. Oft hängt man ein Windspiel in einem langen Flur auf, um zu verhindern, daß das Chi allzu rasch durchrauscht. Alles, was einen angenehmen Klang verursacht, kann die Energie steigern.

3. *Lebendige Wesen:* Alles Lebendige, Tiere, Vögel, Fische, Pflanzen, Topfpflanzen oder Bonsaibäumchen vermehren die Energie in einem Haus.
4. *Solide Gegenstände:* Die Anordnung der Möbel und die Plazierung von Plastiken können die Energie eines Hauses beeinflussen.
5. *Bewegliche Gegenstände:* Windräder, Luftsäcke, Mobiles, Springbrunnen und sogar Tretmühlen für Hamster können die Chi-Energie aktivieren.
6. *Elektrisch betriebene Gegenstände:* Elektrisch betriebene Zimmerspringbrunnnen, Windspiele oder auch ein auf diese Weise erzeugter Regenbogen können das Chi vermehren.
7. *Symbole und symbolisches Dekor:* Alle Symbole, Bilder oder Fotos, die für Sie Bedeutung haben. Auf Bambusflöten kann man spielen oder sie auch nur zur Zier aufhängen. Flöten sind ein Symbol für spirituelle Schwerter. Wenn Sie sie mit einem roten Band umwickeln und nach oben richten, fördert das den Chi-Fluß.
8. *Farbe:* Wählen Sie Farben aus, die für Sie eine Bedeutung haben. In China wird Gelb mit langem Leben assoziiert, gilt Rot als glückverheißende Farbe, und ist Grün die Farbe neuen Wachstums und des Frühlings.
9. *Bänder und Fransen:* Rote Bänder können an Türen angebracht werden, und mit Fransenborten können Sie Balken verdecken, die den Energiefluß in einem Raum behindern.

Ziel des Feng Shui ist ein Leben in Harmonie mit dem Universum, in dem Sie eine Balance zwischen Himmel und Erde, Yin und Yang, Mensch und Natur herstellen. Das Studium des Feng Shui beinhaltet weitaus mehr, als ich hier kurz ansprechen konnte. Und es ist sicherlich ein Gebiet, das es wert ist, in seiner Tiefe erforscht zu werden. Doch ein weiblicher oder männlicher Feng Shui-Meister sollte meiner Ansicht nach nicht nur eine Anzahl von starren Regeln vermitteln, an denen Sie unveränderlich festzuhalten haben, sondern Sie auch dazu ermutigen, sich Ihr eigenes Umfeld und Ihr eigenes Leben zu erschaffen. Sie oder er sollten dazu beitragen, daß Sie, indem Sie über Ihre Wohnung zum Selbstausdruck finden, auf sanfte und liebevolle Weise eine

Transformierung erfahren. So können Sie durch die Kunst der Anordnung zu einer umfassenderen Harmonie mit dem Universum gelangen und kann Ihre Wohnung zum Ausdruck der heiteren Gelassenheit und des Friedens werden.

14

Wohnungsbeschützer und Energetisierer

Obwohl sich manchmal die Grenze zwischen Beschützer und »Energetisierer« verwischt, sind sie alle Bestandteil zur Bewahrung der Energie, und das ist der vierte Schritt des Raumklärens. Sowohl Beschützer wie Energetisierer helfen, das von Ihnen durch das Raumklären aufgebaute Energiefeld zu bewahren, zu schützen und zu stärken.

Beschützer

Die inneren Bereiche haben eine Menge Helfer und Gehilfen. Es empfiehlt sich sehr, einen Beschützergeist in Anspruch zu nehmen, wenn Sie in Ihrer Wohnung ein Gefühl von Sicherheit und Schutz herstellen wollen. Ein solcher Beschützergeist kann Ihr Zuhause nicht nur vor unerwünschten Eindringlingen von außen schützen, sondern auch ein Gefühl der Sicherheit in seinem Innern schaffen, was dazu führt, daß sich die Hausbewohner bei häuslichen Unfällen nicht so schnell verletzen.

In vielen Stammeskulturen überall auf der Welt findet sich ein traditioneller Glaube an Hüter des Hauses. Diese Hüter oder Wächter oder Beschützer haben viele Gestalten. Sie können ein Verbündeter in Gestalt eines Tiergeists oder ein Schutzengel oder ein Haushütergeist oder auch ein beschützender Baumgeist sein. Sie tragen, gleich in welcher Gestalt, auf sehr nützliche Weise dazu bei, daß aus Ihrem Zuhause ein sicherer Hafen wird.

Ich habe immer und immer wieder von Menschen, die die von mir unterrichteten Techniken zur Einsetzung eines Beschützergeists anwenden, gehört, daß sie bemerkenswerte Resultate erzielten. Eine Frau lebte in einem Apartmenthaus in London.

Eines Tages kam sie von der Arbeit zurück und erfuhr, daß in jedes Apartment dieser Anlage eingebrochen worden war – nur in das ihre nicht. Oberflächlich gesehen hatte ihr Apartment nichts Ungewöhnliches oder Andersartiges an sich, was einen Einbrecher dazu hätte bringen können, ihr Apartment außer acht zu lassen. Es bot sich nicht mehr oder weniger dazu an als all die anderen (insgesamt vierzehn) Apartments auch, in die eingebrochen worden war. Doch das ihre war verschont geblieben. Sie schrieb dieses Phänomen dem Energiefeld zu, in das sie ihr Apartment eingehüllt hatte, und vor allem ihren Hütern des Hauses.

Eine andere Frau berichtete mir, daß sie eine Darstellung ihres Hausbeschützers in Gestalt eines Tierverbündeten in der Nähe ihrer Eingangstür aufgestellt hatte, wie ich ihr geraten hatte. Es handelte sich um eine große Katzenstatue, da sie mit der Katzenenergie arbeitete. Sie verreiste drei Tage übers Wochenende und mußte bei ihrer Rückkehr feststellen, daß ihre Wohnungstür aufgebrochen worden war. Doch obgleich sie viele wertvolle Gegenstände in ihrer Wohnung hatte, wovon sich einige gleich im Eingangsbereich befanden, war nichts gestohlen worden. Am selben Wochenende war auch in ein anderes Haus in ihrer normalerweise geruhsamen Nachbarschaft eingebrochen worden, doch diesen Nachbarn erging es weniger gut, und ihnen war ziemlich viel gestohlen worden. Die Polizei meinte, daß der Einbrecher wohl durch irgend etwas in ihrem Haus erschreckt worden war. Diese Frau hatte das Gefühl, daß ihr Hausbeschützer den Dieb gestoppt hatte, da er schon an der Wohnungstür haltgemacht hatte.

Natürlich kann es viele Gründe geben, warum ihr nichts gestohlen wurde. Ich glaube nicht, daß Holzstatuen einen Eindringling anspringen; aber ich glaube, daß sich die Energie der Hausbeschützer so auswirkt, daß eine mit nicht gerade ehrenwerten Absichten in ein Haus eindringende Person irgendwie Angst bekommt und dann unter Umständen einen Rückzieher macht. Natürlich müssen Sie heutzutage die üblichen Vorsichtsmaßnahmen gegen einen Einbruch ergreifen. Doch im geschilderten Fall kann es durchaus sein, daß die Energie in ihrem Haus im Verein mit ihrem Wächter des Hauses es beschützen half.

Engel

Meiner Ansicht nach ist ein Engel der mächtigste Beschützer Ihres Hauses. Die Anrufung von Engeln mit der Bitte um Schutz und spirituelle Belebung kann ein wunderbares Gefühl von Frieden, Harmonie und Sicherheit in Ihre Wohnung bringen.

Was sind Engel?

Die Geschichte und Mythologie ist voll von Hinweisen auf Engel. Abgesehen von den Mythen *sind Engel reale Wesen.* Die Schleier zwischen dem Engelreich und dem Menschenreich werden dünner, und diese Boten des Großen Geistes tun ihre Anwesenheit kund. Engel werden mit Schönheit, Frieden, Erfüllung, Freude, Lachen und Liebe assoziiert. Sie sind hier, um uns zu helfen, daß wir die Bürde der Furcht, der Unsicherheit, der Schuldgefühle, des Schmerzes und der Sorge ablegen, daß wir unser Gefühl von Unwürdigkeit und Unsicherheit durch ein Gefühl der Freude und Zugehörigkeit ersetzen können. Engel stehen uns bei, damit wir mit einer machtvollen, doch sanften Kraft in Verbindung kommen, die uns ermutigt, unser Leben voll und ganz zu leben. Sie ermöglichen uns, in Freude statt in Furcht zu leben. Engel helfen uns, in eine Welt der Liebe einzutreten.

Es gibt viele verschiedene Arten von Engeln, die alle einem verschiedenen Zweck in Ihrem Leben dienen können. Da sind die persönlichen Engel, die man Schutzengel nennt. Sie sind Wesen, die ganz persönlich mit Ihnen und Ihrer Evolution verbunden sind. Sie können Ihnen bei Ihren kreativen Unternehmungen beistehen, Sie beschützen und Ihnen helfen, Ihre Träume wahr zu machen. Dann gibt es die Naturengel, die über bestimmte Naturbereiche wie zum Beispiel Berge oder Seen wachen. Orte in der Natur mit einer ganz besonderen Atmosphäre stehen oft unter dem Schutz eines gütigen Engels.

Die verschiedenen Gestalten der Engel

Engel können in allen möglichen Gestalten in Erscheinung treten. Der Engel mit Flügeln, wie wir ihn in den Kirchen dargestellt sehen, ist die Gestalt, die die meisten Menschen mit ihm assoziieren, und in fast jeder Kultur der Welt finden wir Anhänger der geflügelten Engel. Die Indianer nannten die Engel die Geflügelten Wesen oder die Vogelwesen in Anspielung auf ihre geflügelte Erscheinung. Von der tatsächlichen Erscheinung eines geflügelten Engels wird selten berichtet, doch Berichte von Engeln, die in menschlicher Gestalt auftreten, sind relativ häufig. Engel scheinen für die Person, der sie erscheinen, eine tröstliche und erfreuliche Gestalt anzunehmen. Auf meinen Reisen hörte ich zahlreiche Berichte von physischen Erscheinungen dieser Engelwesen. Sie traten in männlicher und weiblicher, in jugendlicher und älterer Gestalt, in jeglicher Hautfarbe, manche wohl gekleidet, andere schäbig gewandet auf.

Das Engelreich wirkt sich zuweilen auch noch in anderer Weise auf die Menschheit aus, und zwar, indem ein Mensch von einer Engelenergie überlagert wird. Dann mag dieser Mensch ganz unbewußt einer anderen Person, die in Not ist, Hilfe und Führung anbieten – *und sich manchmal gar nicht mehr daran erinnern.* Beide scheinen von einer ungeheuren positiven Kraft überwältigt zu werden und bieten dann einander die genau richtige Botschaft an.

Wie wir Engel erkennen

Meistens sehen wir Engel nicht, sondern fühlen ihre Präsenz auf die verschiedenste Weise. Oft wird ihre Anwesenheit von einem wunderbaren Blumenduft begleitet. Manchmal kündigen sie sich durch eine leichte Brise an, selbst bei geschlossenen Fenstern. Manchmal sind Glocken- oder Glöckchenklänge oder Trompeten zu hören. (Jawohl, Trompeten! Ich glaube, der Grund dafür ist der, daß ein Ton entsteht, wenn Engel in unsere Dimension einbrechen, ein Ton, der in unserer Wirklichkeit am meisten einem Trompetenton ähnelt, den wir deshalb dann auch so interpretieren.) Manchmal kündigt ein Lichtblitz die Ankunft eines Engels an. Am häufigsten tritt das Gefühl auf, von einem Strom der Liebe überwältigt zu werden. Wenn Sie glauben, sich in der Präsenz eines Engels zu befinden, sind Sie es wahrscheinlich auch.

Gerade jetzt überbrücken Engel unsere physische Realität mit ihrer reinen spirituellen Energie. Wie ein Blatt, das sachte in den stillen Teich unseres Bewußtseins fällt, erkennen wir ihre Präsenz. Und wenn wir ihnen vertrauen, gießen sie ihren Segen über uns aus. Die Energie folgt der Absicht. Und wenn Sie sich der Engel mehr und mehr bewußt werden, werden sie mehr und mehr in Ihr Leben einziehen.

Wie Sie einen Hausengel herbeirufen

Führen Sie, bevor Sie einen Engel für Ihr Zuhause anrufen, in der ganzen Wohnung ein gründliches Raumklären durch. Suchen Sie nach dem zentralsten Ort Ihrer Wohnung. Er fühlt sich wie das Herz oder das Zentrum Ihres Heims an und kann, muß aber nicht die geographische Mitte sein. Haben Sie ihn gefunden, setzen Sie sich dort in Stille nieder. Zentrieren Sie Ihre Gedanken und bitten Sie darum, daß ein Engel des Hauses herbeikommen möge. Visualisieren Sie, wie dieser Engel des Hauses ein Licht ausstrahlt, das Ihr Haus und seine ganze Umgebung völlig einhüllt.

Sie können die Engelenergie auch anrufen, damit sie einen ganz bestimmten Raum in Ihrer Wohnung erfüllt. Zum Beispiel das Schlafzimmer, um Ihnen durch die nächtlichen Stunden zu helfen, Sie auf Ihren inneren Reisen zu führen, oder Ihnen beizustehen, wenn Sie in der Nacht sich oder andere heilen.

Vielleicht wollen Sie auch einen Engel ins Schlafzimmer Ihrer Kinder rufen. Kinder haben eine besondere Affinität zu Engeln, und viele von ihnen können im Gegensatz zu Erwachsenen Engel sehen. Als meine Tochter drei oder vier Jahre alt war, gingen wir häufig in den theosophischen Buchladen in Seattle. Sie lief dann immer gleich in eine bestimmte Ecke des Buchladens. Dort gab es weder Kinderbücher noch Spielzeug, noch sonst irgend etwas, das ihr Interesse in besonderem Maße hätte erregen können. Und doch lief sie immer gleich dorthin und blieb dort, während ich den Buchladen durchstöberte. Ich erzählte das einer mir bekannten älteren theosophischen Autorin, die ebenfalls diesen Buchladen aufzusuchen pflegte. Sie sah mich überrascht an und sagte: »Aber meine Liebe, wissen Sie es denn nicht? Da ist ein Engel in dieser Ecke!«

Anrufung der Engel der Vier Richtungen

Sie können Ihr Zuhause auch schützen, wenn Sie darum bitten, daß vier große hohe Engel um Ihr Haus stehen. Stellen Sie sich vor, daß sie ihre Flügel weit ausgebreitet haben und einen

Schutzschirm des Lichts und der Liebe über Ihr Haus breiten. Hier ist eine Anrufung dieser wunderbaren Lichtwesen.

Engel des Ostens Ich rufe dich, Engel des Ostens. Ich bitte dich, diesem Zuhause Sicherheit, Schutz und Liebe zu bringen. Mögen die warmen Winde des Himmels sanft über dieses Haus wehen. Ich danke dir für deine Anwesenheit.

Engel des Südens Ich rufe dich, Engel des Südens. Ich bitte dich, diesem Zuhause Sicherheit, Schutz und Liebe zu bringen. Mögen die sanften Regen des Himmels alle reinigen und heilen, die in diesem Haus wohnen. Ich danke dir für deine Anwesenheit.

Engel des Westens Ich rufe dich, Engel des Westens. Ich bitte dich, diesem Zuhause Sicherheit, Schutz und Liebe zu bringen. Möge die Wärme der Sonne alle erfüllen, die mit Licht und Liebe in dieses Haus eintreten. Ich danke dir für deine Anwesenheit.

Engel des Nordens Ich rufe dich, Engel des Nordens. Ich bitte dich, diesem Zuhause Sicherheit, Schutz und Liebe zu bringen. Möge die Stabilität und Stärke der Erde alle erfüllen, die in dieses Haus eintreten. Ich danke dir für deine Anwesenheit.

Unser Schöpfer Ich rufe dich an, Großer Geist, der du in allen Dingen wohnst, und bitte dich um Führung und Liebe für alle, die in dieses Haus eintreten. Mögen wir in Frieden und Liebe wachsen. Ich danke dir aus vollem Herzen für dein liebevolles Dasein.

Sie können diese Engel entweder in der Meditation anrufen oder sich konkret zu den vier äußeren Ecken Ihres Hauses begeben und dort den Engel der jeweiligen Richtung anrufen. Hinterlassen Sie ein Geschenk für den Engel, einen hübschen Stein, eine Feder oder eine Blume. Nach indianischer Sitte geben Sie immer ein Geschenk, wenn Sie um etwas bitten. Die Größe des Geschenks ist dabei nicht so wichtig wie die Energie, mit der Sie es geben. Wenn Sie das Glück haben, einen Garten zu besitzen, können Sie sogar für jeden der Engel eine Pflanze einsetzen.

Machen Sie sich keine Sorgen, wenn die Richtungen nicht ganz genau stimmen. Am wichtigsten ist hier Ihre Absicht.

Wollen Sie die Engelenergie verstärkt in Ihr Zuhause bringen, können Sie Bilder von Engeln an die Wand hängen oder auch Engel aufhängen. Engel zum Aufhängen kann man meist in der Weihnachtszeit kaufen. Ich lasse sie gern das ganze Jahr über frei von der Decke herabhängen. Das, worauf Sie Ihre Aufmerksamkeit richten, wird sich in Ihrem Leben verstärkt bemerkbar machen. Wenn Sie Ihre Aufmerksamkeit den Engeln zuwenden, werden sie Ihnen ihre Anwesenheit immer mehr kundtun. Ich glaube, daß alle Gebete gehört werden und Engel nur einen Gedanken weit weg sind.

Tiergeister als Verbündete

Boten des Großen Geistes können in vielerlei Form zu uns kommen. Die Stammeskulturen bedienen sich der Verbündeten (auch Totems, Kraft-Tiere, Tier-Führer und Tiergeister genannt), wie wohl dokumentiert ist. Man glaubt, daß jede Person einen persönlichen Tiergeist hat, der ihr Führung, Stärke und Schutz zukommen läßt. Und obgleich Sie mehr als ein Totem haben können, wird doch eines zur jeweils gegebenen Zeit dominant sein. Das westliche Äquivalent zum Totem ist ein Geistführer. Totems können sehr machtvolle Hausbeschützer sein. Indianische Menschen arbeiten sehr gerne mit ihnen, aber auch für Angehörige anderer Kulturen kann die Verbindung mit ihrem jeweiligen Totemtier sehr nützlich sein.

Wenn Sie Ihr Totem kennen, hilft Ihnen das sehr bei Ihrem Bemühen um Selbsterkenntnis. In vielen Stämmen gründen sich Verbindungen und Beziehungen auf die Zugehörigkeit zu einem Totem. Ein australischer Aborigines-Clan, bei dem ich einige Zeit verbrachte, wollte mir gerne etwas von seinem heiligen Wissen übermitteln. Doch erst mußten sie herausfinden, welchem Clan ich angehörte und was meine Totems waren, denn bevor ich an irgendeinem ihrer Rituale teilnehmen konnte, mußte sichergestellt sein, daß meine Totems und ihre Totems miteinander harmonierten.

Sie nahmen mich mit in den australischen Busch. Ich wurde mit einer streng riechenden Mixtur aus Aboriginesschweiß und gelber und roter Erde eingerieben. Das sollte die Geister des Landes glauben lassen, ich sei eine Stammesangehörige und keine Fremde, denn es hieß, daß die Geister des Landes Nicht-Aborigines Schaden zufügen. Dann wiesen sie mich an, mich mit dem Rücken an einen Baum gelehnt zu setzen und abzuwarten, welches Tier sich mir nähern würde. Sie erklärten, dieses Tier oder dieser Vogel wäre mein Totem. Nachdem ich sehr lange gewartet hatte, näherte sich mir eine Krähe. Die Aborigines seufzten alle erleichtert auf, denn die Krähe harmonisierte mit ihrem Totem, und ich durfte nun an ihren Ritualen teilnehmen.

Wie Sie Ihren Verbündeten finden

Nach der Tradition der Stammeskulturen beinhaltet die Suche nach dem persönlichen Totem oft eine Visionssuche oder eine innere Reise. Da wir aber nicht immer die Möglichkeit haben, uns auf eine Visionssuche zu begeben, gibt es noch eine Reihe von anderen Möglichkeiten, wie Sie Ihren Verbündeten finden können. Ihr Kraft-Tier kann ein Tier sein, das schon von Kindheit an Ihr Lieblingstier war. Ihr Totem kann sich auch wiederholt in Ihren Meditationen zeigen. Ein Tier, das ständig in Ihren Träumen auftaucht, ist oft Ihr Totem. Manchmal können Sie Ihr Kraft-Tier auch dadurch finden, daß Sie darauf achten, von welchen Tieren Sie sich unwiderstehlich angezogen fühlen. Vielleicht haben Sie als Kind Geschichten von Pferden am allermeisten geliebt und sich den Pferden immer verbunden gefühlt. Das mag darauf hinweisen, daß Ihr Totem aller Wahrscheinlichkeit nach ein Pferd ist.

Ihr Verbündeter aus dem Tierreich kann auch auf ganz ungewöhnliche Weise auf Sie zukommen. Wenn Sie einen Spaziergang machen und eine Krähenfeder zu Ihren Füßen niederfällt, könnte die Krähe eines Ihrer Totems sein. Sie können aber auch auf »Zeichen« oder Omen in Ihrem Leben achten. So könnten Sie zum Beispiel eine Postkarte im Briefkasten finden, auf der ein Reh zu sehen ist. Dann fangen Sie an, auf Postern und Anschlagtafeln überall Rehe zu sehen. Sie machen den Fernseher an – und es wird eine Dokumentation über Rehe gesendet. Sie fahren an einer Wiese mit grasenden Rehen vorbei – und im Autoradio hören Sie ein Lied, in dem Rehe besungen werden. Und jede

Nacht erscheint Ihnen im Traum ein Reh. Überall wo Sie hinkommen, scheinen Sie Rehe zu sehen. Dem könnten Sie eine gewisse Bedeutung zumessen, es könnte ein »Zeichen sein«, daß das Reh zu Ihren Totems gehört.

Da Sie gewisse Eigenschaften mit Ihrem Totem teilen, können Sie auch die Gewohnheiten und Eigenschaften verschiedener Tiere studieren, um Ihr Totem zu entdecken. Lesen Sie Bücher über Tiere. Finden Sie alles über die Gepflogenheiten und das Lebensumfeld der Tiere heraus, mit denen Sie sich besonders verwandt fühlen. Solche Informationen finden Sie in Naturzeitschriften, Enzyklopädien und in Büchern. Bären zum Beispiel wachen morgens langsam auf und sind eher Gewohnheitstiere, die jeden Tag denselben Pfad entlangwandern. Wenn Sie morgens voller Energie aus dem Bett hüpfen und Ihre Aktivitäten gern abwechslungsreich gestalten, ist es unwahrscheinlich, daß der Bär Ihr Totem ist. Wenn Sie dauernd herumflitzen, den ganzen Tag kleine Mahlzeiten zu sich nehmen, nie an Gewicht zunehmen und schnell reden, könnte ein Vogel Ihr Totem sein (in diesem Fall eher ein Singvogel als ein Raubvogel wie etwa der Adler oder Falke).

Wie Sie die Bedeutung Ihres Verbündeten entdecken

Jeder Verbündete verfügt über verschiedene Eigenschaften oder Fähigkeiten. Wenn Sie mit Ihrem Totem Verbindung aufnehmen und mit ihm kommunizieren, gewinnen Sie Zugang zu diesen Qualitäten. Die verschiedenen Kulturen schreiben den verschiedenen Totems unterschiedliche Bedeutungen zu, weshalb ich Ihnen rate, sich hier immer auf Ihre Intuition zu verlassen. Es gibt keine universelle und allgemein verbindliche Bedeutung der jeweiligen Totems. Ein gutes Beispiel ist der Eulengeist-Verbündete. Als ich in Australien mit einigen Stammesältesten über die Totems sprach, erzählte mir einer von ihnen, daß die Männer die Eule fürchten, weil sie ein Totem der Frau ist und die Dunkelheit und das Unbekannte repräsentiert. Er sagte, daß sie sich vor der Macht der Frauen und des Unbekannten fürchteten und deshalb auch Angst vor der Eule hätten.

Als ich auf Neuseeland mit Angehörigen des Maoristamms der Terinaki über Totems sprach, fragte ich sie auch nach der Eule.

Man sagte mir, daß die Eule den Maoris ein heiliger Vogel sei. Er sei so heilig, daß sein Name nie ausgesprochen werde. Einige Stämme meiner eigenen indianischen Kultur verehren die Eule und sagen, daß sie tiefe Weisheit repräsentiert. Doch bei anderen Stämmen gilt sie als Botin des Todes und der Dunkelheit. Da also die verschiedenen Kulturen den verschiedenen Tier-Verbündeten unterschiedliche Bedeutungen zuordnen, schlage ich vor, daß Sie die Bedeutung Ihres Verbündeten selbst herausfinden.

Dazu stehen Ihnen eine Reihe von Möglichkeiten zur Verfügung. Es gibt viele Bücher über die Kräfte und symbolische Bedeutung der einzelnen Tiere. Das Studium der traditionellen Bedeutungen, die mit den verschiedenen Tiertotems assoziiert werden, kann sehr interessant, vergnüglich und nützlich sein. Doch denken Sie daran, daß es sich nur um die Interpretation eines einzigen Autors handelt. Andere Autoren haben wieder andere Deutungen anzubieten. Immerhin kann der eine Autor oder die Anschauung einer Traditionslinie schon mal als guter Ausgangspunkt dienen. Möglicherweise fühlen Sie sich von den Merkmalen eines Totems, wie sie von einem bestimmten Autor beschrieben werden, besonders angezogen, fühlt sich diese spezielle Definition für Sie richtig an. Was Ihrem Gefühl nach ein Totem für Sie persönlich bedeutet, das ist einzigartig und gewiß so gültig wie die Meinung irgendwelcher anderen Personen.

Sie können die Bedeutung, die Ihr Totemtier für Sie hat, aber auch noch auf eine andere Weise herausfinden, nämlich, indem Sie seine natürlichen Gewohnheiten studieren. Sie könnten sich, wenn Sie zum Beispiel den Eindruck haben, daß der Leopard Ihr Totem ist, über ihn sachkundig machen. Dann erfahren Sie, daß Leoparden sehr viel Zeit mit dem Schlafen verbringen, sie aber, wenn es Zeit zum Jagen ist, ihre Beute sehr konzentriert, direkt und geschwind verfolgen. Daraus können Sie folgern, daß ein Leopardentotem für die Fähigkeit steht, sich komplett auszuruhen, aber ein Ziel rasch und mühelos zu erreichen. Ihr Kraft-Tier kann Ihnen Aufschluß über Ihre Stärken geben und Ihnen in kritischen Zeiten beistehen.

Sie können sich aber auch in einen Meditationszustand begeben und sich vorstellen, daß Sie mit Ihrem Verbündeten sprechen, um seine Qualitäten zu entdecken. Visualisieren Sie Ihr

Totemtier ganz deutlich (oder erfühlen Sie es, wenn Sie mit dem Visualisieren Schwierigkeiten haben), um die Bedeutung, die es für Sie hat, zu ergründen. Fragen Sie es, was es für Eigenschaften besitzt und wie diese Ihnen eine Hilfe sein können.

Totems wechseln manchmal mit der Zeit. Unter Umständen stellen Sie fest, daß ein Totem in einem bestimmten Lebensstadium für Sie sehr hilfreich war, Sie sich aber, da Sie sich verändern und weiterentwickeln, schließlich zu der Geistenergie eines anderen Tiers hingezogen fühlen. Die Totemenergie hat etwas sehr Ursprüngliches und Kraftvolles an sich und eignet sich deshalb hervorragend für den Aufbau eines Schutzfeldes um Ihr Haus. Wenn Sie sich auf Ihr Totem einstimmen, hilft es Ihnen aber nicht nur beim Schutz, sondern bringt seine Qualitäten auch in Ihr Zuhause und in Ihr Leben ein.

Wie Sie sich der Hilfe Ihres Verbündeten in Ihrem Zuhause bedienen

Wenn Sie erst einmal ein Gespür dafür entwickelt haben, was Ihr Totem ist und was es für Sie bedeutet, können Sie seine Energie in Ihr Zuhause einladen. Sie können sich mit einem Gebet an Ihr Totem richten und es um seine Anwesenheit in Ihrem Haus oder Ihrem Büro bitten und darum, daß es als ein Hüter und Beschützer des Hauses agiert. Sie können auch zur Verstärkung der Energie Bilder oder Statuen von diesem Totem aufhängen oder aufstellen.

Zum Schutz des Hauses können Sie entweder Ihr persönliches Totem in Anspruch nehmen oder ein Totem, das sich speziell auf das Haus bezieht. Es ist auch möglich, verschiedene Totems für verschiedene Bereiche Ihres Hauses auszuwählen. Wenn Sie zum Beispiel das Gefühl von heilender Energie in Ihrem Zuhause verstärken wollen, ist das Bärtotem eine gute Wahl, da der Bär herkömmlicherweise mit dem Heilen assoziiert wird. Wenn Sie einen speziellen Raum für das Heilen in Ihrem Haus haben, können Sie die Energie des Bärtotems auch nur für diesen Raum anrufen.

Wollen Sie das Gefühl von großer Stärke und Freiheit in Ihrer Wohnung oder in Ihrem Büro fördern, können Sie ein Pferdtotem wählen. Das Pferd wird oft mit Anmut, Stärke, Freiheit und Bewegung in Verbindung gebracht. Wenn Sie wirklich gerne in die Bereiche des Unbekannten blicken würden, empfiehlt sich die

Eule. Wenn Sie eine große Familie haben oder mit einer Menge Leute zusammenleben und ein echtes Gefühl von Gemeinschaft und Verbundenheit fördern möchten, könnten Sie mit dem Wolf arbeiten. Wölfe sind sehr familienorientiert. Die Vogelenergie könnte eine sehr gute Wahl für Ihre Küche sein, da Vögel sehr aktiv, energiegeladen und fröhlich sind.

Wie schon gesagt, wird die Einführung eines Totems in Ihr Zuhause durch eine Plastik, ein Foto oder ein Gemälde dieses Tiers unterstützt. Solche Gegenstände haben ihre eigene Energie und helfen die Energie des Totems in Ihr Haus zu rufen.

Totems für den Eingangsbereich Ihres Hauses

Stellen Sie im Eingang Ihres Hauses eine starke und machtvolle Darstellung eines Totems auf. Das Totem in Ihrem Eingangsbereich gibt den Ton für die Energie im ganzen Haus an und ist somit in vielerlei Hinsicht der wichtigste Ort zur Aufstellung eines Totems.

Bei mir zu Hause befindet sich in der Nähe der Eingangstür ein Eidechsentotem. Die Eidechse ist die Hüterin der Traumzeit bei den Aborigines und eine der Hüterinnen der inneren Mysterien. Es ist ein sehr weibliches Totem. Wenn Sie die Tür zu meinem Haus aufmachen, werden Sie von Eidechsen begrüßt. Ich habe ein paar große balinesische Holzplastiken von Eidechsen und ein Gemälde von einer Eidechse in der Nähe der Tür. Sie dienen mir als Beschützerinnen meines Raums und helfen, die von mir gewünschte Energie in meinem Zuhause aufzubauen. Ihre Anwesenheit vermittelt das Gefühl, in einen heiligen Raum einzutreten.

Wir wohnten einmal in einer Gegend, in der sich eine ganze Anzahl von Landstreichern herumtrieb. Fast alle von ihnen waren Menschen, die einfach Pech im Leben hatten, aber einer war eine ziemlich finster aussehende Type, der in unseren Garten und an die Haustür zu kommen pflegte, um in unser Haus hineinzusehen. Unsere Tochter Meadow war damals noch klein, und ich machte mir Sorgen um ihre Sicherheit. Eines Tages war ich schließlich so alarmiert, daß ich meine großen Holzeidechsen nahm, sie auf die Stufen der Eingangstreppe stellte und sie bat, dafür zu sorgen, daß nur wohlmeinende Leute an unsere Tür kamen. Ich sah zufällig gerade aus dem Fenster, als der Landstreicher wieder ankam. Er blickte von einer Eidechse zur andern, machte auf dem Absatz kehrt und ging davon. Danach habe ich ihn nie wieder gesehen.

Totems für das Schlafzimmer

Der Bär ist oft eine gute Wahl für das Schlafzimmer. Er hält Winterschlaf und zieht Heilenergie an. Viele Menschen setzen intuitiv Teddybären auf ihr Bett, womit sie vielleicht unbewußt und aus einer Urerinnerung heraus die Bärenergie in ihr Schlafzimmer einladen möchten.

Fische können ebenfalls ein sehr wirkungsvolles Totem für das Schlafzimmer sein, da sie im Wasser leben, und Wasser steht für den Traumzustand und die Emotionen. Sehr gut ist auch die Schildkröte, denn sie repräsentiert die Mutter Erde. Sie wird auch mit Schutz, mit dem Eingehen in den Schoß, mit der Dunkelheit und dem Trost und der Behaglichkeit der Dunkelheit in Verbindung gebracht. Die Schildkrötenenergie befördert den tiefen Ruhezustand, die Regenerierung und ein starkes Gefühl von Sicherheit.

Die Adlerenergie ist eine sehr machtvolle Energie, um mit ihr zu arbeiten, und viele Menschen fühlen sich von ihr angezogen. Doch im Schlafzimmer ist sie möglicherweise ein bißchen zu mächtig für den geruhsamen Schlaf. Wenn Sie dort mit der Vogelenergie arbeiten möchten, dann versuchen Sie es mit einem Nachtvogel, etwa mit einer Eule. Der Adler eignet sich besser für den Wohnbereich oder vielleicht den Meditationsbereich, wenn Sie dort eine sehr starke und intensive Energie anziehen wollen.

Der Delphin und der Wal sind zwei mächtige Symbole für die sich gegenwärtig auf unserem Planeten ereignende Transformation. Sie empfehlen sich hervorragend für ein Kinderzimmer sowie für jeden Bereich, in dem viel Kommunikation stattfindet. Delphine sind ein starkes Symbol für Freude, Kommunikation und wechselseitige Verbundenheit. Ob Sie nun ein Bild, eine Schnitzerei oder ein kleines Foto verwenden, sie werden alle die Energie des Totems, das Sie herbeirufen, erzeugen.

Manchmal können Sie auch das Schlangetotem für das Schlafzimmer verwenden, ebenfalls ein sehr machtvolles Totem, wenngleich viele Menschen negative Gefühle mit der Schlange verbinden. Sie stand schon immer für Dinge wie Heilen, persönliche Transformation und primäre Lebenskraft. Zwei ineinander verschlungene Schlangen bilden das Symbol des Caduceus, dem Symbol der Ärzte. Im alten Griechenland gab es Hunderte von Tempeln für den Tempelschlaf (Tempel des Äskulap, der der Gott des Schlafes und der Heilung war). Über den Boden dieser Tempel schlängelten sich Schlangen als Symbol des Heilens, und die Menschen schliefen dort über Nacht bei den Schlangen, um geheilt zu werden. Schlangen stehen auch für Transformation, da sie ihre Haut abstreifen. Bei den Hindus symbolisieren sie die Kundalinienergie, die Energie der Lebenskraft, die wie eine Schlange zusammengerollt im Grund der Wirbelsäule ruht.

Das Schlangetotem können Sie überall im Haus verwenden. Da es sich um eine sehr machtvolle Energie handelt, möchten Sie sich ihrer vielleicht nur gelegentlich und im Bedarfsfall bedienen. Wenn Sie sich in einer Phase großer Veränderungen befinden oder ein Initiationsstadium durchmachen, das Alte unbedingt loslassen und zu etwas Neuem übergehen müssen, dann umgeben Sie sich mit Schlangenenergie. Normalerweise ist sie vielleicht zu intensiv für das Schlafzimmer, aber in starken Transformationsphasen kann sie eine exzellente Wirkung haben. Dann ist es unter Umständen nützlich, sich ganz und gar mit der Energie dieses Geisthelfers in Reptiliengestalt zu umgeben.

Totems für das Wohnzimmer

Die besten Totems für das Wohnzimmer sind Tiere mit Gemeinschaftssinn wie der Wolf oder der Delphin. Jedes Tier, das die Energie von Gemeinschaft und wechselseitiger Verbundenheit einbringt, eignet sich hier hervorragend. Auch Tiere mit einem starken Spieltrieb, wie der Otter, sind gut. Desgleichen Herdentiere wie der Elefant, weil sie die Energie der Gemeinschaft und Freundschaft symbolisieren und aufrechterhalten.

Totems für das Badezimmer

Frösche und Schildkröten, Delphine, Wale, Fische und Robben eignen sich gut für das Badezimmer. Sie bringen den Geist des Wassers ein und tragen zu einem Gefühl von Leben und Natur in Ihrem Badezimmer bei.

Totems für die Küche

Da die Küche der Ort der Nahrungsquelle für die ganze Familie ist, spielt die Wahl der Totems hier eine wichtige Rolle. Wir essen zwar weitgehend vegetarisch, aber dennoch habe ich gerne die Kuh als Totem für die Küche (ein meiner Ansicht nach unterschätztes Tier). Für mich symbolisiert die Kuh Frieden. Sie besitzt auch die Energie des Dienens, da jeder Teil der Kuh dem Dienen hingegeben ist. Ich kenne eine Frau, die den Fuchs für das beste Totem für die Küche hält, weil Füchse schlau sind. Sie meint, eine gute Köchin muß schlau sein!

Totems für Ihr Büro

Das Totem für Ihr Büro oder Arbeitszimmer zu Hause hängt von der Art Ihrer Arbeit ab. Wenn Ihr Arbeitszimmer ein Ort der Entspannung und intellektuellen Beschäftigung ist, könnten Sie ein Rehtotem in Betracht ziehen. Die Rehenergie ist mit Sanftheit, Weichheit und Liebe assoziiert. Wenn Sie ganz generell eine sehr nach außen gewandte Lebensphase durchmachen, mit vielen Projekten beschäftigt sind und Ihrem Gefühl nach allzuviel Yang-Energie haben, kann Ihnen ein Rehtotem für Ihr Haus oder Ihr Arbeitszimmer helfen, dem ein wenig entgegenzuwirken.

Wenn Sie sich viel im Wald aufhalten und die Spuren der verschiedenen Tiere lesen können, dann wissen Sie, daß sich Rehe sehr rücksichtsvoll um die Pflanzen herum bewegen. Ein Elch hingegen marschiert gewöhnlich schnurstracks auf sein Ziel los. Ihn hält nichts auf, er bricht einfach durch! Ein Elch ist ein sehr großes und kräftiges Tier, dessen Geweihschaufeln eine Größe von ein Meter fünfzig erreichen können. Er verfügt über eine enorme Vitalität und Stärke.

Wenn Sie in Ihrem Büro an Projekten arbeiten, für die Sie viel Kraft und Vitalität brauchen und bei denen Sie sich, ganz gleich um welche Hindernisse es sich handelt, durch nichts aufhalten lassen dürfen, könnten Sie ein Elchtotem für diesen Raum in Erwägung ziehen. Dem Elchgeist wohnt geradezu eine Kriegerenergie inne. Diese Energie eignet sich auch gut als Gegenmittel, wenn Sie das Gefühl haben, zum Opfer gemacht worden zu sein.

Die Krähe ist ebenfalls ein gutes Totemtier für ein Büro. Krähen sind außerordentlich intelligente Vögel und bekannt für ihre Beharrlichkeit und Neugier. Wenn etwas ihr Interesse erregt hat, ruhen und rasten sie nicht, bis ihre Neugier absolut befriedigt ist. Außerdem ist die Krähe schlau und erfinderisch und in der Lage, aus ihrer Umgebung alles zu beziehen, was sie braucht und möchte. Die Kräheneigenschaften sind nützlich für ein erfolgreiches Geschäftsunternehmen.

Totems als Hüter des Hauses

Als Hüter und Beschützer des Hauses können Totems sehr nützlich sein. Wenn Sie sich die Zeit nehmen, mit Ihren Totems Verbindung aufzunehmen, und dann physische Darstellungen von ihnen überall im Haus aufstellen, haben Sie Tag und Nacht stille Beschützer. Und wenn Sie sich deren Kraft auf stetige und kontinuierliche Weise erhalten wollen, sollten Sie ihnen von Zeit zu Zeit Achtung erweisen. Begrüßen Sie sie einfach gelegentlich mit einem (stillen oder laut ausgesprochenen) »Hallo«. Reinigen Sie sie, wenn sie staubig geworden sind, was ebenfalls ein Ausdruck der Anerkennung und Achtung ist. Wenn Sie sorgsam mit ihnen umgehen und sie ehren, bleibt ihre Energie erhalten.

Alles, worauf Sie Ihre Aufmerksamkeit richten, erhält eine stärkere Energie. Es ist nicht so, daß die physischen Gegenstände selbst den Schutz schaffen; die Bedeutung, die Sie ihnen geben, und die Energie, die Sie zu ihnen hin ausstrahlen, machen den Unterschied aus. Denken Sie daran, daß Totems eine sehr persönliche Angelegenheit sind und daß das beste Totem für jeden Raum das ist, mit dem Sie sich über eine Affinität verbunden fühlen.

Ich schlage Ihnen auch vor, Totems aus dem geographischen Bereich, in dem Sie leben, einzubeziehen. Wenn Sie zum Beispiel in Australien leben, könnten Sie mit dem Dingo oder dem Känguruh oder dem Wombat arbeiten. Wenn Sie aber in Nordamerika leben, könnten Sie ein in dieser Gegend heimisches Tier auswählen wie etwa den Koyoten, den Wolf oder den Elch. In England könnte es zum Beispiel das Reh oder der Fuchs sein. Sie werden wahrscheinlich eine sehr viel stärkere Verbindung zu den einheimischen Tieren empfinden, obwohl es auch Menschen gibt, die eine unleugbare und unerklärliche Affinität zu Tieren in Gegenden haben, die sie noch nicht einmal je besucht haben.

Schutzgeister für Ihr Zuhause

Einen weiteren Beschützer Ihres Hauses könnte man als Ihren »Hausgeist« bezeichnen. Alles hat Geist, und alles hat in sich *einen Geist*. Nach der Tradition der Stammeskulturen ist es immer wichtig, den Geist in den Dingen zu achten und zu ehren: den Geist Ihres Zuhauses, den Geist eines Berges, den Geist des Flusses, der die Pflanzen bewässert, den Geist der Pflanzen und der Tiere, die uns ernähren, den Geist der Erde unter unseren Füßen. Je mehr Sie Ihre Umwelt achten und respektieren, desto stärker werden Sie auch von dieser Umwelt unterstützt und geschützt.

Auf Bali hörte ich eine interessante Geschichte über die Schutzgeister eines Hauses. Das Bali Beach Hotel in Sanur wurde im Januar 1993 durch einen Brand zerstört. Das Faszinierende daran war, daß ein Zimmer im dritten Stock, Zimmer Nummer 327, völlig unversehrt blieb. Die angrenzenden Zimmer waren komplett ruiniert, aber die Möbel in diesem Zimmer waren nicht einmal angesengt.

Zimmer 327 hatte eine sehr interessante Geschichte. Vor dem Brand hatten die Hotelangestellten häufig Beschwerden von Gästen in diesem teuren Hotelzimmer erhalten. Oft blieben sie nicht lange, weil ihr Schlaf durch merkwürdige Geräusche in der Nacht gestört wurde, wie sie sagten. Auch gab es häufig Klagen, daß die Klimaanlage, die elektrischen Apparaturen, die Installationen im Bad und das Telefon nicht funktionierten. Wenn dann der Reparaturtrupp anrückte, um die Probleme zu beheben, konnte er nichts finden.

Nach dem Brand wurde, wie häufig auf Bali, ein einheimisches Trancemedium gerufen, um den Grund für das Feuer herauszufinden. Dieses Medium kommunizierte mit dem Geist des Gebäudes, den man in Bali den »Herrn des Ortes« nennt. Dieser Geist hieß Ane Meduwa Karang, und er sagte, er wolle Zimmer 327 als ihm geweihten heiligen Raum. Er sagte auch, er hätte schon viele Zeichen gegeben, die nicht beachtet worden seien, wie zum Beispiel die Störungen, die dort immer wieder auftraten, bevor er schließlich das Hotel hätte abbrennen lassen.

Örtliche Handelsleute waren sich einig, daß es auch noch andere schlechte Omen gegeben hatte, wie zum Beispiel die

Tatsache, daß das Hotel auf einem ehemaligen Friedhofsgrund errichtet worden war (auf Bali ein unerhörter Fall). Auch hatten einige Hotelangestellte Anfälle bekommen, was dort immer als ein Zeichen dafür gilt, daß in der Geisterwelt irgend etwas nicht in Ordnung ist.

Wegen all dieser schlechten Vorzeichen hatte man schon vor dem Brand Opfergaben dargebracht, um die Geister zu besänftigen, aber wie in einem Artikel der Bali Post vom 26. Januar 1993 zu lesen stand:

> »Es reichte wohl nicht aus. Einer der angegebenen Gründe (für das Feuer) ist der, daß viele in den oberen Rängen der Hotelhierarchie wenig vom balinesischen Opferwesen verstehen. Wie soll ein deutscher für das Essen und die Getränke zuständiger Hotelmanager wissen, daß er nicht nur seine Gäste, sondern auch »Seelen« zu verköstigen hat? Das läßt sein Budget nicht zu, und es steht auch nicht in seinem Arbeitsvertrag, daß das zu seinem Aufgabenbereich gehört.«

Wenn ein Gebäude auf Bali niedergebrannt ist, wird es entweder an einer anderen Stelle wieder errichtet, oder es bekommt einen neuen Namen. In diesem Fall wurde das Hotel größer und schöner wieder aufgebaut und in Grand Bali Beach Hotel umbenannt, und aus Zimmer 327 wurde ein heiliger Raum.

Anrufung des Geistes Ihres Hauses

- ▷ Setzen Sie sich an der für Sie zentralsten Stelle Ihres Heims still hin.
- ▷ Atmen Sie mehrere Male tief durch und entspannen Sie sich mit jedem Atemzug mehr.
- ▷ Dehnen Sie sich in Ihrem Bewußtsein aus und »fühlen« Sie die Gesamtenergie Ihres Zuhauses. (Dies ist so, als ob Sie der Gesamtmelodie eines Orchesters lauschten. Zwar setzt sich das Orchester aus vielen verschiedenen Instrumenten zusammen, aber ihr Zusammenspiel ergibt eine einzige Symphonie. Und obwohl in Ihrem Zuhause viele verschiedene Energiefelder existieren, kulminieren sie in einem Gesamtenergiefeld.)

▷ Wenn Sie sich mit diesem Gefühl verbunden haben, dann fragen Sie Ihr Zuhause nach seinem Namen. Achten Sie auch darauf, ob Ihnen ein Bild kommt, das sich mit diesem Gefühl und dem Namen vereinbaren läßt. (Wir können uns auf Objekte besser beziehen, wenn wir sie personalisieren.) Stellen Sie sich, wenn Sie sich nicht sicher sind, wie Sie das bewerkstelligen sollen, Fragen wie: Wirkt dieses Zuhause männlich oder weiblich, groß oder klein, jung oder alt? Die Antworten darauf können Ihnen helfen, sich der Gesamtpersönlichkeit Ihres Zuhauses bewußt zu werden.
▷ Wenn Sie einen Namen erhalten haben, können Sie Ihr Zuhause fragen, ob es bestimmte Bedürfnisse hat. Sie mögen überrascht sein, wenn Sie hören, was Ihr Hausgeist zu sagen hat. Er oder sie könnten zum Beispiel antworten, daß das Heizungssystem einen frischen Filter braucht, oder daß der Kamin durchgeputzt werden muß, oder daß die Fenster öfters geöffnet werden sollten. Oder sogar auch, daß Ihr Zuhause, wie im Fall des balinesischen Hotels, gerne einen Altar oder geweihten Raum hätte.
▷ Dann können Sie diesen Hausgeist bitten, Ihr Haus zu einem sicheren und beschützten Ort zu machen. Und bedanken Sie sich im vorhinein.

Ich habe Bekannte, die ihr Haus »Summerfield House« nennen nach Sara Summerfields, dem Namen, dem sie ihrem Hausgeist gegeben haben. Sie erzählten, sie sei eine sehr warmherzige, fröhliche, liebevolle, fast mütterliche Hüterin des Hauses. Wenn sie aus dem Haus gehen, sagen sie: »Auf Wiedersehen, Sara. Danke, daß du unser Haus so gut beschützt.« Und bei ihrer Rückkehr begrüßen sie sie mit:

»Hallo, Sara. Schön, wieder zu Hause zu sein.« Und sie berichteten, daß sie dann stets in einen warmen Energiestrom eingehüllt werden, der sie willkommen heißt.

Ritual zum Schutz Ihres Hauses

Die Menschen haben sich schon seit Urzeiten der Rituale bedient. Ein Ritual ist eine im veränderten Bewußtseinszustand durchgeführte symbolische Handlung, um eine erwünschte Veränderung herbeizuführen. Im Grunde handelt es sich um die Projizierung von Energie durch die Form des Rituals. Für sich selbst genommen hat das Ritual keine Macht, aber es dient der Fokussierung der Absicht. Es konzentriert die mit seiner Hilfe projizierte Energie und verkörpert symbolisch die damit verbundene Absicht. Der Wert eines Rituals besteht hauptsächlich darin, daß Sie Ihre Energie gebündelt auf ein erwünschtes Resultat richten.

Zwar hängt die Kraft Ihres Rituals von Ihrer Absicht ab, aber Sie müssen auch die fluktuierenden und sich verändernden Energieströme in Ihrer Umgebung in Betracht ziehen. Alles, von den Mondphasen bis hin zur Position der Sterne und den Jahreszeiten, kann Ihr Ritual beeinflussen. Manchmal schwimmen Sie mit dem Energiestrom, und manchmal haben Sie es mit einer Gegenströmung zu tun. Manche Leute ergründen erst den genau richtigen Zeitpunkt für ein Ritual. Ich führe gewöhnlich ein Ritual dann durch, wenn es sich für mich richtig anfühlt.

Hier folgt nun ein Ritual, um Ihr Zuhause in eine Energie der Sicherheit und des Schutzes einzubinden. Ich glaube jedoch, daß die machtvollsten Rituale aus der Spontanität entstehen, wobei Sie sich auf Ihre Intuition stützen und sich der Materialien, die Sie zur Hand haben, bedienen.

- ▷ Beginnen Sie damit, daß Sie sich an Ihre Haustür oder Wohnungstür stellen.
- ▷ Nehmen Sie sich einen Moment Zeit, um sich zu entspannen und zu zentrieren.
- ▷ Halten Sie eine Kerze in Ihren Händen (entweder eine Wachskerze oder eine Votivkerze in einem Glasbehälter).
- ▷ Schauen Sie in die Flamme und stellen Sie sich vor, daß sich das Licht der Kerze ausdehnt und Sie in einen leuchtenden und schimmernden Lichtkreis einhüllt.
- ▷ Halten Sie die Kerze vor Ihre Brustmitte und lassen Sie liebende Energie in sie einfließen. Bewegen Sie die Kerze dann

langsam nach oben und ziehen Sie sie dann in einer geraden Linie wieder nach unten. Sprechen Sie dabei immer wieder: »Laß ... sicher geschützt und wohl behütet sein.« Haben Sie, wenn Sie die Kerze nach unten bewegen, das Gefühl, daß Sie »das Licht hinabrufen«. Bringen Sie die Kerze wieder vor Ihre Brustmitte. Bewegen Sie die Kerze nun langsam von links nach rechts und sprechen Sie: »Laß ... sicher geschützt und wohl behütet sein.« Sie machen hier also ein Kreuzzeichen, das ein schützendes und stärkendes Zeichen ist.

▷ Gehen Sie nun in dieser Weise durch Ihr Haus, von unten nach oben und im Uhrzeigersinn, machen Sie das Kreuzzeichen an jeder Tür und an jedem Fenster und sprechen Sie dabei: »Laß ... sicher geschützt und wohl behütet sein.«

▷ Kehren Sie zu Ihrem Ausgangspunkt zurück und beenden Sie das Ritual mit einem weiteren Kreuzzeichen. Blasen Sie dann die Kerze aus.

Sie haben nun das Kreuzzeichen an jeder Tür und an jedem Fenster Ihres Zuhauses gemacht. Das Kreuz ist ein heiliges Zeichen, das weit in die Zeiten vor Jesus Christus zurückreicht. Es ist ein mächtiges Symbol für Frieden und Schutz, und es ist kein Zufall, daß wir uns bekreuzigen, wenn wir ein Übel von uns abwenden wollen. Selbst wenn wir das nur im Spaß tun, zeigt sich darin doch eine in unserem kollektiven Unbewußten vorhandene tiefe psychische Assoziation mit diesem Symbol.

Gebet

Von allen Dingen, die wir zur Bewahrung und zum Schutz der Energie unseres Zuhauses unternehmen können, finde ich das Gebet am wirksamsten und machtvollsten. Ein einfaches an den Großen Geist gerichtetes Gebet kann augenblickliche und positive Resultate erzielen. Sie können beten: »Großer Geist (oder Gott oder was immer für Sie die Quelle allen Lebens ist), ich bitte dich um deinen Segen und um Schutz für dieses Zuhause.« Manchmal spüren Sie sofort, wie sich Engelflügel bewegen und ein sanfter Strom des Großen Geistes in Ihr Heim einfließt.

Die tibetische Gebetsmühle bietet eine weitere Möglichkeit. Sie besteht aus Tausenden von buddhistischen, mit der Hand auf sehr dünnes Papier geschriebenen Gebeten. Das Papier wurde dann sehr fest um einen Silberzylinder gerollt, der sich um einen Stab dreht. Wenn Sie die Gebetsmühle in Gang setzen, schickt sie alle diese Gebete in alle Welt aus. Ich liebe meine tibetische Gebetsmühle, und wenn ich sie benutze, sehe ich, wie die Energie der Gebete ins Universum hinauswirbelt. Gebetsmühlen sind in vielen esoterischen Buchläden erhältlich.

Energetisierer

Mit Energetisierer meine ich all die Dinge, die die Energie in Ihrem Zuhause steigern können. Hier folgt eine kurze Aufzählung all dessen, was sich zur Erhöhung der Lebenskraft in Ihrer Wohnung verwenden läßt.

Fröhliche Fotos

Die Fotos, die Sie in Ihrer Wohnung aufstellen oder aufhängen, sind sehr wichtig. Ein Foto, auf dem eine Person unglücklich aussieht, vor allem, wenn es sich um ein Haushaltsmitglied handelt, kann eine sehr problematische Energie erzeugen. Alle Fotos an sichtbarer Stelle in Ihrem Zuhause sollten Glück und Frieden ausstrahlen.

Ich wurde einmal von einem Ehepaar zu Rate gezogen, weil es große Schwierigkeiten mit seinem Teenagersohn hatte. Die Teenagerjahre sind eine sehr wichtige und prägende Zeit, in der ein gewisses Maß an Rebellion für die Entwicklung zum Erwachsenen wesentlich ist. Aber die Eltern waren besorgt, weil ihr Sohn Drogen nahm und oft zwei Tage verschwand, ohne jemandem zu sagen, wo er hinging. Und wenn er zu Hause war, blieb er in seinem Zimmer und redete mit niemandem. Ich glaubte nicht, daß in dieser Situation nur ein Raumklären nötig, sondern daß eine psychologische Beratung der ganzen Familie angesagt war. Doch ich begab mich zu ihrem Haus, um zu sehen, ob ich in irgendeiner Weise behilflich sein konnte.

Als ich zur Haustür hereinkam, nahm ich zu meiner Überraschung als erstes ein Foto von ihrem Sohn wahr, auf dem er sehr unglücklich aussah. Die Eltern hatten eine künstlerische Neigung, und es war ein Schwarz-Weiß-Foto, das von einem sehr bekannten Fotografen aufgenommen worden war. Doch er sah auf diesem Foto sehr traurig aus, so als würde er gleich zu weinen anfangen. Ästhetisch gesehen war es ein sehr gutes Foto, aber für die Energie des Hauses und der Familie war es ausgesprochen schädlich.

Es hing schon seit ein paar Jahren an diesem Platz – es war aufgenommen worden, als der Junge elf Jahre alt war, und inzwischen war er sechzehn. Das heißt also, daß seit fünf Jahren jeder, der in dieses Haus kam, dieses Foto mit dem unglücklich dreinblickenden Jungen sah. Unbewußt mochten andere Leute nun diese negative Sicht auf ihn projiziert haben, jedenfalls aber nistete sich jedesmal, wenn er das Haus betrat, dieses traurige Bild von seiner Person in sein Unbewußtes ein, was natürlich eine ständige Bestätigung seines Unglücks bedeutete.

Als ich den Eltern vorschlug, dieses Foto durch ein Farbfoto von ihrem Sohn zu einer glücklicheren Zeit zu ersetzen, reagierten sie nicht sehr enthusiastisch darauf. Sie sagten, es sei ein sehr künstlerisches Foto und der Fotograf sei sehr berühmt. Sie wollten nicht, daß die Leute, wenn sie ihr Haus betraten, als erstes einen ganz gewöhnlichen Familienschnappschuß zu sehen bekamen. Ich riet ihnen, es trotzdem mal eine Weile zu versuchen, und sah mir dann den Rest des Hauses an. Abgesehen davon, daß es von seinen etwas stagnierenden Energien gereinigt werden mußte, schlug ich ihnen als etwas umfassendere Maßnahme noch vor, ihre Wohnstätte ein bißchen »heimeliger« zu gestalten.

Das Haus war ein »Museum« für hochkarätige Bilder und Skulpturen, strahlte aber eine Atmosphäre von »nicht berühren« aus. Es war kein Ort der Behaglichkeit. Ich hatte den Eindruck, ihr Sohn würde sich glücklicher fühlen und lieber daheim sein, wenn sie aus ihrem Museum mehr so etwas wie ein Zuhause machten. Ich schlug ihnen auch vor, sich von einem Familientherapeuten beraten zu lassen.

Ein paar Wochen später erhielt ich einen Telefonanruf. Die Eltern hatten die von mir empfohlenen Veränderungen vorgenommen und waren überrascht, wie sehr sich ihr Sohn zu verändern schien, und das noch bevor sie mit der Familientherapie begonnen hatten. Er war zugänglicher und zeigte sich bereiter, mit ihnen zu sprechen. Meinem Gefühl nach rührte diese Wandlung von zwei Dingen her. Erstens hatte sich die Energie in ihrem Haus enorm verändert, es bekam allmählich eine behagliche und warme Atmosphäre. Zweitens hatten die Eltern angefangen, selbst einige Verantwortung für die Situation zu übernehmen, statt alles nur ihrem Sohn anzulasten. Der junge Mann spürte das vielleicht und fühlte sich weniger entfremdet.

Besondere Gegenstände

Die Gegenstände in Ihrem Zuhause, vor allem die, die Sie zur Schau stellen, sind für die Gesamtenergie Ihrer Wohnung äußerst wichtig. Wenn Sie eine starke Abneigung gegen irgendeinen dieser Gegenstände hegen, wird Ihre Energie jedesmal, wenn Sie ihn sehen, absinken, weil dann in Ihnen unbewußt das Gefühl von Widerwillen aufkommt.

Entledigen Sie sich aller Gegenstände in Ihrem Heim, die Sie nicht mögen oder nicht benutzen. Auch wenn es sich um ein besonderes Hochzeitsgeschenk von Ihrer Großtante handelt, werden Sie es los, wenn Sie es hassen. Ein von Ihnen ungeliebter Gegenstand in Ihrer Wohnung schwächt ihr ganzes Energiefeld. Umgekehrt stärken Gegenstände, die Sie lieben, dieses Energiefeld. Gegenstände, die die Energie Ihres Zuhauses heben können, sind:

Geheiligte Gegenstände: Dinge, die spirituellen Meistern oder Menschen gehörten, die Sie bewundern oder lieben, energetisieren Ihr Zuhause. Jedes Objekt birgt die Emanationen aller Personen in sich, die es einmal besessen haben. Ein Gegenstand, den Sie von einem spirituellen Meister oder verehrten Lehrer bekommen haben, strahlt weiterhin dessen oder deren Energiefeld aus. Auch ein Gegenstand von einer Person, die Sie bewundern, wird die Lebenskraft in Ihrer Wohnung steigern. Auch alle geheiligten Gegenstände wie ein Stein aus dem Himalayagebirge oder eine Adlerfeder bringen Energie in Ihr Heim.

Handgefertigte Gegenstände: Ein handgefertigter Gegenstand kann eine wundervolle Energie in Ihre Wohnung bringen, vor allem, wenn er von einer Ihnen bekannten Person stammt. Eigenhändig gemalte Bilder, handgewebte Teppiche, handgefertigte Möbel, eigenhändig gefertigte Skulpturen, die Zeichnungen eines Kindes – alle diese Dinge können die Energie in Ihrem Zuhause steigern. Wenn Sie zum Beispiel einen Keramiktopf von der Töpferin selbst kaufen oder sogar noch zugesehen haben, wie er gemacht wurde, wird er Ihre Wohnung sehr viel stärker energetisieren als ein fabrikgefertigter Topf. Je mehr handgefertigte Gegenstände Sie in Ihrer Wohnung haben, desto mehr Lebenskraft weist sie auf. Das gilt vor allem dann, wenn die Schöpferinnen und Schöpfer dieser Gegenstände bei ihrem Herstellungsprozeß glücklich und zufrieden waren. Die Trommelmacher der Stammeskulturen werden eine Trommel nie in unglücklichen Zeiten anfertigen, weil die unglückliche Energie dann in der Trommel bleibt, wie sie sagen.

Ich habe viele Vogelhäuschen, die von einem ganz wunderbaren alten Mann gebastelt wurden, der ein Stückchen weiter die Straße hinunter wohnt. Er liebt Vögel, und er liebt es, Vogelhäuschen zu bauen. Und sein Enthusiasmus überträgt sich auf alle seine Vogelhäuschen. Die meisten strahlen die Energie seiner Güte und Liebe aus, und jedesmal wenn ich sie ansehe, werde ich unterbewußt an diese Qualitäten erinnert. Je mehr Gegenstände Sie in Ihrem und um Ihr Haus haben, die mit Liebe und Zuneigung und angenehmen Assoziationen verbunden sind, desto stärker wird die Energie Ihres Zuhauses sein.

Wenn Sie sich nicht sicher sind, ob sich ein Gegenstand auf die Energie Ihres Zuhauses hebend oder deprimierend auswirkt, dann nehmen Sie sich einen Moment Zeit und sehen Sie sich ihn und fassen Sie ihn an. Was für Emotionen löst er in Ihnen aus? Was fühlen Sie, wenn Sie ihn berühren? Hebt sich Ihre Energie, wird sie geschwächt, oder bleibt sie gleich? Finden Sie, wenn Sie merken, daß die Energieebene absinkt, ein anderes Zuhause für diesen Gegenstand. Wir stehen ständig mit allen Dingen in unserem Leben in Beziehung. Es gibt so viele Dinge im äußeren Umfeld unseres Zuhauses, die unser persönliches Energiefeld schwächen. Deshalb ist es so wichtig, daß alles in unserem Heim zur Hebung unserer Energie beiträgt.

Natürliche Gegenstände: Gegenstände aus natürlichen Materialien sind großartige Energetisierer. Eine Sofadecke aus Wolle oder Baumwolle hat mehr Energie als eine aus synthetischen Fasern. Je näher ein Objekt seiner Ursprungsquelle ist, desto mehr Energie hat es. So wie Honig, weil er seiner natürlichen Quelle näher ist, ein gehaltvolleres Nahrungsmittel ist als raffinierter Zucker, bringen auch Naturfasern und Naturprodukte ein stärkeres Energiefeld der Lebenskraft mit sich, als verarbeitete Dinge. Alles hat Energie, aber ein Stuhl aus Holz hat mehr Lebenskraft-Energie als ein Plastikstuhl.

Tiere: Tiere tragen sehr viel zur Lebenskraft in einem Haus bei. Jedes Tier wirkt sich zwar auf das Gesamtenergiefeld anders aus, aber die Komponente, die am wesentlichsten zur Hebung der Energie beiträgt, ist die Liebe, die Sie zu Ihrem Tier empfinden. Diese Liebe wird Ihr Zuhause mit einem wunderschönen Licht erfüllen.

Pyramiden: Pyramiden können eine sehr belebende Energie in Ihre Wohnung bringen. Jede Pyramide zieht wirbelgleich kosmische Energien an. Diese Geschenke, die aus dem alten Ägypten auf uns überkommen sind, bergen energetische Geheimnisse in sich, die wir noch nicht zur Gänze verstehen. Pyramiden stärken die Energiefelder in Ihrem Zuhause und empfehlen sich besonders jetzt, da wir uns der Jahrtausendwende nähern.

Geschliffene Kristalle: Sie können die Regenbogenenergien in Ihr Heim bringen und rufen mit ihren Farben ein Gefühl von Magie und Freude hervor. Das Energiefeld Ihrer Wohnung absorbiert und bewahrt die Farbschwingungen noch lange, nachdem die Sonne untergegangen ist. Sie können sogar auch in der Nacht den Unterschied in einem Raum spüren, wenn dort Kristalle im Fenster hängen. Er singt vor Energie.

Spiegel: Spiegel wurden als das Aspirin des Feng Shui bezeichnet, weil sie unausgeglichene Energieflüsse ausbalancieren können. Spiegel im Zimmer erwecken oft allein durch ihr Vorhandensein in Ihnen das Gefühl einer größeren inneren Weite. Sie können das Außen nach innen bringen, wenn sich zum Beispiel Bäume, ein See oder ein Fluß in ihnen spiegelt. Die Widerspiegelung von Wasser ist ganz hervorragend, weil sie die Heiterkeit, das Heilen, die Intuition und in manchen Fällen sogar den Reichtum fördert. Wenn es in Ihrem Haus irgendeinen Bereich gibt, in dem Sie sich beengt oder eingesperrt fühlen, dann versuchen Sie ein paar große Spiegel dort anzubringen. Gewöhnlich werden Sie sofort das Gefühl von mehr Weite haben. Wenn sich eine Tür so öffnet, daß man sich beim Eintreten mit einer Wand konfrontiert sieht, oder wenn ein Flur sehr abrupt mit einer Wand abschließt, entsteht manchmal ein Gefühl von Blockierung. Spiegel können hier Abhilfe schaffen.

Mit ihrer Hilfe lassen sich auch unerwünschte Einflüsse weglenken. Eine meiner Klientinnen hatte Schwierigkeiten mit ihrer Nachbarin. Wenn Blätter von ihren Bäumen in den Garten der Nachbarin fielen, sammelte diese sie ein und häufte sie auf die Veranda meiner Klientin. Fast jeden Tag unternahm sie irgend etwas, das meine Klientin verstörte, die sich schließlich von ihren negativen Gedanken in bezug auf diese Situation völlig überwältigt fühlte. Ich schlug ihr vor, Spiegel an der Hauswand anzubringen, die dem Haus der Nachbarin gegenüberlag, um deren aufsässige Energie abzuleiten. Meine Klientin war sich zwar nicht sicher, ob das die Situation ändern würde, tat es aber. Sie war sehr überrascht, als ihre Nachbarin ein paar Tage später mit einem frisch gebackenen Brotlaib als Friedensangebot bei ihr erschien.

Götter und Göttinnen: Bilder oder Statuen von Göttern und Göttinnnen können eine sehr inspirierende Wirkung haben. Wenn Sie sich etwas mehr romantische Liebe in Ihrem Zuhause wünschen, könnten Sie zum Beispiel an prominenter Stelle eine Venusstatue aufstellen. Ein Bild oder eine Statue von Thor wäre eine Möglichkeit, wenn Sie das Gefühl haben, eine starke und machtvolle Energie in Ihrem Heim zu brauchen. Götter und Göttinnen sind nun schon seit so vielen Generationen verehrt worden, daß bereits ein Bild oder eine Statue Sie mit der Schwingung, die das kollektive Unbewußte mit der jeweiligen Gottheit verbindet, in Kontakt und somit diese Energie in Ihr Haus bringt.

15

Austreibung von Gespenstern

In meinen frühen Lehrjahren bildete ich mich bei verschiedenen hawaiianischen Kahunas aus und lernte unter anderem auch, wie man Häuser von erdgebundenen Geistern (Gespenstern) befreit. Nach Abschluß meiner Ausbildung bat mich ein bestürzter Schulleiter, ein Raumklären in einem Schulgebäude vorzunehmen, in dem es spukte. Er erzählte mir, daß dort nachts Lichter an- und ausgingen, Türen sich öffneten und schlossen, und daß die Schüler Angst hatten.

Da diese Aktivitäten vorzugsweise nachts vonstatten gingen, hatte keiner der Schüler untertags während des Unterrichts wirklich etwas gesehen. Doch schon die Berichte aus zweiter Hand reichten aus, um einige von ihnen zu ängstigen, und der Schulleiter wünschte eine Entfernung der Gespenster. Zu diesem Zeitpunkt besaß ich noch nicht das Selbstvertrauen, das Raumklären ganz allein vorzunehmen, und bat deshalb einen meiner Kahunalehrer, mich zu begleiten. So standen wir eines Nachts im lieblichen, warmen hawaiianischen Mondlicht vor dem Gebäude und bereiteten das Salz, das Wasser und die Tiblätter (ein hawaiianisches Kraut) für das Ritual vor. Der Schulleiter wartete schon auf uns und öffnete die Tür.

Als wir das Parterre betraten, konnte ich nur die Restemanationen der Schüler wahrnehmen, eine fröhliche, lebendige und positive Energie. Um jedoch ganz sicherzugehen, nahmen wir hier ein minimales Raumklären mit Salz und Wasser vor. Wir begaben uns dann in den ersten Stock, und wieder war die Energie in Ordnung, obgleich wir auch hier ein minimales Raumklären durchführten. Ich fing schon an zu glauben, daß es sich bei diesen Spukgeschichten um Schülerscherze handelte, und bedauerte es, den Kahuna um seine Begleitung gebeten zu haben. Wir beendeten unsere Arbeit im ersten Stock und machten uns auf den Weg in den zweiten Stock. Plötzlich wurde die warme Nachtluft eisig kalt. Ich fühlte eine Schwere auf meinem Körper lasten und hatte Mühe, die letzten Treppenstufen zu erklimmen. Auch das Atmen fiel mir schwer.

Ich sah meinen Lehrer an. Er spürte offensichtlich ebenfalls diese Schwere, während er die Treppe hinaufstieg. Plötzlich hörten wir, wie am Ende des Flurs eine Tür zuschlug. Ich fragte den Schullehrer, ob sich irgend jemand im zweiten Stock aufhielt. Soweit er wüßte, sei niemand da, erwiderte er. Während wir den Flur entlanggingen, hörten wir nochmals eine Tür zuschlagen. Mein logischer Verstand meldet sich immer rasch, vor allem in schreckenerregenden Situationen, und so sagte ich mir immer und immer wieder: »Es ist ein Luftzug. Es ist ein Luftzug. Es ist ein Luftzug.«

Ich fing an Salz zu streuen, während mein Lehrer Wasser versprengte und hawaiianische Austreibungsgebete sang. Während ich fortfuhr, in jedem Raum Salz zu verstreuen, näherte ich mich einem offenen Fenster, das plötzlich zuschlug. Mein logischer Verstand rief nun immer lauter: »Es ist nur ein Luftzug! Es ist nur ein Luftzug.«

Ich wollte vor meinem Lehrer nicht wie ein schlotternder Wackelpudding dastehen und benahm mich so, als ob mir das tagtäglich passierte, während ich mir innerlich immer wieder vorsagte: »Ich bin ganz cool. Ich bin ganz cool.«

Als ich einen der Räume allein betrat, erinnerte ich mich an eine Banntechnik südamerikanischer Indianer, die ich einmal erlernt hatte. Damals wirkte diese Technik auf mich so derb, daß ich mir gewiß war, sie nie anzuwenden. Aber irgendwie erschienen die Umstände eine drastische Maßnahme zu erfordern. Ich ging zum Waschbecken, segnete etwas Wasser, nahm einen großen Schluck in den Mund, schob es im Mund herum und versprühte es dann prustend in den Zimmerecken. Rückblickend vermute ich, daß mich die Derbheit und humoristische Seite meines Tuns so ablenkte, daß ich meine Angst zeitweilig vergaß.

Wir schlossen das Raumklären ab und gingen nach draußen. Mein Lehrer hielt es für wichtig, noch eine Weile abzuwarten, bis die Geister das Gebäude verließen. Und während wir warteten, gingen bemerkenswerterweise ein paarmal die Lichter im zweiten Stock an und aus. Dann schien ein leichtes grollendes Beben die Erde zu durchziehen, auf das ein leiser Seufzer folgte. Ich wußte, daß unsere Arbeit in diesem Moment vollendet war. Danach wurde nie wieder von irgendwelchen Spukvorkommnissen in dieser Schule berichtet.

Mein Lehrer tadelte mich danach auf sehr liebevolle Weise und erinnerte mich daran, daß man den erdgebundenen Geistern keinen Gefallen tut, wenn man sich vor ihnen fürchtet. Sie befinden sich in einer sehr schwierigen Lage und brauchen Verständnis, Trost und Unterstützung. Das war eine wichtige Lektion für mich, weil ich in meiner Angst in dieser ungewöhnlichen Situation vergessen hatte, was ein erdgebundener Geist eigentlich ist, nämlich ein anderes menschliches Wesen (wenn auch ohne physischen Körper). Ich hatte das Mitgefühl vergessen, das wir ganz natürlich für jemanden empfinden, der sich in einer schwierigen Situation befindet. Und ich hatte vergessen, daß es beim »Austreiben von Gespenstern« im Grunde darum geht, einen Geist sanft daran zu erinnern, daß er keinen Körper mehr hat, und ihn dazu zu ermutigen, nach dem Licht zu streben. Gleiches zieht Gleiches an, und wenn wir uns einem Gespenst voller Angst nähern, schaffen wir eine beängstigende Situation. Doch wenn wir auf ein Gespenst sanft, aber bestimmt und mit einem klaren Verständnis von der Situation zugehen, wird es meist nach dem Licht streben.

Als ich später dann allein Gespenster austrieb, bin ich nie wieder derartig dramatischen Phänomenen begegnet. Und ich muß mich fragen, ob meine Angst damals die Phänomene nicht verstärkt hat. Vielleicht hätten sich die Türen nicht geöffnet und geschlossen, wären die Lichter nicht an- und ausgegangen, wenn ich keine Angst gehabt hätte.

Ich glaube, daß das, womit wir unser Bewußtsein erfüllen, auch allmählich unser Leben erfüllt. Als ich lernte, wie man erdgebundene Geister befreit, hatte fast jedes Haus, in dem ich ein Raumklären durchführte, auch ein Gespenst, das befreit werden mußte, weshalb ich zur Überzeugung gelangte, daß fast jedes Haus einen erdgebundenen Geist beherbergt. Später wurde mir klar, daß diese Gespenster in mein Leben traten, weil ich mich zu dieser Zeit auf Gespenster konzentrierte. Ich veränderte meinen Fokus, und ab sofort wurde ich auch nicht mehr in Häuser mit Spukproblemen gerufen.

Das Sie umgebende Universum stellt immer eine Widerspiegelung Ihrer inneren Glaubensvorstellungen, Überzeugungen und Gedanken dar. Ich bin schon seit vielen Jahren keinem Gespenst mehr begegnet. Ich glaube, daß die Verlagerung meines unterbewußten Fokus auch die Erfahrungen veränderte, die ich anzog. Außerdem meine ich, daß der schnellste Weg, Gespenster anzuziehen, der ist, sich vor ihnen zu fürchten.

Gelegentlich beherbergen Häuser, vor allem ältere Gemäuer, ein Gespenst. Doch man braucht sich vor ihnen nicht zu fürchten. Gespenster können Ihnen nichts tun, wenn Sie keine Angst vor ihnen haben. Trotzdem halte ich es für einen Vorteil, in einem gespensterfreien Haus zu wohnen. Und selbst das glücklichste aller Gespenster wäre noch sehr viel glücklicher, wenn es im Geisterreich wäre, statt auf dieser Ebene gefangen zu sein.

Oft können Sie auch ohne einen Spezialisten Ihr Haus von einem erdgebundenen Geist befreien. Um Ihnen hier Hilfestellung zu geben, folgen nun einige Informationen darüber, was ein Gespenst ist, wie Sie es erkennen und mit welchen Techniken Sie Ihr Haus von ihm befreien können.

Was sind Gespenster?

Gespenster

Ein Gespenst ist im Grunde eine Person, die auf Erden gelebt hat. Doch als ihr Körper starb, blieb ihr Geist auf der Erde oder an die Erde gebunden, von daher der Begriff »erdgebundener Geist«. Gespenster erscheinen gewöhnlich immer und immer wieder und werden von zahlreichen Menschen gesehen. Sie können als leichter Nebelschleier, den man nur aus den Augenwinkeln wahrnimmt, oder in unterschiedlicher, solide wirkender Gestalt in Erscheinung treten, die dann auf mysteriöse Weise vor Ihren Augen verschwindet. Sie folgen Ihnen nicht von Haus zu

Haus; sie sind mit einer bestimmten Örtlichkeit und nicht mit einer bestimmten Person verbunden.

Herkömmlicherweise glaubt man, daß es sich bei Gespenstern um verstorbene Personen handelt, die entweder zu sehr am irdischen Leben haften (sich nicht von ihren Schätzen trennen, sich am Liebhaber ihrer Frau rächen wollen usw.) oder die einen sehr plötzlichen Tod gestorben sind und sich in einem Zustand der Verwirrung befinden und nicht merken, daß sie tot sind. Die Parapsychologen haben viele Erklärungen für das Gespensterphänomen anzubieten. Ernesto Bozzano, ein italienischer Erforscher medialer Phänomene, glaubt, daß es sich bei Gespenstern nicht um die Seelen von Verstorbenen handelt, sondern um telepathische Botschaften ihres noch verweilenden körperlosen Geistes.[1]

Eine andere Theorie besagt, daß die Gespenster nicht die Seelen von Verstorbenen sind, sondern Projektionen von Gegenständen, die mediale Eindrücke absorbiert haben. Diese Eindrücke werden dann wieder an Menschen gesendet, die sich im Umfeld des Gegenstandes aufhalten. Die Klarheit dieser Bilder hängt, so die Theorie, sowohl von der emotionalen Kraft der ursprünglichen medialen Einprägung in den Gegenstand wie von der medialen Sensibilität des Empfängers ab.[2]

Henry Price, Universitätsprofessor in Oxford, glaubt, daß die Bilder und Gestalten von einer mentalen Aktivität erzeugt werden, die mehr oder weniger in einer Vielfalt von Ebenen herumschwebt. Er meint, daß sich diese medialen Eindrücke gleichsam wie eine mediale Tonbandschleife immer wieder abspulen. Manche Parapsychologen behaupten sogar, daß Gespenster mediale Projektionen des Geistes einer sensitiven Person sind, die auf vorhandene telepathische Überreste in einem Bereich reagiert. Diese Theorie geht davon aus, daß diese Sensitiven unbewußt ein Gespenst erschaffen, um ihre persönlichen emotionalen Bedürfnisse zu befriedigen.[3]

Obwohl sich alle diese Theorien über Gespenster nach einer möglichen Erklärung anhören, neige ich persönlich doch eher zu der herkömmlichen Anschauung, daß es sich bei einem Gespenst um eine aus einer Reihe von Gründen erdgebundene Seele handelt.

Poltergeister

Poltergeister sind etwas ganz anderes als Gespenster. Die Aktivität von Poltergeistern erzeugt oft lauten Lärm wie Klopfgeräusche an der Wand, dumpfe Schläge, Pochen und Bumsen, der zudem häufig mit der Bewegung von Gegenständen verbunden ist. Sei es, daß diese sich in die Luft erheben, dort ein paar Augenblicke schweben und dann krachend zu Boden fallen, sei es, daß sie nur verschoben oder verrückt werden.

Während Gespenster meist nur in der Nacht auftreten, sind Poltergeister jederzeit aktiv. Gewöhnlich zentrieren sie sich um eine Person und nicht um eine Örtlichkeit, das heißt, sie folgen mit ihrer Aktivität dieser Person von Ort zu Ort. Das Poltergeistphänomen beginnt meist ganz plötzlich, hält dann ein paar Tage oder auch ein paar Jahre an und hört abrupt wieder auf.

Obwohl es auch gegenteilige Meinungen gibt, glaube ich nicht, daß ein Poltergeist ein Gespenst oder ruheloser Geist ist. Ich bin der Ansicht, daß es sich um eine Art unkontrollierbare psychokinetische Energie handelt, die von Leuten mit ungelösten Lebensproblemen oder mit stark unterdrückten Emotionen, wie etwa das unterdrückte sexuelle Verlangen eines Teenagers, ausgeht. Ich habe einen Freund, der in seinen Teenagerjahren von Poltergeistaktivitäten gequält wurde. Später fragte ich ihn danach, und er erklärte, er hätte ihre Quelle entdeckt. Es handelte sich um tiefe ungelöste emotionale Probleme in bezug auf ein Familienmitglied. Die Poltergeistaktivität tritt auf, wenn sich Emotionen aufbauen und sich dann in einem unkontrollierbaren Aufflammen aus dem Aurafeld entladen.

Normalerweise schlage ich beim Auftreten von Poltergeistern zusätzlich zum Raumklären eine Therapie vor. Und ich bin der Ansicht, daß mit solchen Fällen befaßte Therapeuten und Therapeutinnen nicht nur im psychologischen Bereich qualifiziert sein, sondern auch etwas von der Welt des Okkulten verstehen müssen. Die meisten von Poltergeistaktivitäten geplagten Menschen werden davon befreit, sobald sie die ungelösten inneren Probleme und Konflikte, die die Ursache dieser Phänomene sind, entdeckt und nochmals durchlebt haben.

Erscheinungen in Momenten der Krise und Gefahr

Diese Erscheinungen sehen wie Gespenster aus, sind aber etwas anderes. Sie treten nur in Zeiten einer Krise oder Gefahr auf. Zum Beispiel »sieht« eine Mutter ihren Sohn genau in dem Moment, in dem er in der Schlacht verwundet wird. Oder eine Frau »sieht« ihren Mann in dem Augenblick, in dem er einem Herzanfall erliegt, auch wenn er sich viele Kilometer weit weg befindet. Erscheinungen dieser Art werden nur einmal wahrgenommen, und zwar gewöhnlich von einer verwandten oder eng befreundeten Person. Sie entstehen aus einer machtvollen medialen Projektion in einem traumatischen Moment. Ein Haus muß nach einer solchen Erscheinung nicht energetisch gereinigt werden, es sei denn, sie löste bei der Person, die sie sah, starke angstvolle Emotionen aus. Das Reinigen befaßt sich dann mit den restlichen Angstemanationen, nicht mit der Erscheinung selbst.

Bilokation

Wenn der Geist einer lebenden Person an einem anderen, viele Kilometer weit entfernten Ort in Erscheinung tritt (meist ohne daß sich diese Person dessen bewußt ist), nennt man das Bilokation. So ungewöhnlich dieses Phänomen auch ist, wird doch von vielen Fällen berichtet, in denen eine Person einer anderen Person erschien, obgleich sich deren physischer Körper an einem völlig anderen Ort befand. Meist existiert zwischen der in Erscheinung tretenden und der sie »sehenden« Person eine emotionale Bindung, und häufig befindet sich die »erscheinende« Person zu diesem Zeitpunkt im Schlaf- oder Meditationszustand. Der in England lebende Großvater eines Freundes von mir war ein Lehrer des »höheren Denkens«. Er war gebeten worden, im Norden Englands einen Vortrag zu halten, mußte ihn aber absagen, weil er erkrankte. Und davon ausgehend, daß die Organisatoren des Vortrags verständigt worden waren, schlief er zu der Zeit, als der Vortrag hätte stattfinden sollen, tief und fest in seinem Bett.

Eine Woche später erhielt er Lobesbriefe für seinen Vortrag. Er war sehr verblüfft, da er doch zu dieser Zeit im Süden Englands krank im Bett gelegen hatte. Er nahm mit den Organisatoren, die ihn gut kannten, Kontakt auf und erfuhr, daß er, während er schlief, tatsächlich einen Vortrag gehalten hatte! Dies ist ein Beispiel für Bilokation. Dieser Herr wünschte, vielleicht unterbewußt, so sehr, sein Wort zu halten und den Vortrag nicht ausfallen zu lassen, daß sich sein Geist, während er schlafend im Bett lag, zum Vortragsort aufmachte.

Wie Sie Gespenster erkennen

Am besten besten verlassen Sie sich auf Ihr Gefühl, um festzustellen, ob Sie ein Gespenst im Haus haben (sofern Sie es nicht tatsächlich sehen). Wenn es in Ihrem Haus einen Bereich gibt, der ohne ersichtlichen physischen Grund immer kühl oder feucht wirkt, kann das auf die Präsenz eines Gespenstes hinweisen. Auch eine Stelle im Haus, an der stets ein Gewicht auf Ihnen zu lasten scheint und Ihr Atmen mühevoller wird, kann auf einen erdgebundenen Geist deuten.

Oft haben Sie in solchen Fällen ein Kältegefühl oder fühlen sich deprimiert, doch es muß nicht immer so sein. Es gibt auch manche ziemlich »glückliche« Gespenster, wenngleich auch dann die Atmosphäre dichter oder lastend wirkt. Alle diese Empfindungen von Kälte, Schwere, Depression und Atemnot lassen sich unter Umständen auch auf einen behinderten Chi-Fluß im Raum zurückführen (siehe Kapitel 13). Wenn Sie aber den Chi-Fluß im ganzen Haus ausbalanciert haben und Sie nach wie vor diese Symptome in einem Zimmer oder einem Hausbereich feststellen, dann könnte ein Gespenst die Ursache dafür sein.

Wie Sie Ihr Zuhause von Gespenstern befreien

Alle in diesem Buch beschriebenen Methoden können bei der Befreiung erdgebundener Wesenheiten von Nutzen sein. Trotzdem ist es gut, wenn Sie für diesen Fall noch einige spezielle Techniken erlernen.

Zunächst einmal ist es ganz wichtig, daran zu denken, daß *Gespenster Ihnen keinen Schaden zufügen können, wenn Ihr*

Handeln nicht primär aus der Angst vor ihnen bestimmt ist. Wenn Sie sich vor ihnen fürchten, wird das Befreiungsunternehmen sehr viel schwieriger. Das, wogegen Sie sich widersetzen, verharrt, und je mehr Sie sich vor Gespenstern fürchten, desto mehr werden sie an Ihnen kleben. Ihre Angst kann Ihnen mehr Schaden zufügen als ein Gespenst.

Das zweite zu beherzigende Prinzip ist die Tatsache, daß Ihr Hausgespenst Ihre Unterstützung braucht. Gespenster sitzen im Grunde ohne Körper auf der irdischen Ebene fest. Sie spulen eine alte Tonbandschleife immer und immer wieder ab. Letztlich sind sie genauso unglücklich über ihr Hiersein wie Sie. Wenn Sie sich klarmachen, daß Ihr Gespenst einst einen Körper und Gefühle hatte – Triumphe und Enttäuschungen erlebte –, wird in Ihnen Mitgefühl aufkommen. Und das bringt Sie in eine exzellente Ausgangsposition, um Ihr Heim von ihm zu befreien.

Das ist nicht immer ein leichtes Unterfangen. Manche Gespenster sind eigensinnig, und Sie brauchen ein bißchen Überredungskunst, um sie davon zu überzeugen, daß es ganz in Ordnung ist, wenn sie sich davonmachen. Manchmal ist das so, als müßten Sie einem Kind sagen, daß es Zeit ist, ins Bett zu gehen. Es wehrt sich vielleicht dagegen, aber letztlich wird es glücklicher sein, wenn es geht. Wenn Sie es mit einem widerspenstigen Gespenst zu tun haben, müssen Sie es freundlich aber bestimmt und unmißverständlich wissen lassen, daß es keinen Körper mehr hat und zum Großen Geist oder zum Licht gehen muß.

Reden Sie mit ihm wie mit einem Freund. Sprechen Sie unmittelbar aus dem Herzen und ohne Furcht. Sagen Sie: »Verzeih mir, daß ich es dir sage, aber du bist tot. Du hast keinen Körper. Du mußt zum Licht gehen. Auf der anderen Seite sind Freunde, die auf dich warten, du kannst also beruhigt gehen.« Ein solches ehrliches und direktes Ansprechen funktioniert sehr gut. Gewöhnlich reicht dieses unverblümte und bestimmte Vorgehen aus. Wenn Sie es aber mit einem außerordentlich sturen Gespenst zu tun haben, müssen Sie unter Umständen einen Spezialisten oder eine Spezialistin herbeiholen. Doch meist schaffen Sie es selbst mit Mitgefühl und Liebe.

Technik zur Befreiung von einem Gespenst

1. Säubern Sie gründlichst das Zimmer, in dem Ihrer Meinung nach ein Gespenst residiert. Putzen Sie auch die Fenster, reinigen Sie den Boden, die Teppiche usw.

▷ Verbrennen Sie im Zimmer eine Mischung aus Meersalz oder Epsomer Bittersalz und Alkohol (siehe Kapitel 4).

▷ Streuen Sie mit Salz einen großen Kreis im Zimmer und lassen Sie beim Fenster oder einer Tür eine kleine Öffnung, durch die das Gespenst entweichen kann.

▷ Lassen Sie während dieses Salzrituals das Fenster oder die Tür offen. Wenn es draußen sehr kalt ist, können Sie es auch nur einen Spalt offenlassen.

2. Rufen Sie energetischen Beistand für die Befreiung des Gespenstes an.

▷ Besorgen Sie sich für die Befreiung des Gespenstes eine Siebentagekerze.

▷ Stellen Sie die Kerze nahe der Stelle auf, wo Sie das Gespenst wahrnehmen (und achten Sie darauf, daß nichts Feuer fangen kann).

▷ Konzentrieren Sie beim Anzünden der Kerze Ihre Aufmerksamkeit auf das Gespenst und sprechen Sie dreimal: »Du bist jetzt frei, um zum Licht zu gehen.« – Sprechen Sie diese Worte in Zuversicht und Gewißheit.

▷ Schlagen Sie einen Gong an oder lassen Sie eine Glocke erklingen (je tiefer der Ton, desto besser) und sprechen Sie kraftvoll und liebevoll: »Geh zum Licht, geh *jetzt.*« Tun Sie dies insgesamt dreimal.

▷ Rufen Sie, bevor Sie das Zimmer verlassen, Geister der anderen Seite an, die dem erdgebundenen Geist bei seiner Reise beistehen, indem Sie sprechen: »Ich bitte darum, daß die Geister und Führer, die der Seele bei ihrem Übergang von der Erde in den Himmel beistehen, diesem Wesen bei seinem Übergang helfen. Ich danke für eure Führung und Liebe.«

▷ Gewöhnlich füge ich noch hinzu: »Gute Reise, Reisekamerad. Möge deine Reise in Frieden vonstatten gehen.«

▷ Lassen Sie die Kerze sieben Tage lang ständig brennen, da

diese Energie des Feuerlichts einen Konzentrationspunkt für die Helfer der anderen Seite schafft, die kommen und falls nötig weiterhin Beistand leisten.

In fast allen Fällen reicht diese Technik aus, um einen erdgebundenen Geist zu befreien. Und um es zu wiederholen: Denken Sie unbedingt daran, daß Sie sich vor nichts zu fürchten brauchen, und kommunizieren Sie mit dem Gespenst bestimmt, aber liebevoll.

16

Lebens-Kreis-Methoden

Eine der von mir verwendeten Methoden des Raumklärens gründet sich auf den Heiligen Kreis des Lebens. Es handelt sich dabei um ein ganzes System, das Sie zur Reinigung, Ausbalancierung und zum Aufbau der Energien Ihres Zuhauses anwenden können. Viele Stammeskulturen haben Symbole und Legenden, die auf dem Kreis als einer Metapher für das Leben basieren. Meine indianischen Vorfahren nannten den Heiligen Kreis des Lebens das Medizinrad. Ich bediene mich dieser Methode nicht nur, um meine Vorfahren zu ehren, sondern weil ich der Überzeugung bin, daß die Philosophie des Medizinrads ein hohes Verständnis von den uns umgebenden Energiekräften zum Ausdruck bringt. Und ich glaube auch, daß in den kommenden Jahren unbedingt die Energie des Medizinrads aktiviert werden muß.

Um die Philosophie des indianischen Medizinrads verstehen zu können, müssen Sie wissen, daß das ganze indianische philosophische Denken auf den Vorstellungen von »guter Medizin« und dem Medizinrad aufbaut. Um nun die Konzeption von Medizin aus indianischer Sicht begreifen zu können, bedarf es einer neuen Definition von »Medizin«. Es handelt sich hier nicht um die herkömmliche allopathische Medizin, sondern mit diesem Begriff wird alles das bezeichnet, was Ihnen hilft, zu einer umfassenderen Verbindung und Übereinstimmung mit dem Großen Geist und Ihrer Umwelt zu kommen. Wenn dies gelingt, werden Ihr Körper, Ihre Emotionen, Ihr Geist und Ihre Seele geheilt. »Medizin« ist alles, was Sie zu Ihrer persönlichen Stärke und Macht kommen läßt – alles, was Ihnen zu einer größeren Selbstverwirklichung verhilft. Die indianische »Medizin« umfaßt alle sichtbaren und unsichtbaren Reiche und lehrt Sie, wie Sie in tieferer Harmonie mit der Natur leben können. Ihre Lehre besagt, daß es nur ein heiliges Buch gibt, und das ist das heilige Manuskript der Natur.

Im Medizinrad drückt sich das Verständnis von der zyklischen Natur des Lebens aus. Es ist die pulsierende Energie des Kreises, die alles Leben durchdringt. Wirbelnd bewegt es sich ins Sein, und wirbelnd bewegt es sich wieder hinaus. Es ist Geburt, Tod und Wiedergeburt. Es ist ein Mandala des größeren Medizinrads des Universums, in dem alles Erschaffene seinen ihm angemessenen Platz hat. Es ist unser Körper und unser Geist, unsere Seele und unser Herz. Es ist der Zodiak, das Lebensrad, die ihren Schwanz verschlingende Schlange, Ezechiels Vision, der aztekische Kalender, die die Erschaffung der Welt darstellenden Sandbilder der Navajos, die Vier Winde, die Vier Elemente und die Vier Richtungen. Jakob Böhme, der Mystiker des 16. Jahrhunderts, verglich einmal das Wesen Gottes mit einem Rad, in dem sich wiederum immer weitere Räder befinden, nach oben, nach unten, zu allen Seiten hin ständig ineinander und gemeinsam kreisend, ein Rad, das den Menschen, wenn er es denn erblickt, mit tiefstem Staunen erfüllt.

Das Medizinrad ist der alles Leben einbegreifende magische Kreis. Die indianischen Menschen wußten um diesen magischen Kreis. Sie respektierten ihn in allen seinen Bedeutungen und bedienten sich seiner im Alltagsleben. Viele erbauten ihr Heim in Kreisform. Und da der Kreis so wichtig war, spielte er auch eine zentrale Rolle in ihren Zeremonien und Ritualen. Sie reinigten ihren Körper im heiligen Kreis der Schwitzhütte, ein Reinigungsritual, das die Rückkehr in den Schoß symbolisiert. Sie kamen im Kreis zur Beratung zusammen, in dem alle mit eingeschlossen waren und ein gleichberechtigtes Sagen hatten. Musik wurde mit der kreisförmigen Trommel gemacht, und getanzt wurde im Kreis. Ein Kreis hat keinen Anfang und kein Ende. Meine Vorfahren verstanden das Leben als einen Kreis von Geburt, Tod und Wiedergeburt. Sie wußten, daß sie, wie die vier Jahreszeiten, verschiedene Lebensstadien durchliefen. Ein Heraustreten aus dem zyklischen Rhythmus des Lebens verursachte Disharmonie und auch Krankheit. Der Kreis galt als äußere Manifestation eines inneren Verständnisses vom Leben. Die verschiedenen Quadranten des Rads repräsentierten die Vier Richtungen und die

Vier Elemente, wobei jedem Quadranten verschiedene Eigenschaften zugeordnet wurden. Psychologisch gesprochen stand jeder Quadrant des Medizinrads für einen anderen Aspekt der menschlichen Persönlichkeit. Kein neuer Gedanke. So bemerkenswerte Pioniere auf dem Gebiet der Humanpsychologie wie C.G. Jung vertraten die Theorie, daß die menschliche Persönlichkeit vier Aspekte aufweist.

Den Kardinalpunkten des Medizinrads werden die Elemente von Luft, Wasser, Feuer und Erde, sowie verschiedene Farben, Pflanzen und Tiere zugeordnet. Obwohl sich die spezifischen Details von Stamm zu Stamm unterscheiden, sind sich doch alle über die große Bedeutung des Heiligen Kreises des Lebens einig. Manche Stämme erweitern das Rad auf zwölf Punkte, die mit den zwölf Monaten des Jahres in Übereinklang stehen und eine Art »Erdastrologie« ergeben.

Auch wie die verschiedenen Elemente (Tiere, Vögel, Pflanzen, Mineralien usw.) im einzelnen den Vier Richtungen zugeordnet werden, unterscheidet sich von Stammeskultur zu Stammeskultur. Sie müssen also nicht den Versuch unternehmen, herauszufinden, welches nun die absolut richtige oder »authentischste« Interpretation ist. Wichtig ist zu verstehen, daß jede Richtung ihre eigene Macht und Kraft hat und jeweils einen Aspekt Ihrer Persönlichkeit repräsentiert. Es zählt das, was für Sie persönlich am besten funktioniert. Wenn sich die Aspekte Ihres Selbst und Ihres Zuhauses, so wie sie durch das Medizinrad dargestellt werden, in Harmonie befinden, spielt es keine Rolle, welche Elemente Sie welcher Richtung zugeordnet haben. Sie werden ein sehr viel ausgeglicheneres Leben führen, und das ist es, was zählt. Setzen Sie Ihre Intuition so wie auch schon bei der Entdeckung Ihres Tiertotems (siehe Kapitel 14) ein, um herauszufinden, was sich für Sie richtig anfühlt. Die folgende Darstellung von den Vier Richtungen und Elementen gründet sich auf meine persönliche Erfahrung. Fühlen Sie sich frei zu improvisieren, um die Bedeutungen und Kombinationen zu entdecken, die für Sie am besten taugen.

Osten – Luft

Die Kraft des Ostens ist die Kraft der Luft. Luft bedeutet erhabene, hochfliegende Ideale. Ein neugeborenes Baby atmet mit seinem ersten Atemzug Luft ein. Luft steht für neue Anfänge. Luft läßt Ihren Geist sich aufschwingen. Leichte Brisen, Zyklone, Windhosen, Strahlströmungen, Tornados, Wirbelwinde, warme und kalte Winde sind alle Teil des Luftelements in der Natur. In der Natur zirkuliert die Luft hoch über der Erdoberfläche und hat so einen Überblick über das Leben. Der Luftaspekt in Ihnen besitzt die Fähigkeit, weit zu sehen. Er ist der universelle Aspekt in Ihnen. Er ist Erleuchtung und Integration, Freiheit und Bewegung. Luft erhebt, erheitert und erweitert. Luft, das sind Ihre Gedanken. *Luft ist die Macht Ihres geistigen Bewußtseins.*

Süden – Wasser

Die Medizinkraft des Südens ist das Wasser. Wasser repräsentiert die Gefühle und Emotionen. Wasser, das ist Ihre Intuition. Ihre tiefe Verbindung mit der Spiritualität. Ihre heiligen Träume, Ihre medialen Eindrücke und Ihr inneres Wissen. Es ist der weibliche Teil Ihres Wesens. Wasserfälle, die gewaltigen Ozeane, sanfte Meere, Bergbäche, linde Frühlingsregen, Sturzbäche, Nebel, Schnee und Eis gehören alle zum Wasserelement in der Natur. Wasser ist flüssig und besänftigend. Wasser heilt. *Wasser ist die Macht der Emotionen.*

Westen – Feuer

Feuer ist die Medizinkraft der Transformation. Es steht für die Alchimie, die sich ereignet, wenn Sie das Alte loslassen und das Neue annehmen. Wenn Holz verbrennt, wandelt es seine Form. Feuer verwandelt alte Muster und Gewohnheiten. Feuer ist reinigend und erneuernd. Die Sonne stellt die größte Verkörperung des Feuerelements in der Natur dar. Waldbrände, Kerzenlicht,

Lagerfeuer und sogar Rost, eine langsame Art von Feuer, sind Feuer, wie es in der Natur vorkommt. Feuer ist Ausstrahlung und vibrierende Energie. Feuer ist Licht und Verwandlung. *Feuer ist die Macht des Geistes.*

Norden – Erde

Erde ist Weisheit. Sie ist erdend. Sie ist vollendend. Sie ist das machtvolle innere Wissen, das aus der Verbindung mit der Natur, mit der Erde entsteht. Sie läßt Sie in widrigen Zeiten fest auf dem Boden stehen. Sie ist Ihre Gesundheit und die Nahrung, die Sie zu sich nehmen. In der Natur ist Erde der Erdboden, den Sie sehen, die Felsen und die tief eingebetteten Steine und Gesteinsbrocken, die Sie zum Teil nicht sehen können. Erde umfaßt alle Dinge, die im Innern fest verwurzelt sind, wie Bäume und Pflanzen. Erde ist Fruchtbarkeit und Fülle und Stabilität. *Erde ist die physische Macht.*

Die Methode der Vier Richtungen zum Raumklären

Die Anwendung der Lehre vom Medizinrad, den Vier Richtungen und den Vier Elementen ist nicht neu. Die meisten Kulturen in aller Welt, die sich auf eine tiefe Verbindung mit der Erde gründen, ehren die Vier Richtungen und machen sie sich in ihren Ritualen der Energiearbeit zunutze. Im folgenden finden Sie eine von mir entwickelte Methode, die sich der Vier heiligen Richtungen und Elemente bedient. Sie beinhaltet sieben Schritte. Die ersten beiden dienen der Vorbereitung und können jederzeit unternommen werden. Es ist nicht nötig, sie vor jedem Raumklären zu unternehmen.

1. Ehren und werden Sie die Vier Richtungen

Das Medizinrad gründet sich auf natürliche Kräfte wie zum Beispiel die magnetischen Erdkräfte. Jede Richtung hat ihre eigene Energie und wirkt auf unterschiedliche Weise auf uns ein. Wissenschaftler haben herausgefunden, daß das menschliche Hirn subatomare magnetische Partikel aufweist, und es gibt die Theorie, daß diese Hirnpartikel die Magnetfelder der Erde wahrnehmen und auf sie reagieren können. Obgleich sich die Forscher nicht einig sind, wie diese Magnetfelder uns beeinflussen, glauben doch manche, daß unser Körper auf sie reagiert. Möglicherweise wurzelt die Ehrerbietung, die die alten Kulturen den Vier Richtungen entgegenbrachten, darin, daß unser Gehirn auf die Magnetströme der Erde reagiert. Die Vier Richtungen haben tatsächlich jeweils unterschiedliche Energien. Jede von ihnen besitzt eine spezifische Energie und Kraft. Wenn Sie sich dieser verschiedenen Energien bewußt werden wollen, dann empfehle ich Ihnen, daß Sie sich in einen meditativen Zustand begeben und sich in jede dieser Richtungen setzen, so lange bis Sie ihre jeweilige spezifische Energie fühlen können.

Schritte zur Ehrung der Vier Richtungen

- ▷ Stellen Sie fest, wo Osten ist, indem Sie entweder beobachten, wo die Sonne aufgeht, oder sich einen Kompaß besorgen.
- ▷ Setzen Sie sich nach Osten gewandt still und meditativ hin.
- ▷ Machen Sie ein paar tiefe Atemzüge, um innerlich ruhig zu werden.
- ▷ Öffnen Sie sich dem Geist des Ostens.
- ▷ Beobachten Sie nun still Ihre Gedanken, Körperempfindungen und Emotionen.
- ▷ Stellen Sie sich vor, daß Sie Ihre Gestalt verändern und zur Essenz des Ostens werden. (Es mag Ihnen helfen, wenn Sie den Geist des Ostens personifizieren und sich dann vorstellen, diese Figur zu sein. Oder Sie dehnen sich in dem Gefühl, das der Osten in Ihnen erweckt, aus und lassen sich davon völlig einhüllen.)
- ▷ Danken Sie, wenn Sie das Gefühl haben, damit zu Ende gekommen zu sein, dem Geist des Ostens.
- ▷ Wenden Sie sich nun den anderen Richtungen zu und wiederholen Sie die eben genannten Schritte.

Die Ehrung der Vier Richtungen sollte nicht nur ein Lippenbekenntnis sein. Es ist wichtig, daß Sie in der Tiefe Ihres Wesens die Macht und Kraft der Richtungen, die Kraft dessen, was einige Kulturen die Vier Heiligen Winde nennen, verstehen. Wiederholen Sie die oben beschriebene Übung so lange, bis Sie die Kraft der Richtungen kennen.

2. Ehren und werden Sie die Vier Elemente

Jeder Teil dieses großartigen und schönen Universums ist ein Teil von Ihnen. Der Wind ist Ihr Atem, die Flüsse sind Ihr Blut, die Sonne steigt in Ihrem Herzen auf, und die Berge erheben sich in Ihrer Seele. Wenn Sie sich bei einem Raumklären der Elemente bedienen wollen, müssen Sie erkennen können, daß sich die Elemente – Luft, Wasser, Feuer und Erde – in Ihrem Innern befinden. Sie existieren nicht von Ihnen getrennt. Verbringen Sie, um »die Elemente zu werden«, Zeit in der Natur und fühlen Sie sich mit jedem der Elemente eins werden. Legen Sie sich zum Beispiel auf die Mutter Erde, um sich mit dem Element der Erde zu verbinden. Stellen Sie sich vor, daß Sie unter sich ihren Herzschlag spüren. Stellen Sie sich dann vor, daß Sie sich in Ihrem Gewahrsein immer mehr und mehr ausdehnen, bis Sie sich mit der ganzen Erde eins fühlen. Fühlen Sie die Hitze in Ihrem inneren Kern. Fühlen Sie die Kälte an Ihren Polen, die Hitze an Ihrem Äquator. Fühlen Sie, wie die großen Berge aus Ihnen aufragen, das pulsierende Leben in Ihren Regenwäldern, die trockene Dürre Ihrer weiten Wüsten. Wenn Sie Füße und Hände ein wenig in die Erde eingraben, kann Ihnen das bei der Verbindung mit der Erdenergie helfen.

Hier folgt eine einfache Meditation, um sich mit den Vier Elementen zu verbinden. Sie können sie für sich auf Tonband aufnehmen oder sie sich von jemandem vorlesen lassen, während Sie sich in einem sehr entspannten Zustand befinden.

Vier Elemente – Meditation

Setzen Sie sich bequem hin. Vergewissern Sie sich, daß Ihr Rückgrat gerade und Ihr Körper entspannt ist. Fangen Sie an, ganz natürlich, langsam und mühelos zu atmen. Entspannen Sie sich mit jedem Atemzug und lassen Sie los. Begeben Sie sich nun in Ihrer Vorstellung an einen schönen Platz in der Natur. Das kann ein Ort sein, wo Sie schon einmal waren, oder einer, der nur in Ihrer Vorstellung existiert.

Stellen Sie sich vor, wie Sie dort herumschlendern. Finden Sie ein stilles und ruhiges Plätzchen, wo Sie sich niederlassen können. Stellen Sie sich vor, wie Sie sich hinsetzen und die Augen schließen. Richten Sie Ihre Aufmerksamkeit auf das Atmen und werden Sie innerlich still. Wenden Sie, wenn Sie sich bequem und entspannt fühlen, Ihre Aufmerksamkeit der Luft zu, die Sie umgibt. Fühlen Sie allmählich die Luft. Fühlen Sie, wie der wispernde Wind Ihre Haut streichelt. Hören Sie das Seufzen der Brise in den Bäumen. Nehmen Sie jede Luftbewegung um sich herum in Ihrem Bewußtsein auf, lassen Sie sie Teil Ihres Bewußtseins werden. Verbinden Sie sich so mit der Luft, daß Sie alles von ihr spüren. Fühlen Sie, wie der Wind Ihr Freund und zu einer Erweiterung Ihrer selbst wird. Nehmen Sie die Luft mit allen Ihren Sinnen wahr.

Hören Sie den Laut Ihres eigenen Atems. Stellen Sie sich vor, wie Sie Ihre Augen öffnen und den Bewegungen der Luftmuster zusehen. Stellen Sie sich vor, wie Sie zur Luft werden. Beobachten Sie, welche Gefühle das in Ihnen auslöst. Welche Emotionen und welche Gedanken. Stellen Sie sich vor, wie Sie durch die Baumwipfel streichen, wie Sie Felsschluchten hinabsausen, wie Sie über weite Graswiesen tanzen – werden Sie Luft. Atmen Sie nun tief ein und kehren Sie zu sich selbst an Ihrem Plätzchen in der Natur zurück.

Lassen Sie sich noch tiefer in einen sehr entspannten Zustand sinken und wenden Sie Ihre Aufmerksamkeit und Ihre Gedanken dem Element Wasser zu. Stellen Sie sich vor, daß sich Ihr Ort in der Natur in der Nähe eines Wasserfalls, eines Baches, eines Flusses oder eines Ozeans befindet. Lassen Sie sich vom Klang des fließenden Wassers durchströmen. Stellen Sie sich vor, wie sich ein sanfter Nebelschleier über Ihren Ort breitet. Spüren Sie die liebkosende Berührung der feinen Wassertröpfchen auf Ihrer Haut. Stellen Sie sich das Wasserelement in allen seinen Formen vor. Das besänftigende blaue Wasser des Mittelmeers. Ihren Körper, der in einem warmen duftenden Schaumbad versinkt oder im Sturzbach eines klaren kalten Wasserfalls steht. Denken Sie daran, daß das Wasser vielerlei Gestalt annehmen kann, mild und sanft oder wild und ungebärdig. Riechen, fühlen, berühren, schmecken und spüren Sie das Wasser. Lassen Sie Ihre Seele von ihm bewässern. Reisen Sie im Element des Wassers. Werden Sie eine Wolke – visualisieren Sie sich als herniedergehenden Wolkenbruch, werden Sie dann zu einem geheimnisvollen wirbelnden Nebelschleier. Erleben Sie sich als »eins« mit dem Wasser. Erfahren Sie vollkommenes Fließen und Flüssigsein. Holen Sie dann tief Atem und richten Sie Ihre Aufmerksamkeit wieder auf Ihre Atemzüge.

Lassen Sie nun das Element des Feuers in Ihrem Bewußtsein aufsteigen. Stellen Sie sich vor, wie die Hitze der goldenen Sonne über Ihren Körper tanzt; fühlen Sie, wie ihre Wärme jede Pore Ihrer Haut durchdringt. Visualisieren Sie, wie der Geist des Feuers sich Ihnen nähert, und fühlen Sie, wie Sie in einer Zeremonie gereinigt werden. So wie die Schamanin eins wird mit dem Feuer, werden auch Sie eins mit den Flammen. Fühlen Sie, wie Energie und Kraft Sie durchströmen. Verbinden Sie sich mit dem Gefühl eines warmen freundlichen Feuers. Fühlen Sie die kameradschaftliche Verbundenheit an einem Lagerfeuer. Nehmen Sie jeden Ausdruck des Feuerelements in Ihrem Wesen auf. Feuer ist Veränderung und Transformation. Stellen Sie sich vor, wie Sie sich in jeden Aspekt des Feuers verwandeln, von einer einzelnen brennenden Kerze in einem Tempel hoch oben auf einem Berggipfel bis hin zu einem tobenden Waldbrand. Seien Sie Feuer, fühlen Sie die Macht und Stärke, die Wärme und die Heilung, die vom Feuer ausgehen. Seien Sie die Kameradschaft, für die es stehen kann. Lassen Sie das Feuer Sie selbst werden. Das Element des Feuers schenkt Licht und Leben. Vermischen Sie sich mit den flüssig-goldenen Strahlen der Sonne.

Fangen Sie nun an, das Element der Erde in Ihr Wesen einzubringen. Stellen Sie sich vor, daß Sie sich an Ihrem Ort in der Natur umschauen, und sehen Sie die Schönheit, die sich Ihnen im Reich der Minerale und Pflanzen als Teil des Elements der Erde zeigt. Sehen Sie die Bäume in ihrer Herrlichkeit – die komplexen und verwobenen Formen dieser stattlichen Wesen. Fühlen Sie die

Erde unter Ihren Füßen. Fühlen Sie ihre ständig zufließende und nährende Stärke und Unterstützung. Werden Sie sich der Berge und ihrer hochragenden Kraft gewahr: Sie waren Zeuge vieler Veränderungen in all den Jahrtausenden. Fühlen Sie ihre Weisheit. Schließen Sie die Augen und erspüren Sie allmählich das Netz der Kraft und des Verbündetseins zwischen dem Selbst und der Erde. Konzentrieren Sie sich und lassen Sie zu, daß Sie sich ganz und gar mit dem Element der Erde verbinden. Spüren Sie die »geerdete«, stabile und heiter gelassene Energie der Erde.

Tauchen Sie allmählich und sachte aus dieser Meditation wieder auf und nehmen Sie Ihre Ausrichtung auf die Elemente bewußt wahr. Machen Sie diese Meditation immer und immer wieder, bis die Elemente Ihnen nicht mehr als etwas erscheinen, das außerhalb von Ihnen existiert.

Alle Elemente haben ihren Ursprung in der Welt des Geistes. Jedes Element verfügt über einen besonderen Weisheitsschatz, den Sie sich erwerben können, wenn Sie eine Beziehung zu ihm aufbauen. In alten Zeiten erwiesen die Schamaninnen und Schamanen den Elementen Achtung und Ehre, um Weisheit, die Macht des Vermögens und Meisterschaft zu erlangen. Sie wußten, wie man eine Beziehung zu den Elementen herstellt. Wie persönliche Beziehungen lebensnotwendig für ein erfolgreiches Leben sind, ist auch eine Beziehung mit den Elementen wichtig bei der Suche nach Selbst-Verständnis. Wenn Sie sich der Kommunikation mit den Elementen öffnen, werden Sie zu einem besser integrierten Mensch; Sie werden Teil der Natur, nicht ihr Antagonist oder Opfer.

Es ist absolut notwendig, daß Sie die Vier Elemente und Vier Richtungen nicht nur mit Ihrem geistigen Bewußtsein, sondern auch mit Ihrer Seele erfühlen und verstehen können, wenn Sie die Methode des Medizinrads für das Raumklären anwenden wollen.

3. »Den Kreis trommeln«

Die Trommel wird eingesetzt, um stagnierende Energie aufzubrechen und im Haus zirkulieren zu lassen. Stellen Sie sich als erstes an den Eingang Ihrer Wohnung oder Ihres Hauses und halten Sie

Ihre Trommel nahe an Ihr Herz (siehe Seite 162). Wenn es Ihnen nicht möglich ist, sich vor die Eingangstür zu stellen, können Sie sich auch direkt hinter die Eingangstür in Blickrichtung zur Wohnung stellen. Sprechen Sie ein Gebet und bitten Sie den Großen Geist, die Geister der Vier Richtungen und die Vier Elemente um Beistand, wenn Sie nun die Energien Ihres Zuhauses reinigen. Gebete werden, wie schon erwähnt, am besten mit eigenen Worten gesprochen, aber hier ist ein Vorschlag:

Möge der Große Geist, der allen Dingen innewohnt, nun herbeikommen und Segen und Frieden bringen.

An den Geist der Luft gerichtet:
Ich bitte darum, daß deine lieblichen reinigenden Winde dieses Zuhause erfüllen, und ich danke dir für deine Führung und deinen Beistand.

An den Geist des Wassers gerichtet:
Ich bitte darum, daß deine Essenz des Reinigens und Heilens dieses Zuhause erfüllt, und ich danke dir für deine Hilfe und deinen Beistand.

An den Geist des Feuers gerichtet:
Ich bitte darum, daß deine transformierende Kraft und Wärme dieses Zuhause erfüllt, und ich danke dir für deine Führung und deinen Beistand.

An den Geist der Erde gerichtet:
Ich bitte darum, daß deine geerdete Stärke dieses Zuhause erfüllt, und ich danke dir für deine Hilfe und deinen Beistand.

An den Geist der Vier Richtungen und der Vier Heiligen Winde gerichtet:
Du, der du durch Zeit und Raum aus den Vier Quadranten des Universums kommst, ich bitte dich um Hilfe bei der Reinigung und Ausbalancierung der Energien in diesem Zuhause. Ho!
(»Ho« läßt sich in etwa mit »so soll es sein« übersetzen.)

Ziehen Sie dann langsam und feierlich mit Ihrer Trommel einen Kreis im Uhrzeigersinn um Ihre Tür und schlagen Sie dabei die Trommel in jedem Quadranten einmal an. Wenn Sie sich eine große Uhr vorstellen, schlagen Sie die Trommel bei drei Uhr, sechs Uhr, neun Uhr und zwölf Uhr an. Konzentrieren Sie sich in Ihrer Absicht auf die Ergebnisse, die Sie sich für Ihr Zuhause wünschen, während Sie Ihre Tür »trommeln«. Ziehen Sie diesen Kreis viermal.

Öffnen Sie die Tür und treten Sie in Ihre Wohnung ein. Wenn Sie mehrere Ebenen hat, beginnen Sie unten und arbeiten sich dann nach oben durch. Fangen Sie wenn möglich im nach Osten gerichteten Zimmer auf der untersten Ebene an und gehen Sie im Uhrzeigersinn vor. Beginnen Sie in jedem Zimmer in der östlichsten Ecke und bewegen Sie sich auch hier im Uhrzeigersinn.

Stellen Sie sich im ersten Zimmer, dessen Energie Sie klären möchten, in Richtung der östlichsten Ecke auf und halten Sie die Trommel an Ihre Brust. Nehmen Sie sich einen Augenblick, um innerlich still zu werden, halten Sie die Trommel dann nahe zum Boden und fangen Sie an zu trommeln. Bewegen Sie die Trommel langsam in Richtung Zimmerdecke. Ich habe festgestellt, daß ein stetiger mittlerer Rhythmus gut ist. (Wenn Sie einen Rhythmus haben, bei dem der Trommelstab wie ein Fächer aussieht, ist das ein guter Rhythmus. Das sind etwa drei Trommelschläge in der Sekunde.) Wenn Sie einmal eine Ecke von unten nach oben »betrommelt« haben, sollte das ausreichen. Wenn sich die Schläge in der Ecke aber sehr dumpf anhören, machen Sie weiter, bis jeder Schlag frisch und klar klingt, was darauf hinweist, daß die Energie nun geklärt ist.

Behalten Sie Ihren stetigen Rhythmus bei, während Sie den Raum an der Peripherie umkreisen. Führen Sie die Trommel an jeder Ecke oder an Stellen, wo sich die Energie zäh anfühlt, von unten nach oben. Wenn Sie wieder an Ihrer Ausgangsposition angelangt sind, beschließen Sie den Energiekreis, indem Sie mit Ihrer Trommel einen Kreis im Uhrzeigersinnn ziehen und sie einmal in jeder der Vier Richtungen anschlagen.

Stellen Sie sich nun in die Mitte des Energiekreises. Wenden Sie sich nach Osten und schlagen Sie die Trommel viermal an.

Wiederholen Sie das in Richtung Süden, Westen und Norden. Halten Sie dann die Trommel mit ihrer Oberfläche nach unten und schlagen Sie sie viermal an, halten Sie sie dann über Ihren Kopf und schlagen Sie sie ebenfalls viermal an. Sie haben nun in einem Zimmer »den Kreis getrommelt«. Wiederholen Sie die Prozedur in den restlichen Räumen. Denken Sie daran, daß Sie während des Vorgangs Ihre Absicht auf die Ergebnisse, die Sie erzielen wollen, gerichtet halten. Das Trommeln bricht die stagnierende Energie auf, setzt sie in Bewegung und ruft die Hilfe des Großen Geistes an.

4. »Den Kreis räuchern«

Das Trommeln setzt die Energie in Bewegung, das Räuchern reinigt sie. (Siehe Kapitel 6 zum Thema Räuchern.) Fangen Sie am Wohnungseingang an, verwenden Sie eine Feder oder einen Federfächer, entzünden Sie Ihre Kräuter in einer feuerfesten Schale und ziehen Sie die Kreise um die Eingangstür, wie oben im Kontext mit der Trommel beschrieben. (Sie brauchen die Gebete nicht zu wiederholen.) Fächeln Sie den Rauch mit der Feder zu einem Kreis im Uhrzeigersinn – erst bei drei Uhr, dann sechs Uhr, neun Uhr, zwölf Uhr. Achten Sie darauf, daß Sie nur Rauch fächeln und nicht kleine Funken verstreuen. Auf diese Weise erzeugen Sie einen Energiekreis, durch den jede Person tritt, die in Ihr Haus kommt.

Gehen Sie nun weiter so vor wie mit der Trommel. Beginnen Sie im untersten Stockwerk im östlichsten Zimmer in der östlichsten Ecke und bewegen Sie sich stets im Uhrzeigersinn. Ihre Bewegungen sollen bestimmt und klar sein, und halten Sie an Ihrer Absicht fest, daß der Rauch die Energien in Ihrem Zuhause klären und reinigen soll.

5. »Den Kreis singen«

Das Trommeln setzt die Energie in Bewegung, das Räuchern reinigt sie, und das Singen ruft den Großen Geist herbei. Fangen Sie auf der untersten Wohnungsebene im östlichsten Zimmer an, stellen Sie sich in die Mitte des Raums und singen Sie: »Hey Ya.«

Das ist die indianische Weise, den Großen Geist anzurufen. Ich singe gewöhnlich wiederholt:

Hey Ya. Hey Ya. Hey Ya. Ho.

Sie können auch singen:

Die Luft, das Wasser, das Feuer, die Erde.
Komm wieder. Komm wieder. Komm wieder. Komm wieder.

Singen Sie zwei bis drei Minuten lang oder bis Sie das Gefühl haben, nun aufhören zu können. Seien Sie dann für einen Moment ganz still, denken Sie an den Großen Geist und stellen Sie sich vor, wie er den Raum erfüllt. Wiederholen Sie das in den anderen Räumen.

6. Bitten Sie um den Segen des Großen Geistes und der Heiligen Vier

Begeben Sie sich in den Raum Ihres Zuhauses, der gefühlsmäßig in bezug auf die Energie aller Bewohner eine zentrale Rolle einnimmt (in vielen Fällen ist es das Wohnzimmer). Bitten Sie Ihre Mitbewohner, sich mit Ihnen in einem Kreis aufzustellen, während Sie um den Segen des Großen Geistes bitten. Bitten Sie den Geist der Luft, des Wassers, des Feuers und der Erde, Ihr Zuhause mit Frieden zu erfüllen. Sie können nun auch noch spezielle Bitten aussprechen. Hier ein Beispiel für ein Gebet:

Möge der Große Geist nun mit uns sein und Segen und Frieden bringen. Wir bitten darum, daß dieses Zuhause eine Zufluchtsstätte sein möge für alle, die eintreten, und daß die, die hier wohnen, gedeihen und Frieden in ihrem Herzen finden. Möge dies ein Zuhause der Freude und exzellenten Gesundheit und der Liebe sein.

Möge der Geist der Luft dieses Zuhause erfüllen …
mögen unsere Gedanken rein sein.
Möge der Geist des Wassers dieses Zuhause erfüllen …
mögen unsere Emotionen ausgewogen sein.
Möge der Geist des Feuers dieses Zuhause erfüllen …

mögen wir immer vom Geist erfüllt sein.
Möge der Geist der Erde dieses Zuhause erfüllen …
möge unser Körper stark sein.

Möge dieses Zuhause eine Stätte der Rast für die Müden sein und eine Sendestation des Lichts. Wir danken von Herzen für den Segen, den wir erhalten haben.

Sie können auch eine Rassel verwenden, um den Segen des Großen Geistes zu erbitten (siehe Seite 164ff.). Stellen Sie sich in die Mitte des zentralen Raums Ihrer Wohnung. Halten Sie die Rassel in der rechten Hand und atmen Sie leicht und entspannt. Entspannen Sie Ihren Blick und verlagern Sie Ihr Gewahrsein in den Unterleib. Ihr Handgelenk soll locker bleiben. Schütteln Sie die Rassel in Richtung Osten, halten Sie inne und sprechen Sie:

Geist des Ostens, Reich der Winde der Zeit,
Tor zum Element der Luft und zum Reich des Mentalen,
Komm in meinen Kreis und lehre mich,
Komm in meinen Kreis, damit wir frei werden.

Wenden Sie sich nach Süden, schütteln Sie dabei die Rassel. Schütteln Sie sie so lange, bis Sie sich von der Energie des Südens erfüllt fühlen. Halten Sie inne und sprechen Sie:

Geist des Südens, Reich der Flüsse des Gefühls,
Tor zum Element des Wassers, heilig und heilend,
Komm in meinen Kreis und öffne mich,
Komm in meinen Kreis, damit wir frei werden.

Wenden Sie sich nach Westen und schütteln Sie dabei die Rassel. Schütteln Sie sie so lange, bis Sie sich von der Energie des Westens erfüllt fühlen. Halten Sie inne und sprechen Sie:

Geist des Westens, Reich des strahlenden Lichts,
Tor zum Element des Feuers, verwandelnd und hell,
Komm in meinen Kreis und transformiere mich,
Komm in meinen Kreis, damit wir frei werden.

Wenden Sie sich nach Norden und schütteln Sie dabei die Rassel. Schütteln Sie sie so lange, bis Sie sich von der Energie des Nordens erfüllt fühlen. Halten Sie inne und sprechen Sie:

Geist des Nordens, Reich der alten und weisen Mutter Erde,
Tor zum Element der Erde, Tod und Wiedergeburt,
Komm in meinen Kreis und stärke mich,
Komm in meinen Kreis, damit wir frei werden.

Wenden Sie sich wieder dem Osten zu und schütteln Sie dabei die Rassel. Schütteln Sie sie so lange, bis Sie sich von der Energie der Wesen der Oberen Welten erfüllt fühlen. Halten Sie inne und sprechen Sie:

Geist der Wesen der Oberen Welten,
Komm in unseren Kreis und inspiriere uns.

Schütteln Sie die Rassel, bis Sie sich von der Energie der Wesen der Unteren Welten erfüllt fühlen. Halten Sie inne und sprechen Sie:

Geist der Wesen der Unteren Welten,
Komm in unseren Kreis und erde uns.

Schütteln Sie die Rassel, bis Sie sich von der Energie des Großen Geistes erfüllt fühlen. Halten Sie inne und sprechen Sie:

Großer Geist in allen Dingen,
Komm in unseren Kreis und erfülle uns,
Wir bitten dich, erfülle dieses Zuhause mit Segen,
Schönheit und Frieden.

Sie haben nun die Energien Ihres Zuhauses geklärt und gereinigt. Sie haben den Großen Geist gebeten, Ihr Zuhause zu segnen. Stellen Sie nun als letztes ein Medizinrad her, das der Sammlung und Übermittlung von Energie dienen soll.

7. *Ein Medizinrad für Ihr Zuhause*

Mit einem Medizinrad läßt sich auf ganz hervorragende Weise die Energie der Vier Richtungen, der Vier Elemente und des Großen Geistes in Ihr Zuhause bringen. Sie können es, falls Sie ein Grundstück um Ihr Haus haben, im Freien anlegen, oder aber in Ihrer Wohnung, wo es dann als lebendiges Mandala fungiert, das ständig die kosmische Energie in Ihre Wohnräume zieht und dort fokussiert. Ein Medizinrad kann so groß sein, daß Sie sich hineinsetzen und dort meditieren können, oder auch nur ein paar Zentimeter im Durchmesser aufweisen. Die Größe ist nicht wichtig, ein kleines Medizinrad vermag seinen Zweck genausogut zu erfüllen wie ein großes. Ganz gleich, wie groß oder klein, komplex oder einfach der von Ihnen geschaffene Heilige Kreis ist, er wird immer Energie und den Geist der Natur in Ihr Zuhause bringen.

Wie Sie ein Medizinrad im Freien anlegen

Der erste Schritt in diesem Unternehmen besteht darin, daß Sie Steine sammeln, die für Sie eine Bedeutung oder etwas Besonderes an sich haben. Idealerweise sollten Sie aus der Gegend stammen, in der Sie leben. Sie brauchen vier kardinale Steine, die die Vier Elemente repräsentieren. Ich schlage vor, daß Sie dazu eine im folgenden beschriebene »Kraft-Wanderung« unternehmen. Machen Sie sich in eine Gegend auf, wo Sie sehr wahrscheinlich geeignete Steine finden werden – das kann auch dreißig oder achtzig Kilometer weit weg sein.

Die »Kraft-Wanderung« beginnt damit, daß Sie die Augen schließen. Erfühlen Sie das Element der Luft. Öffnen Sie dann die Augen ein wenig und gehen Sie los, indem Sie sich von der *Fußspitze zur Ferse abrollen*. Atmen Sie dabei tief und langsam und im Wissen, daß Sie von dem Stein angezogen werden, der sich auf perfekte Weise für den östlichen Abschnitt Ihres Medizinrads eignet. Es kann sein, daß Sie im Bereich des Solarplexus ein Ziehen oder warmes Gefühl verspüren. Ihr Blick ist nicht fokussiert. Der Luft-Stein wird sich im Aussehen oder vom Gefühl her von den anderen umliegenden Steinen unterscheiden. Setzen Sie Ihre Kraft-Wanderung fort, bis Sie für jede der Vier Richtungen einen Stein haben und dazu noch die nötigen weiteren Steine, um den restlichen Kreis zwischen den vier Kardinalsteinen auslegen zu können.

Wählen Sie eine Stelle auf Ihrem Grundstück aus, wo Sie den Kreis anlegen möchten. Wenn Sie dann die exakte Mitte des Kreises bestimmt haben, bitten Sie Mutter Erde um die Erlaubnis, dort einen Pflock hineinstecken zu dürfen. Befestigen Sie eine Schnur an dem Pflock, ziehen Sie dann mit ihrer Hilfe einen exakten Kreis und markieren Sie ihn. Der Kreis sollte so groß sein, daß Sie ihn betreten können (mindestens einen Meter im Durchmesser). Plazieren Sie dann ehrerbietig die vier kardinalen Steine in der ihnen zugehörigen Kardinalrichtung und in jeweils gleichen Abständen voneinander. (Wenn Sie einmal ein Medizinrad für das Haus einer anderen Person anlegen möchten, sollten die Hausbewohner möglichst an seiner Herstellung teilnehmen, weil dadurch ihre Energie in den Kreis miteingewoben wird.) Plazieren Sie dann auf der Kreislinie jeweils vier kleinere Steine zwischen den einzelnen Kardinalsteinen. Sie bilden den Pfad von einem Element zum anderen. Nun haben Sie einen Kreis aus zwanzig Steinen geschaffen (vier Steine für die Vier Richtungen und sechzehn Steine, die die Verbindung herstellen). Plazieren Sie vier weitere Steine in der Mitte des Kreises, einen für jede Richtung, wodurch Sie einen kleineren Kreis innerhalb des größeren Kreises schaffen. Der innere Kreis ist der geheiligtste Teil des Rads. Er ist dem Großen Geist gewidmet.

Lassen Sie sich Zeit. Unternehmen Sie jeden Schritt mit Liebe und Sorgfalt, ohne Hektik, ohne Eile. Behandeln Sie den Kreis mit Ehrfurcht und Respekt, er ist ein heiliges Instrument.

Wenn Sie in Ihrem Medizinrad meditieren wollen: Das Rad hat seinen Anfang im Osten. Betreten und verlassen Sie es stets durch den östlichen Punkt. Vielleicht möchten Sie räuchern, bevor Sie in ihm meditieren. Lassen Sie diesen Kreis im Freien vom Regen genährt und von den Winden angereichert werden. Erneuern Sie ihn ab und zu, indem Sie die Steine reinigen oder wieder aufladen. Ihr Kreis wird weiterhin als lebendiges Mandala fungieren, Energie aus dem Universum anziehen und sie an Ihr Zuhause und die Umgebung abgeben. Das Rad ist ein nie endender Prozeß der Erneuerung so wie die Natur auch. Das

Medizinrad ist ein Instrument des Heilens, das wir uns erschaffen können, um unseren Geist zu besänftigen und uns mit den Elementen in Übereinstimmung zu bringen. Es kann als Schnittstelle zwischen den äußeren Welten und den inneren Reichen des Lebens dienen.

Wie Sie ein Medizinrad in Ihrem Zuhause anlegen
Dazu brauchen Sie folgende Gegenstände:

▷ Ein kleines rundes Tablett mit Rand
▷ Roten Sand (oder auch anderen Sand, falls kein roter Sand zur Verfügung steht)
▷ Kleine runde Kieselsteine (die Sie ebenfalls bei Ihrer »Kraft-Wanderung« sammeln können)

Füllen Sie für dieses kleine Medizinrad zunächst das Tablett fast bis zum Rand mit Sand. Lassen Sie das Tablett dann 24 Stunden lang im Freien stehen, damit es mit den Energien der Elemente und Natur aufgeladen wird.

Holen Sie es dann wieder herein. Wählen Sie den ersten Stein aus (den Stein des Ostens). Halten Sie ihn in der rechten Hand, um ihn zu segnen.

Halten Sie ein schwelendes Räucherbündel in der linken Hand, führen Sie den Stein mit der rechten Hand durch den Rauch und sprechen Sie dabei: »Ich weihe dich dem Geist der Luft. Ich bitte den Geist der Luft und den Geist des Ostens, dieses Zuhause zu erfüllen.«

Ordnen Sie die Steine sorgsam im Uhrzeigersinn an, indem Sie mit dem östlichen Quadranten beginnen. (Führen Sie den Stein, der jeweils eine der Kardinalrichtungen repräsentieren soll, durch den Rauch und weihen Sie ihn dieser Richtung und dem zugehörigen Element, bevor Sie ihn in den Kreis einsetzen.)

Sie können auch Halbedelsteine oder Edelsteine für den Heiligen Kreis verwenden. Ich nehme Zitrin für den Osten, Amethyst für den Süden, Bergkristall für den Westen und Rauchquarz für den Norden. Sie können das Medizinrad auch auf einem runden Tisch in einer Zimmerecke oder am Ende eines Flurs oder beim Eingang oder auf einem runden Couchtisch in der Mitte des

Zimmers aufbauen. Statt der Steine können Sie auch Federn, Moos, Muscheln und andere Gegenstände aus der Natur dafür verwenden, da es ja ein lebendiger Ausdruck der Vier Elemente und der Natur ist. Ich kenne viele Menschen, die sich ein Medizinrad auf einem Tisch geschaffen haben. Medizinräder bieten nicht nur einen schönen Anblick, sondern dienen auch als Konzentrationspunkt für die Anziehung von Energie.

Erfüllen Sie Ihr Zuhause mit der Energie der Vier Elemente

Reinigung durch das Luftelement: Benutzen Sie Rasseln, Trommeln, klatschen Sie in die Hände.

Reinigung durch das Wasserelement: Versprengen Sie aufgeladenes Wasser im Zimmer. Versprühen Sie ätherische Duftöle.

Reinigung durch das Feuerelement: Verbrennen Sie eine Mischung aus Epsomer Bittersalz und Alkohol. Zünden Sie Kerzen an. Räuchern Sie.

Reinigung durch das Erdelement: Verstreuen Sie Salz in den Ecken, werfen Sie etwas Salz in die Luft und auf den Boden.

Anrufung des Luftelements: Entzünden Sie Räucherwerk. Benutzen Sie Windspiele oder Glocken.

Anrufung des Wasserelements: Setzen Sie Zimmerspringbrunnen und Aquarien ein.

Anrufung des Feuerelements: Entzünden Sie Siebentagekerzen.

Anrufung des Erdelements: Benutzen Sie Kristalle, Steine und Pflanzen.

Stellen Sie Gegenstände auf Ihren Altar, die die Vier Elemente repräsentieren. Zum Beispiel:

Luft	Eine Schale mit Luft
Wasser	Eine Schale mit Wasser
Feuer	Eine brennende Kerze
Erde	Eine Schale mit Kieselsteinen

Das Medizinrad führt uns zu den einfachsten Formen des Lebens zurück. Es bringt uns zu einem Leben in der Gegenwart zurück, einem Leben ohne die Komplexitäten des Ego oder gesellschaftlicher Normen. Es sagt uns, was wir brauchen, um ganz und heil zu sein. Alles ist schon im Kontext des Kreises, in Ganzheit, erlangt. Das Medizinrad kann als symbolisches Instrument eingesetzt werden, um mit verschiedenen Bereichen der Realität Verbindung aufzunehmen und Wissen zu erwerben. Der Heilige Kreis ist auch ein Ort, über den Sie alle Energie der Natur in Ihr Zuhause einbringen können, ein Ort, wo den Vier Elementen, den Vier Richtungen und dem Großen Geist Achtung und Ehre erwiesen wird. Und so wird Ihr Zuhause zu einem gesegneten Ort.

17

Weitere Techniken des Raumklärens aus verschiedenen Kulturen – Systeme der Innen-Anordnung

Dieses Kapitel enthält Informationen über Praktiken des Raumklärens aus verschiedenen Kulturen dieser Welt. Ich verwende den Begriff »Innen-Anordnung« (»interior realignment«) zur Beschreibung eines Forschungsgebiets, das alle diese Traditionen und Praktiken umfaßt. In den vorangegangenen Teilen des Buches ging es mir vor allem um spezielle Techniken des Raumklärens für Ihr eigenes Zuhause. Hier möchte ich Ihnen nun einen Überblick geben, der Ihnen vermitteln soll, wie alle diese Techniken sich zu einem ganzen System der Reinigung und Erneuerung der Energien in den von uns bewohnten Räumen zusammenfügen.

Nicht alle in diesem Kapitel erwähnten Techniken sind so detailliert beschrieben, daß Sie sie exakt befolgen können. (Das hätte ein weiteres Buch erfordert!) Trotzdem hoffe ich, daß, wenn Sie sehen, wie diese Techniken im Kontext einer Kultur zusammenpassen, Ihr Verständnis vom Raumklären erweitert wird und dies Ihnen bei Ihrer Arbeit hilft. Am Ende dieses Kapitels finden Sie einen Abschnitt, in dem verschiedene Fragen zu möglicherweise auftretenden Problemen beantwortet werden.

Raumklären bei den Zulus

Als ich kürzlich in das afrikanische Bophuthatswana reiste, verbrachte ich einige Zeit in einem Zuludorf bei Credo Mutwa, einem bemerkenswerten heiligen Mann der Zulus. Ich fragte diesen von seinem Stamm sehr verehrten Medizinmann, wie das Raumklären in seiner Tradition vorgenommen wurde. Er erzählte mir, daß in ganz Afrika »alles geheiligt wird ... Gräber, Versammlungsorte, Zeremonien, der Einzug in ein neues Haus – nach einem Kampf, alles«. Wenn der Blitz in eine Wohnstätte einschlägt, wird sie geweiht. Wenn zwischen zwei Dörfern ein neuer Pfad angelegt wird, wird er geweiht, damit nichts »Böses« auf ihm entlanggeht. Wenn eine Ziege gestohlen und dann wiedererlangt wird, wird sie geweiht, um sie von den Energien des Diebes und von den Ahnengeistern zu befreien, die sich in ihrer Abwesenheit an sie angeheftet haben.

Die Zulus verwenden bestimmte Kräuter, um daraus die »Medizin« für das Weiheritual zu machen. Entweder entzünden sie die Kräuter und blasen dann das Feuer wieder aus, damit reinigender Rauch entsteht, oder sie vermischen die Kräuter in Wasser und versprühen die Mixtur im Raum. Es werden drei verschiedene Arten von Kräutern verwendet: eines, das vor äußeren Einflüssen schützt, ein zweites für Stärke, und ein drittes, das alle glücklich macht.

Ein Beispiel für die Anwendung von Rauch ist die Praxis, den Rauch eines salbeiähnlichen Gewächses durch das Lager zu blasen, wenn die Zulus irgendwo über Nacht kampieren. (Für mich war es interessant, daß sie für ein solches Reinigungsritual ein graugrünes Kraut verwenden, das ganz ähnlich aussieht und riecht wie der Salbei, den die nordamerikanischen Indianer bei ihren Räucherzeremonien benutzen.)

Die Mischung aus Kräutern und Wasser wird in einen Kessel gefüllt. Man taucht einen Zweig oder ein anderes Utensil hinein und besprüht dann den zu reinigenden Bereich.

Da es bis vor kurzem in Südafrika große politische und gesellschaftliche Probleme gab, entstanden viele Rituale zur Reinigung der Energien nach Gewaltakten und Verurteilungen zu einem Gefängnisaufenthalt. Wenn zum Beispiel ein Ehepaar aus dem Gefängnis entlassen wird, muß es ein Bad in heiligen Kräutern nehmen. Dann schlafen sie zu beiden Seiten des Bettes auf dem Boden, bis er oder sie träumt, daß es nun in Ordnung ist, wenn sie wieder im Bett übernachten. Auf diese Weise bringen sie die Gefängnisenergie nicht in ihr Bett.

Wenn jemand aus dem Krankenhaus zurückkommt, wenn jemand vergewaltigt oder wenn ein Kind mißbraucht worden ist, zermahlen die Sangomas (die Medizinmänner und Medizinfrauen der Zulus) Kräutermedizin und blasen sie auf die betreffende Person, damit sie nicht die Überreste ihres Traumas in ihr Zuhause mitbringt. Wenn jemand ins Gefängnis oder ins Krankenhaus gehen muß, werden seine oder ihre alten Kleider verbrannt und bei der Rückkehr dann neue Kleider getragen. Auf diese Weise bringen die alten Kleider nicht die Gefängnis- oder Krankenhausenergie ins eigene Heim.

Wenn Krankheiten oder Leiden auftraten oder wenn jemand schlechte Träume hatte, wird das ganze Haus in einem Dampfritual unter Verwendung von Wasser und Salz oder von Meerwasser und unter der Teilnahme der ganzen Familie neu geweiht. Salz wird ins Wasser gestreut und das Wasser zum Kochen gebracht, damit Dampf entsteht. Alle Familienmitglieder sitzen nahe der Dampfquelle unter einer Decke, um sich zu reinigen. Da die afrikanischen Stammesbehausungen meist klein sind, durchdringt der Dampf aus dieser einen Quelle alle Räume und weiht sie.

Wenn ein Mensch stirbt, wird er von seinen Verwandten ein Jahr betrauert. Nach dem Trauerjahr findet eine Reinigungszeremonie statt. Die Schaufeln, mit denen das Grab ausgehoben wurde, werden 21 Tage lang in der Erde begraben, um von Mutter Erde gereinigt zu werden. Und alles im Haus wird gereinigt als Symbol für die Wiedergeburt.

Zieht eine Familie in ein neues Heim um, setzen sich alle Familienmitglieder in der Mitte ihrer alten Behausung auf den Boden. Sie entzünden ein heiliges Feuer für die Geister des Hauses und bitten sie, ihnen in das neue Haus zu folgen. Beim Einzug wird das neue Heim überall mit grünblättrigen Zweigen saubergefegt, um es zu reinigen.

Auch bei anderen Zeremonien benutzt man einen grünblättrigen Zweig. Als Credos Sohn bei gewalttätigen Auseinandersetzungen innerhalb des Stammes umgebracht wurde, reinigte Credo die Stelle, wo sein Sohn umgekommen war, mit einem grünblättrigen Zweig.

Credo erklärte mir auch, daß Sangomas, wenn sie nicht die Zeit oder die Medizin haben, einen Bereich zu weihen, ein Lied singen und dann sprechen: »So ist dieser Ort geweiht.« Und falls kein oder keine Sangoma zur Stelle ist, um einen Raum zu weihen, sollte man sich erst vergewissern, daß niemand zusieht, und dann um den ganzen zu reinigenden Bereich herum urinieren.

Salz gehört bei den Zulus zu den großen Reinigern, und Wasser und Salz werden oft vermischt und dann neunmal (»einmal für jeden Mond, den ein Baby im Mutterleib verbringt«) in dem Bereich versprüht, der energetisch geklärt werden soll. Steht kein Salz oder Meerwasser zur Verfügung, verwendet man die Asche von Pflanzen, die zu diesem Zweck verbrannt wurden. (In der Asche befinden sich Salzüberreste.)

Bei den Reinigungritualen der Zulus wird allen Vier Richtungen wie auch dem Oben und dem Unten Achtung erwiesen. Wie die Indianer halten auch sie es für absolut wesentlich, daß die Elemente und Richtungen geehrt werden. Und wie die meisten Stammeskulturen mögen auch sie keine Ecken in ihren Häusern oder Bauten. Sie sagen, daß sich in den Ecken das »Böse« aufhält, und nennen sie »die häßlichen Verstecke«. Auch die Indianer haben den Spruch: »Das Böse wohnt in den Ecken.« Deshalb sind die Behausungen in den meisten Stammeskulturen rund.

Raumklären nach estnischer Tradition

Astrid Neeme ist eine hoch geschätzte estnische Heilerin und Raumklärerin und eine meiner Lehrerinnen. Ihre Arbeit erstreckt sich auch auf die skandinavischen Länder und wurde von der Weltgesundheitsorganisation anerkannt. Ich hatte die Ehre, daß sie vor meinen Seminaren in Finnland die Energien bereinigte. Und sie war so freundlich, mich darin einzuweihen, wie man nach ihrer Tradition ein Haus von stagnierenden Energien reinigt.

Astrid spricht, ganz ähnlich wie Credo Mutwa, von bösen Energien. In meiner persönlichen Philosophie kommen zwar keine »bösen« Energien vor, aber in jeder Stammeskultur, in der ich einige Zeit verbrachte, werden die Energien, die ausgeräumt oder ausgetrieben werden, als »böse« bezeichnet. Ich selbst spreche lieber von einer stagnierenden als von einer bösen Energie. Wenn ich weibliche oder männliche Raumklärer aus anderen

Traditionen bitte, mir eine Beschreibung von diesen »bösen« Energien zu geben, verwenden sie die gleichen Worte, mit denen ich stagnierende Energien schildere: schwer, dunkel und bewegungslos. Vielleicht benutzen wir nur unterschiedliche Worte für dieselbe Erfahrung.

Ich fragte Astrid, was sie tut, wenn sie von jemandem vor dem Einzug in ein neues Heim um ein Raumklären gebeten wird. Zuerst unterhält sie sich einige Zeit mit den Leuten und stattet dem Haus einen Besuch ab, weil ihre Aktivitäten und ihr Instrumentarium »sehr von der Person und den Geistern in dem betreffenden Haus abhängen. Am häufigsten setze ich beim Raumklären Wasser, Salz, Gebete, Rauch und Feuer ein. Ich bereite mich auf das Ritual vor, indem ich meinen inneren Lehrer und meine Geistführer um Erlaubnis bitte und frage, ob der Tag und die Zeit für das Raumklären günstig sind.«

Ich fragte sie, ob man für die Praxis des Raumklärens ein sehr ausgedehntes Training braucht. »Das wichtigste ist die Konzentration«, gab sie zur Antwort. (Astrid bezeichnet das als »Konzentration«, was ich »zielgerichtete Absicht« nenne.) »Als ich mit dem Raumklären anfing, verlor ich sehr viel Energie und Kraft. Jetzt habe ich aber gelernt, mich so zu konzentrieren, daß ich nicht mehr soviel Kraft verliere«, fuhr sie fort.

Sie stützt sich auch auf die Astrologie und die Mondphasen. »Ich mache nie ein Raumklären bei Neumond. Zu diesem Zeitpunkt ist für ein erfolgreiches Raumklären nicht genug Energie da. Ich habe festgestellt, daß es nachts und bei Vollmond und vor allem in einer Donnerstagnacht am besten ausfällt. Jeder Wochentag hat seine eigene Energie, und Donnerstag ist der beste Tag für ein Raumklären.«

In vielen Fällen verwendet sie zur Austreibung schlechter Energien der unteren astralen Ebenen Weihrauch, wie man ihn klassischerweise in den Kirchen benutzt, und auch den Rauch einiger einheimischer Pflanzen wie zum Beispiel Wacholder. Sie erzählte:

»Wenn ich mit Räucherwerk arbeite, fange ich in einer Ecke an und gehe dann gegen den Uhrzeigersinn im Raum herum. (Hier unterscheiden sich unsere Techniken, denn ich arbeite immer im

Uhrzeigersinn.) Dabei spreche ich Gebete, die in der estnischen Kirche schon seit Jahrhunderten gesprochen werden. Weil so viele Menschen schon so lange eben diese Gebete sprechen, haben sie bereits eine kosmische Energie erzeugt.

Gebete sind sehr mächtig. Sie können Harmonie schaffen. Und sie sind ganz besonders machtvoll, wenn ich sie mit großer Konzentration spreche und dabei Rauch verwende. Einge meiner Techniken gehen auf meine Urgroßmütter und Ururgroßmütter und sogar noch weiter zurück.«

Raumklären mit Salz

»Das ist eine sehr machtvolle, vielleicht ursprünglich aus Ägypten stammende Methode. Schütten Sie Meersalz in eine Pfanne und erhitzen Sie das Salz über einem Feuer oder auf einem Herd. Während des Erhitzens sollten Sie das Vaterunser sprechen und darum bitten, daß sich die schlechten Kräfte verflüchtigen und die guten Kräfte das Haus erfüllen. Sie sollten keine Angst haben, wenn das Salz zu hüpfen anfängt oder Sie merkwürdige Stimmen hören oder merkwürdige Dinge sehen. Das sind nur die schlechten Kräfte, die sich davonmachen. Sie sollten auf diese Dinge nicht achten, und es ist ganz wichtig, daß Sie sich nicht in die Richtung der Stimmen oder merkwürdigen Geschehnisse umdrehen.

Das Salz soll weiterhin erhitzt werden, bis es nicht mehr hüpft und die Stimmen oder seltsamen Vorgänge ein Ende haben. Wenn die Reinigung beendet ist, soll das Salz in die Toilette geschüttet und ein paarmal nachgespült werden. Während das Salz weggespült wird, sollten Sie Gebete sprechen und darum bitten, daß die Geister dorthin zurückkehren, woher sie gekommen sind.

Hier ist noch eine andere Technik mit Salz, die ich anwende. Sie ist keine so alte Methode, und ich habe sie von einer Person gelernt, die mein Land besuchte. Ich fange damit an, daß ich die Haus- oder Wohnungsbewohner auffordere, die Bitte, daß Ihr Wohnraum geklärt werden möge, auf ein Blatt Papier zu schreiben. Dann öffne ich alle Türen und Fenster und Schubladen und verstreue überall Salz, auch in den Schubladen und Schränken.

Dabei bitte ich darum, daß alle unerwünschten Energien die Räume verlassen. Dann zünde ich eine Kerze an und verbrenne das Papier, auf dem Bitte niedergeschrieben ist.

Anschließend werden alle gebeten, das Haus oder die Wohnung für zehn Minuten zu verlassen. Bevor sie zurückkommen, nehmen sie jeder ein bißchen Salz in den Mund, damit das Böse, das das Haus verläßt, nicht mit ihnen wieder in das Haus eindringt. Und ich bitte sie alle, sich vorzustellen, daß ihre Handflächen wie Feuer sind. Wenn sie in das Haus zurückkehren, vertreiben sie mit ihren Händen die schlechten Energien im Raum.

Wenn dann die ganze schlechte Energie ausgetrieben ist, werden die Türen und Fenster geschlossen. Vorbedingung ist, daß es zu diesem Zeitpunkt draußen schon dunkel ist. Nun verlassen die Leute das Haus nochmals für fünf Minuten. Der Rest des Salzes wird dann in kleine Töpfchen geschüttet, die in den Ecken der Räume aufgestellt werden und dort über Nacht bleiben sollen. Niemand sollte in dieser Nacht in diesem Haus schlafen, damit das Salz das Raumklären vollenden kann.

Am nächsten Morgen ist das Haus völlig gereinigt. Das Salz kann nun in die Toilette geschüttet und es soll ein paarmal nachgespült werden. Dabei sollte ein Gebet oder ein Mantra gesprochen werden. Ich zeichne als letztes mit der Hand ein Pentagramm in die Luft, während ich ein Mantra spreche. Manchmal verwende ich Mantras aus dem Sanskrit. Ich finde sie für jedes Raumklären hervorragend geeignet. Wenn Sie beim Klären jeden Raums dieses Mantra aus dem Sanskrit immer und immer wiederholen, rufen Sie die alte Weisheit des Mantras ins Haus.«

Raumklären nach schottischer Tradition

Vicky Patterson arbeitet in Schottland. Sie ist eine sehr bodenständige Person, die allen, denen sie begegnet, eine starke, liebevolle Akzeptanz entgegenbringt. Wie sie sagt, kombiniert sie bei ihrer Methode des Raumklärens die vielfältigsten Techniken mit einer starken Betonung der heidnischen Tradition. Sie ermutigt die betreffenden Personen auch, ihre eigenen Rituale zu entwickeln, damit sie weiterhin ihr Zuhause zu einem sicheren Ort machen können, ohne Vickys Hilfe in Anspruch nehmen zu müssen. Ich hatte das Glück, ihre Techniken aus erster Hand miterleben zu können. Sie sind ganz hervorragend.

Vicky erzählte: »Wenn ich in einem Haus energetisch arbeiten soll, besuche ich zunächst die Leute und spreche mit ihnen darüber, warum sie ein Raumklären wünschen. Auf diese Weise kann ich die Räumlichkeiten abtasten. Oft haben die Probleme gar nichts mit dem Haus zu tun, sondern mit der Person oder den Personen. Manchmal braucht man auch nur mit dem Raum zu arbeiten, was meist am leichtesten ist. Zuweilen liegen die Probleme beim Haus und bei den Personen.«

Wenn Vicky eine Wohnung betritt, um zu sehen, ob die Energien geklärt werden müssen, überprüft sie die Raumenergie mit den Händen. Sie berichtete, daß sie manchmal eine stagnierende Wohnungsenergie erlebt – ein kaltes Gefühl oder so etwas ähnliches, wie ein Gewicht, das auf ihrem Kopf und ihren Schultern lastet, oder zuweilen auch eine Art Vorhang, durch den man nur mit Mühe hindurchkommt. Sie überprüft auch die Pflanzen im Zimmer als Energieindikator. Eine Ecke, in der die Pflanzen ohne ersichtlichen Grund eingehen, hat oft blockierte Energie.

Sie benutzt auch tibetische Gebetszimbeln, um festzustellen, ob die Energien in einem Raum geklärt sind. Sie berichtete:

»Der Klang der Zimbeln ist so rein, daß er lange nachschwingt, wenn der Raum geklärt ist. Ist er es nicht, hört sich der Klang dumpf und wie abgeschnitten an. Bei meinem ersten Besuch spreche ich mit den Bewohnern und überprüfe die Energie mit meinen Händen und mit den Zimbeln. Im Grunde stelle ich fest, was zu tun ist.

Für das Raumklären benutze ich Salz, Wasser und Rauch. Für das Räuchern verwende ich einheimische Kräuter und verbrenne sie in einem besonderen Behälter über einem Kreis aus Holzkohle. Um die Energieflüsse im Raum zu verändern, setze ich das Händeklatschen und die tibetischen Zimbeln ein. Zusätzlich zünde ich verschiedenfarbige Kerzen an, um verschiedene Wirkungen zu erzielen. Und ich habe ein spezielles Räucherwerk für den Schutz.

Zu Beginn des Raumklärens ziehe ich im Raum einen Kreis aus Salz, der groß genug ist, daß ich und die Wohnungsbesitzerin oder der -besitzer ihn betreten können. Wir stellen uns dann mit allen Instrumenten, die wir während des Rituals einsetzen, in die Mitte des Kreises. Dazu gehören gewöhnlich auch eine Kerze mit der angemessenen Farbe und eine Schale mit Mondwasser. Ich lasse Quellwasser in einem schwarzen Behälter über Nacht im Freien stehen, so daß sich das Vollmondlicht darin spiegeln kann.

Wir bestreichen uns gegenseitig mit Rauch und verwenden dabei Kräuter wie Rosmarin, Minze, Thymian oder auch ein gekauftes Räucherbündel, wenn es erhältlich ist. Ich ehre die Muttergöttin und bitte um ihren Segen für das Raumklären. Manchmal möchte die Person, um deren Wohnung es geht, sich mir anschließen und ebenfalls Gebete sprechen. Dann treten wir aus dem Kreis heraus und streuen Salz um die Türrahmen, auf die Fenstersimse, in die Zimmerecken und in den Bereich des Raums, der meinem Gefühl nach am stärksten gereinigt werden muß. Wenn es einen offenen Kamin gibt, streue ich auch dort Salz.

Nach dem Salz kommt das Räuchern. Ich räuchere den ganzen Raum und achte besonders auf die empfindlichen Energiebereiche im Raum. Dann überprüfe ich die Energie mit meinen Händen. Anschließend klatsche ich in jeder Ecke in die Hände, auch die Wände hinauf und hinunter, die Fenster entlang und um die Türrahmen herum, damit die Energie verlagert und verändert wird. Oft verstelle ich auch die Dinge im Raum, was bemerkenswerte Resultate zeitigt.

Wenn ein Raum viele kleine Ecken und Nischen hat, benutze ich meine Trommel und/oder Rassel und meine anderen Schlaginstrumente, um auch noch in die tiefsten Ecken vorzudringen. Nach Beendigung dieses Stadiums nehme ich die Kerze und wandere damit im Raum umher, um das Flackern der Flamme zu beobachten. Ich benutze wieder die tibetischen Zimbeln, um den Klang zu überprüfen. Wenn sich die Energie im Raum zufriedenstellend verändert hat, versprenge ich zur abschließenden Reinigung Mondwasser und besprühe auch uns damit.

Dann begebe ich mich in den nächsten Raum. Wenn ich mich mit einem ganzen Haus befasse, hebe ich mir den Eingangsbereich für den Schluß auf. Bin ich mit dem Haus soweit fertig, öffne ich die Haustür und lasse die negativen Energien durch die offene Tür entweichen. Wenn ich nur mit einem Raum arbeite, schließe ich die Tür, öffne ein Fenster und lasse die negative Energie hinaus.

Wenn wir mit dem Raumklären fertig sind, feiern wir mit Gesang, Essen und Trinken und sprechen Gebete zur Begrüßung der neuen Energien im Haus.«

18

Behebung möglicher Probleme

Ich wollte in dieses Buch einen Abschnitt aufnehmen, in dem ich einige Fragen anspreche, die Sie zum Raumklären haben könnten. Es sind Fragen, die mir oft gestellt werden.

Was ist, wenn Sie beim Raumklären die Energie nicht fühlen können?

Ich habe schon Menschen gesehen, die auf hervorragende Weise die Energien geklärt haben und sagten, sie könnten überhaupt nichts spüren oder fühlen. Deshalb ist die Absicht so wichtig. Wenn Sie Ihre Absicht auf das Klären der Energien im Raum konzentrieren, dann ist diese Absicht im Raum sehr stark spürbar, auch wenn Sie selbst bewußt keine Energien fühlen. Ihr Unterbewußtsein und Ihr Höheres Selbst leiten Ihre Bewegungen, auch wenn Sie sich bewußtseinsmäßig unsicher fühlen.

Was ist, wenn das Haus auf einem alten Friedhofsgrund errichtet ist?

Wenn Ihr Haus auf einem alten Friedhofsgrund oder einem ehemaligen Schlachtfeld, wo Soldaten umgekommen sind, oder an irgendeinem Ort errichtet ist, wo es großes Leiden gab, müssen Sie unbedingt mit den Seelen kommunizieren, die da noch verweilen mögen (siehe Kapitel 15), und sie respektieren. Denken Sie daran, daß Sie von Gespenstern nichts zu befürchten haben, sondern daß diese vielmehr Ihr Mitgefühl nötig haben. Vielleicht sind Sie ja dort eingezogen, damit Sie ihnen helfen können, zum Licht zu kommen. Das wird auch Ihrer Entwicklung zugute kommen.

Was ist, wenn Sie ein Raumklären durchführen wollen, aber Ihr Instrumentarium nicht parat haben?

Klatschen Sie in die Hände, um stagnierende Energie aufzubrechen. Klatschen Sie jeweils so lange, bis sich an dieser Stelle die Laute klar und frisch anhören. Danach können Sie mit »einem Ton« oder mit Gesang arbeiten. Abschließend können Sie mit Ihrem Atem Energie in den Raum rufen oder Energie in ihn hineinblasen.

Wann müssen Sie ein Raumklären in Ihrem Zuhause durchführen?

Sie sollten wenigstens einmal im Jahr Ihr ganzes Zuhause saubermachen und energetisch reinigen. Die zwei Wochen vor der Tagundnachtgleiche im Frühjahr sind die beste Zeit dafür. Putzen Sie alle Fenster innen und außen (wenn möglich), nehmen Sie alles aus den Schubläden und Schränken und reinigen Sie sie innen. Putzen Sie den Boden unter den Teppichen. Lüften Sie die Teppiche im Freien durch, oder bringen Sie sie zur Reinigung. Stauben Sie unter den Tischen und Stühlen ab. Stauben Sie auch die Vasen oben auf den Regalen ab. Befreien Sie sich von allen Dingen, die Sie nicht mehr benötigen. Werden Sie alles los, was Sie nicht mehr mögen oder nicht mehr benutzen, denn all das zieht die Energie im ganzen Haus herunter. Berühren Sie, oder schenken Sie, wenn möglich, jedem einzelnen Gegenstand in Ihrem Heim Anerkennung. Reparieren Sie alles, was repariert werden muß. Entledigen Sie sich aller Dinge, die nicht mehr funktionieren. Dieser Frühjahrsputz bestimmt die Energie für den Rest des Jahres. Eine weitere moderate Reinigung empfiehlt sich jeden zweiten Monat, vorzugsweise zur Zeit des Vollmonds, um die Energien wieder aufzuladen. Und nehmen Sie einmal in der Woche, wenn nötig, ein leichtes Raumklären vor.

Andere Zeiten, wenn ein Raumklären angebracht ist, sind:

Wenn sich etwas in Ihrem Leben verändern muß

Wenn Sie das Gefühl haben, in Ihrem Leben oder in Ihrem Beruf nicht weiterzukommen und festzusitzen, und Sie eine Richtungsänderung benötigen, dann verändern Sie die Energie in Ihrem Zuhause. Ein Raumklären empfiehlt sich auch, wenn Sie eine Beziehung haben, die im Nichts endet. Oder verändern Sie, wenn Sie gelangweilt sind, das Energiemandala Ihres Zuhauses, und Ihr Leben wird sich ebenfalls verändern.

Wenn jemand im Haus krank war oder eine Verletzung erlitten hat

Nach einer Krankheit oder einem Unfall ist es wichtig, wieder eine starke, gesunde Energie im Haus aufzubauen.

Wenn Sie schwierige Gäste oder negative Erlebnisse in Ihrem Zuhause hatten

Negative Erlebnisse oder Gäste können energetische Überreste hinterlassen, weshalb sich ein Raumklären empfiehlt.

Wenn Sie sich ständig müde und ausgelaugt fühlen

Dafür kann es möglicherweise psychische oder physische Gründe geben, aber eine Veränderung der Energien in Ihrem Zuhause kann Ihnen oft helfen, auch in andere Lebensbereiche wieder Bewegung zu bringen.

Nach einem Einbruch

Nach einem Einbruch und/oder Diebstahl ist es ganz wichtig, ein gründliches und vollständiges Raumklären im ganzen Haus (oder in der ganzen Wohnung) durchzuführen. Sonst bleiben die energetischen Überreste des Diebes wie auch Ihrer eigenen negativen Emotionen zurück und wirken sich auf Ihr ganzes Zuhause und seine Bewohner aus.

Denken Sie daran, daß Sie beim Reinigen Ihrer Wohnung nicht nur Schmutz und Abfall beseitigen, sondern durch Ihre liebevolle Aufmerksamkeit Ihrem Zuhause spirituelle Kraft und neue Energie zukommen lassen. Dies lädt wiederum Ihre eigenen spirituellen Batterien auf. In einem Zenkloster betrachten es die Schüler als eine Ehre, wenn sie Reinigungsarbeiten zugewiesen bekommen. Sie sind sehr auf diese Arbeiten erpicht, weil das Reinigen als einer der sicheren Wege zur Erleuchtung betrachtet wird.

Bestätigen Sie beim Reinigen sich selbst und Ihr Haus, indem Sie sprechen: »Während ich diese Fenster reinige, bereinige ich auch den Weg für den Eintritt des Lichts in dieses Zuhause und für alle Seelen, die hier wohnen.« Verbinden Sie sich, wenn Sie den Keller aufräumen und säubern, mit dem Gefühl von Geerdetsein und Solidität, mit jenen Qualitäten, die der Keller für das ganze Haus repräsentiert. Spüren Sie den Geist der Mutter Erde, wenn er durch den Boden aufsteigt, wenn er Ihre Fußsohlen durchströmt und Ihre ganze Person mit einem Gefühl des Friedens und ruhiger Freude erfüllt.

Muß die Wohnung immer völlig sauber sein?

Manchmal kann ein peinlich sauberes Haus die Widerspiegelung einer Störung sein. Es deutet nicht immer und unbedingt auf geklärte Energien. Ein makellos blitzblankes Zuhause ist zuweilen ein Signal für tiefe emotionale Probleme. Zum Beispiel leiden Menschen, die in ihrer Kindheit mißbraucht worden sind, oft unter einem Ordnungszwang. Alles muß an seinem Platz sein. Möglicherweise haben sie aus dem Gefühl heraus, keine Kontrolle über ihr inneres emotionales Gleichgewicht zu besitzen, das zwanghafte Bedürfnis, ihre äußere Umgebung unter Kontrolle zu halten.

Manchmal ist Unordnung etwas Kreatives und Behagliches. Ein sauberes, ordentliches Haus ist nicht immer ein energetisch klares oder glückliches Haus. Ein sauberes Zuhause sollte sich gut und natürlich anfühlen und nicht eine Atmosphäre von Beengung oder Künstlichkeit ausstrahlen. Ein unordentliches Zuhause sollte sich gemütlich und glücklich anfühlen und nicht das Gefühl von Schmutz und Unbewußtsein ausstrahlen.

Das Leben bewegt sich in Zyklen – alles verändert sich. Ein Zuhause wird unordentlich und wieder ordentlich und sauber – das gehört zum lebendigen Zyklus der Schöpfung und des Lebens. Akzeptieren Sie, wenn Sie von Natur aus ein unordentlicher Mensch sind, diesen Aspekt Ihres Wesens. Erwägen Sie aber eine Reinigung Ihres Zuhauses, wenn Sie sich in einer blockierten oder stagnierenden Lebensphase befinden. Das wird Ihnen oft weiterhelfen.

Was ist, wenn meine Kinder im Teenageralter ständig in unaufgeräumten Zimmern leben? Hat das eine negative Auswirkung auf das ganze Haus?

Ich halte es für wichtig, daß Kinder über einen Raum als ihren eigenen Herrschaftsbereich verfügen. Segnen Sie die Tür zum Zimmer Ihres Kindes, segnen Sie Ihr Kind, und sein Zimmer wird sich nicht negativ auf die Energien des Hauses auswirken.

Was gehört zu einer guten Anfängerausrüstung zum Raumklären im eigenen Heim?

Ich schlage vor, daß Sie dabei jedes der Vier Elemente berücksichtigen. Hier einige gute Beispiele:

Anfängerausrüstung für das Klären ätherischer und feiner Energiefelder:
Luft: Große und kleine Glocken
Wasser: Mit Kristallen aufgeladenes Wasser
Feuer: Lavendelfarbene Kerzen
Erde: In einem Mörser pulverisiertes Salz

Reihenfolge der Anwendung:
1. Entzünden Sie die Kerze, und sprechen Sie ein Gebet.
2. Verstreuen Sie fein gemahlenes Salz im Raum.
3. Setzen Sie die Glocken ein, wobei Sie von den größten zu den kleinsten übergehen.
4. Vollenden Sie das Ritual durch das Versprengen von aufgeladenem Wasser.

Anfängerausrüstung für das Aufbauen von Energiefeldern aus dem Stand und für die Anrufung von Naturgeistern:
Luft: Feder, Trommel oder Rassel
Wasser: Quellwasser und ein Kiefernzweig für das Versprengen
Feuer: Räuchern mit Salbei oder Zeder
Erde: Steinsalz

Reihenfolge der Anwendung:

1. Nehmen Sie das Steinsalz, und plazieren Sie es in jeder Ecke des Raums, während Sie ein Gebet sprechen.
2. Beräuchern Sie den ganzen Raum mit Salbei und einer Feder.
3. »Betrommeln« Sie den Raum.
4. Versprühen Sie mit dem Kiefernzweig Wasser im Raum.

Anfängerausrüstung, um einen Tempel des Lichts zu bauen:
Luft: Schneeweiße Feder
Wasser: Vollmondwasser in einem Zerstäuber
Feuer: Weiße Kerze
Erde: Vier Bergkristalle

Reihenfolge der Anwendung:

1. Entzünden Sie die Kerze.
2. Reinigen Sie den Raum mit der Feder.
3. Plazieren Sie die vier Kristalle in den vier Ecken des Zimmers, um die ätherische Energie einer Pyramide zu erzeugen – verlassen Sie den Raum nach dem Raumklären.
4. Versprühen Sie Mondwasser im ganzen Raum.

Ich habe von der Methode des »Haus-Reading« gehört. Was ist das?

Das Zuhause eines Menschen ist so unverkennbar individuell wie ein Fingerabdruck. Man kann das Zuhause einer Person »lesen« wie ihre Handlinien, ihre Handschrift oder ihr Horoskop. Jeder Raum erzählt eine Geschichte. Sie können aus den Energiefeldern und der Plazierung der Gegenstände in einer Wohnung die vergangenen und sogar künftigen Leben und die vergangenen, gegenwärtigen und zukünftigen Beziehungen eines Menschen ablesen, und vor allem können Sie daraus ersehen, welche Beziehung die Menschen in diesem Zuhause zueinander haben. Sie können ihnen sagen, wie es um ihren gegenwärtigen Gesundheitszustand bestellt ist und worauf sie hier in Zukunft achten müssen. Das Aufregende daran ist: Sie können eine mögliche künftige Katastrophe abwenden, indem Sie den Energiefluß und das Energiemandala in diesem Zuhause verändern.

Was meinen Sie, wenn Sie von der Macht des »Benennens« der Gegenstände in einem Zuhause sprechen?

Alles, was Sie benennen und worauf Sie sich in personalisierter Form beziehen, strömt mehr Lebenskraft-Energie aus als ein namenloser Gegenstand. In Stammeskulturen, in denen Waffen, Kochutensilien und geheiligte Gegenstände einen Namen bekommen, ist das nichts Ungewöhnliches. Autos, denen Sie einen Namen geben, funktionieren besser als Autos ohne Namen. Wenn Sie Gegenstände wie Ihrem Staubsauger oder Kühlschrank einen Namen geben (vor allem, wenn es sich um ein etwas älteres Modell handelt und es etwas Zuspruch benötigt), werden sie besser funktionieren.

Was ist, wenn die anderen Mitbewohner mit einem Raumklären nicht einverstanden sind?

Wenn es Dinge in Ihrem Zuhause gibt, die nicht so sind, wie sie Ihrem Gefühl nach sein sollten, und wenn Sie sie nicht verändern oder energetisch reinigen können, weil Ihre Mitbewohner andere Anschauungen oder Prioritäten haben, wird es zumindest einen Bereich geben, der Ihre Domäne ist. Vielleicht Ihr Schlafzimmer, oder, selbst wenn Sie diesen Raum mit jemandem teilen, irgendwo eine Ecke, die die Ihre ist. Auch wenn Sie nur diese reinigen, kann sie eine machtvolle Energie ausstrahlen, die auf positive und liebevolle Weise auf das ganze Haus einwirkt.

Was können Sie sofort zur Hebung der Energie in Ihrem Zuhause tun?

▷ Putzen Sie Ihr Haus durch.
▷ Verstreuen Sie Salz in allen Ecken eines jeden Zimmers.
▷ Öffnen Sie kurz alle Türen und Fenster.
▷ Entfernen Sie alle negativ wirkenden Fotos und Bilder.
▷ Befreien Sie sich von allen toten oder sterbenden Pflanzen.
▷ Stellen Sie frische Pflanzen auf.
▷ Entzünden Sie eine Kerze.

- ▷ Entzünden Sie Räucherwerk, oder verwenden Sie ätherische Öle.
- ▷ Legen Sie inspirierende Musikplatten auf.
- ▷ Sprechen Sie ein Gebet, und bitten Sie darum, daß das Göttliche Licht Ihr Zuhause erfüllen möge.

19

Das Licht aussenden

Ein Mensch kann viel bewirken. Wenn Sie aus Ihrem Zuhause eine Oase des Friedens machen, in einer kleinen Nische des Universums, kann das so viel bewirken, wie überhaupt möglich ist.

Einmal begegnete ich einem Engel. Ich meine einen wirklichen Engel, den ich sehen und mit dem ich sprechen konnte. Er war ein älterer, afroamerikanischer Herr, der in einem Park in der Nähe unseres Hauses Rollschuh lief. Ich wußte, daß er ein echter Engel war. Ich wußte es einfach. Er sagte nur einige Worte zu mir. (Ob Engel wohl auch je geschwätzig sein können?) Er sagte, es gäbe nur zwei wirklich wichtige Dinge im Leben: die Liebe zu anderen menschlichen Wesen und die Liebe zu Gott. Ich denke oft an seine Worte. Wenn ich über den Sinn meines Lebens nachdenke und den Wert irgendeiner meiner Handlungen abwäge, versuche ich, meine Prioritäten nach seinen beiden Aussagen auszurichten.

Wenn Sie ein Raumklären in Ihrem Zuhause vornehmen wollen, könnten Sie sich fragen: Trägt es zur Liebe zu mir selbst und zu anderen bei? Wenn die Antwort »ja« lautet, tun Sie es. Wenn Sie in Ihrem Haus nur deshalb etwas verändern möchten, weil sein gegenwärtiger Zustand nicht in Ordnung ist, schieben Sie die Angelegenheit noch eine Weile auf. Warten Sie ein bißchen, bis Sie einer sanften und liebevollen Akzeptanz näherkommen. Häuser und Wohnungen sind Wesen wie Ihre Freunde und Familienangehörigen. Wie die Menschen benötigen sie Liebe und Akzeptanz. Als mitfühlendes Wesen würden Sie zum Beispiel zu einer übergewichtigen Freundin nicht sagen: »Mit dir stimmt etwas nicht. Du hast einige Probleme, die du bereinigen mußt.« Sie würden vielleicht eher sagen: »Du bist meine Freundin. Ich liebe dich so, wie du bist, egal, welche Figur du hast. Ich bin hier, um dich in deinem persönlichen Entwicklungsprozeß zu unterstützen, und ich möchte, daß du weißt, daß du mir so, wie du bist, viel bedeutest.« Dieselbe mitfühlende und liebevolle Vorgangsweise wirkt bei Häusern oder Wohnungen ebenfalls Wunder. Ein frischer Wiesenblumenstrauß, das Lachen eines Kindes, eine Kanne heißer Kaffee, eine liebevolle Umarmung können ein Zuhause in ein glückliches und heilendes Zuhause verwandeln.

Letztlich müssen unser Herz und unsere Seele entscheiden, wie wir unser Heim bewohnen wollen. Ein offenes Herz und ein offener Sinn wollen alle unsere Lebensräume in Liebe einhüllen und akzeptieren – von der Intimsphäre unseres eigenen Hauses oder Apartments bis zum »globalen Dorf«, unserem Heimatplaneten. Starre Glaubensvorstellungen davon, was in unserem Zuhause als richtig oder falsch anzusehen ist, schwächen sein positives Energiefeld weit mehr als ein Haufen schmutziger Kleider mitten im Zimmer, ungespültes Geschirr oder ein energetisch ungeklärter Raum. Ihre Absicht, Ihre Liebe und Ihr Mitgefühl sind es, die unsere Räume voller Leben und Geist aufleuchten und erstrahlen lassen.

Wenn Sie zu Beginn und am Ende des Tages Ihr Zuhause segnen, geht es nicht um Ihr Tun – es geht um das, was Sie sind. Wenn Sie sich selber liebevoll und sanft akzeptieren, so wie Sie sind, erzeugen Sie eine der großartigsten Kräfte im Universum. Sie reichen über alle Form hinaus. Das, was Sie sind, ist genug. Mehr ist nicht nötig. Auch Ihr Zuhause ist in Ordnung, so wie es ist. Wenn Sie sich selbst und die Erweiterung Ihrer Person, die Ihr Zuhause darstellt, akzeptieren, so ist dies der erste Schritt hin zum Großen Geist.

Ihre Vision von Ihrem Zuhause ist das, was eigentlich zählt. Es spielt keine Rolle, wenn Sie nicht über das nötige Geld, die Zeit oder die physische Energie verfügen, um auf der Stelle das zu erschaffen, was in Ihrem Herzen existiert. Ihre Absicht ist sankrosankt und wird all das, was Sie lieben und erhoffen, zur rechten Zeit verwirklichen. Es sind Ihre Absichten und Gebete, die die Energie des Lichts und der Freude durch Ihre Türen einströmen und durch Ihre Fenster wieder ausströmen und in die Dunkelheit hineinleuchten lassen. Die Liebe, die Sie in die physische Reinigung Ihres Zuhauses legen, die Affirmationen, die Sie bei der spirituellen Reinigung seiner Räume sprechen, erzeugen eine Art Spirale hin zum Großen Geist, der seine liebevolle Energie zu Ihnen zurückfließen läßt.

Ein glückliches Zuhause ist ein essentieller Konzentrationspunkt für den explosiven Ausbruch neuer und vitaler Energien, die zu diesem evolutionären Zeitpunkt unseres Planeten zur Verfügung stehen. Ihr Zuhause kann in den künftigen wechselvollen Zeiten eine Zufluchtsstätte sein und als Sendestation für die Übertragung und Verbreitung von Lichtenergien dienen. Lichtenergien, die durch Sie ins Universum hinausgeschickt werden. Wie ein Magnet kann es positive Energien anziehen, die wiederum konzentriert in alle Richtungen ausgesandt werden. Dies hat auch eine starke positive Auswirkung auf Ihre Nachbarschaft, und so wird das Gute in immer weiteren Kreisen über den ganzen Planeten ausgestrahlt.

Ihr Zuhause kann schwingen, singen und pulsieren in vibrierender Lichtenergie und damit das Leben all Ihrer Mitmenschen berühren. Ihr Zuhause kann zum heiligen Raum werden. Und wenn Sie in diesen heiligen Raum eingehüllt sind, verbinden Sie sich wieder mit Ihren eigenen Energiequellen, mit der Liebe und den Kräften der Engel, die Sie umgeben. Sie eröffnen der Energie neue Kanäle, durch die sie fließen und nach außen hin ausstrahlen kann. Wie durch Zauberkraft scheinen dann Liebe, Gesundheit und Fülle überall um Sie herum neu aufzublühen. Zweifeln Sie nicht an der Macht Ihres wahren Wesens und der des Energiefeldes, das Sie in Ihrem Zuhause erschaffen können. Sie und Ihr Zuhause können in künftigen Zeiten etwas bewirken. Mögen uns unsere Lebensräume Trost, Gesundheit und Freude bringen, während wir unsere Herzen einem neuen Jahrtausend öffnen.

Anmerkungen

Kapitel 6: Die Alchimie der Luft

1. Massy, Robert: *You Are What You Breathe,* Boulder Creek, CA, 1980, S. 1
2. Soyka, Fred und Edmonds, Alan: *The Ion Effect,* New York 1977, S. 20.
3. Massy, S. 25–8 (Appendix).
4. Ebd., S. 28 (Appendix).
5. Ebd., S. 25 (Appendix).
6. Ebd.
7. Soyka und Edmonds, S. 64–8.
8. Massy, S. 28 (Appendix).
9. Ebd., S. 4.
10. Ebd., S. 5.

Kapitel 7: Heilende Erde

1. Chase, Pamela Louise und Pawlik, Jonathan: *Trees for Healing: Harmonizing with Nature for Personal Growth and Planetary Balance,* North Hollywood, CA, 1991, S. 25–6.
2. Ebd., S. 26–7.

Kapitel 12: Ins Licht

1. Liberman, Jacob: *Light: Medicine of the Future,* Santa Fe, NM, S. 9.
2. Ebd.
3. Ebd., S. 41.
4. Ebd., S. 45–6.
5. Ebd., S. 46–7.
6. Ebd., S. 58–9.
7. Ebd., S. 59.
8. Ebd., S. 10.
9. Ebd., S. 121–7.

10. Time-Life-Books: *Mysteries of the Unknown: Earth Energies*, Alexandria, VA, 1991, S. 61.
11. Girdlestone, Rodney: »Electromagnetic fields«, in: *Mind, Body, Soul: The Alternative Lifestyle Magazine*, September/Oktober 1994, S. 21.
12. Ebd., S. 22–3.

Kapitel 15: Austreibung von Gespenstern

1. Time-Life Books: *Mysteries of the Unknown: Haunting*, Alexandria, VA, 1989, S. 22.
2. Ebd., S. 23.
3. Ebd.

Autorin

Denise Linn führt Ausbildungskurse für die berufliche Praxis im Bereich des »Interior Realignment« sowie Seminare und Workshops zu anderen Themen durch. Sie hält regelmäßig Seminare in den englischsprachigen Ländern ab, unterrichtet aber auch in anderen Ländern.

Informationen zu ihren Seminaren erhalten Sie bei:
New Life Designs, Arnica House, 170 Campden Hill Road,
GB – London W8, 7AS;

Informationen zu ihren Tonbandkassetten erhalten Sie bei:
QED Recording Services, Lancaster Road, New Barnet,
GB – Hertfordshire EN4 8AS.

GANZHEITLICH HEILEN

GOLDMANN

Die Kunst des Wohnens

Meyer/Sator,
Besser leben mit Feng Shui 14193

Jane Alexander, Der Geist
des harmonischen Hauses 14154

Terah Kathryn Collins,
Feng Shui im Westen 14152

Terah Kathryn Collins, Feng Shui
Raum für Raum 14212

Goldmann • Der Taschenbuch-Verlag